南水北调中线一期工程文物保护项目
北京市考古发掘报告
第2号

北京文物与考古系列丛书

房山南正遗址

——拒马河流域战国以降时期遗址发掘报告

北京市文物研究所
编著

科学出版社
北京

内 容 简 介

本书为北京市房山区南正遗址的考古发掘报告。该遗址于2005、2006年为配合南水北调工程（北京段）而进行考古发掘，揭露面积总计约6760平方米。清理了战国、西汉、东汉、辽等不同时期的灰坑、陶窑、墓葬等遗迹，出有陶器、铜器、铁器、石器等遗物，数量丰富，时代特点鲜明。文后还附有铜器、陶器等样品的测定报告，植物遗存的鉴定报告。

南正遗址的出土文物，是解决拒马河流域战国晚期至汉代早期考古学文化编年的重要资料。为研究北京（特别是南部地区）东汉时期墓葬习俗、文化内涵提供了珍贵的实物资料。遗址所清理的陶窑，对了解古代的制陶工艺、生产模式具有重要的意义。

本书可供从事考古、文物、历史等研究的学者及相关院校师生阅读和参考。

图书在版编目（CIP）数据

房山南正遗址：拒马河流域战国以降时期遗址发掘报告／北京市文物研究所编著．—北京：科学出版社，2008

ISBN 978-7-03-023265-6

Ⅰ．房…　Ⅱ．北…　Ⅲ．文化遗址－发掘报告－房山区　Ⅳ．K878.05

中国版本图书馆CIP数据核字（2008）第167561号

责任编辑：宋小军／责任校对：张　琪

责任印制：赵德静／封面设计：陈　敬

科学出版社 出版

北京东黄城根北街16号

邮政编码:100717

http://www.sciencep.com

中国科学院印刷厂 印刷

科学出版社发行　各地新华书店经销

*

2008年12月第 一 版　开本：889×1194　1/16

2008年12月第一次印刷　印张：16 1/2　插页：34

印数：1—1 600　字数：446 000

定价：180.00元

（如有印装质量问题，我社负责调换〈科印〉）

Reports on the Cultural Relics Conservation
in the South-to-North Water Diversion Project
Beijing Vol.2

The Sites of Nanzheng in Fangshan

—Excavation Report on the Sites from Zhanguo to Liao in the Juma River Valley

Edited by
Cultural Relics Institute of Beijing

Science Press
Beijing

《北京文物与考古系列丛书》

序

南水北调工程是现代人类的重大营造行为，会作为文化遗产留给后人。但是，当代的人们如何有效保护过去的历史文化遗产，这是南水北调工程地下文物保护的现实问题。在南水北调工程北京段地下文物保护项目中，南正遗址是发掘面积最大、持续时间最长的大型遗址。2006年的5月，是南正遗址发掘工作结束的日子；两年之后，南正遗址的发掘报告即将付梓。在2008北京奥运之年出版这部考古发掘报告，不啻与人文奥运的主题有了紧密的关联，在未来的岁月里，这对每一位参与发掘和撰写报告的学人都是一份值得纪念的追忆。

南正遗址的发掘及整理期间，我曾多次去过工作现场。该遗址遗迹、遗物非常丰富，有陶窑、灰坑、墓葬、灰沟等，及多达上千筐的陶片、铜器、铁器、石器等，给人留下了很深的印象。燕山以南地区战国中晚期至汉代早期考古学文化的研究一直是学术界较为关心的重要课题。南正遗址所获取的信息量是北京地区近年少有的，必将会对燕文化谱系的构建提供支持，对了解当时社会的变迁提供一定的启发。

南正遗址的发掘除了会对上述的学术课题有所突破外，还有着以下几点重要意义。

第一，贯彻落实了我国“保护为主、抢救第一、合理利用、加强管理”的文物保护方针。南正遗址是勘探工作中新发现的文物埋藏点，是未列入北京段文物保护规划的项目。在资金至今没有到位的情况下，为使地下文物能够妥善保护，我所出于文博工作者的职业责任，顾全大局，单位自身垫付经费，投入了巨大的物力、财力，组织了高水平的发掘队伍进行高质量的发掘，避免了国家文物遭受严重破坏。

第二，通过南正遗址的发掘，努力唤起全社会的文物保护意识。南正遗址是北京段最早发掘的项目。自勘查肇始，国家发改委、国家文物局、北京市文物局、北京市南水北调工程建设委员会办公室、北京市政协文史委等相关部门多次视察、指导工作。新闻媒体进行了大量、及时、积极的报道和呼吁，引起全社会的广泛关注。在公众考古学日益成为社会的热点之时，从事南正遗址发掘的考古工作者尽到了他们的社会责任和义务。

第三，锻炼了一批年轻同志，为我所科研工作的可持续发掘提供了保障。南正遗址的发掘是几位年轻同志通力合作的结果。工作始终，他们互相学习、互相配合，形成了团结凝聚的战斗小团队。南正遗址从几番入场、发掘、停工、再入场、再发掘，不知耗去了年轻人多少时间和精力，这一切局外人很难知道。我曾亲眼看到他们在工地上放弃节假日，冬战大风雪、春搏沙尘暴、夏淋雷阵雨，踏着满脚的泥泞，在8米高的梯子上爬上爬下。几位刚分配来的硕士研究生，拉上自己的行囊直接就去工地报到。考古队员们用激情与敬业谱写了精彩的乐章。

这部发掘报告的主要撰稿者郭京宁是我的年轻同事。他励学砥志，是精进有为的青年。在追逐名利成为社会时尚问题的今天，他还能够从事艰苦的考古田野工作，冬寒夏暑，无怨无悔，这让我十分感动。青年有斯，我所有幸！砥砺后昆，志此为序。

宋大川

2008年5月

目　　录

插图目录

插表目录

彩版目录

图版目录

第一章 绪 论

第一节 地理环境与建置沿革

房山区位于北京的西南，东北与丰台区相邻，东与大兴区以永定河相隔，南和西面与河北省涿州市、涞水县相连，北与门头沟区以百花山为界。区域范围为北纬39°30′~39°55′，东经115°25′~116°15′。占地面积约2019平方公里，人口83万，区政府所在地良乡距市区约20公里。是进出首都北京的西南大门。

房山区位于华北平原与太行山交界地带，西部和北部是山地、丘陵，约占全区总面积的2/3；东部和南部为沃野平原。主要山脉大房山、大安山、三角山、百花山、西占山等均系太行山分支。最高峰是百花山的百草畔，海拔2035米；最低处是东南部立教洼，海拔为26米。

这里的气候类型属温带大陆性气候，年平均气温为11.6℃。最高气温曾达43.5℃（1961年6月10日），最低气温曾至−26℃（1966年2月22日）。年平均降水量687毫米，最大降水量1322毫米（1954年），最小降水量277毫米（1975年），年平均无霜期185天。

房山矿产资源品种多，储量大。全区已探明的金属和非金属矿产资源25种。其中，原煤储量21亿吨，大部分为灰分少、热量高的优质无烟煤。大理石有汉白玉、艾汗青、芝麻花等17种，储量4亿立方米。以质地纯正、洁白如雪著称的汉白玉，储量达154万立方米；石灰石储量100亿吨，白云石储量1.5亿吨。铁、硅石储量2860万吨。

房山水资源充足，总储量6.8亿立方米。其中，地下水储量3.6亿立方米，水面面积500多万平方米。良乡、长阳地区蕴藏着丰富的地热资源，地下水温最高达60°以上。区境内有大小河流13条，拒马河、大石河回旋曲折，永定河、小清河穿境而过。

房山生物资源分布广、品种多，可供药用、工业用的野生植物达550多种。野生动物20多种，主要是獾、狼、野兔、野猪等。干鲜果品资源丰富，享誉海内外的良乡板栗，闻名北京的张坊磨盘柿、上方山香椿、中华猕猴桃及备受青睐的大巴达杏、白梨、肖梨、大雪枣、大红袍花椒等均已形成一定规模，干鲜果品年总产量51373吨。

房山区历史悠久。早在旧石器时代，这里就有人类居住和活动。在周口店发现的距今50万年前的北京猿人遗址，于1987年被列入“世界文化遗产”。此后，距今20万年到10万年前的“新洞人”，距今2.7万年和1.8万年前的“山顶洞人”、“田园洞人”等一直有人类活动，把人类活动的链条大大完善了。

拒马河流域的镇江营和塔照遗址属新石器至商周时期。镇江营遗址中属新石器时代的遗存分为四期，所跨越年代从距今9000年至夏前期，发展序列较为连续。其中第一期遗存存在着自身的叠压关系，因而又再分为三个小期，填补了北京西南地区新石器早期较晚阶段考古学文化的空白。

距今3000多年前西周燕都遗址，是北京城的发源地。公元前11世纪周武王灭商后封召公于燕（亦有称北燕，今房山琉璃河西周燕都遗址），古老的燕都便成为燕国政治、经济和文化中心。

战国燕时，设中都县，县城遗址即今窦店西古城址。

秦时，置良乡县。

西汉初，今房山区地置良乡、广阳、西乡三县（国），武帝时置利乡侯国。王莽称帝时，良乡改名“广阳”，西乡更名“移风”。同一地不可能并设两个广阳县，故疑原广阳县废，其地并。东汉光武帝时，良乡复旧称，并析地复置广阳县。西乡（国）东汉曾一度省并，至献帝时复设。利乡（国）为城阳共王子刘婴封国，武帝元朔四年（公元前125年）置，至元狩三年（公元前120年），因刘婴获罪，免国。《汉书》另一处载利乡（国）甘露元年（公元前53年）置，王莽时改名章符。

魏、晋时，及十六国后赵、前燕、前秦、后燕几朝，今房山地区良乡、广阳二县并置。北朝北魏、东魏两朝，仍设两县。北齐时良乡、广阳二县省，并入蓟。广阳县再未复置。良乡县于北齐武平年间复置，历隋、唐、五代至辽，历代相因。

唐时，良乡县境内还曾先后置6个羁縻州，属侨置州县。

金大定年间，为守护陵寝，析良乡、范阳、宛平三县边地置万宁县。明昌年间，改“万宁”为“奉先”。元至元年间，更“奉先”为“房山”。尔后，历明、清、民国，今房山区地一直良乡、房山两县并设。民国年间，和国民政府属县并峙的，还有由中共领导的位于房山、良乡两县边地以及和邻县交界处设置的各县级行政设置。

1958年房山、良乡两县合并，建北京市周口店区。1981年，房山县境内另设北京市燕山区。1987年，撤销房山县、燕山区，设立房山区，以燕山区和房山县的行政区域为房山区的行政区域①。

1997年11月17日，国务院批准将房山区人民政府驻地迁至良乡。

房山一地自古人杰地灵，名人辈出。从春秋战国时期的政治家、军事家乐毅，到唐代著名的苦吟诗人贾岛，从元代的大艺术家高克恭，到民国时期的文人邱雪樵，皆出于此。

至2007年底，全区有世界文化遗产1处：周口店北京猿人遗址；国家级重点文物保护单位6处：云居寺塔及石经，周口店遗址，琉璃河遗址，万佛堂、孔水洞石刻及塔，金陵，十字寺遗址；窦店土城等市级重点文物保护单位17处；塔照等市级地下文物埋藏区4处。

南正村距北京二环广安门直线距离约40公里（图一）。据《房山地名志》记载，其村唐代已成，称南郑村，因姓得名，后讹作南正。村西200米处原有清建行宫，是清帝赴易县西陵谒陵时驻跸之所，毁于1939年②。据2005、2006年考古发掘的情况看，南正村的历史远比唐代要早。

---

① 北京市房山区志编纂委员会：《北京市房山区志》，北京出版社，1999年。

② 房山区地名志编辑委员会：《北京市房山区地名志》，北京出版社，1990年。

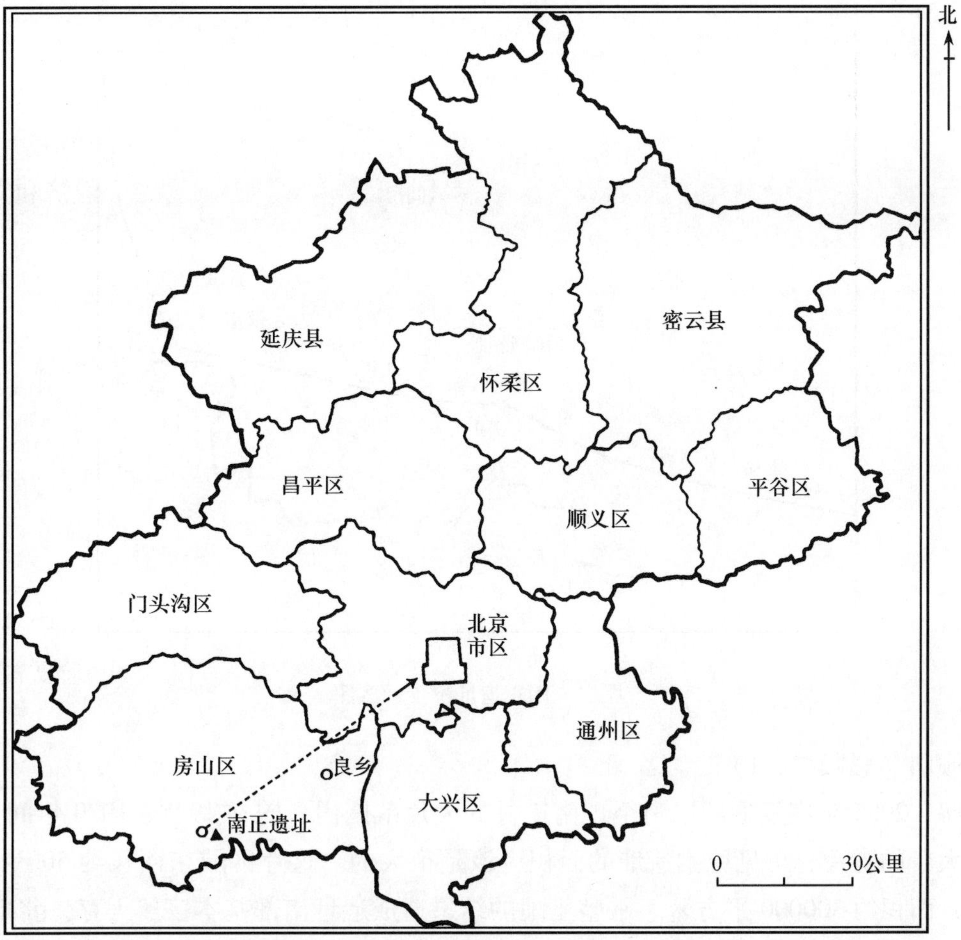

图一 南正位置示意图

第二节 遗址概况与发掘经过

南正遗址位于北京市房山区长沟镇南正村北约200米。东距著名的镇江营新石器商周遗址有10余公里，南距属大清河水系的拒马河约20公里。其东距长沟西汉汉城约3公里①。东边、北边的六间房、北正，西边的岩上等都是涉及南水北调工程的文物保护地点。

南水北调中线工程（北京段）输水管线HD6+900~HD7+172从南正遗址上自东而西贯穿（图二）。

遗址中心区域的GPS数据为东经115°50.85′，北纬39°34.99′，海拔约61米，保存现状为庄稼田地。大致范围为北抵三八大渠（60年代末期修建），东达南正水库一线，南至南正村现代村舍，西到南正小学附近。这片区域东西长约400米，南北长约400米，面积约160000平方米。通过对发掘层位堆积的了解及遗址断崖剖面的观察，原遗址的地势并不平坦，为自东向西

① 北京市文物研究所：《北京考古四十年》，北京燕山出版社，1990年。

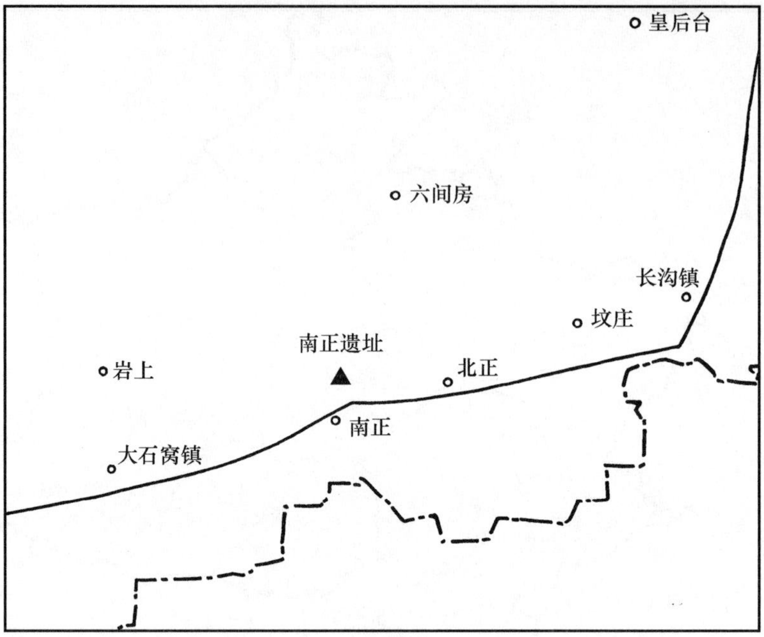

图二　南正遗址位置示意图

由高至低倾斜（彩版二，1）。

据了解，2005年度发掘区以南至现南正村的大片范围内，曾在1978、1979年间平整土地，也出土过大量的陶片，可见原本遗址的面积应该是很大的。这片区域东西长约500米，南北长约600米，面积约300000平方米。平整土地的结果造成遗址南部基本荡然无存，北部残存的遗址，普遍高于被破坏的遗址近1米，状似通常北方地区所谓的“塬”。地表及断崖之上，总可见到古代的陶片，更有完整的陶釜镶于断崖之中。一些被水冲刷过的地方，分布更是密集。

为配合南水南调中线工程北京段的管线埋藏工程建设，受北京市文物局委托，经国家文物局批准，北京市文物研究所南水北调考古工作队对该遗址进行勘探及先期考古发掘。考古发掘证照号为考执字（2006）第（32）号。

南正遗址的发掘工作是在南水北调（北京段）考古发掘总队长张治强的统一指挥下进行的，田野具体发掘工作由郭京宁、孙勐负责。其他参加工作的主要人员还有北京市文物研究所的马绍山，房山区文物管理所的陈亚洲、范希辉、赵金波、曹磊、王连清、谷慧英，技工张绪武、金俊波、马新民、马兰英、许红利、邱军强、吕亚怀、王光立、陈俊峰、朱文军、郭安林、李青娥、孙宗让、齐继续、李元聚、李文鹏、马萍娟、买治宣，北京市文物古建工程公司的王福林、杨秀海等；吉林大学考古专业2003级研究生张智勇、西北大学考古专业2003级研究生于璞、北京大学考古专业2004级研究生胡传耸、南京大学考古专业2006级研究生张义中，河北易县文物保护所的董亚非、石磊等也协助进行了工作。

根据此标段输水管线的分布情况及遗址的地形特点，将发掘区自西向东分为三个小区，分别以Ⅰ、Ⅱ、Ⅲ表示（图三）。

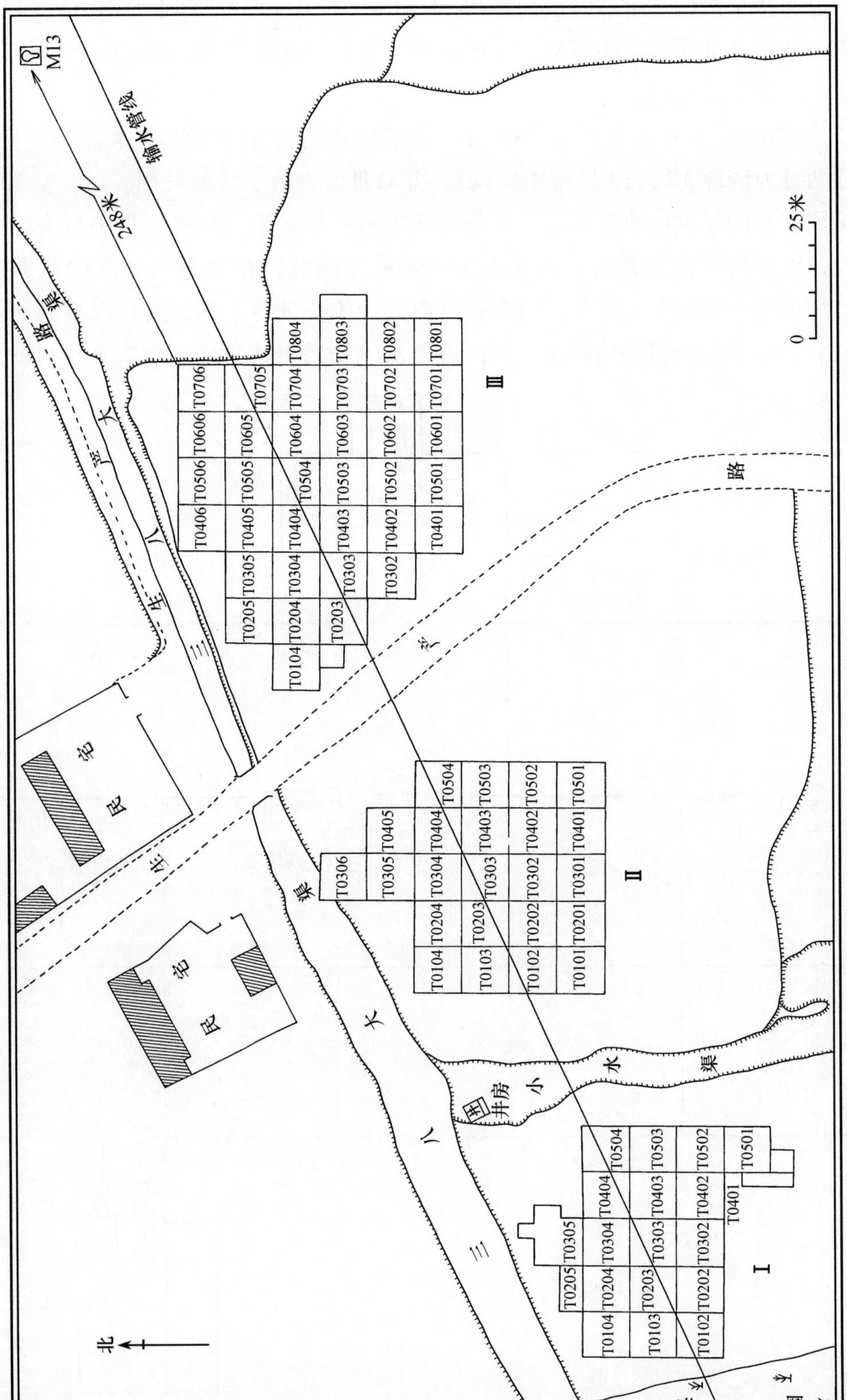

图三 南正遗址探方分布图

发掘工作分为两个阶段。第一阶段为2005年11月28日至2006年1月10日。此期间清理了Ⅰ区的大部分遗迹及Ⅱ区的8座墓葬，Ⅰ区的Y1、Y2，Ⅱ区的Y3、M5因天寒土冻，清理工作委实难以进行，故予以保留。

第二阶段为2006年3月4日至5月8日。此期间清理了第一阶段暂留的Y1～Y3、M5、G4、H23（后两者为清理Y2、Y3过程中发现），并对Ⅲ区进行了全面发掘。

因为发掘属配合国家重点建设项目，工程时间紧迫；加之第一阶段末期临近春节，大雪纷飞，地冻三尺，天气情况极为恶劣；工人人手又短缺。因此，在对南正Ⅱ区的墓葬进行发掘时，虽然已经用象限布方法布了探方，但没有以探方为单位进行下掘，而是以墓葬为单位来发掘的（彩版三，1）。在清理墓葬过程中，是严格遵循《田野考古操作规程》来进行的。

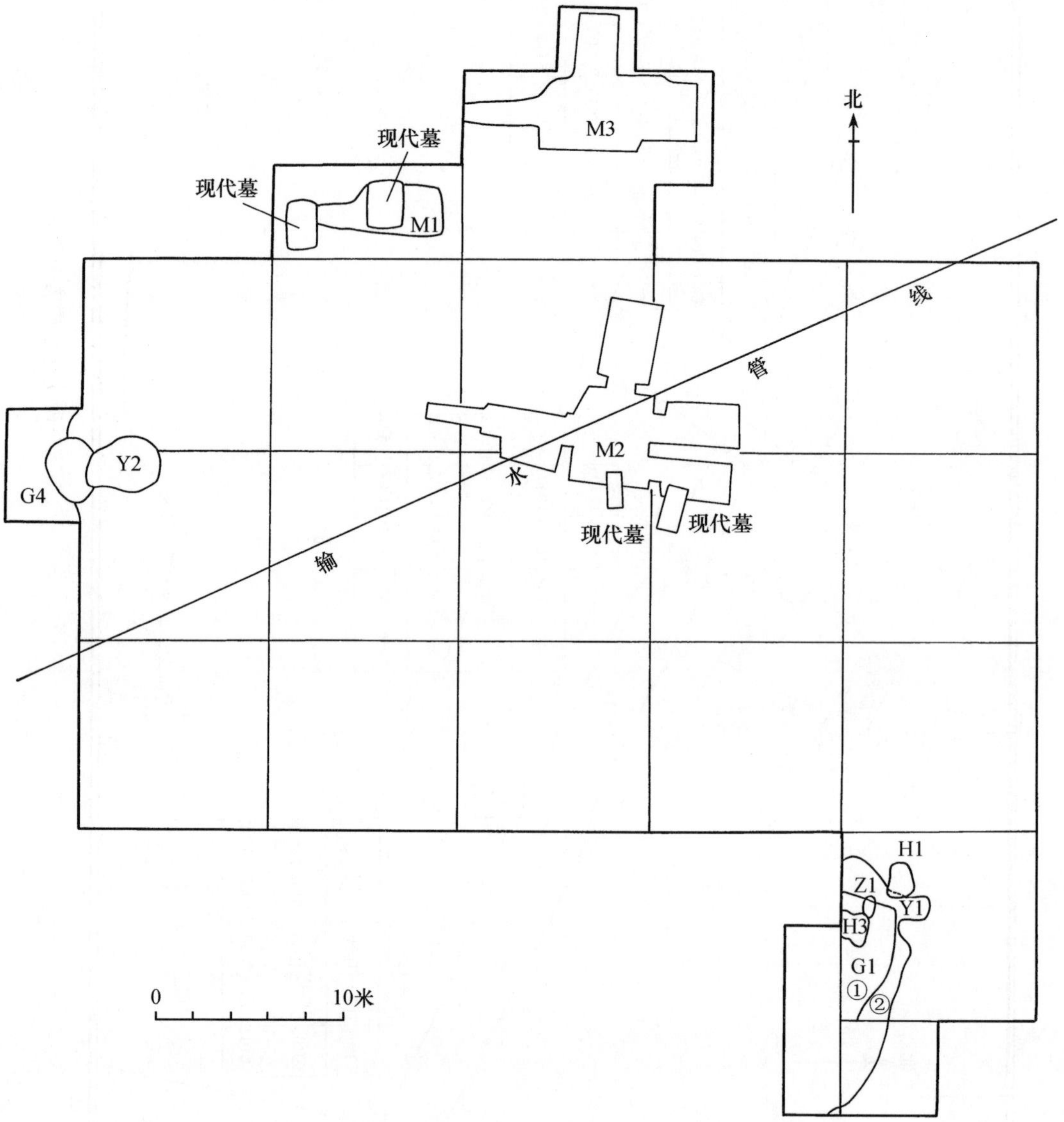

图四 南正遗址Ⅰ区平面图

南正遗址的Ⅰ、Ⅲ区均采用象限布方法布方并下掘。各探方分别以01、02、03……为东西向坐标，即X轴，以01、02、03……为南北向坐标，即Y轴，探方编号时X在前，Y在后。

在Ⅰ区布10米×10米探方17个（T0102、T0103、T0104、T0202、T0203、T0204、T0302、T0303、T0304、T0305、T0402、T0403、T0404、T0501、T0502、T0503、T0504），5米×10米探方1个（T0205），3米×10米探方1个（T0401），加上扩方，发掘面积共计约1860平方米。共发现陶窑2座、墓葬3座、灰坑2座、灰沟2条，出土陶器、铜器等遗物（图四；彩版三，2）。

在Ⅱ区共清理墓葬9座、陶窑1座、灰坑1座，发掘面积共计约1000平方米。墓葬中出有石器、陶器、铜器等遗物（图五；彩版四，1）。

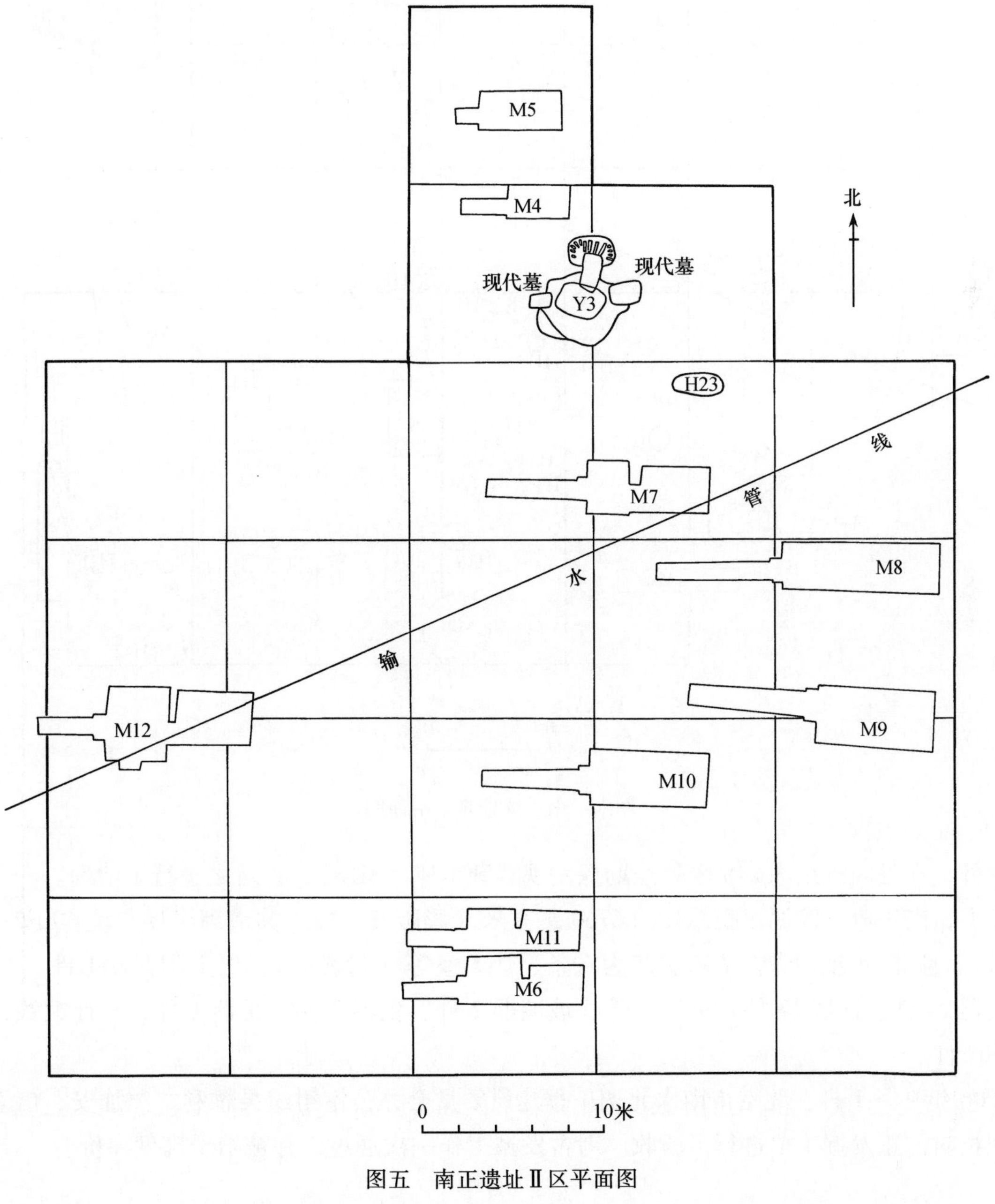

图五　南正遗址Ⅱ区平面图

在Ⅲ区布10米×10米探方36个（T0104、T0203、T0204、T0205、T0302、T0303、T0304、T0305、T0401、T0402、T0403、T0404、T0405、T0406、T0501、T0502、T0503、T0504、T0505、T0506、T0601、T0602、T0603、T0604、T0605、T0606、T0701、T0702、T0703、T0704、T0705、T0706、T0801、T0802、T0803、T0804），5米×6米探方1个（T0103），加上扩方，发掘面积共计约3800平方米。共发现灰坑40座、墓葬12座、陶窑3座、陶灶5座、灰沟4条（图六；彩版四，2）。出有石器、陶器、骨器等遗物。

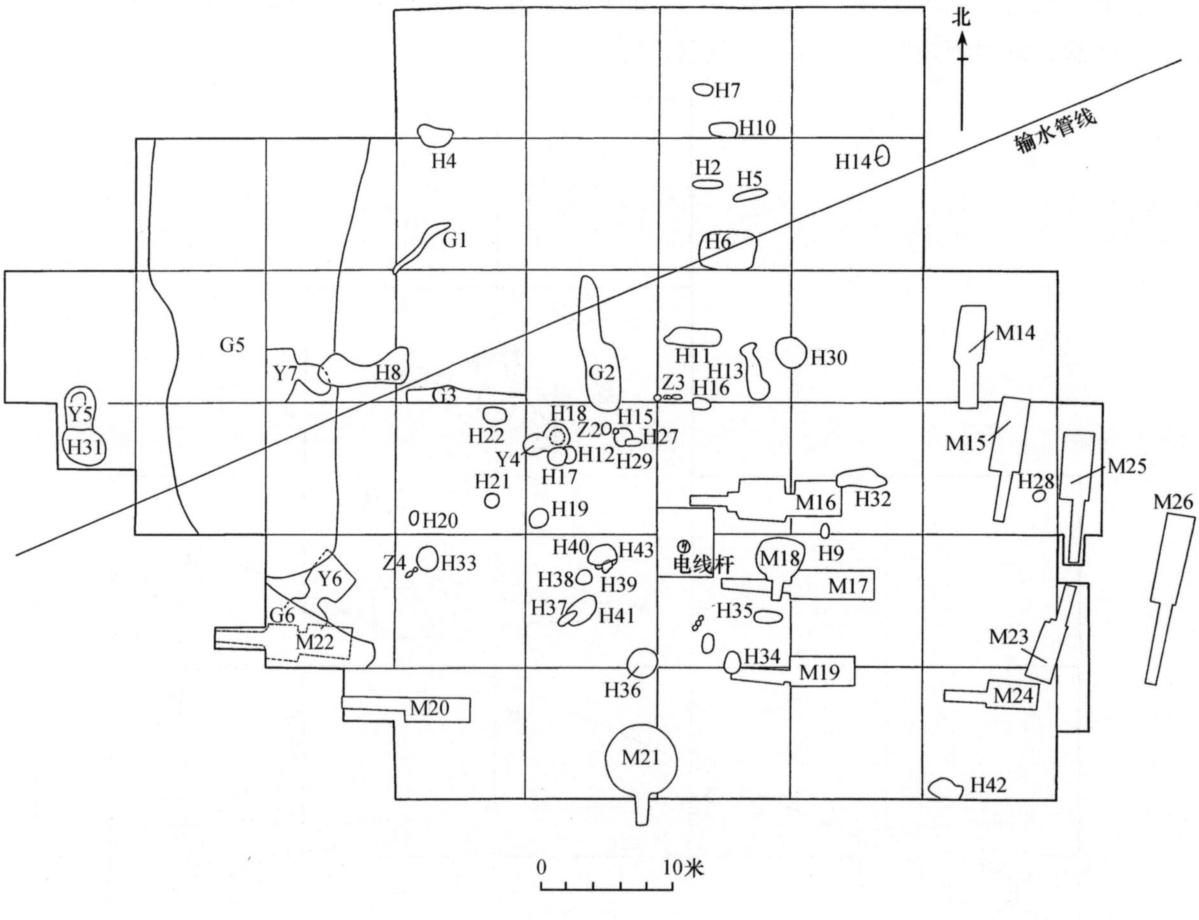

图六 南正遗址Ⅲ区平面图

此外，在Ⅲ区以东约248米处经勘探发现墓葬1座（M13），并对之进行了清理。

综上，南正遗址发掘面积总计约6760平方米（彩版五，1）。共清理早期灰坑40座（编号至H43）、墓葬26座、陶窑7座、灰沟6条、灶5座等（附表一）。出土陶器611件、石器13件、铜器24件、铁器13件、玉器1件、玻璃器2件、瓷器2件、骨器1件，不计铜钱，总数约有667件。

2006年9月1日，北京市南水北调工程建设委员会办公室组织吴耀利、吴加安、信立祥三位研究员对南正发掘工地进行了验收。考古发掘工作一次通过，并被给予高度评价。

第三节 资料整理与报告编排

第一阶段的发掘工作结束后，2006 年 2 月 20 日，南水北调考古工作队将出土文物运至北京市文物研究所房山琉璃河考古工作基地并旋即开展了对遗物的整理工作，在此基础上发表了对这批遗存的初步认识①。参加工作的人员有张治强、郭京宁、朱文军、邱军强等。后因为第二阶段的发掘在即，整理工作便至 4 月 15 日暂告一段落。

南正遗址第二阶段发掘工作结束后，本拟马上开展整理。但由于输水管线的沿线尚有其他遗址点面临发掘，时间相当之紧。故自 2006 年 5 月 9 日起，考古队员不得不两线作战。一方面白天集中人力发掘其他地点；另一方面在驻地利用雨天及晚上休息时间对此次发掘的资料及遗物进行初步整理。参加整理工作的人员先后有郭京宁、孙勐、邱军强、张义中等。这一阶段一直持续到 9 月份。

至 2006 年 9 月 20 日，北京南水北调考古工作队前后完成了岩上、北正、六间房、天开、西周各庄、辛庄、新街、周口、丁家洼、前后朱各庄、大小苑上遗址的发掘，整个南水北调北京段的田野发掘工作宣告结束。考古队撤回北京市文物研究所房山琉璃河考古工作基地，始有机会开始系统全面整理相关材料并组织进行报告的编写。参加工作的人员先后有张治强、郭京宁、孙勐、马绍山、张绪武、赵忠信、邱军强、王书逊、安喜林、石志刚、田术刚等。袁进京、董玉纲、李永强、郭力展、魏永鑫、张柱良、杨科明、张济发等同志也积极协作进行了大量工作。

这其间，由于主要整理者郭京宁要进行昌平张营（北区）、密云大唐庄、延庆南菜园、北京新少年宫等工地的发掘，因而整理工作的进展时断时续。到 2007 年 11 月，整理工作结束，并在此基础上形成了报告的初稿。几经修改后，全部报告于 2008 年 5 月定稿。

本刊发表有关南正遗址发掘的全部资料，以前所发表之资料若与本报告有抵牾之处，当以本报告为准。

一些开口层位在表土层层面之下的近现代扰坑、扰沟、旧水渠、墓葬等，未单独编号，而统一以 K 来表示。

墓葬的方向记录，一般是以常规的取向原则来确定的。即以墓道、墓室的方向为准。

同类钱币出自同一墓中，如出土位置不同，则分别编号，即一处位置一个器号；若集中出土，则编为一号，其中挑选出的标本则编亚号，如 M14: 14-2。一些墓葬填土中的器物，实际上是被扰动的随葬品。在整理过程中被挑出后，顺序编号。

在对墓砖摆放方式的描述中，许多报告中的称法并不一致。有“顺”、“平”、“丁”、“侧”等。为了不引起混淆，在本书中，墓砖的长侧面横置称为“平”，短侧面横置称为“侧”，短侧面竖置称为“竖”，正面横置称为“大面”（图七）。

① 南水北调考古工作队：《北京市房山区长沟镇南正遗址发掘取得重要收获》，《北京文博》2006 年第 1 期。

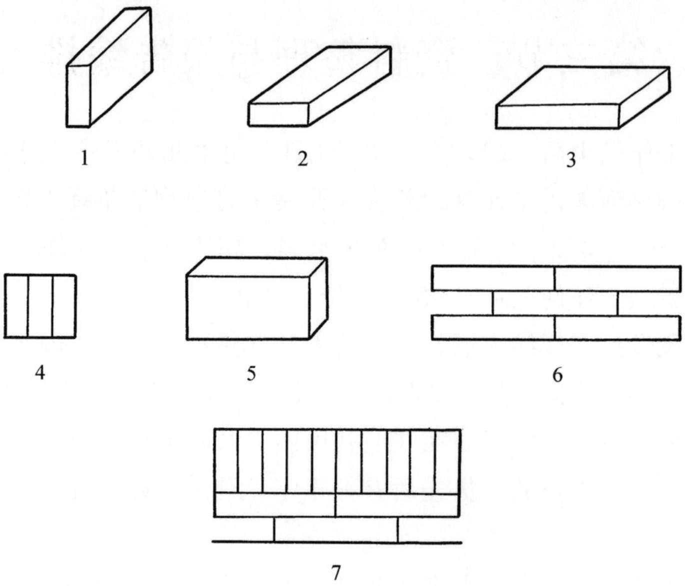

图七　墓砖摆放情况示意图

1. 竖　2. 侧　3. 平　4. 竖砌　5. 大面　6. 平砖错缝　7. 二平一竖

汉墓中的随葬陶器在当时自有其名称。为了不与一般报告中约定俗成的定名相混，本刊中对陶器的定名，尽可能依学界通用的名称，而不逐一复原汉代器物的正名。

此项工作自始至终得到了国家文物局文物保护司考古处、北京市文物局、北京市水务局、北京市南水北调工程建设委员会办公室（彩版一，1、2）、北京市文物研究所各科室及琉璃河工作基地、房山区文化委员会、房山区文物管理所、洛阳白马寺汉魏故城钻探公司、北京市文物古建工程公司等单位的大力支持，在此一并致谢。

第二章 地层堆积及文化分期

通过发掘表明，南正遗址Ⅰ、Ⅱ、Ⅲ区尽管不同探方的文化层保存状况、堆积层数不尽相同，但经过对不同层位土质、土色、包含物等综合分析、比较，南正遗址的地层堆积状况大致相同。自表土层之下，总层位可以概况为彼此对应的五层。

现以Ⅰ区T0102北壁剖面为例说明Ⅰ区的地层堆积情况（图八；彩版二，2）。

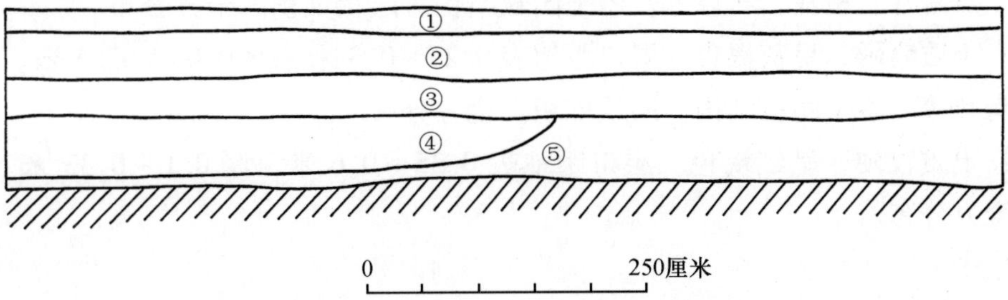

图八 Ⅰ区T0102北壁剖面图

第①层：土质松软，呈灰黄色。该层厚0.15～0.25米。含有植物腐朽质及少量陶、瓷碎片，砂土团粒结构。层状堆积。全方分布。

第②层：土质稍硬，呈灰褐色。层口距地表0.15～0.25米，厚0.35～0.4米。包含有少量的夹云母红陶。砂土团粒结构。层状堆积。全方分布。

第③层：土质略硬，呈黄褐色。层口距地表0.5～0.6米，厚0.5～0.7米。包含有少量的夹云母红陶、灰陶片。砂土团粒结构。层状堆积。全方分布。

第④层：土质略硬，呈黑褐色。层口距地表1～1.25米，厚0.25～0.55米。无包含物。砂土团粒结构。斜坡状堆积，分布于探方的西部。

第⑤层：土质略硬且黏度较大，呈红褐色。层口距地表0.95～1.5米，厚0.1～0.65米。包含有夹砂、夹云母红褐色陶片。可辨器型有釜、瓮、板瓦等，陶片以素面为主，部分饰绳纹。砂土团粒结构。层状堆积，全方分布。

以下为生土。

以Ⅲ区T0604、T0504、T0404、T0304的南壁为例，代表Ⅲ区的东西剖面（图九）。

第①层：土质松软，呈灰黄色。该层厚0.1～0.25米。含有植物腐朽质及少量陶、瓷碎片，砂土团粒结构。层状堆积。全方分布。

第②层：土质稍硬，呈黄褐色。层口距地表0.15～0.25米，厚0.1～0.5米。包含有少量的夹云母红陶、灰陶片。砂土团粒结构。层状堆积。全方分布。

第③层：土质略硬，呈灰褐色。层口距地表0.3～0.9米，厚0.1～0.2米。包含有夹云母红陶、灰陶片、红烧土颗粒。可辨器型有釜、豆、板瓦等，陶片纹饰有粗、细绳纹等。砂土团粒结构。层状堆积。全方分布。

第④层：土质较硬，呈红褐色。层口距地表0.35～0.75米，厚0.1～0.35米。无包含物。层状堆积。全方分布。

以下为生土。

以Ⅲ区T0503、T0504、T0505的西壁为例，代表Ⅲ区的南北剖面（图一〇）。

第①层：土质松软，呈灰黄色。该层厚0.1～0.25米。含有植物腐朽质及少量陶、瓷碎片，砂土团粒结构。层状堆积。全方分布。

第②层：土质稍硬，呈黄褐色。层口距地表0.15～0.25米，厚0.1～0.25米。包含有少量夹云母红陶、灰陶片，板瓦，石块等。砂土团粒结构。层状堆积。全方分布。

第③层：土质略硬，呈灰褐色。层口距地表0.25～0.3米，厚0.08～0.25米。包含有夹云母红陶、灰陶片等。砂土团粒结构。层状堆积。全方分布。

第④层：土质较硬，呈红褐色。层口距地表0.35～0.6米，厚0.1～0.33米。无包含物。层状堆积。全方分布。

以下为生土。

地层的叠压和遗迹间的打破关系是对遗址进行文化分期的重要依据。由上述文化层的叠压关系和各遗迹单位出土物特征，可将南正遗址的文化遗存年代分为三个大的时期。

在介绍遗址的分期情况时，一般都是先对遗迹、遗物有所介绍、归纳；总结器物的演变趋势，最后在地层学与类型学的基础上得出令人信服的分期结论。但为便于读者阅读及检索各期文化遗存，本报告以时间框架进行文化遗存的介绍，这也是一般考古报告的通例。

第③～⑤层及层面下发生的遗迹为遗址的第一期遗存，时代为战国晚期至西汉早期；第②层及层面下发生的遗迹为第二期遗存，时代为东汉中晚期；第①层为第三期遗存，时代为辽、金时期。其中第一期遗存又可分为两个阶段。

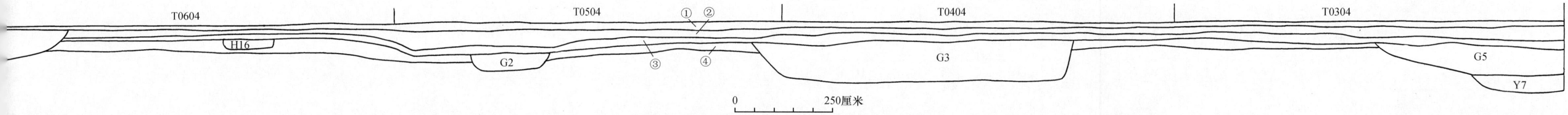

图九　Ⅲ区T0604、T0504、T0404、T0304南壁剖面图

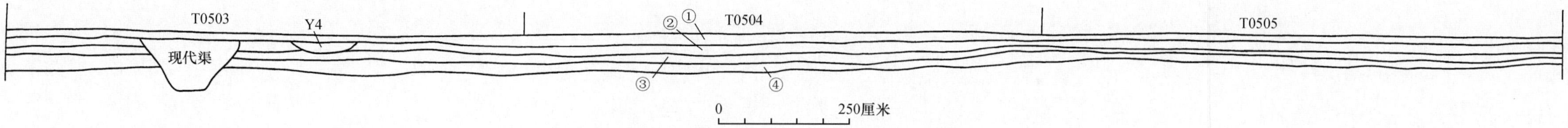

图一〇　Ⅲ区T0503、T0504、T0505西壁剖面图

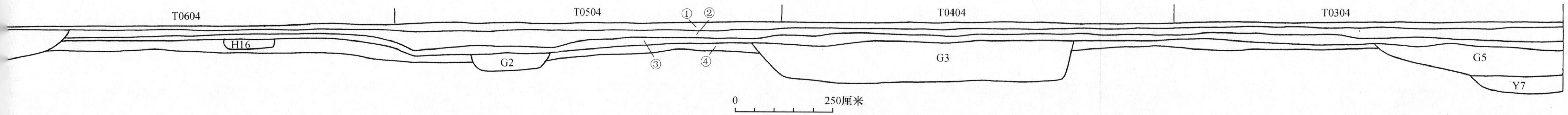

图九　Ⅲ区T0604、T0504、T0404、T0304南壁剖面图

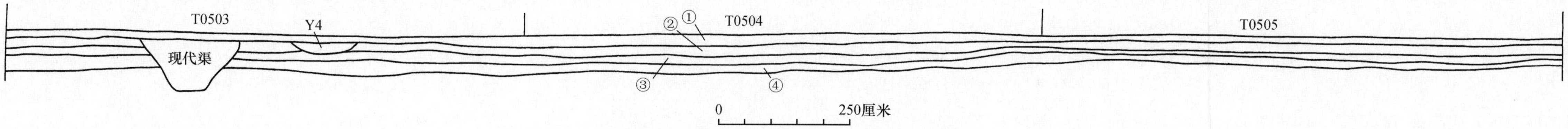

图一〇　Ⅲ区T0503、T0504、T0505西壁剖面图

第三章　战国晚期—西汉早期文化遗存

第一节　遗　　迹

一、灰　　坑

共清理灰坑38座，可分为四种类型。其中椭圆形灰坑10座（H9、H14、H15、H20、H28、H31、H37、H39～H41），占一期灰坑总数的26.3%；圆形灰坑11座（H12、H17～H19、H21、H29、H30、H33、H36、H38、H43），占一期灰坑总数的29%；近长方形灰坑11座（H1、H2、H5～H7、H10、H16、H23、H25、H27、H35），占一期灰坑总数的29%；不规则形灰坑6座（H3、H4、H8、H11、H13、H42），占一期灰坑总数的15.7%。

灰坑的坑壁、底皆没有明显的加工痕迹。少数包含物较为纯净的灰坑可能为自然原因形成的土坑，大多数包含物较杂的灰坑应为古人堆弃的垃圾坑。

现将各类型灰坑分述如下。

1. 椭圆形灰坑

10座。

H9　位于Ⅲ区T0703的南部边缘，部分压在T0702北隔梁下。开口于③层下，打破④层。斜壁，平底。清理部分东西宽0.9米，南北长0.77米。坑口距地表0.35米，坑底距地表0.61米。坑内填土红褐色，土质稍硬。出土遗物有红、灰色夹云母陶片。可辨器形有釜等（图一一）。

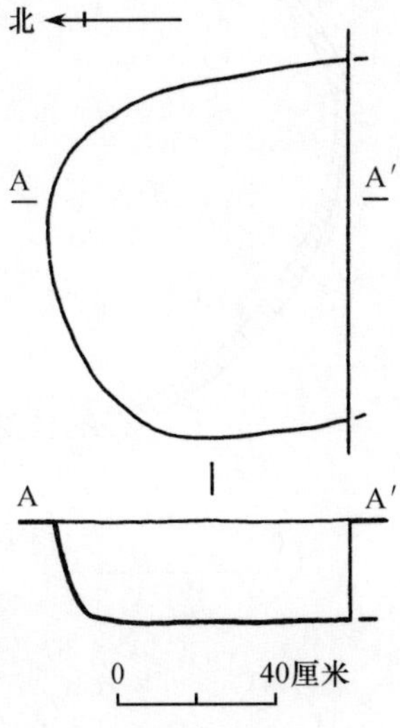

图一一　H9平、剖面图

H14　位于Ⅲ区T0705的东北部。开口于③层下，坑口距地表0.44米，打破生土层，被现代坑K9打破。由于被K9打破，坑口不明确，口大底小，成直筒状。坑口残长1.19米，宽1.36米，坑底残长0.99米，宽0.96米。坑底至坑口1.94米，坑壁稍斜，坑底较平（图一二）。坑内填土灰褐色，土质稍硬，较纯净。坑底出有陶罐、陶瓮（其下置一器座）等物（图版一，2）。

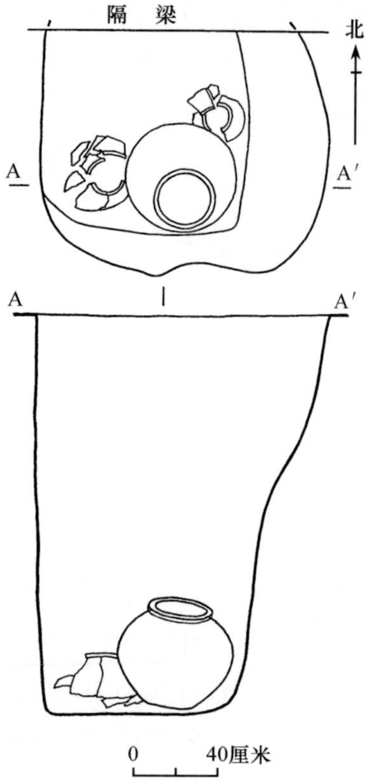

图一二　H14 平、剖面图

陶罐　1 件。H14∶1，夹云母红陶。敛口，宽沿上斜，方唇，溜肩，圆鼓腹下弧收，平底。肩、腹残留旋制痕。通高 22.4、口径 15.4、腹径 27.3、底径 11 厘米（图一三，1）。

陶瓮　1 件。H14∶2-1，夹云母灰陶。直口，平斜沿，方唇，矮颈，圆肩，弧腹，圜底。手轮兼制。腹部饰三组凸弦纹相间的绳纹纹带。该瓮附带一器座，H14∶2-2，夹云母红陶，手制，制作粗糙且笨重，截面近角形。口径 29.6、腹径 32、通高 55.6、口至瓮底 46.4 厘米。器座自身高 12、底外径 38、内径 29.2 厘米（图一三，2；彩版一一，4）。

H15　位于Ⅲ区 T0503 内的东北角，西邻 Z2。开口于③层下，东边打破 H29。打破生土。斜壁，圜底，坑口距地表 0.65 米，坑口南北长 0.71、东西宽 0.52、坑深 0.4 米（图一四，1）。坑内填土灰褐色，含炭屑，土质呈颗粒状，含夹云母陶片等，可辨器型有陶瓮口沿残片、陶豆盘、陶罐等。

陶釜　1 件。H15∶1，夹云母灰陶。敞口、尖圆唇、斜下垂，高领，颈部饰竖向弦断绳纹。口径 30、残高 8 厘米（图一四，2）。

陶罐　1 件。H15∶2，夹云母灰陶。敞口、方唇、高领，圆肩，饰竖向绳纹。口径 16、残高 8.8 厘米（图一四，3）。

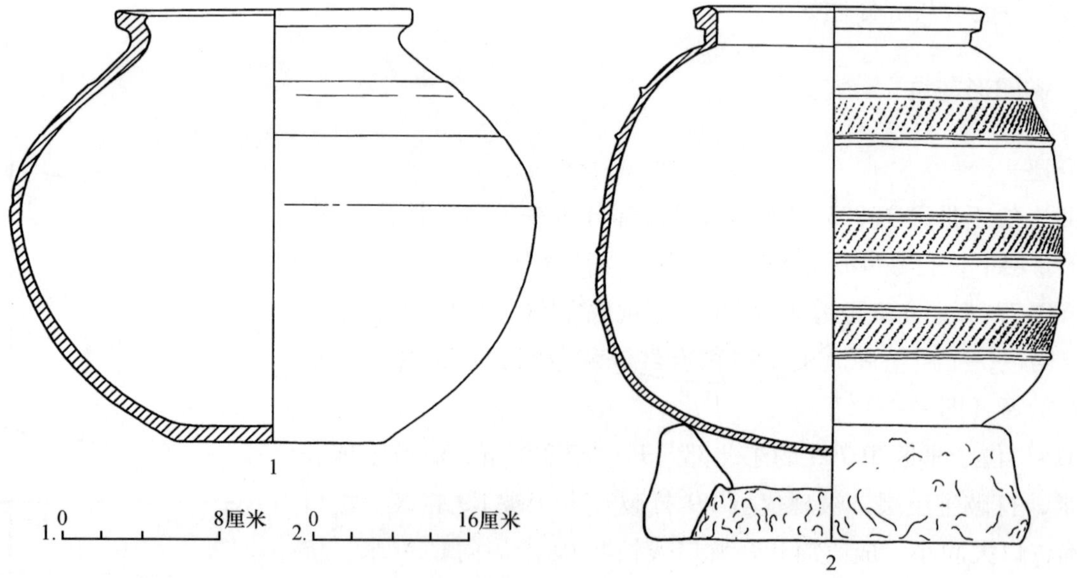

图一三　H14 出土器物

1. 陶罐（H14∶1）　2. 陶瓮及器座（H14∶2-1、H14∶2-2）

陶豆　1件。H15∶3，夹云母灰陶。敞口，呈喇叭状，尖圆唇，口径13、残高5厘米（图一四，4）。

陶瓮　1件。H15∶4，夹云母灰陶。口微敛，厚圆唇、斜肩。饰竖向绳纹。口径45.2、残高10.8厘米（图一四，5）。

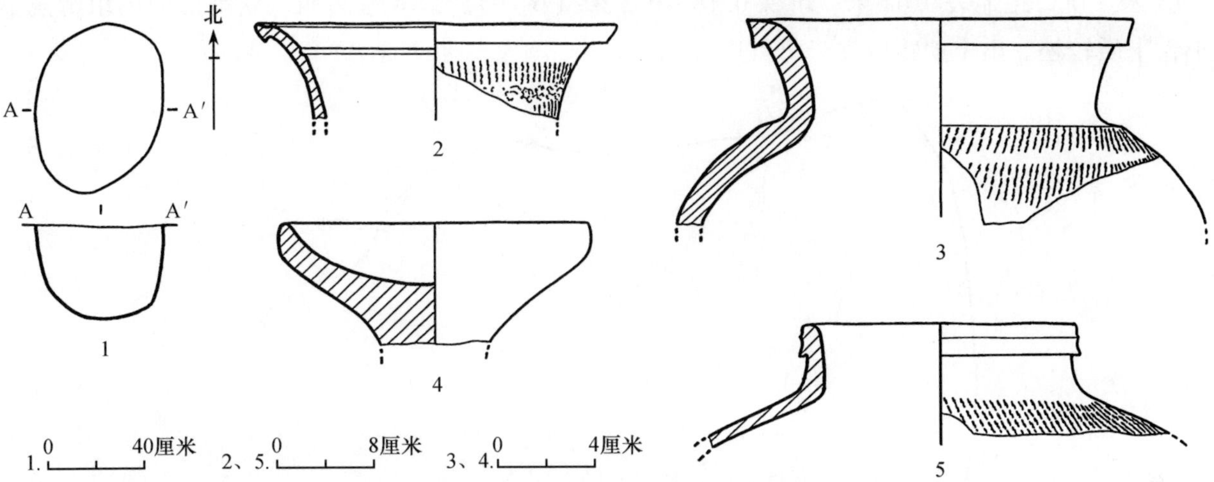

图一四　H15平、剖面图及出土器物

1. H15平、剖面图　2. 陶釜（H15∶1）　3. 陶罐（H15∶2）　4. 陶豆（H15∶3）　5. 陶瓮（H15∶4）

H20　位于Ⅲ区T0403内的西南角。开口于③层下，打破④层、生土，北部被东西向现代沟打破。直壁平底，直径1.58米，宽1.46米，坑口距地表0.62米，坑深约0.26米（图一五，1）。坑内填土灰褐色，夹杂有灰烬及烧土颗粒，土质较硬，内含绳纹及压印纹陶片等。

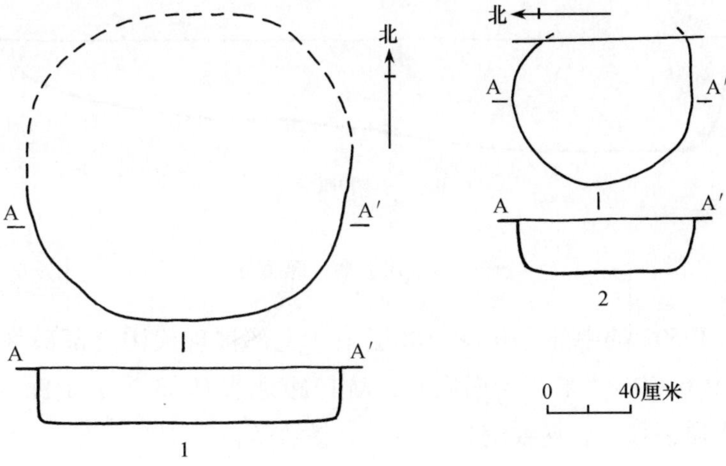

图一五　H20、H28平、剖面图

1. H20平、剖面图　2. H28平、剖面图

H28　位于Ⅲ区 T0803 的东南部。开口于③层下。坑口距地表深 0.42 米，东西宽 0.7 米，南北长 0.86 米。坑底东西宽 0.65 米，南北长 0.74 米，坑深 0.25 米（图一五，2）。坑内填土为黄花杂土，出有大量的夹云母陶片。

H31　位于Ⅲ区 T0103 的中部。开口于③层下。打破 Y5。坑口南北宽 2.68 米，东西残长 3.15 米。坑口距地表 0.62 米，坑深 0.18～0.5 米（图一六）。底东高西低斜坡形。内填黄灰杂土，土质较松。出土遗物以夹云母红陶片为多。

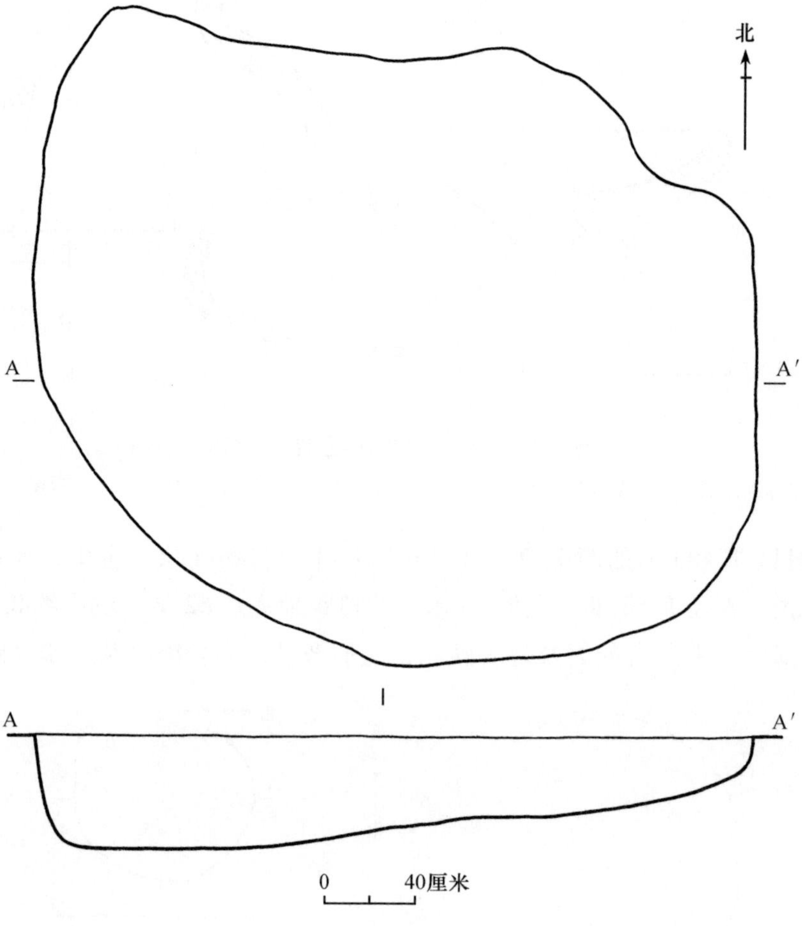

图一六　H31 平、剖面图

H37　位于Ⅲ区 T0502 的中部。开口于③层下。上部被现代沟全部破坏，叠压 H41。东西长 2.66 米，南北宽 0.6～0.84 米，为锅底状，坑口距地表 0.83 米，坑深 0.48 米（图一七）。坑内填土灰褐色，土质松散，含绳纹陶片、石块、铁渣等。

H39　位于Ⅲ区 T0502 的东南角。开口于③层下，打破 H40、H43、生土。斜壁，平底。南北径为 1.16 米，东西径为 1.1 米。坑口距地表 0.63 米，坑深 0.3～0.4 米（图一八，1）。坑内填土灰褐色，土质松软，内含夹云母陶片等。出土器物有：

铁斧　1 件。H39∶1，残高 5、残宽 6.5 厘米、厚 0.6～0.75 厘米（图一八，2）。

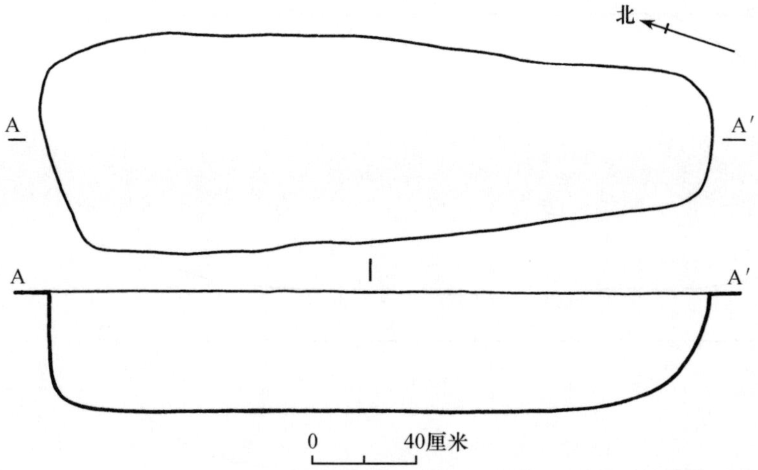

图一七　H37 平、剖面图

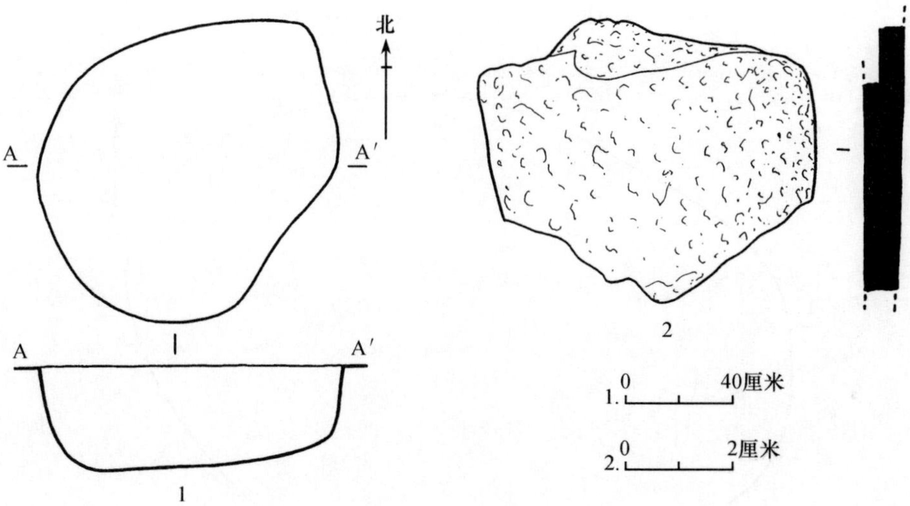

图一八　H39 平、剖面图及出土器物

1. H39 平、剖面图　2. 铁斧（H39∶1）

H40　位于Ⅲ区 T0502 的东北角。开口于③层下，打破 H43，其南半部分被 H39 所打破。斜壁，平底。东西长 3.76 米，南北宽 1.5 米。坑口距地表 0.65 米，坑深 0.7 米（图一九，1）。坑内填土浅灰褐色，土质松软，内含零星灰烬、云母碎屑、陶片等。出土器物有：

铁器　1 件。H40∶1，残存形如"！"号，一侧略宽厚，一侧薄锐，截面三角形。锈蚀严重。残长 5.2、宽 1.8、厚 0.6 厘米（图一九，2）。

H41　位于Ⅲ区 T0502 的中部。开口于③层下，东半部被现代沟破坏至底。南北长 3.5 米，东西残宽约 2.68 米，坑口距地表 0.63 米，坑深 0.52 米（图二〇）。坑内填土灰褐色，土质松软，内含零星灰烬、烧土块、夹砂陶片等。

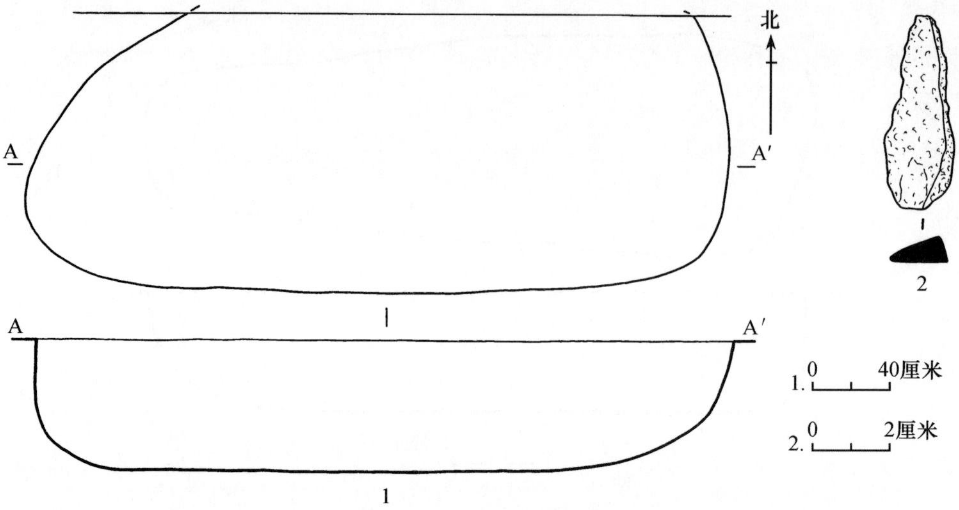

图一九　H40 平、剖面图及出土器物

1. H40 平、剖面图　2. 铁器（H40∶1）

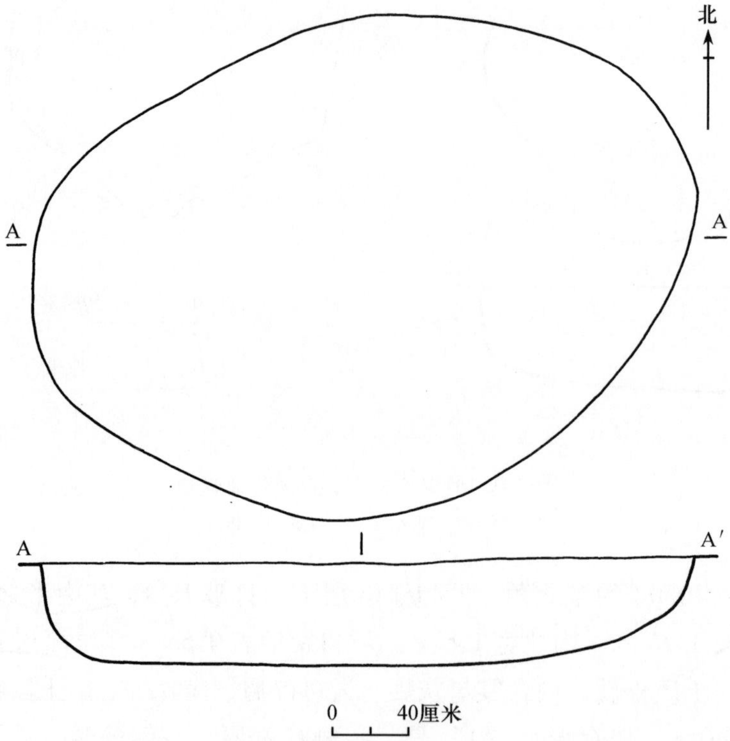

图二〇　H41 平、剖面图

2. 圆形灰坑

11 座。

H12　位于Ⅲ区T0503的中间，北邻Y4。开口于③层下，其南边一部分被东西向水沟破坏，其西半部分被H17打破。斜壁平底，坑东西径为2.22米，南北径0.96米。坑口距地表0.47米，坑深0.4～0.46米（图二一）。坑内填土为浅灰褐色，土质松软。包含物有泥质灰陶、夹云母红褐陶片、红烧土碎块等。可辨器型有瓮、釜、钵、板瓦、豆等。

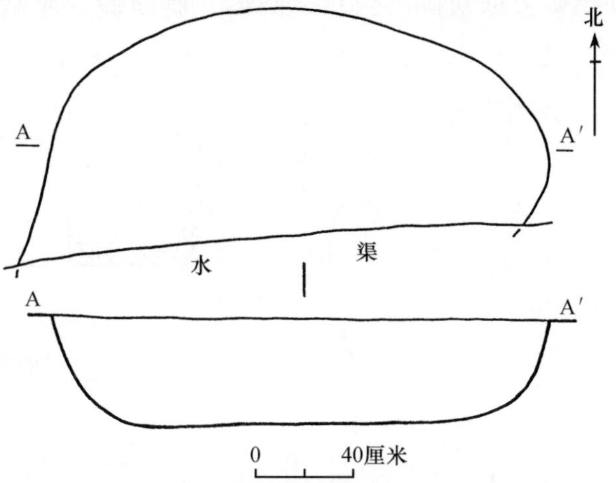

图二一　H12平、剖面图

H17　位于Ⅲ区T0503的中部，该灰坑打破H12。H17与H12同时被东西走向的现代沟破坏至底部。斜壁、底稍平。东西径约1.6米，南北残径0.86～1.06米。坑口距地表0.42米，坑深0.60米。底稍平（图二二，1）。坑内填五花灰土，土质松软，含灰褐陶及红褐陶片等。

H18　位于Ⅲ区T0503西部偏南，南邻M17。开口于③层下，打破Y4。坑壁呈斜坡状，底稍平。坑口东西长1米，南北宽1米。坑口距地表0.37米，坑底距地表0.57米（图二二，2）。

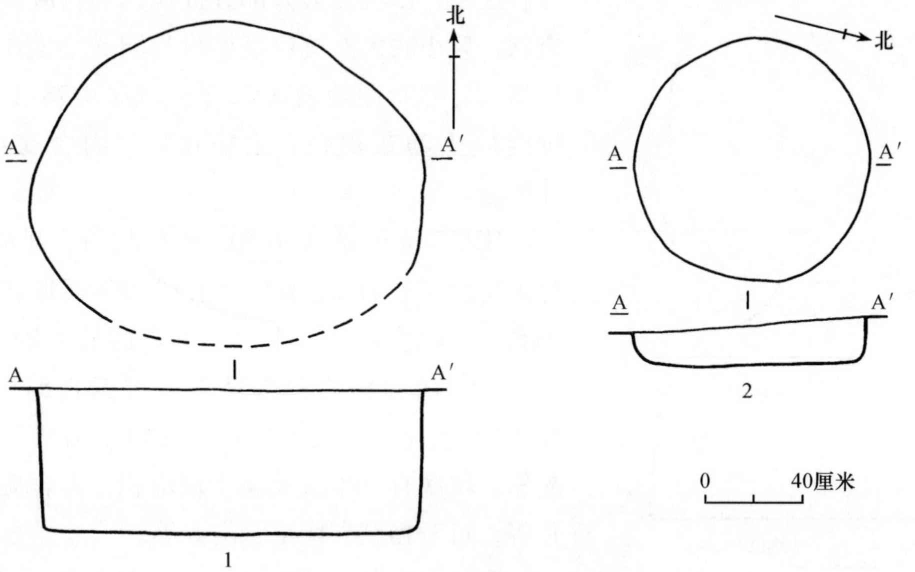

图二二　H17、H18平、剖面图

1. H17平、剖面图　2. H18平、剖面图

坑内填土含有大量云母石，土质稍硬。出土遗物有夹云母红、灰陶片等。

H19　位于Ⅲ区 T0503 内的东南角。开口于③层下。坑南部被现代坑破坏。坑径 1.5～1.6 米，宽 1.5 米，北壁较直，平底。坑口距地表 0.4 米，坑深约 0.3 米（图二三，1）。坑内填浅灰褐色土，土质呈颗粒状，土质较硬。坑内局部有淤土，含炭屑。可辨器型有：

陶钵　1 件。H19∶1，夹云母灰陶。敛口，圆唇，微鼓腹，底微上凹。做工粗糙。通高 5.8、口径 13、腹径 13.6、底径 9.8 厘米（图二三，2；图版一一，2）。

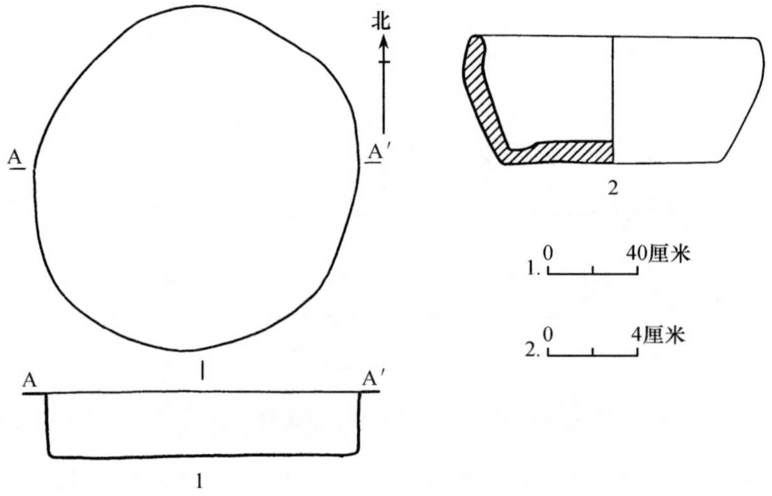

图二三　H19 平、剖面图及出土器物

1. H19 平、剖面图　2. 陶钵（H19∶1）

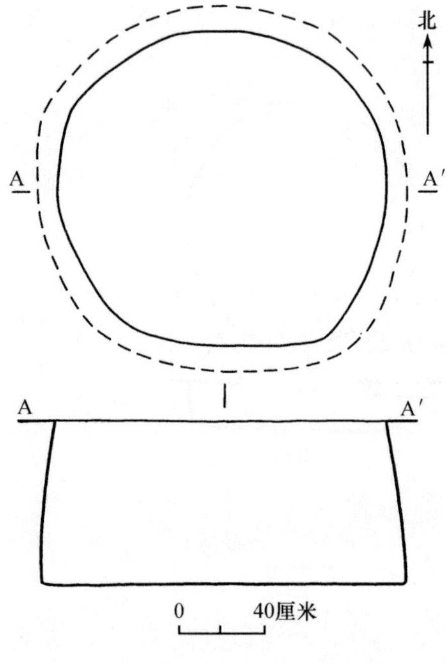

图二四　H21 平、剖面图

H21　位于Ⅲ区 T0403 的西南角。开口于③层下。打破生土，该坑北边大部分被现代沟打破。剖面形状为袋状，口小底大。坑口直径约 1.58 米，宽 1.5 米，底径 1.78 米。坑口距地表 0.52 米，坑深 0.78 米（图二四）。坑内填土为灰褐色，土质松软。内含交错细绳纹陶片等。

H29　位于Ⅲ区 T0503 的东北角。开口于③层下。打破生土，被 H15、H27 所打破。剖面形状为袋状，口小底大；坑壁较斜，平底。坑东西径 1.84 米，南北径 1.66 米。坑口距地表 0.75 米，坑深 0.84～0.9 米，底径 2.08 米（图二五，1）。坑内填土为浅灰褐色，土质松软，坑底有草木灰及烧土块堆积，内含夹云母红褐陶片等，可辨器型有陶罐、陶豆等。

陶罐　3 件。H29∶1，夹云母红陶。侈口、折沿、圆唇、斜腹，肩部以下饰粗绳纹，口沿内侧有轮制凹弦纹。残高7厘米（图二五，2）。H29∶2，夹云母灰陶。敞口、方唇、高领内弧，肩部饰斜向绳纹。口径15、残高6厘米（图二五，3）。H29∶4，夹云母灰陶。敞口、斜宽沿、方唇，圆肩。饰竖向绳纹。口径16.8、残高5.4厘米（图二五，5）。

陶瓮 1件。H29∶3，夹云母灰陶。直口、方圆唇、矮领，斜肩，肩部饰斜向绳纹。口径15、残高6厘米（图二五，4）。

陶豆 1件。H29∶5，夹砂灰陶，柄部残高7.6厘米（图二五，6）。

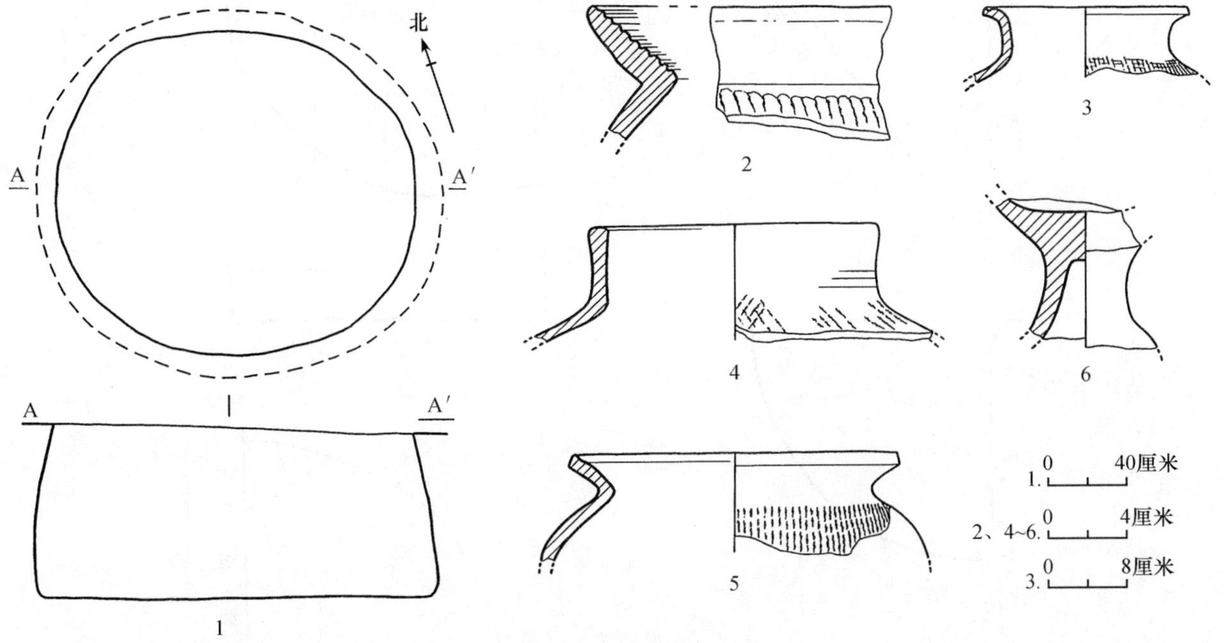

图二五 H29平、剖面图及出土器物

1. H29平、剖面图 2、4、5. 陶罐（H29∶1、H29∶2、H29∶4） 3. 陶瓮（H29∶3） 6. 陶豆（H29∶5）

H30 位于Ⅲ区T0704的中部偏东。开口于③层下。被旧水渠打破，自身打破生土。弧壁圜底。坑口南北最大残径0.8米，东西最大残径1米，坑口距地表0.35米，深1米（图二六，1）。坑内填土为黑灰色，松软。含石块、陶片、草木灰等。

H33 位于Ⅲ区T0402的西北角，西南邻Z4。开口于③层下，被近代沟打破，自身打破生土。直壁平底。坑口直径1.8米。坑口距地表0.55米，坑深0.22米（图二六，2）。坑内填土灰褐色，土质稍硬。含少量木炭颗粒。出土遗物有红褐夹砂陶片等。

H36 位于Ⅲ区T0502的东南角。开口于③层下，打破生土。清理部分长1.05～1.1米，坑口距地表0.65米，坑深0.4米。圜底（图二六，3）。坑内填浅灰褐色土，土质结构紧密，内含夹砂灰陶片、兽牙等。

H38 位于Ⅲ区T0502的中部。开口于③层下，其北边被现代坑破坏。弧壁，圜底，南北径为1.46米，东西径为1.62米。坑口距地表0.6米，坑深0.52米（图二七，1）。坑内填土灰褐色，土质松软，内含夹砂陶片等。

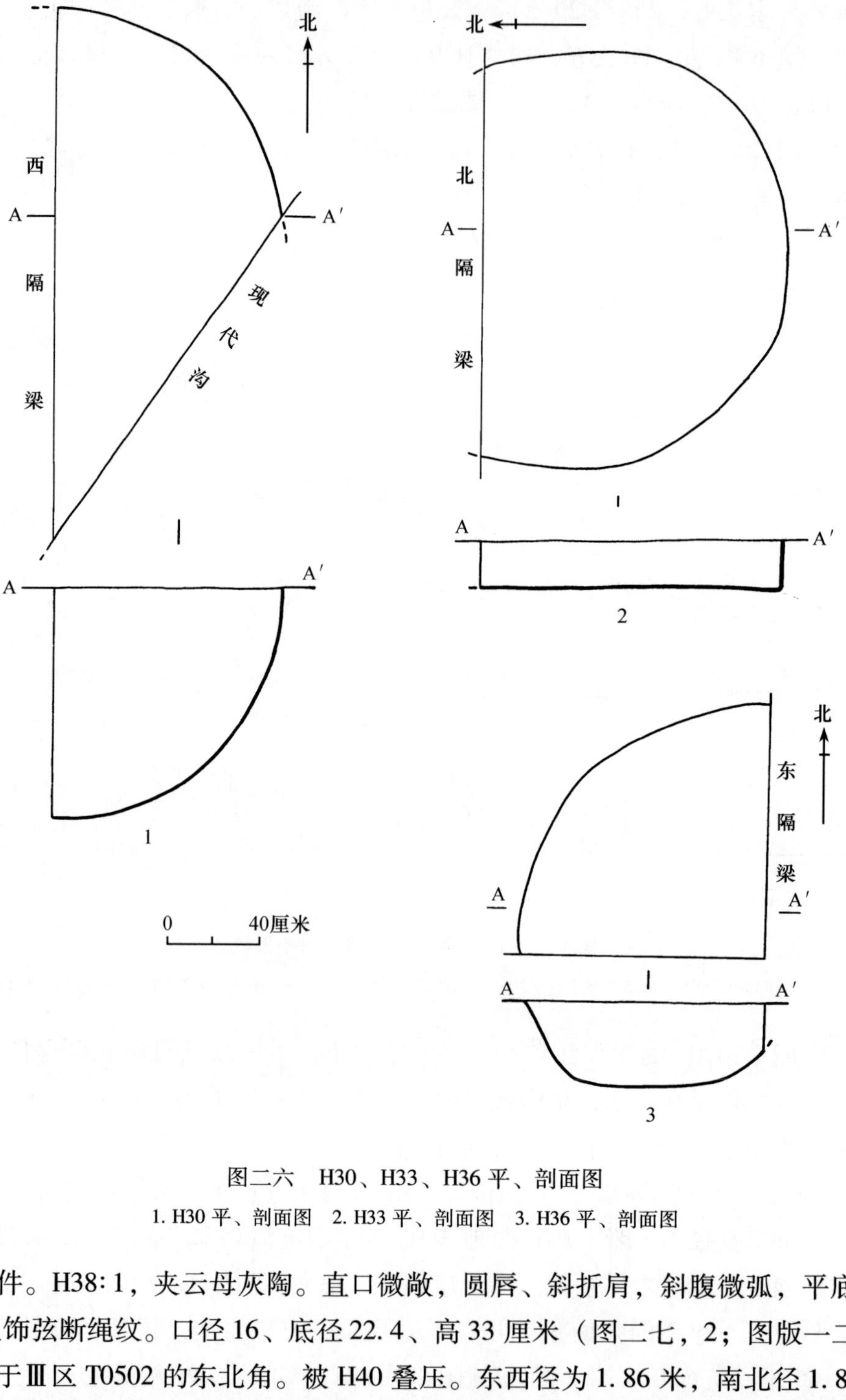

图二六　H30、H33、H36 平、剖面图

1. H30 平、剖面图　2. H33 平、剖面图　3. H36 平、剖面图

陶罐　1 件。H38:1，夹云母灰陶。直口微敞，圆唇、斜折肩，斜腹微弧，平底。饰竖向绳纹，肩部以上饰弦断绳纹。口径 16、底径 22.4、高 33 厘米（图二七，2；图版一二，5）。

H43　位于Ⅲ区 T0502 的东北角。被 H40 叠压。东西径为 1.86 米，南北径 1.8 米，坑壁较直，平底。坑口距地表 0.8～0.9 米，坑深 0.9 米（图二八）。坑内填土为五花黄褐色，呈颗粒状，局部有淤积土，内含有夹云母红陶片等。

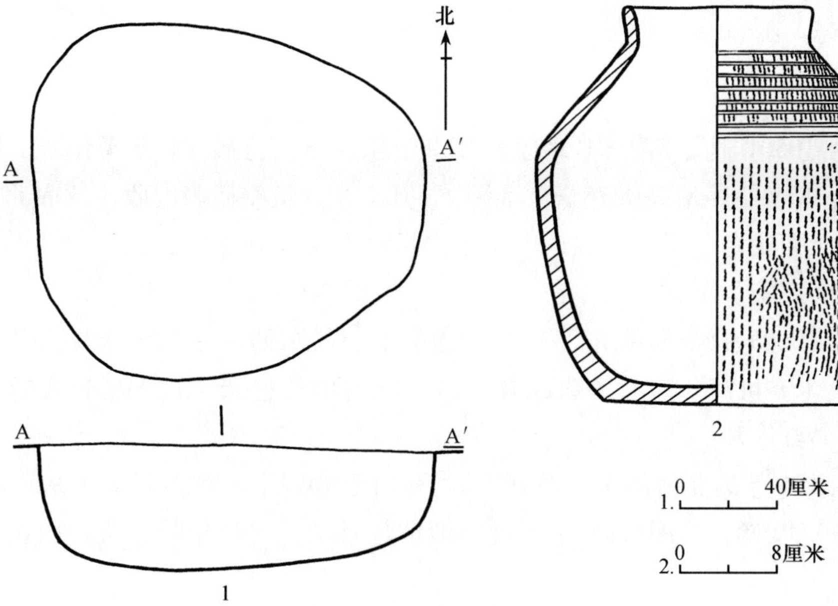

图二七　H38平、剖面图及出土器物

1. H38平、剖面图　2. 陶罐（H38∶1）

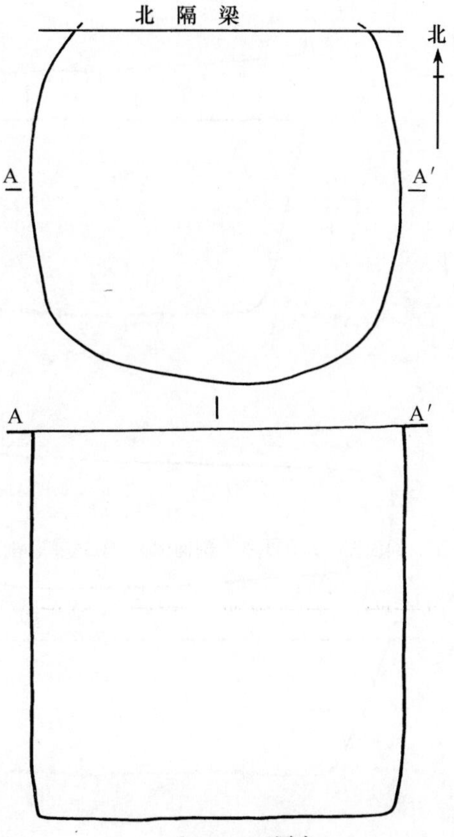

图二八　H43平、剖面图

3. 长方形灰坑

9座。

H1　位于Ⅰ区T0501西北角，Y1北边。开口于④层下，打破Y1及操作坑。坑口南北长1.86米，东西宽1.38米，距地表0.75米。深0.6～0.7米。坑壁微斜内收，坑底北高南低（图二九，1）。坑内填土黄褐色，土质松散。内含有少量草木灰及砂土、红烧土块、夹云母红褐陶片等，可辨器型为圜底釜。

H2　位于Ⅲ区T0605的中部偏北。开口于③层下。其东西向长2.3米，南北宽0.47米，坑口距地表深0.35米，坑深0.8米（图二九，2）。坑内填黄色杂土，土质较松软，含有少量云母石碎颗粒及夹砂红陶片。

H5　位于Ⅲ区T0605的北部偏东，西邻H2。开口于③层下，东西长2.7米，南北宽0.55米，坑口距地表深0.42米，坑深0.58米。坑内填黄色杂土，土质松软，含有白色云母石颗粒及碎红陶片（图二九，3）。

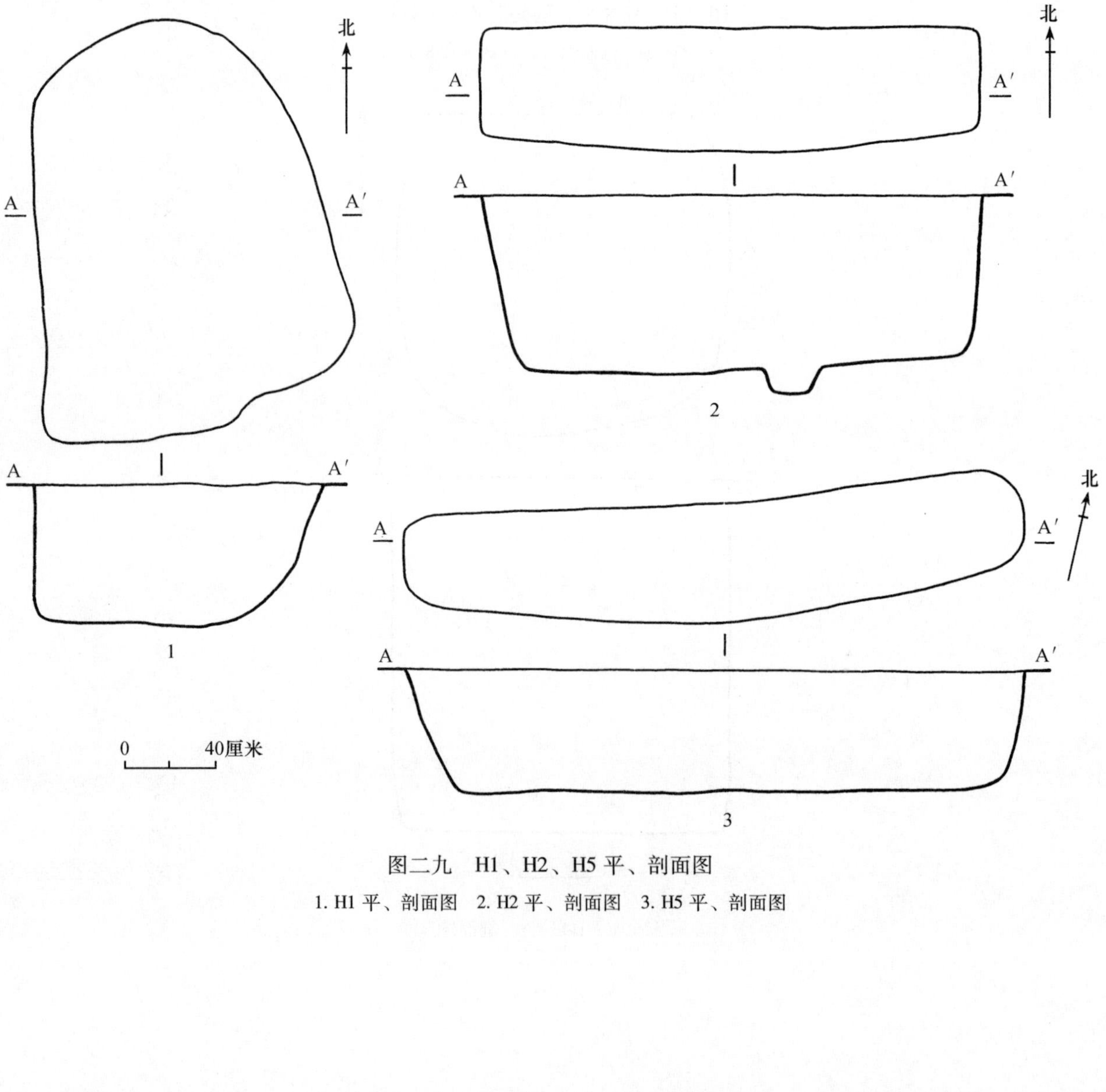

图二九　H1、H2、H5平、剖面图

1. H1平、剖面图　2. H2平、剖面图　3. H5平、剖面图

H6　位于Ⅲ区 T0605 的南部。开口于③层下。东西长 4.2 米，南北宽 2.5～3.1 米，坑口距地表深 0.6 米。深 0.35 米（图三○A）。坑内填黄色土，质地纯净，较硬，含有少量红烧土颗粒及夹云母陶片等。

陶釜　4 件。H6:1，夹云母红陶。直口、宽平沿，尖圆唇，直腹微斜。腹部饰竖向绳纹。残高 8.4 厘米（图三○B，1）。H6:2，夹云母红陶。母口、浅盘状，圆唇，斜直腹，腹部饰竖向绳纹。口径 33.2、残高 6.4 厘米（图三○B，2）。H6:3，夹云母红褐陶。敞口、口沿外翻，方唇，斜直腹，腹部饰竖向绳纹。口径 26.8、残高 7.2 厘米（图三○B，3）。H6:4，夹云母灰陶。敞口、翻卷沿，方圆唇，高领、细颈，素面。口径 26、残高 8.4 厘米（图三○B，4）。

陶豆　1 件。H6:5，细高柄。素面。残高 11.6 厘米（图三○B，5）。

H7　位于Ⅲ区 T0606 的中南部。开口于③层下。东西长 1.25、南北宽 0.7 米。坑口距地表 0.6 米，坑深 1.3 米（图三一，1）。坑内填土灰色、土质松软，内含有灰色、红色夹云母陶片。出土器物有：

鹿纹瓦当　1 件。H7:1，夹砂灰陶，半圆形。中部有象形阙门之建筑，下部两角双鹿相向，伸颈仰头，前肢向前直伸，后肢屈弯，尾巴上翘做跳跃状；边轮较宽，饰一凹弦纹。直径 19.5 厘米（图三一，2；彩版一二，1）。

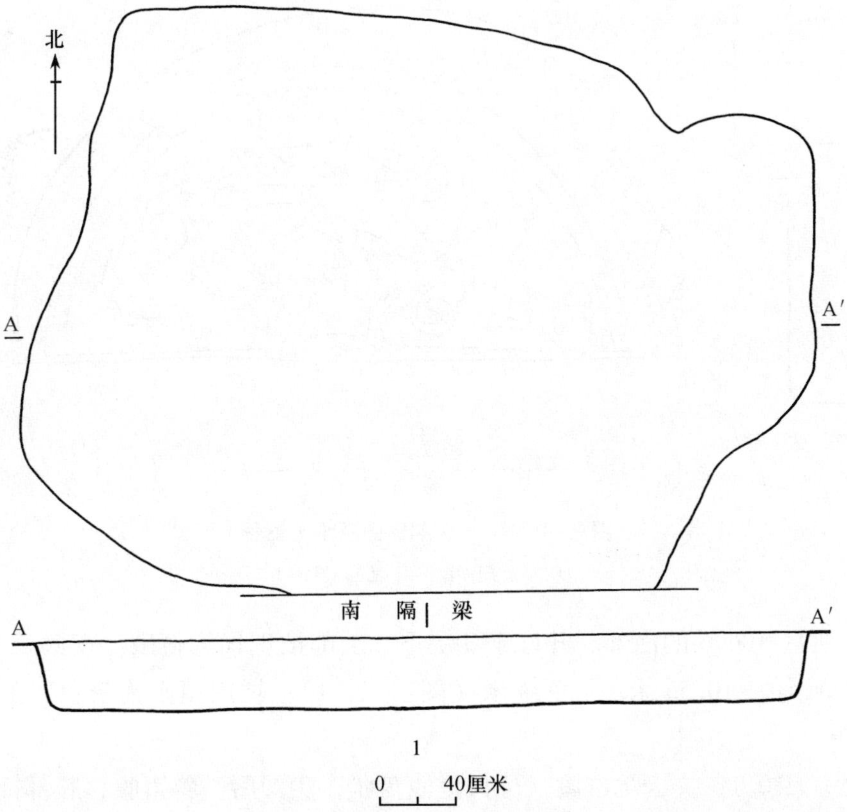

图三○A　H6 平、剖面图

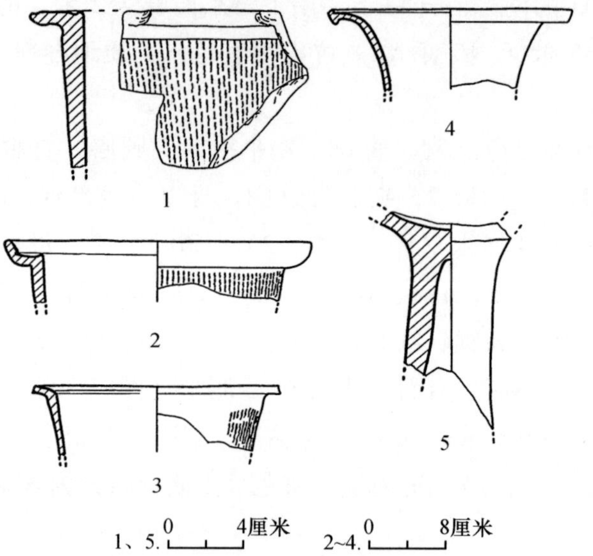

图三〇B　H6出土器物

1～4. 陶釜（H6:1、H6:2、H6:3、H6:4）　5. 陶豆（H6:5）

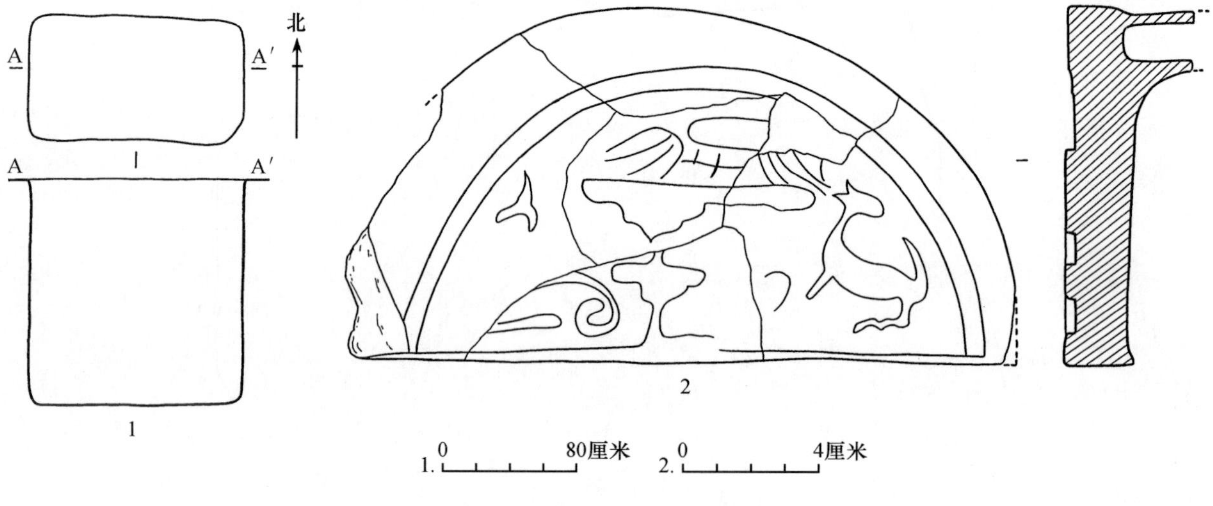

图三一　H7平、剖面图及出土器物

1. H7平、剖面图　2. 瓦当（H7:1）

H10　位于Ⅲ区T0606的南部。开口于③层下，上部被现代沟打破。东西长1.68米，南北宽1.08米，坑口距地表0.55米，坑深1米（图三二，1）。坑内填土为灰色、土质松软，内含夹云母红陶片等。

陶釜　2件。H10:1，夹云母红陶。母口呈浅盘状，尖圆唇，斜直腹，腹部饰竖向绳纹。口径30、残高7.6厘米（图三二，3）。H10:2，夹云母灰陶。侈口，斜折沿，方唇，直腹微斜。腹部饰竖向绳纹。口径40、残高12.4厘米（图三二，2）。

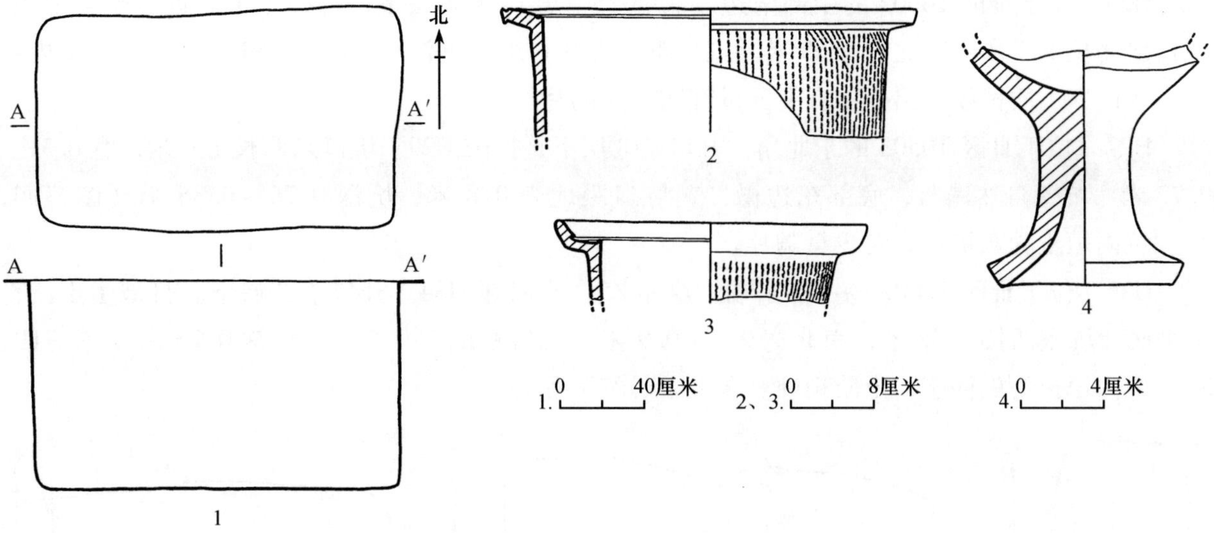

图三二　H10平、剖面图及出土器物

1. H10平、剖面图　2、3. 陶釜（H10∶2、H10∶1）　4. 陶豆（H10∶3）

陶豆　1件。H10∶3，夹云母灰陶。喇叭状座，素面。底径8.4、残高11.6厘米（图三二，4）。

H16　位于Ⅲ区T0604的南壁下，大部分位于T0603的北隔梁下。开口于③层下，打破④层。壁稍斜，底平。坑口东西长1.25米，南北宽0.2～0.36米。坑口距地表0.4米，坑深0.1米（图三三，2）。坑内填土红褐色，土质稍松。出有红、灰夹云母陶片等。

H23　位于Ⅱ区T0404的东北部，Y3的东南部。开口于③层下，打破生土。壁微弧，近平底。坑口东西长2.78米，坑底东西长2.14米，南北宽1.2米。坑口距地表0.45米，坑深0.34米（图三三，1）。内填灰、黄杂土，土质较松，内含大量烧窑壁残块。出土较多的夹云母红陶片。

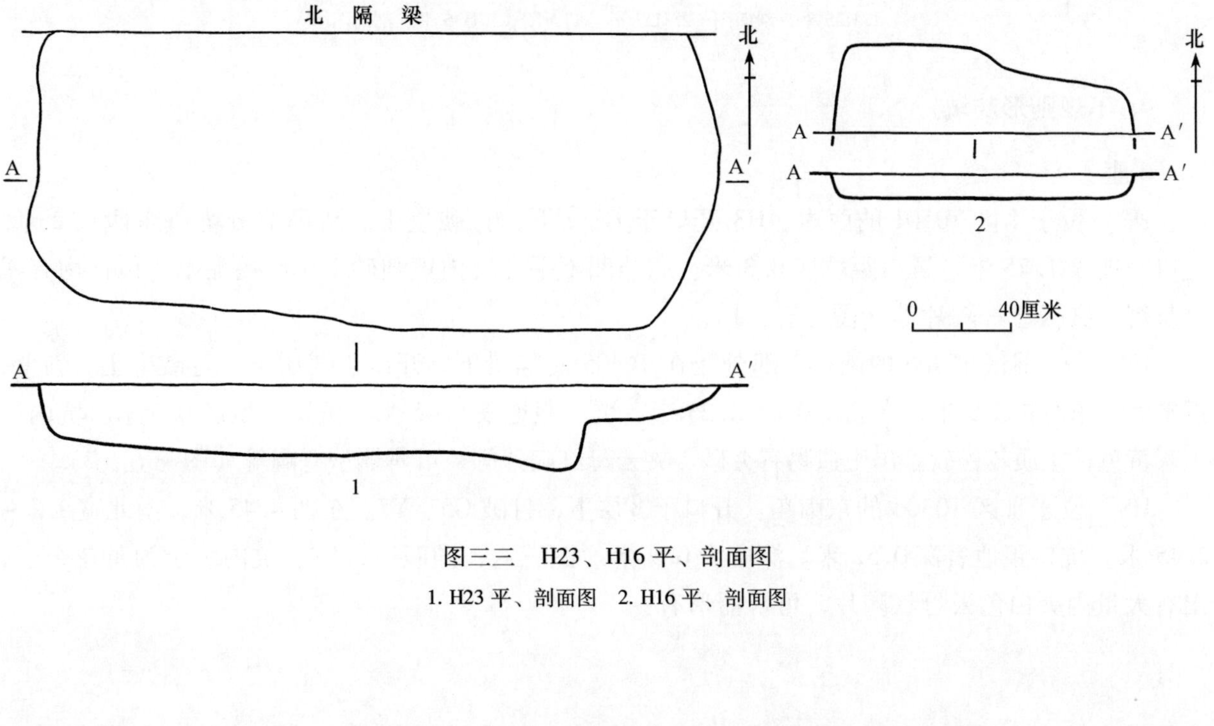

图三三　H23、H16平、剖面图

1. H23平、剖面图　2. H16平、剖面图

H25　位于Ⅲ区T0602的中部南边，北邻Z5。开口于③层下，打破生土。近直壁，平底。坑口南北长1.3米，南北宽0.65米。坑口距地表0.6米，坑深0.15米（图三四，1）。坑内填土为灰色，土质稍硬。出土物有夹云母红陶、灰陶片等。

H27　位于Ⅲ区T0503的东北角。开口于③层下，打破H29。坑口东西长1.9米，宽0.51～0.72米。坑壁自然塌落，底部东边微凹，坑口距地表0.8米，坑深0.76～0.86米（图三四，2）。坑内填土为灰褐色，含少量陶片。

H35　位于Ⅲ区T0602的中部东端，西邻Z5，西南邻H34。开口于③层下。打破生土。直壁平底。坑东西长1.52米，南北宽0.8～0.9米。坑口距地表0.5米，坑深0.25米（图三四，3）。坑内填土为黑褐土，土质稍硬。含夹云母红陶片等。

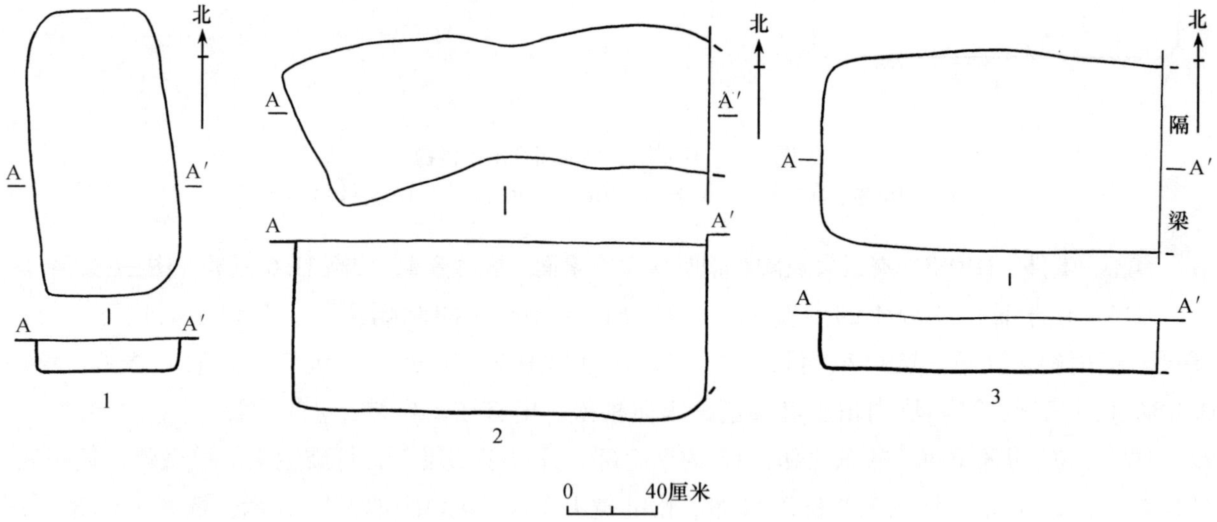

图三四　H25、H27、H35平、剖面图

1. H25平、剖面图　2. H27平、剖面图　3. H35平、剖面图

4. 不规则形灰坑

6座。

H3　位于Ⅰ区T0501的西边。H3开口于G1②下，打破生土。清理部分坑口东西长2米。坑口距地表1.75米，坑口距坑底0.3米。底凸凹不平。坑内填细砂土、红褐黏土，包含物有零星灰烬、夹云母红陶片等（图三五，1）。

H4　位于Ⅲ区T0406的南部。部分压在T0405北隔梁下。开口于③层下，打破生土。斜壁，近平底。东西长2.9米，南北宽0.8～1.23米。坑口距地表0.45米，坑口至坑底0.3米。坑内填土灰黄色，土质较松软。出土遗物有夹砂、夹云母红陶片等，可辨器型有罐等（图三五，2）。

H8　位于Ⅲ区T0304的东南角。开口于③层下，打破G5、Y7。东西4.45米，南北宽1.3～2.45米。坑口距地表深0.52米。深度为0.9米（图三六；图版一，1）。坑内填土为黄花杂土，出有大量内夹白色云母红陶片，可辨器形有：

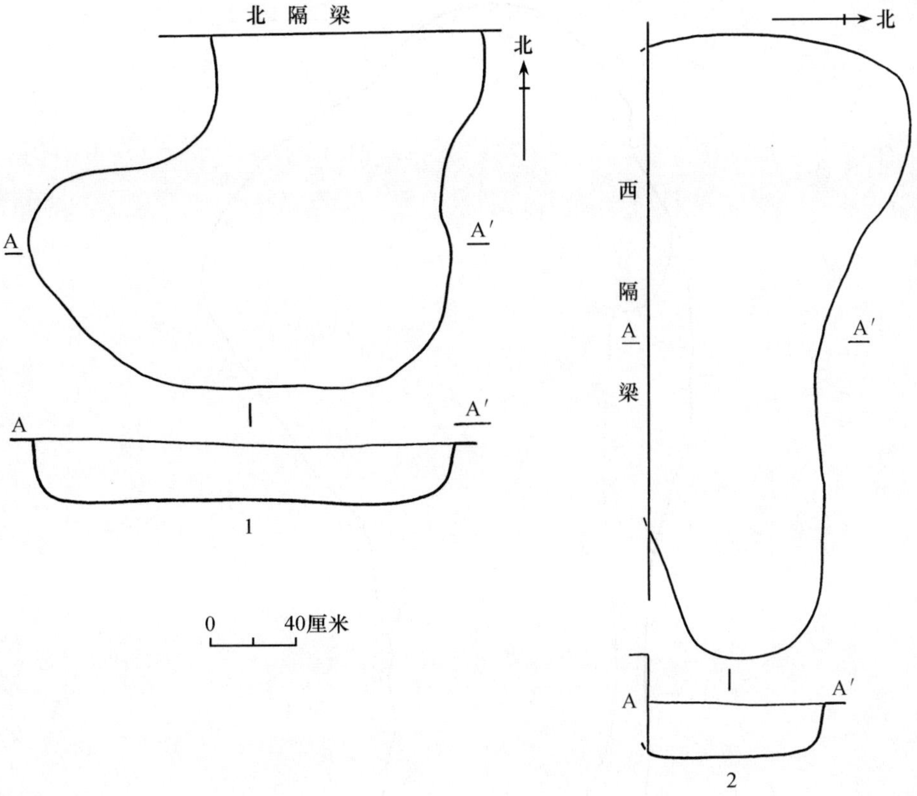

图三五　H3、H4平、剖面图
1. H3平、剖面图　2. H4平、剖面图

陶釜　9件。H8:10，夹云母红陶。母口、尖圆唇，腹微弧，饰竖向中粗绳纹。残高19.2、口径32.8厘米（图三七，1）。H8:15，夹云母红陶。母口、尖唇，斜腹微弧，饰竖向细绳纹。残高14.8、口径34厘米（图三七，2）。H8:17，夹云母红褐陶。母口、圆唇，斜直腹。饰竖向中粗绳纹。残高14.8、口径32厘米（图三七，3）。H8:20，夹云母灰陶。侈口，宽平沿，近方唇，斜腹微弧，饰细绳纹。残高13.2、口径30厘米（图三七，4）。H8:21，夹云母红陶。母口，尖圆唇，斜直腹，饰竖向细绳纹。残高12.4、口径38厘米（图三七，5）。H8:25，夹云母红陶。母口呈盘状，尖圆唇，斜直腹，腹部饰竖向绳纹。口径32.4、残高18厘米（图三七，6）。H8:26，夹云母红褐陶。母口呈盘状，尖圆唇，斜直腹微弧，腹部饰竖向绳纹。口径32、残高14.4厘米（图三七，7）。H8:27，夹云母红陶。母口呈盘状，尖圆唇，斜直腹。腹部饰竖向绳纹。口径32.4、残高11.2厘米（图三七，8）。H8:7，夹云母红陶。直口略侈，宽沿上仰，方唇，直腹饰竖细绳纹，底外凸。残高10.8、口径36厘米（图三八，7）。

陶罐　1件。H8:18，夹云母红褐陶。敞口，平沿，方唇，高颈内弧，斜肩。饰细绳纹和凹弦纹七道。残高17.6、口径24.4厘米（图三八，1）。

陶瓮　1件。H8:24，夹云母灰陶。敞口，圆唇，斜肩。口沿外侧有一道凸弦纹，肩部饰细绳纹。残高13.2、口径35厘米（图三八，2）。

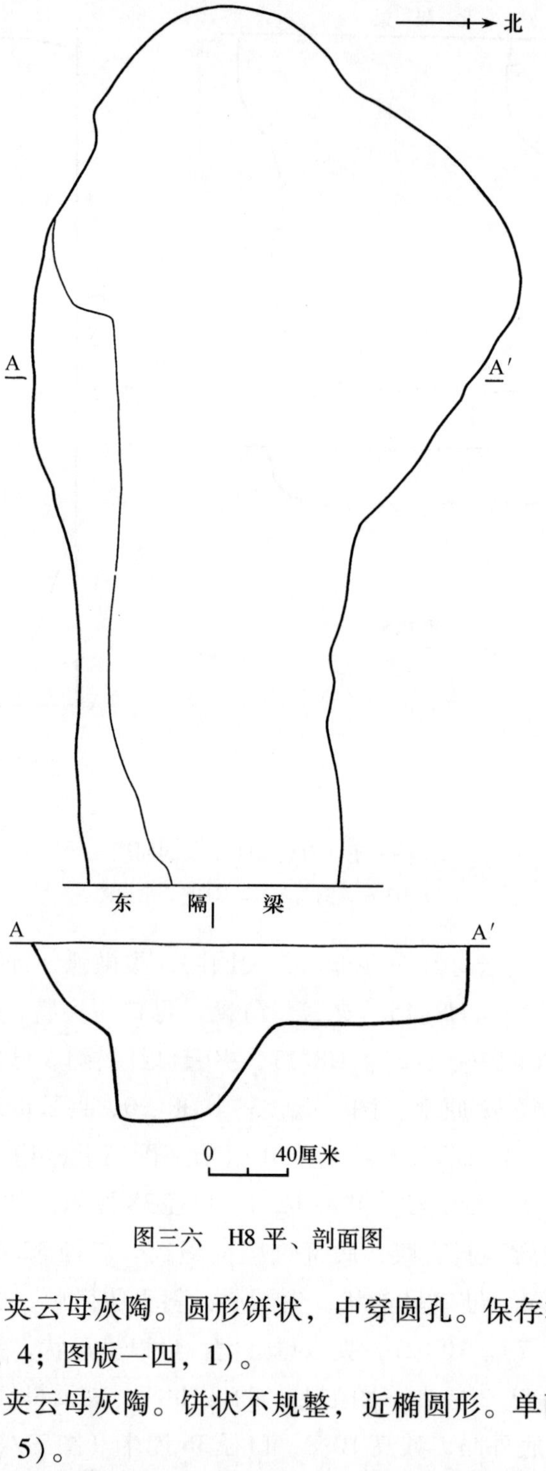

图三六 H8 平、剖面图

陶纺轮 1件。H8∶2，夹云母灰陶。圆形饼状，中穿圆孔。保存较完好。外径4.8、孔径1.3、厚1.2厘米（图三八，4；图版一四，1）。

圆陶片 1件。H8∶6，夹云母灰陶。饼状不规整，近椭圆形。单面饰细绳纹。直径6.2～7.1、厚1.1厘米（图三八，5）。

陶盏 1件。H8∶3，夹云母灰陶。敞口，圆唇，浅腹，内底上凸，外底上凹。做工粗糙。通高2、口径8.6、底径6.6厘米（图三八，3）。

小陶器 1件。H8∶4，夹云母灰陶。直口，圆唇，筒腹略残，平底，口沿外残存一贯耳。通高4.2、口径5.7、底径5.4厘米（图三八，6）。

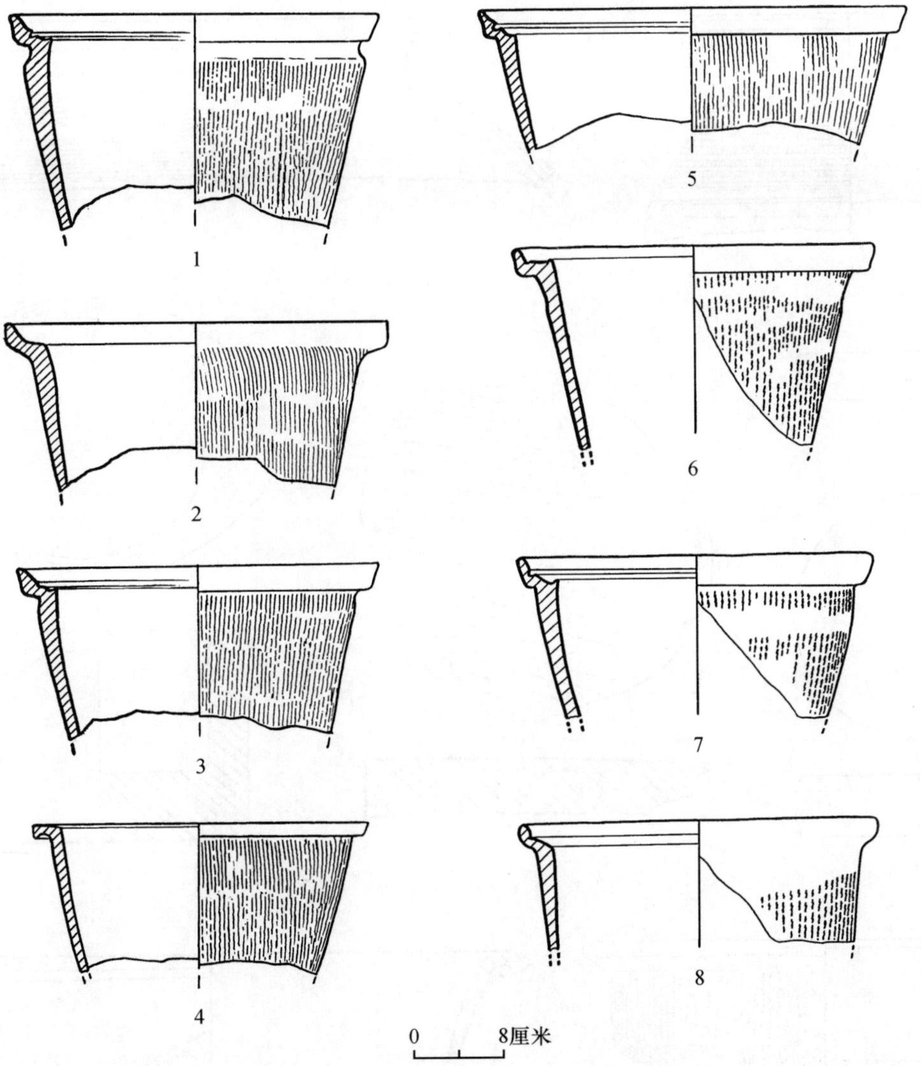

图三七　H8出土陶釜

1. H8∶10　2. H8∶15　3. H18∶17　4. H8∶20　5. H8∶21　6. H8∶25　7. H8∶26　8. H8∶27

陶盆　1件。H8∶28，夹砂灰陶。敞口，翻卷沿，方唇，斜腹，素面。口径50、残高10.4厘米（图三八，8）。

兽面瓦当　3件。H8∶5，夹砂灰陶含云母。半圆形，当面为简化饕餮纹，双目椭圆状鼓凸，阔口，卷唇；四周布满云雷纹，外有一周凸弦纹，边轮宽窄不匀。残长10、直径19厘米（图三九，1；彩版一二，3）。H8∶8，夹砂灰陶含云母。半圆形，当面为简化饕餮纹，双目椭圆状鼓凸，阔口，卷唇；四周布满卷云纹，边轮略宽。纹饰较模糊。残长38、直径17厘米（图三九，2；彩版一二，4）。H8∶9，夹砂灰陶含云母。半圆形，当面为简化饕餮纹，双目椭圆状鼓凸，阔口，卷唇；四周布满卷云纹，边轮略宽。纹饰较模糊，微有残缺。残长22.4、直径13厘米（图三九，3；彩版一二，2）。

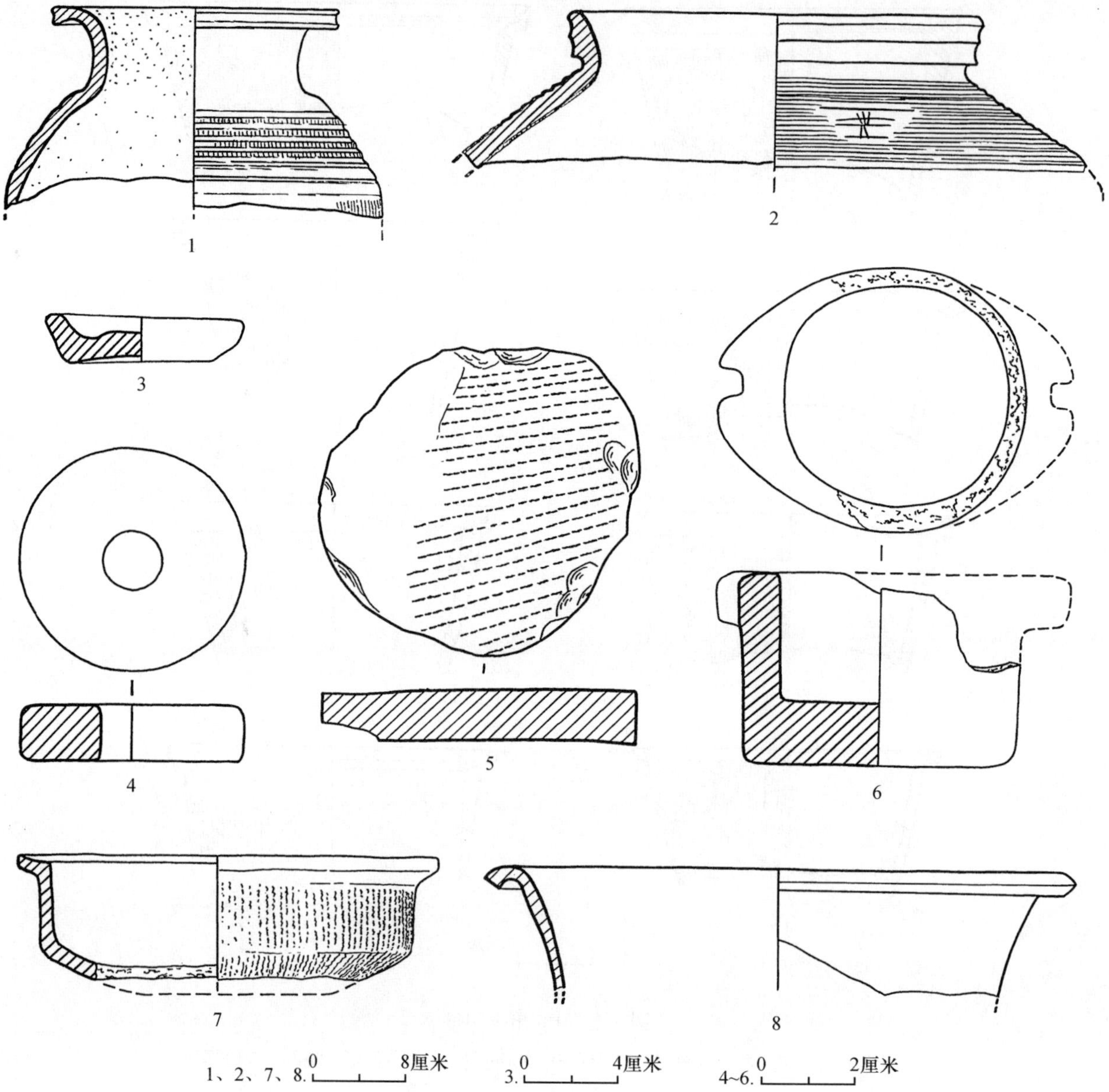

图三八　H8 出土器物

1. 陶罐（H8∶18）　2. 陶瓮（H8∶24）　3. 陶盏（H8∶3）　4. 陶纺轮（H8∶2）　5. 圆陶片（H8∶6）　6. 小陶器（H8∶4）　7. 陶釜（H8∶7）　8. 陶盆（H8∶28）

筒瓦　6 件。H8∶12，夹云母灰陶。子口，斜沿，外饰斜向中粗绳纹。残长 26.4、残宽 13.6、厚 0.8 ~ 1.4 厘米（图三九，4）。H8∶13，夹云母灰陶。子口，斜沿，外饰斜向竖绳纹，中间有二道抹痕，故形成绳纹纹带。残长 20.8、残高 17.6、厚 1.2 厘米（图三九，5）。H8∶16，夹云母红褐陶。子口残，中部有一缀孔。残长 14、残宽 8.8、厚 1.2 厘米（图四〇，1）。H8∶19，夹云母灰陶。外饰斜向细绳纹。残长 32、残宽 17、厚 1.2 厘米（图三九，6）。H8∶22，夹云母红陶。子口，近平沿。外饰斜向细绳纹，中间有一道横向抹痕，使绳纹间断形成绳纹纹带。

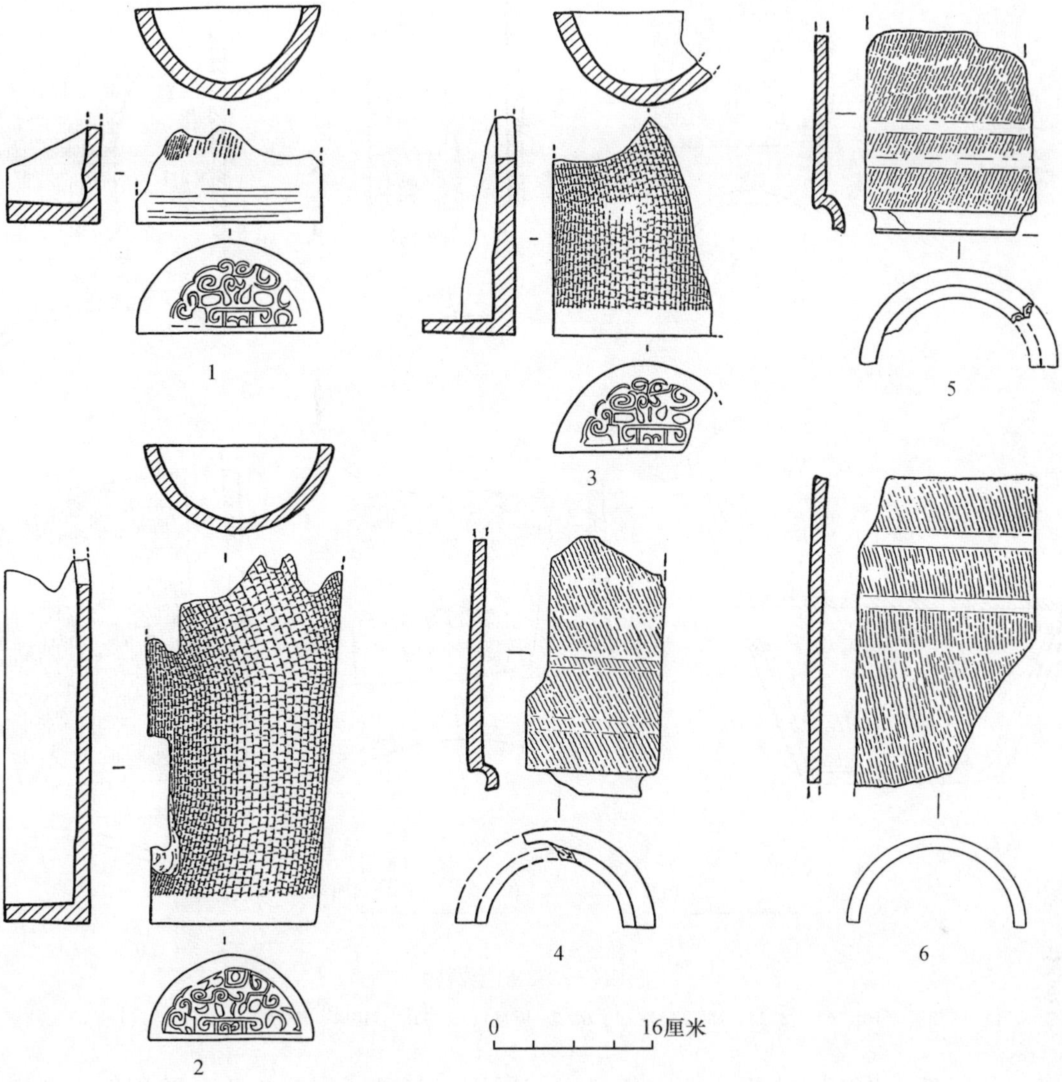

图三九　H8 出土器物

1～3. 兽面瓦当（H8∶5、H8∶8、H8∶9）　4～6. 筒瓦（H8∶12、H8∶13、H8∶19）

残长 13.6、残宽 14、厚 0.8～1.4 厘米（图四〇，2）。H8∶23，夹云母灰褐陶。子口，斜沿。外饰斜向细绳纹，中间有二道横向抹痕，故形成绳纹纹带。残长 23.6、残宽 9.6、厚 1.6 厘米（图四〇，3）。

板瓦　3 件。H8∶6，夹云母红陶。外饰竖向细绳纹。内布底纹。残长 31.2、残宽 24、厚 1.2～1.6 厘米（图四〇，7）。H8∶11，夹云母灰陶。外饰竖向细绳纹。残长 25.6、残宽 21.2、厚 1.2 厘米（图四〇，4）。H8∶14，夹云母灰陶。外饰竖向细绳纹。残长 19.6、残宽 20.8、厚 1.6 厘米（图四〇，6）。

铁器　1 件。H8∶1，薄体，呈梯形向一端渐宽，残断。锈蚀严重。残长 10.9、宽 5～11、厚 0.3 厘米（图四〇，5）。

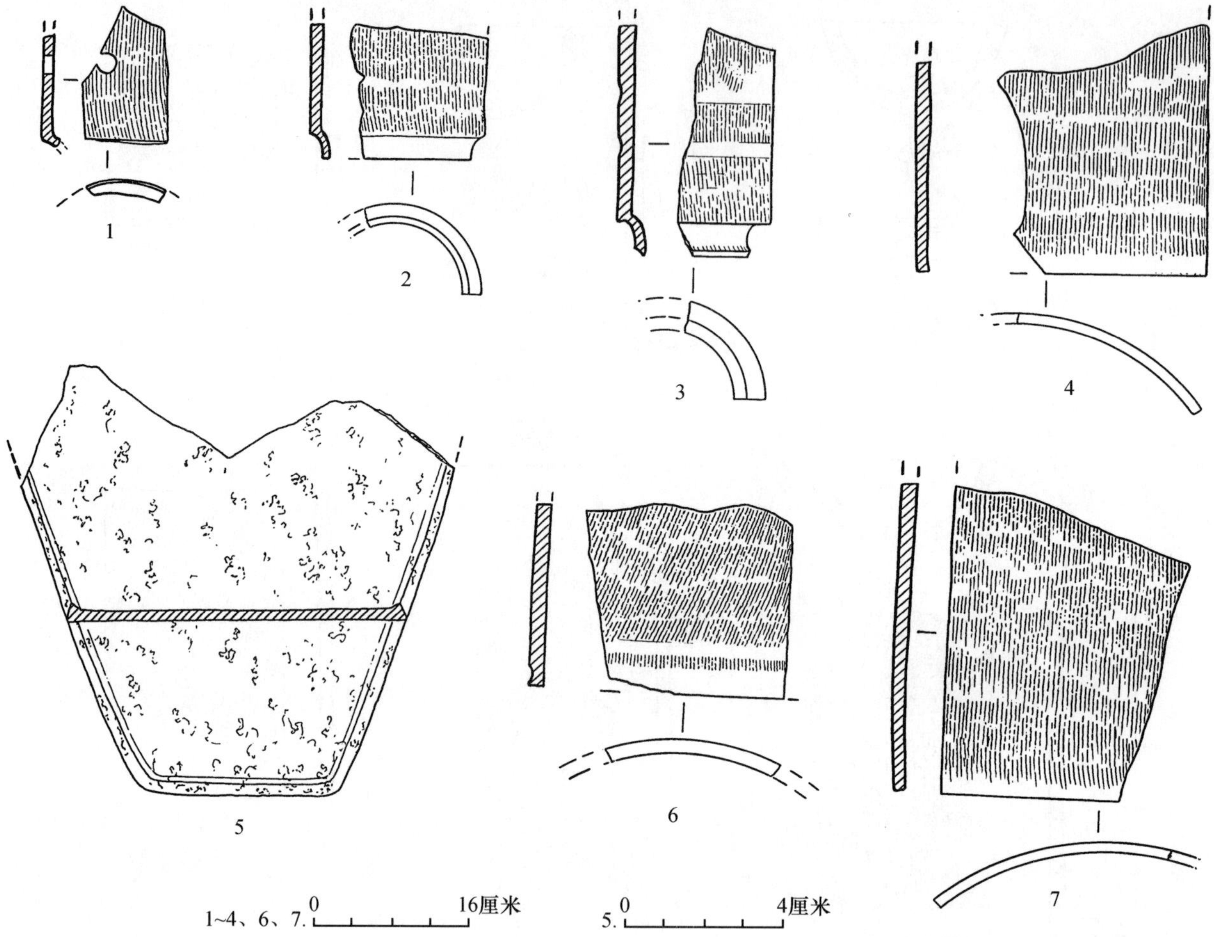

图四〇 H8出土器物

1~3. 筒瓦（H8:16、H8:22、H8:23） 4、6、7. 板瓦（H8:11、H8:14、H8:6） 5. 铁器（H8:1）

H11 位于Ⅲ区T0604的西北部。开口于③层下，打破④层、生土。壁稍斜，东边稍平，底西高东低。坑口东西长4.1米，南北宽0.6～1.45米。坑口距地表0.5米，坑口至坑底0.8米。坑内填土灰褐色，土质硬。出有红、灰夹云母陶片等（图四一）。

H13 位于Ⅲ区T0604的西南部。开口于③层下，打破④层及生土。坑壁稍斜，底北高南低。坑口南北长4.36米，南北宽0.9～1.7米。坑口距地表0.3米，深0.4米（图四二，1）。坑内填土红褐色，土质稍松。出土遗物有红、灰夹云母陶片等。

出土器物有：

铜镞 1件。H13:1，三翼前聚成锋，截面三叶形，后柱状有銎以插挺。微有锈蚀。通长4厘米（图四二，2；彩版二四，1）。

H42 位于Ⅲ区T0801的西南角。开口于③层下，打破④层、生土。坑口东西长2.6米，南北宽1.7米，底东西长1.2米，南北宽0.9米。坑口距地表0.32米，坑底距坑口0.9米，口大底小，壁稍斜内收，坑底稍平（图四三）。坑内填土以灰褐色的杂土为主，包含有较多的陶片。

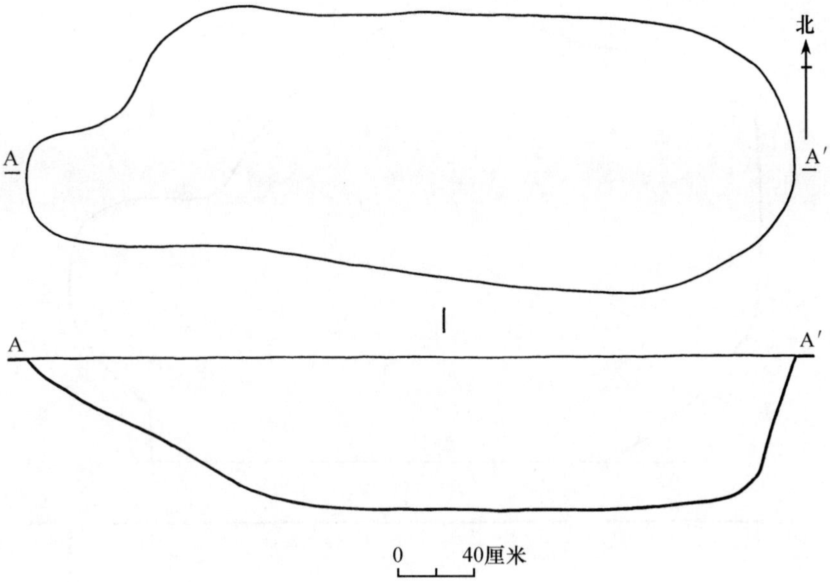

图四一　H11 平、剖面图

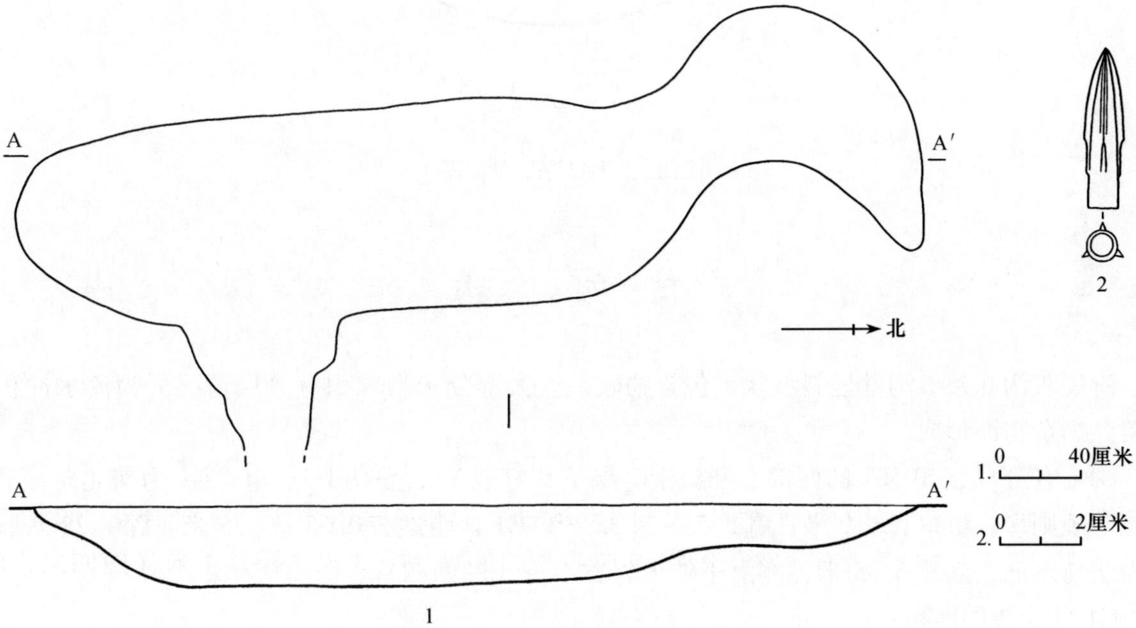

图四二　H13 平、剖面图及出土器物

1. H13 平、剖面图　2. 铜镞（H13∶1）

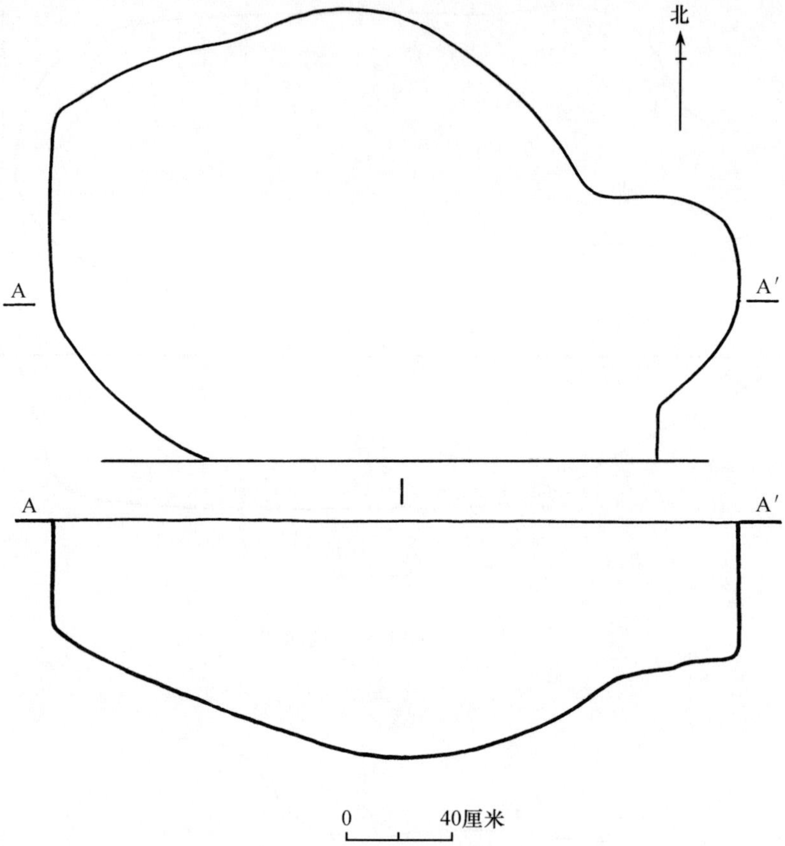

图四三　H42 平、剖面图

二、灰　沟

清理灰沟 6 条。沟壁呈斜坡状，包含物较杂。大部分灰沟堆积有分层情况。为流水冲积或人类弃扔杂物而形成。

G1　位于Ⅰ区 T0501 的西部。开口于③层下，打破 Y1，叠压 H3、Z1。G1 为南北向，平面近似不规则形。坑口长 6.9 米，宽 2.55～3.25 米。G1 口距地表 0.65～0.75 米。深 1.28 米。坑底为北高东低，底长 6.35 米，宽由于伸入邻方不清（图四四）。

G1 分为 2 层堆积：

第①层，黑色，包含物有草木灰及夹云母陶片、烧土块等。厚 0～0.65 米；

第②层，黄褐色，包含物有夹云母陶片等。厚 0～0.5 米。出土器物有：

瓮　8 件。G1②∶1，夹云母红陶。直口微敛，宽平沿，圆唇，矮直领饰二凸弦纹。残高 8.8 厘米（图四五，1）。G1②∶2，夹云母红陶。直口微敛，卷沿，圆唇，矮直领饰二道凸弦纹。残高 8.8 厘米（图四五，2）。G1②∶3，夹云母灰陶。直口微敛，宽平沿，尖圆唇，直领饰二道凸弦纹。残高 7.6 厘米（图四五，3）。G1②∶9，夹云母灰陶。直口微敛，宽沿，尖圆唇，

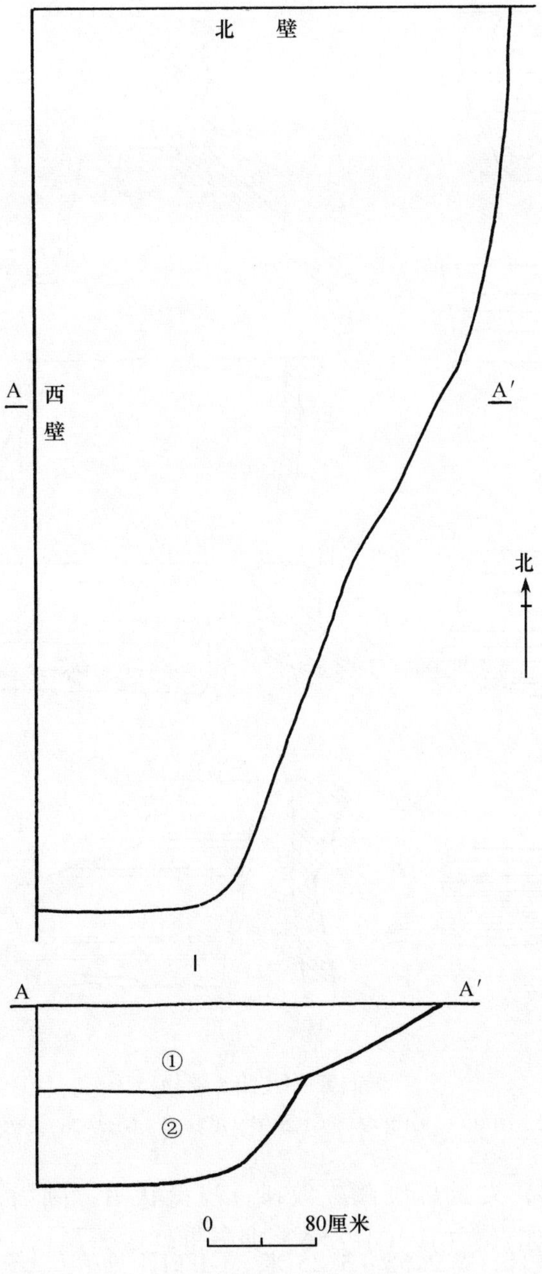

图四四　G1 平、剖面图

矮直领饰二道凸弦纹，斜肩。残高 14.4 厘米（图四五，5）。G1②:24，夹云母灰陶。敛口、平沿，圆唇，颈部饰凸弦纹二道，斜肩，肩部轮旋痕迹明显。口径 37.2、残高 10 厘米（图四五，4）。G1②:25，夹云母红陶。近直口、宽沿，斜垂唇，斜腹微弧，上腹部饰凹弦纹，下部饰竖向绳纹。口径 64、残高 13.6 厘米（图四五，6）。G1②:26，夹云母灰陶。敛口、近方唇，矮颈，颈部有轮旋痕迹。残高 6.6 厘米（图四五，7）。G1②:27，夹云母灰陶。直口、圆唇，颈腹部饰凹弦纹四道。残高 10.6 厘米（图四五，8）。

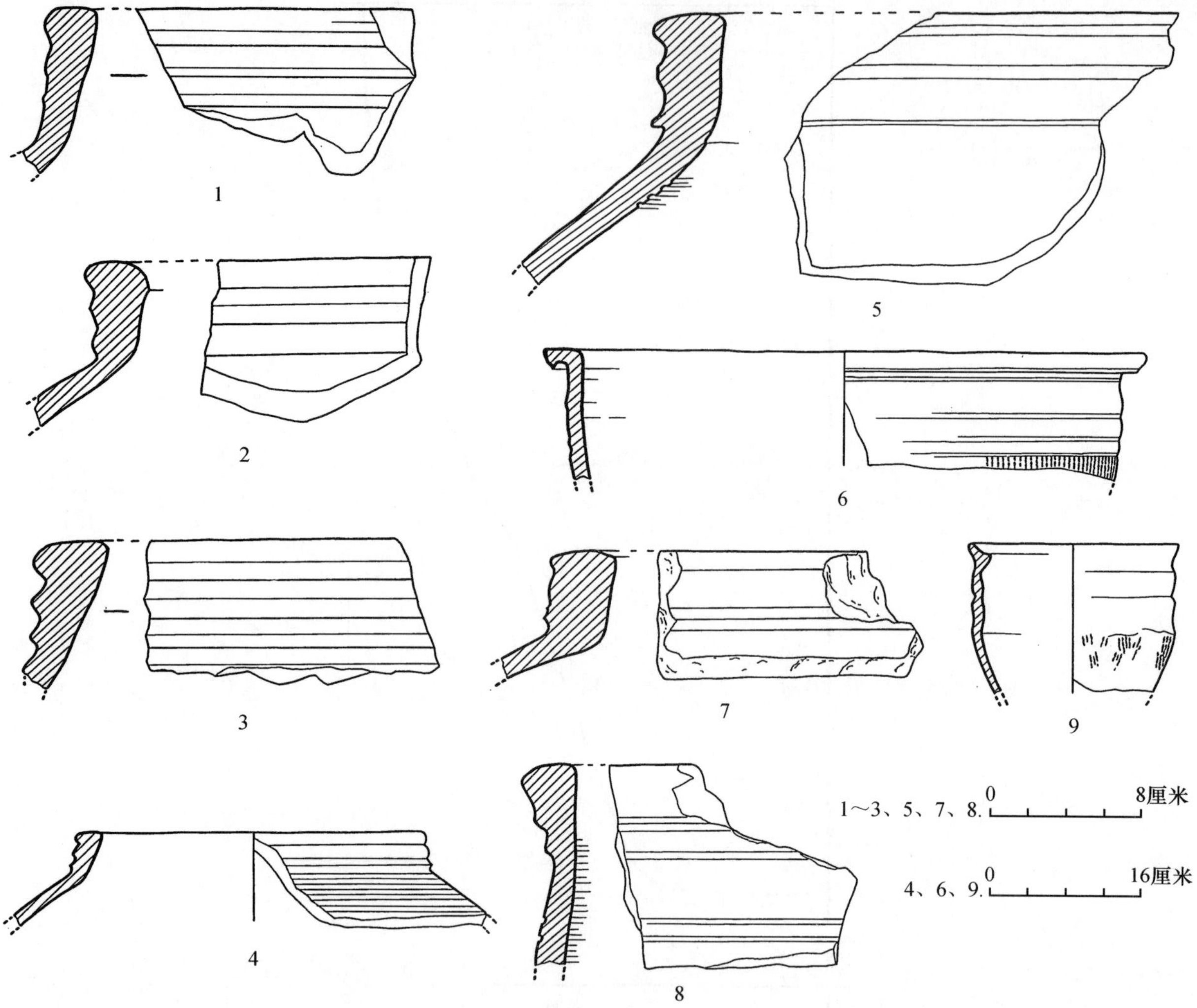

图四五 G1 出土器物

1～8. 陶瓮（G1②:1、G1②:2、G1②:3、G1②:24、G1②:9、G1②:25、G1②:26、G1②:27） 9. 陶釜（G1②:15）

陶釜 15 件。G1②:4，夹云母红陶。敛口，浅盘状沿，圆唇，直腹竖饰细绳纹。口径 28.2、残高 12.8 厘米（图四六，1）。G1②:6，夹云母红陶。敛口，浅盘状沿，尖圆唇，直腹竖饰细绳纹。口径 28.8、残高 12.4 厘米（图四六，2）。G1②:7，夹云母红陶。敛口，宽沿上仰，圆唇，腹微鼓，下竖饰细绳纹。口径 29.6、残高 14.8 厘米（图四六，3）。G1②:8，夹云母红陶，器表泛灰。直口微侈宽平沿，斜方唇，直腹上饰二道凸弦纹，下饰左斜细绳纹。口径 38.4、残高 16.8 厘米（图四六，4）。G1②:10，夹云母红陶。敛口，浅盘状沿，圆唇，直腹有对接痕，其下竖饰细绳纹。残高 14.8、口径 33.2 厘米（图四六，5）。G1②:12，夹云母灰陶。敛口，斜沿，尖圆唇，斜腹微弧。腹上部轮旋痕迹明显，下部饰竖向细绳纹。口径 30.4、残高 10.8 厘米（图四六，6）。G1②:13，夹云母灰陶。母口呈盘状，尖圆唇，斜直腹，腹部饰竖向绳纹。口径 38、残高 10.8 厘米（图四六，7）。G1②:14，夹云母红陶。敛口，斜沿微弧，圆唇，

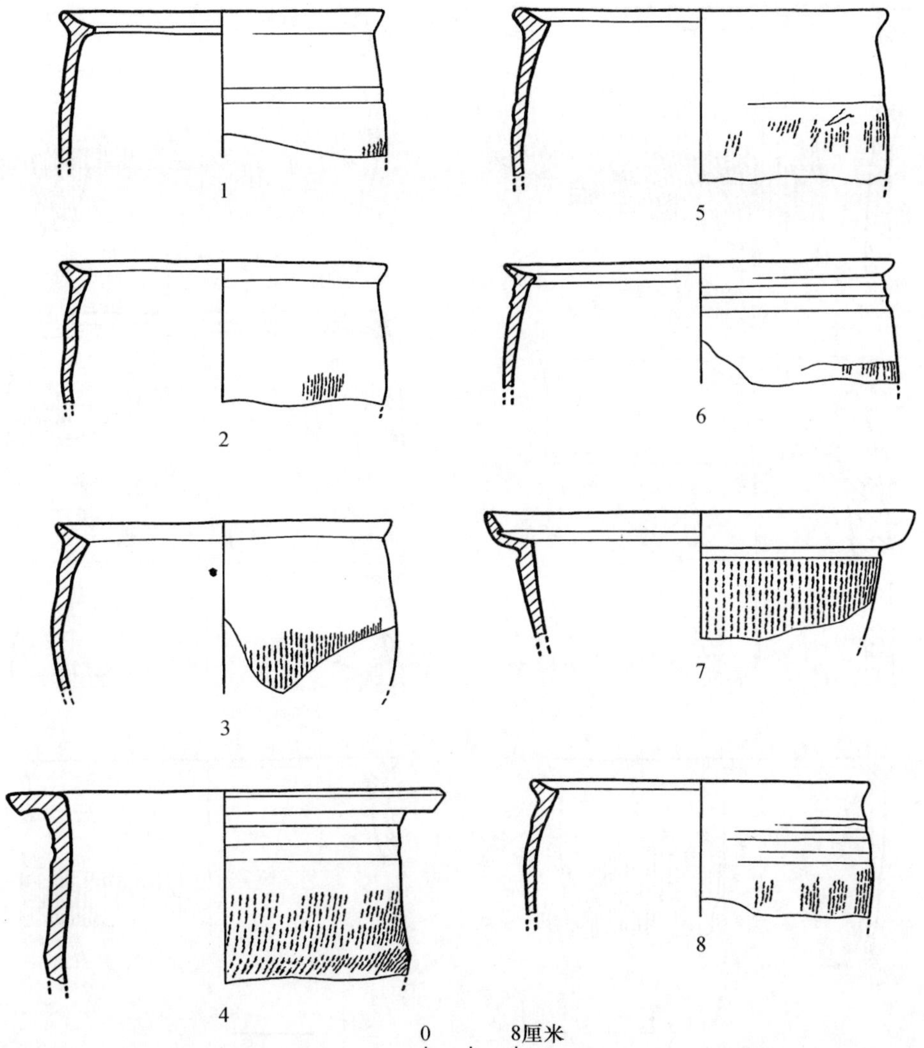

图四六 G1 出土陶釜

1. G1②:4 2. G1②:6 3. G1②:7 4. G1②:8 5. G1②:10 6. G1②:12 7. G1②:13 8. G1②:14

腹上部轮旋痕迹明显，下部饰竖向绳纹。口径30、残高12厘米（图四六，8）。G1②:15，夹云母红陶。母口呈浅盘状，尖圆唇，弧腹，腹上部轮旋痕迹明显，下部饰不规则细绳纹。口径22.4、残高16厘米（图四五，9）。G1②:16，夹云母红陶。敞口微弧，尖圆唇，内有折棱，斜直腹微弧。腹部饰竖向绳纹。口径30.4、残高15.6厘米（图四七，3）。G1②:17，夹云母红陶。斜口，尖圆唇，腹微弧，腹部饰竖向绳纹。口径29.6、残高18.8厘米（图四七，4）。G1②:18，夹云母红陶。母口，圆唇，上腹部饰凹弦纹四道，残高12.8厘米（图四七，2）。G1②:19，夹云母红陶。侈口，尖圆唇，内有折棱，近直腹微弧，肩部有轮旋痕迹，腹部饰竖向绳纹。口径33.6、残高10.4厘米（图四七，5）。G1②:20，夹云母红陶。浅盘口，圆唇，斜腹微弧，素面。口径38、残高10厘米（图四七，6）。G1②:21，夹云母红陶。敛口，斜沿微弧，

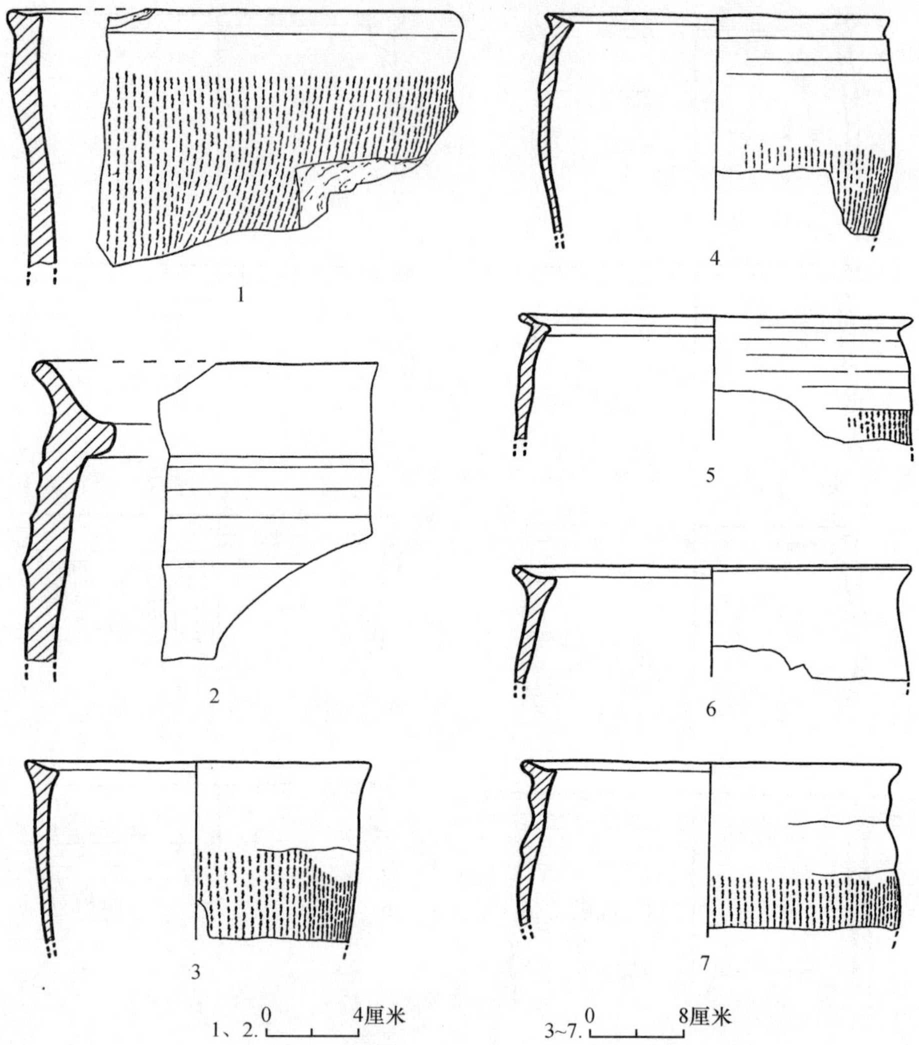

图四七　G1 出土器物

1. 板瓦（G1②:5）　2～7. 陶釜（G1②:18、G1②:16、G1②:17、G1②:19、G1②:20、G1②:21）

圆唇，腹微弧，腹部饰竖向绳纹。口径 32.2、残高 14.4 厘米（图四七，7）。

陶罐　1 件。G1②:22，夹云母红陶。敛口，斜沿微弧，圆唇，腹微弧，素面。口径 24、残高 10.4 厘米（图四八，4）。

陶器座　1 件。G1②:23，夹云母灰陶。口微敛，斜宽沿，双垂唇，斜壁微弧。轮旋痕迹明显。口径 54.4、底径 47.6、高 7.6 厘米（图四八，2）。

板瓦　2 件。G1②:5，夹云母灰陶。直口，平沿微凹，圆唇，近直腹，腹肩部饰竖向绳纹。残高 11 厘米（图四七，1）。G1②:28，夹云母灰褐陶。方圆唇，饰细绳纹纹带和斜向粗绳纹。残长 22.2、残宽 27.4 厘米（图四八，1）。

陶器残片　1 件。G1②:11，夹砂灰陶含云母。背素面，外有一方形戳印，印纹“马□”。残长 7.2、残宽 9.5、厚 1～1.2 厘米（图四八，3）。

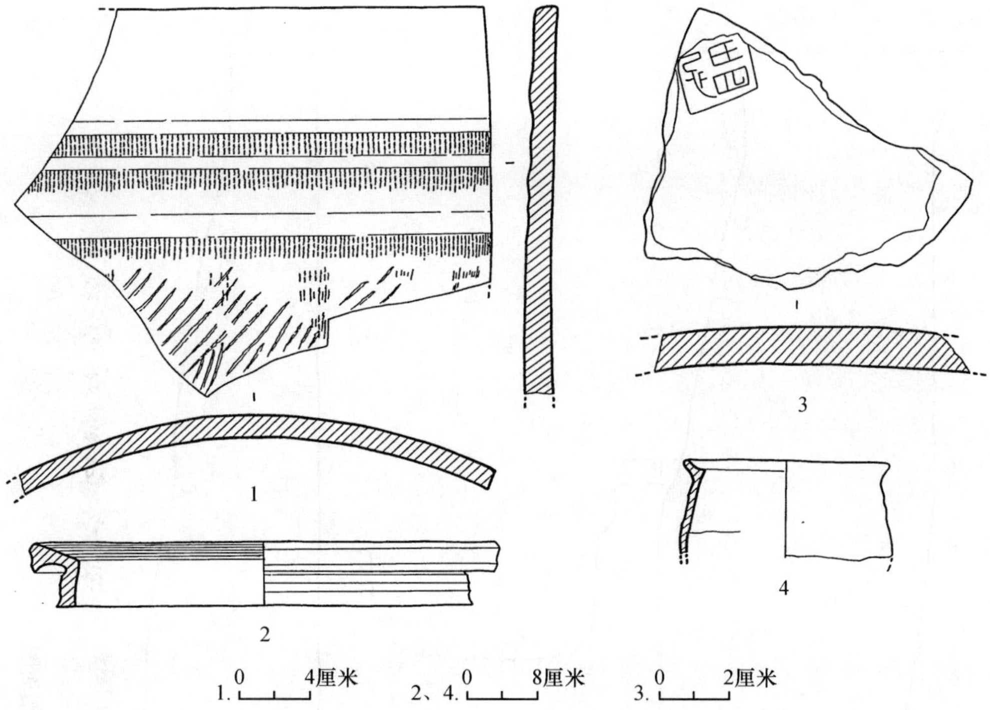

图四八　G1出土器物

1. 板瓦（G1②:28）　2. 陶器座（G1②:23）　3. 陶器残片（G1②:11）　4. 陶罐（G1②:22）

G2　位于Ⅲ区T0504的范围内，其南部延伸至T0503的北隔梁下。开口于③层位下，打破④层，叠压生土。平面呈不规则的长方形，为南北走向。清理部分南北长8.5米，北部口宽1.2米，中宽2.6米，南宽2.5米。底北部宽0.85米，中宽1.5米，南宽2米。口大底小，沟内呈斜坡堆积，沟口距地表0.4～0.65米，沟北部深0.5米，中间深1米，南部深0.48米，呈两端浅，中间深之状（图四九）。

沟内堆积物以黄褐色的淤土为主，包含有较多的石块，夹云母红、灰陶片等。

根据G2平面呈不规则及沟内堆积杂乱无序，石块较多、沟内淤土较厚这些情况推断G2为流水冲积而成。出土器物有：

兽面瓦当　1件。G2:2，夹砂灰陶含云母。半圆形，残缺，当面为简化饕餮纹，残存一椭圆行鼓目和周围云雷纹；边轮略宽。残径14.5厘米（图五〇，3；彩版一二，5）。

G3　位于Ⅲ区T0404内，其南部延伸至T0403的北隔梁内。开口于③层下，叠压生土。平面呈不规格的长方形，为东西走向，由西向东稍呈斜坡状堆积。沟长7.4米，沟口西宽0.86米，东宽0.9米，底西宽0.75米，中宽1米，东宽0.78米，深0.84米。沟底稍平。沟口距地表0.55米，沟底距沟口1米（图五一）。

沟内堆积以夹云母的红褐土为主，杂乱，包含有较多的石块、夹云母红、灰陶片等。

沟内堆积杂乱无序，且有较多的石块等杂物。故灰沟应为人类活动抛弃杂物场。出土器物有：

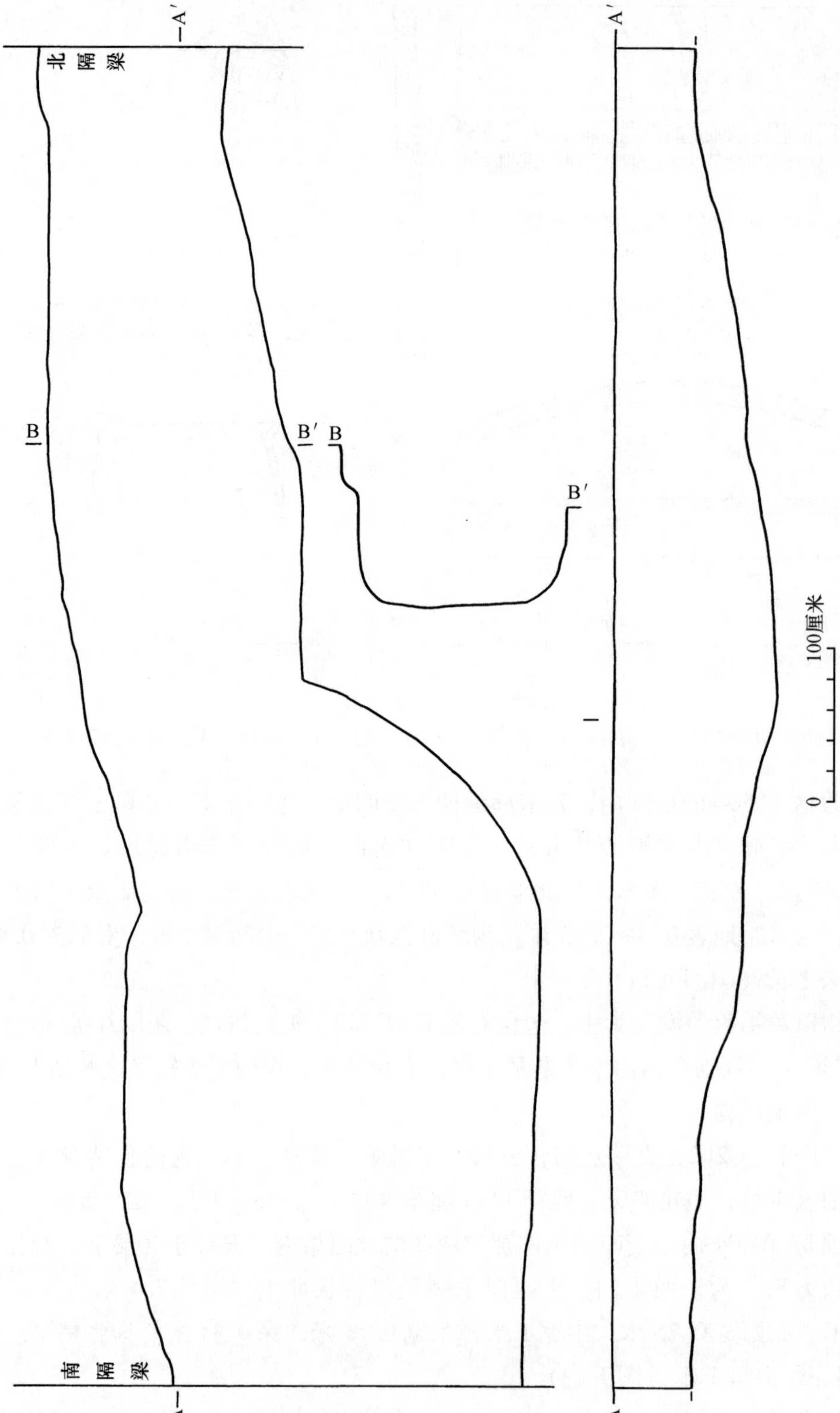

图四九　G2平、剖面图

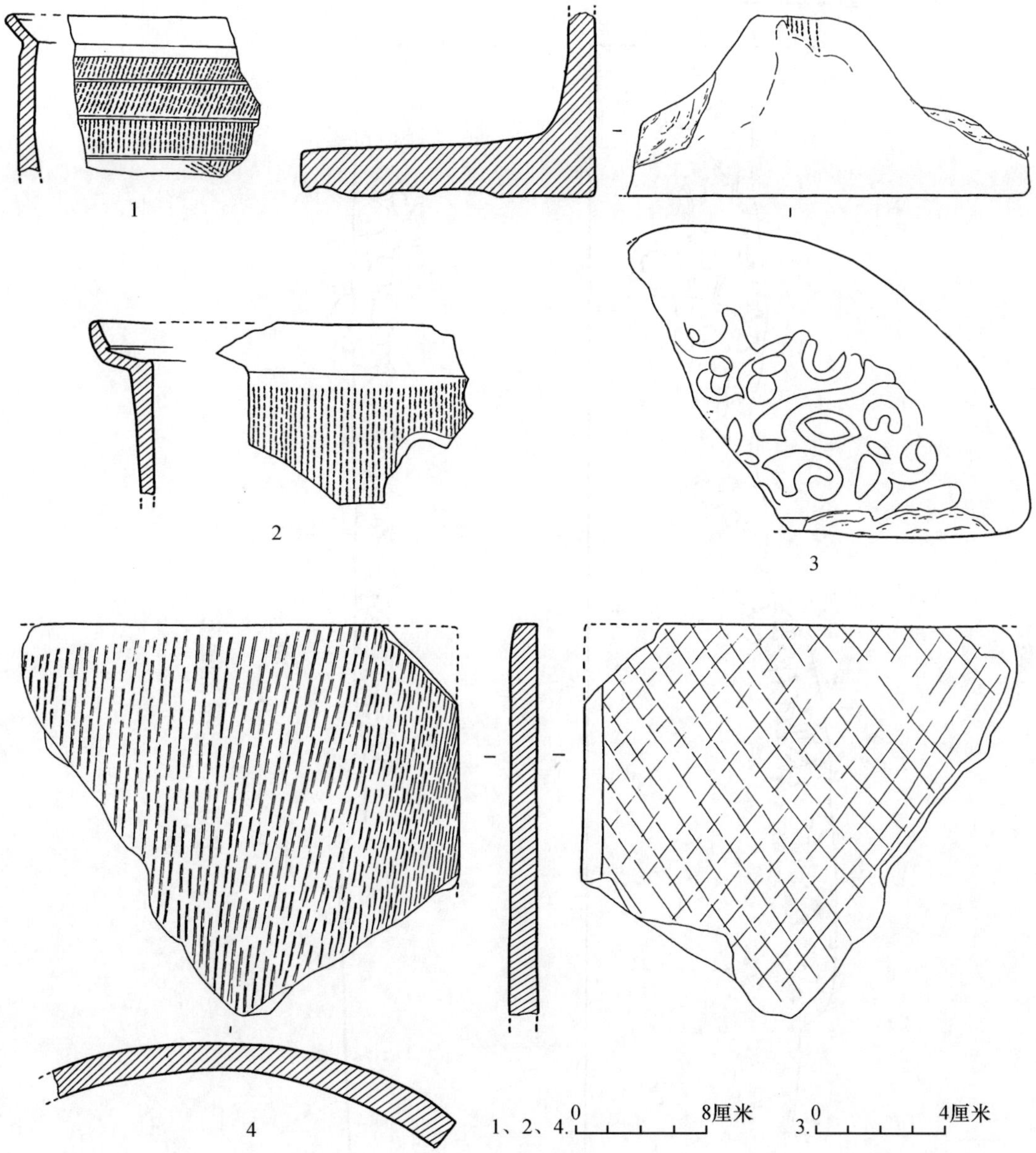

图五〇 G2、G3出土器物

1、2. 陶釜（G3∶2、G3∶1） 3. 瓦当（G2∶2） 4. 板瓦（G3∶3）

陶釜 1件。G3∶1，夹砂红陶含云母。盘口，内残留旋刮痕，尖圆唇，直腹密饰竖细绳纹。残高10.6厘米（图五〇，2）。G3∶2，夹砂红陶含云母。直口微敛，宽沿上仰，圆唇，直腹密饰微左斜细绳纹。残高9.8厘米（图五〇，1）。

板瓦残片 9件。G3∶3，夹砂灰陶含云母。外竖饰细绳纹，内布底纹上压印菱形纹。残长24、宽26、厚1.6厘米（图五〇，4）。G3∶4，夹砂灰陶含云母。外竖饰细绳纹，内饰布纹和麻点纹。残长23.6、宽18、厚1.4厘米（图五二，1）。G3∶5，夹砂灰陶含云母。外竖饰浅粗绳

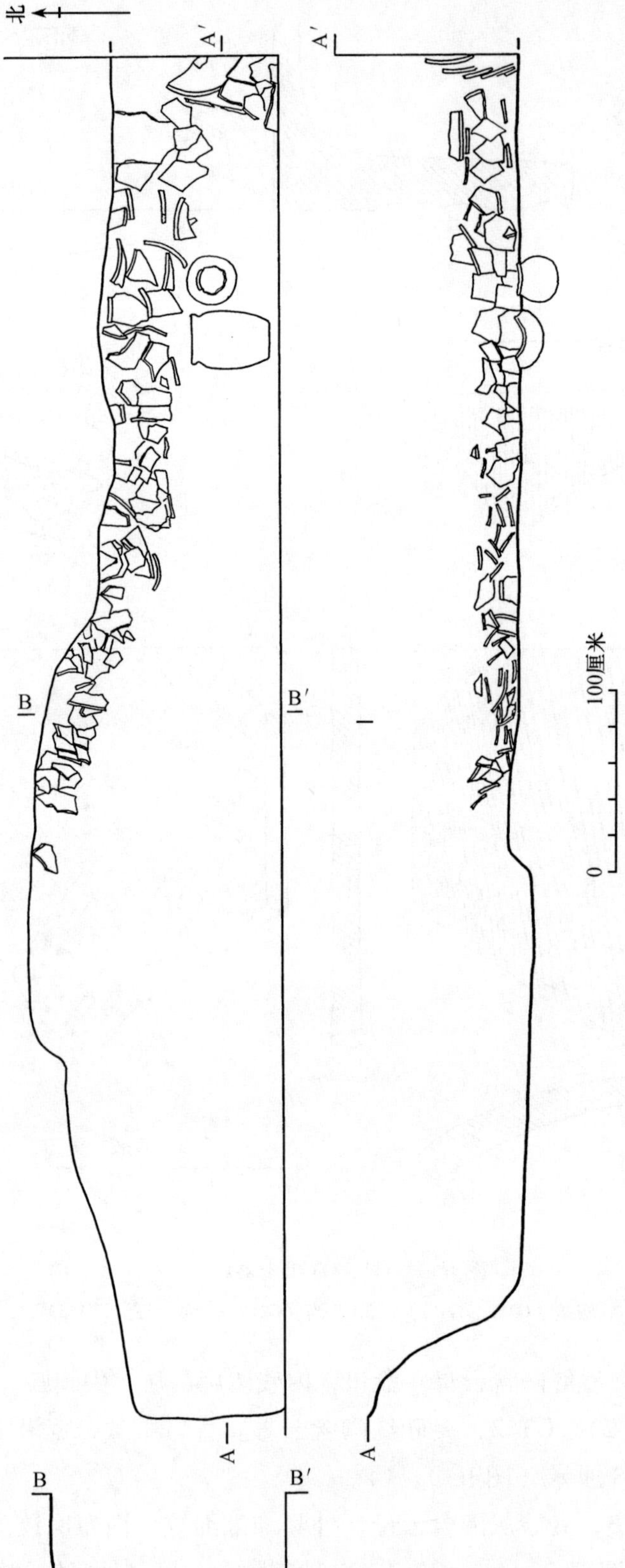

图五一　G3 平、剖面图

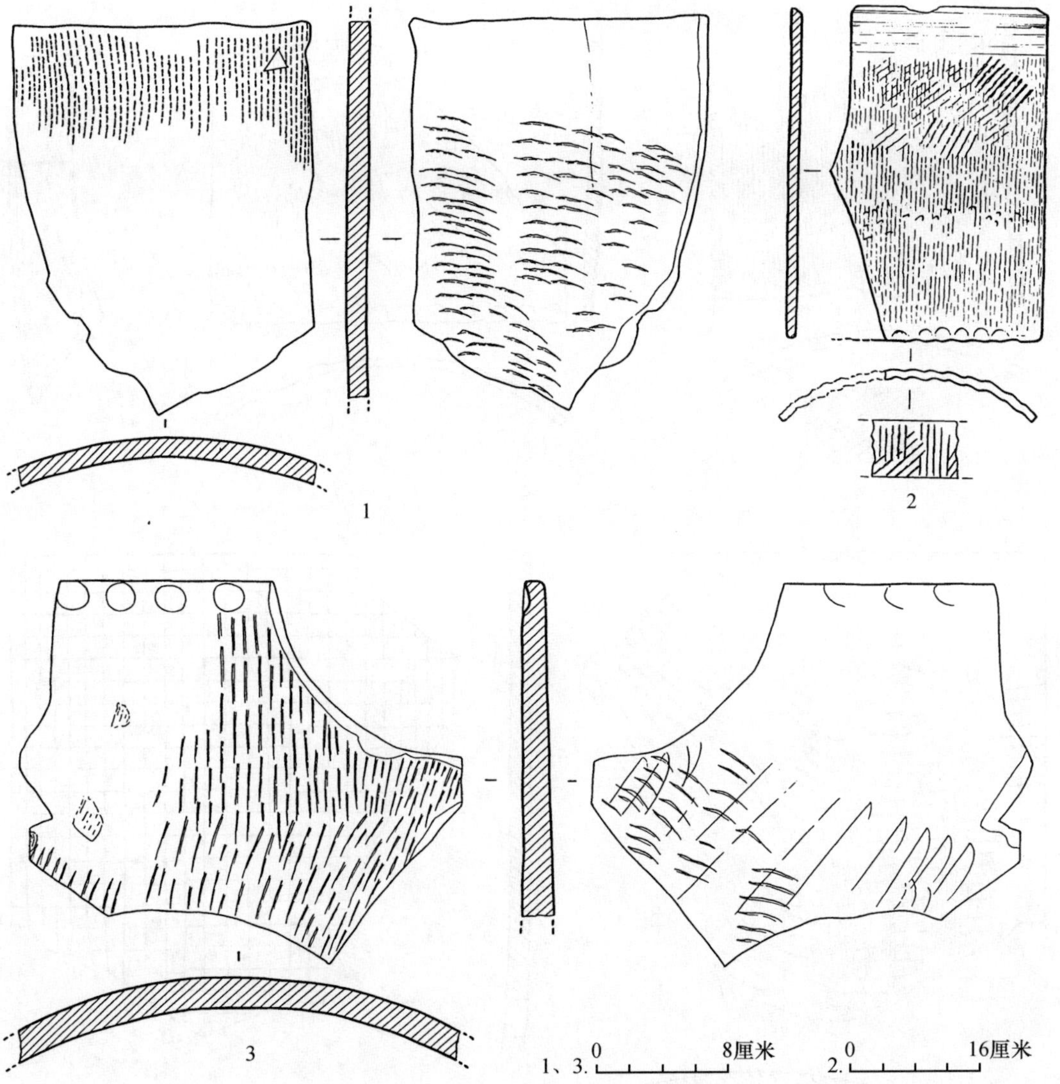

图五二　G3出土板瓦

1. G3∶4　2. G3∶10　3. G3∶5

纹，缘部有四指形凹痕，内压印菱形纹。残长20、残宽27、厚1～2厘米（图五二，3）。G3∶6，夹砂灰陶含云母。外饰左斜浅粗绳纹，缘部有指形凹痕，内压印方格纹。残长26.2、宽25.2、厚1.2厘米（图五三，4）。G3∶8，夹云母灰陶。外饰竖向细绳纹，内饰压印方格纹。残长28.8、残宽30.4、厚1.2厘米（图五三，1）。G3∶9，夹云母灰陶。平沿，外饰竖斜交错细绳纹，下部有横向抹痕四道。残长48、宽39、厚1.2厘米（图五四，1）。G3∶10，夹云母灰陶。圆沿，外饰竖、斜交错细绳纹，有横向抹痕四道。口沿外侧饰压印圆窝纹，内饰近人字形划纹。长40、残宽18.8～26、厚1.2厘米（图五二，2）。G3∶11，夹云母灰褐陶。圆唇，外饰竖向细绳纹，沿部饰压印圆窝纹13个。残长30.8、残宽39.8、厚0.8～1.6厘米（图五三，2；彩版一四，5）。G3∶12，夹云母红褐陶。平沿，外饰竖向细绳纹和横向抹痕纹带。残长39.6、

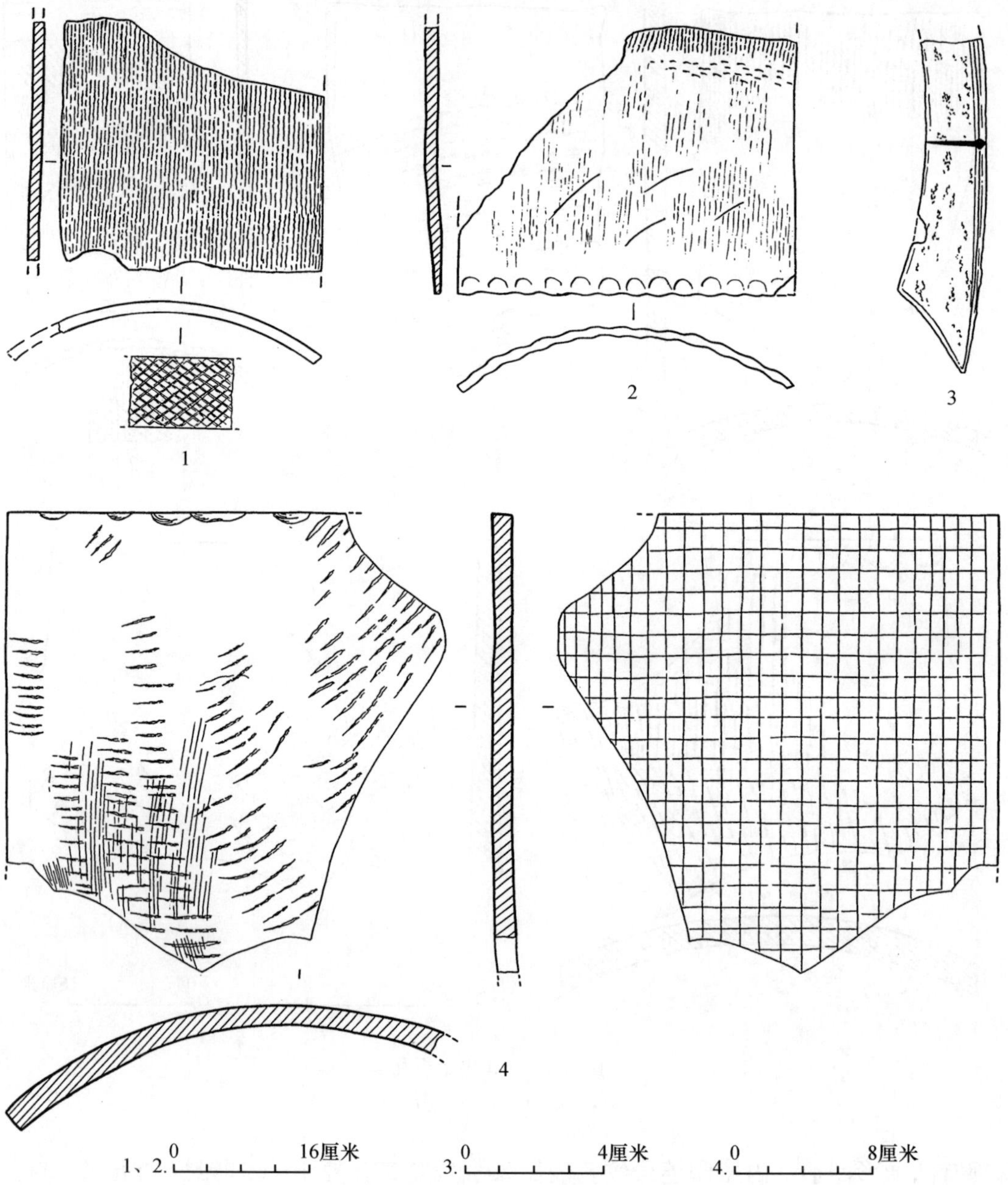

图五三　G3出土器物

1、2、4. 板瓦（G3:8、G3:11、G3:6）　3. 铜刀币（G3:7）

残宽12.8～29.2、厚1.2厘米（图五四，2）。

刀币　1件。G3:7，薄体，形如“刀”身，弧凸部分较厚，弧凹部分较薄。残长9.6、宽1.3～2.3厘米（图五三，3）。

G4　位于Ⅰ区T0103的西北部。开口于③层下。距地表深1.3米，被Y2操作坑打破，东、西、南未见沟边。南北长6米，东西宽3.9～3.66米，深0.44～1.1米。沟壁呈东高西低斜坡

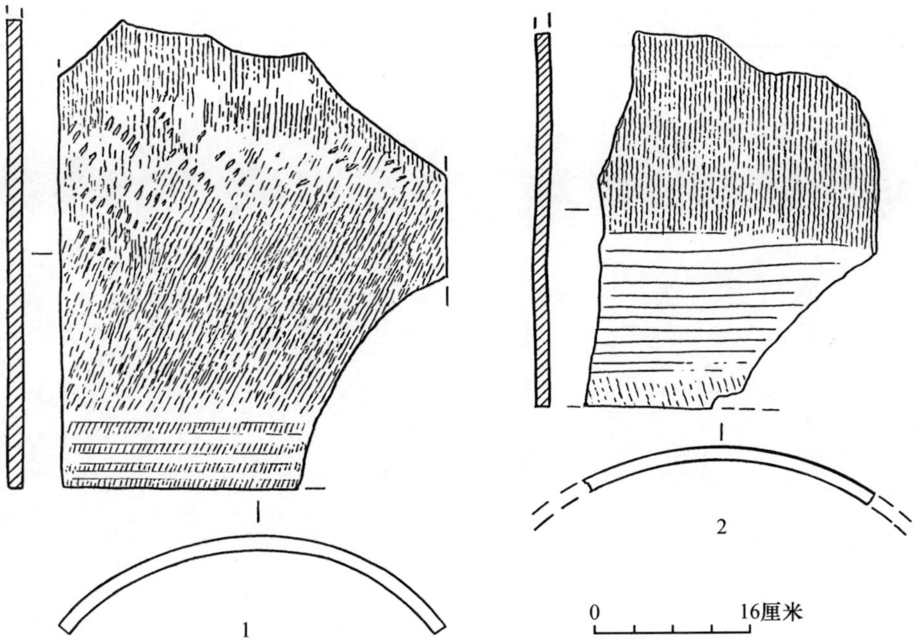

图五四　G3出土板瓦
1. G3∶9　2. G3∶12

状（图五五）。

沟内填土可分3层：

第①层，黑褐色，土质硬较净无包含物。厚0.36～0.8米；

第②层，灰黄色，土质松软、较净无包含物。厚0.12～0.34米；

第③层，红褐色，土质硬夹杂有红烧土颗粒、炭屑、夹砂红陶片等。厚0.32～0.4米。

陶釜　2件。G4③∶1，夹云母红陶。母口近盘状，圆唇，近直腹，轮制痕迹明显，素面。口径24.8、残高10厘米（图五六，1）。G4③∶2，夹云母红陶。母口近盘状，圆唇，近直腹，饰凹弦纹。口径28、残高8.4厘米（图五六，2）。

G5　位于Ⅲ区T0202、T0203、T0204、T0205、T0302、T0303、T0304、T0305的探方内。开口于③层下，被Y7、H8打破。沟口平面呈不规则长条形，坡底，南高北低。清理部分南北长33米，东西最宽处16.4米，坑口距地表0.7米，沟底至沟口4.3米（图五七）。

沟内堆积分为5层：

第①层，灰褐色，土质较硬。厚1.3～2.1米；

第②层，红褐色，土质较硬。厚0.3～0.7米，层口至沟口1.3～2.1米；

第③层，黄褐色，土质较硬。厚0.3～0.8米，层口至沟口1.6～2.6米；

第④层，深褐色，土质较硬。厚0.45～1.1米，层口至沟口2.2～3.2米；

第⑤层，黄褐色，土质较细，略硬。厚0～0.7米，层口至沟口3.2～3.7米。沟内出有大量陶片，可辨器形有：

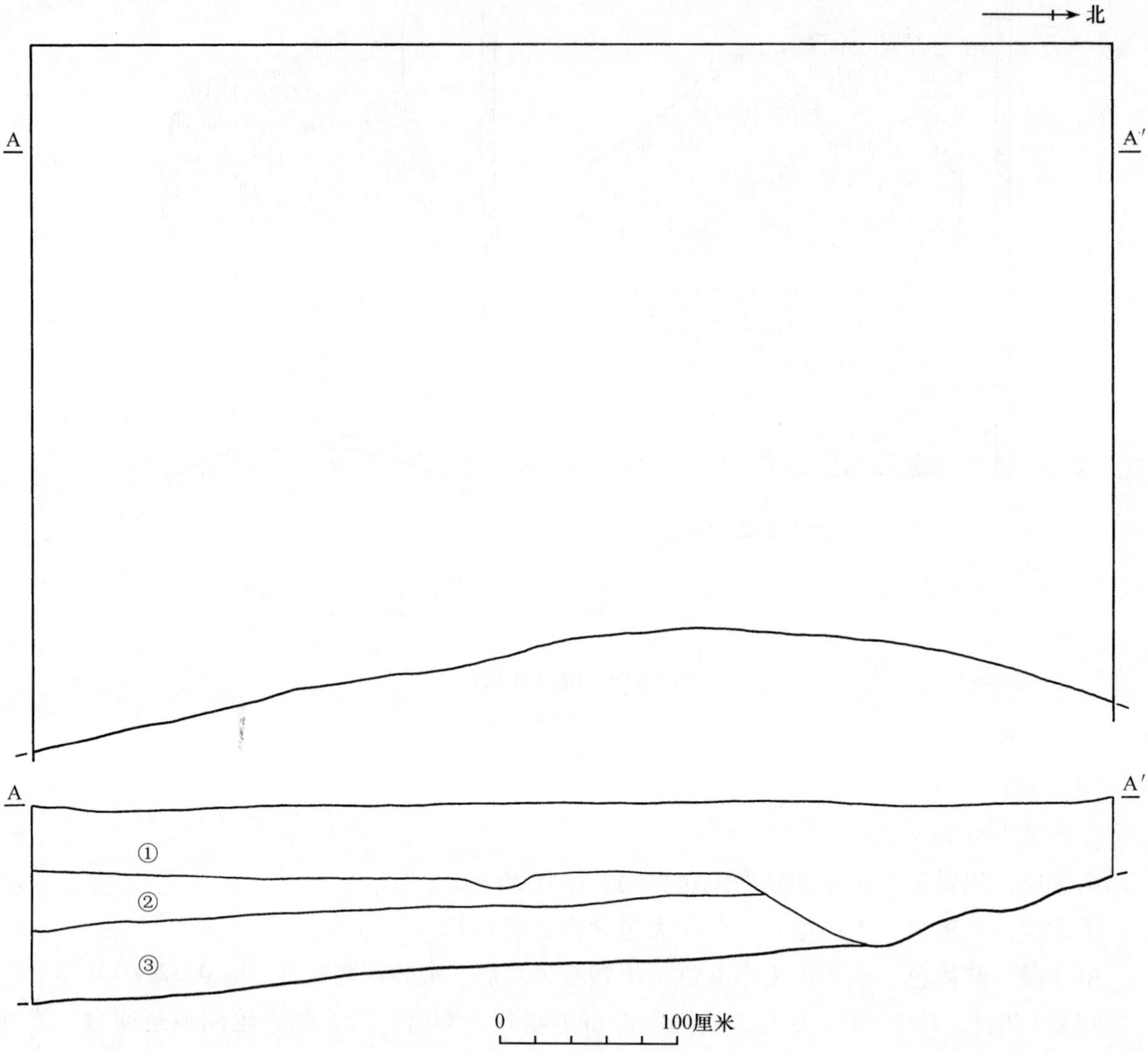

图五五　G4 平、剖面图

陶钵　11 件。G5②:1，夹砂红陶含云母。侈口，圆唇，弧腹，底微上凹。通高 5.6、口径 15、底径 8.8 厘米（图五六，3）。G5②:2，红陶泛褐，夹砂含云母。直口微侈，圆唇，微弧腹，平底。通高 6.4、口径 11.2、底径 10.4 厘米（图五六，4；图版一一，4）。G5②:6，夹云母灰陶。直口微敛，平唇，腹微弧，平底，微凹。素面。高 8、口径 19.6、底径 14.4 厘米（图五六，11）。G5②:7，夹云母红陶。直口、尖圆唇，弧腹，平底，素面。高 6.8、口径 18、底径 10.4 厘米（图五六，12；图版一一，1）。G5③:2，夹砂灰陶含云母。侈口，圆唇，弧腹，底微残。器形不正。通高 6.2、口径 14.4 厘米（图五六，5）。G5③:6，灰陶泛土白，夹砂含云母。直口微侈，方唇，腹微鼓，平底。通高 6.8、口径 14.8、底径 9.6 厘米（图五六，6）。G5④:1，红陶泛灰，夹砂含云母。直口微侈，圆唇，直腹略鼓，底微外凸，心部略上凹。通高 6.2、口径 10.6、底径 7.6 厘米（图五六，7）。G5③:21，夹云母灰陶。直口、弧腹、平底内

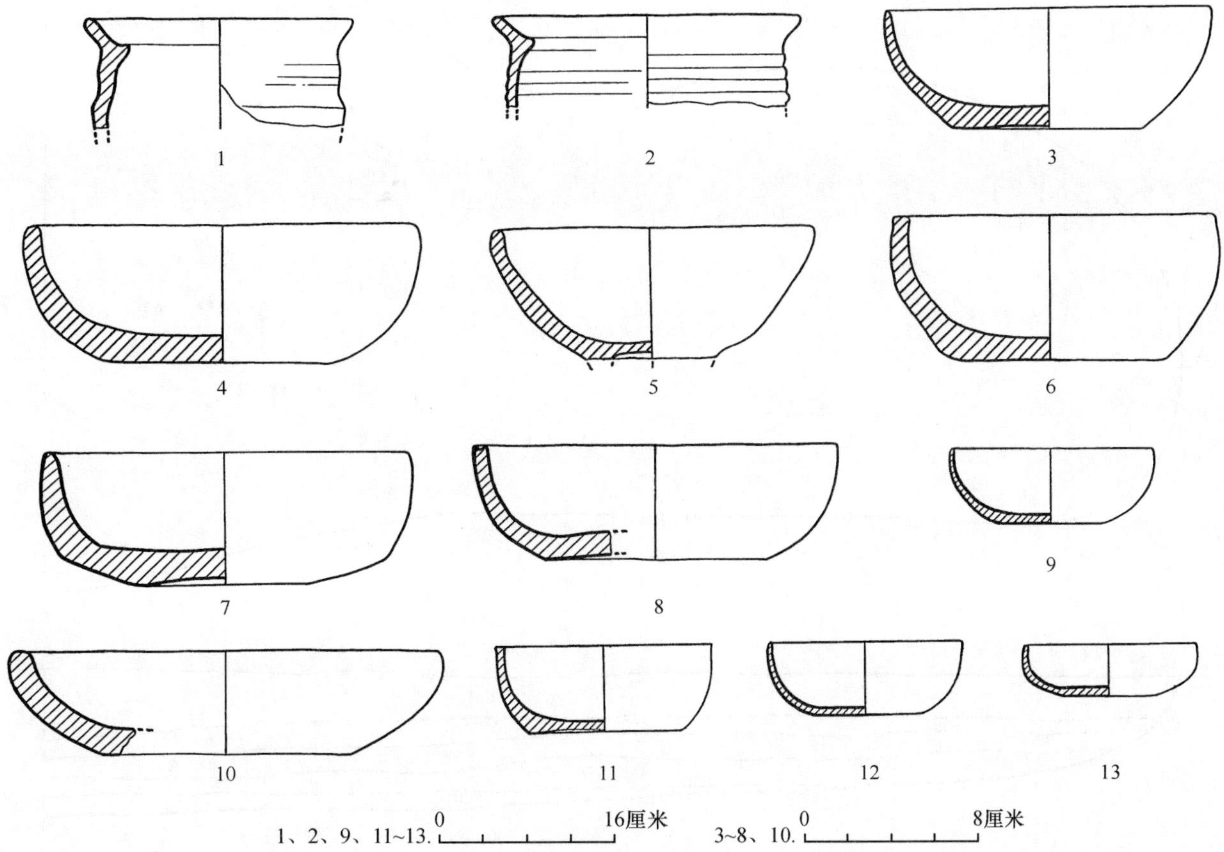

图五六 G4、G5出土器物

1、2. 陶釜（G4③:1、G4③:2） 3~13. 陶钵（G5②:1、G5②:2、G5③:2、G5③:6、G5④:1、G5③:21、G5③:15、G5③:12、G5②:6、G5②:7、G5③:14）

凹，口沿饰一周凹弦纹。高5.2、口径16.8、底径10.2厘米（图五六，8）。G5③:12，夹云母红褐陶。敞口、圆唇、斜弧腹，平底，素面。高4.8、口径19.6、底径11.4厘米（图五六，10）。G5③:14，夹云母红褐陶。直口、圆唇、弧腹，平底微凹，素面。高5、口径16、底径8厘米（图五六，13）。G5③:15，夹云母红褐陶。直口、尖圆唇，圆弧腹，平底，素面。高7、口径18.8、底径9.6厘米（图五六，9）。

陶豆 5件。G5②:16，夹云母灰陶。豆盘残，喇叭状座。底口方唇，素面。残高10.3、底径9.4厘米（图五八，1；图版一二，1）。G5③:18，夹云母灰陶。高柄，喇叭状座。残高10、底径9.4厘米（图五八，2）。G5④:8，夹云母灰褐陶。盘呈喇叭状，圆唇，素面。口径12.2、残高5厘米（图五八，3）。G5④:9，夹云母灰陶。高柄，喇叭状座。残高11.8、底径7.6厘米（图五八，4）。G5④:5，夹云母灰陶。近直口、尖圆唇，豆盘斜腹微弧。柄略高，喇叭状座。素面。高14.3、口径14.8、底径8.8厘米（图五八，5；图版一二，2）。

陶釜 6件。G5②:8，夹云母红陶。母口呈浅盘状，尖圆唇，斜腹，腹部饰竖向绳纹。口径31.2、残高12.4厘米（图五八，6）。G5②:23，夹云母红陶。母口呈浅盘状，圆唇，斜腹，

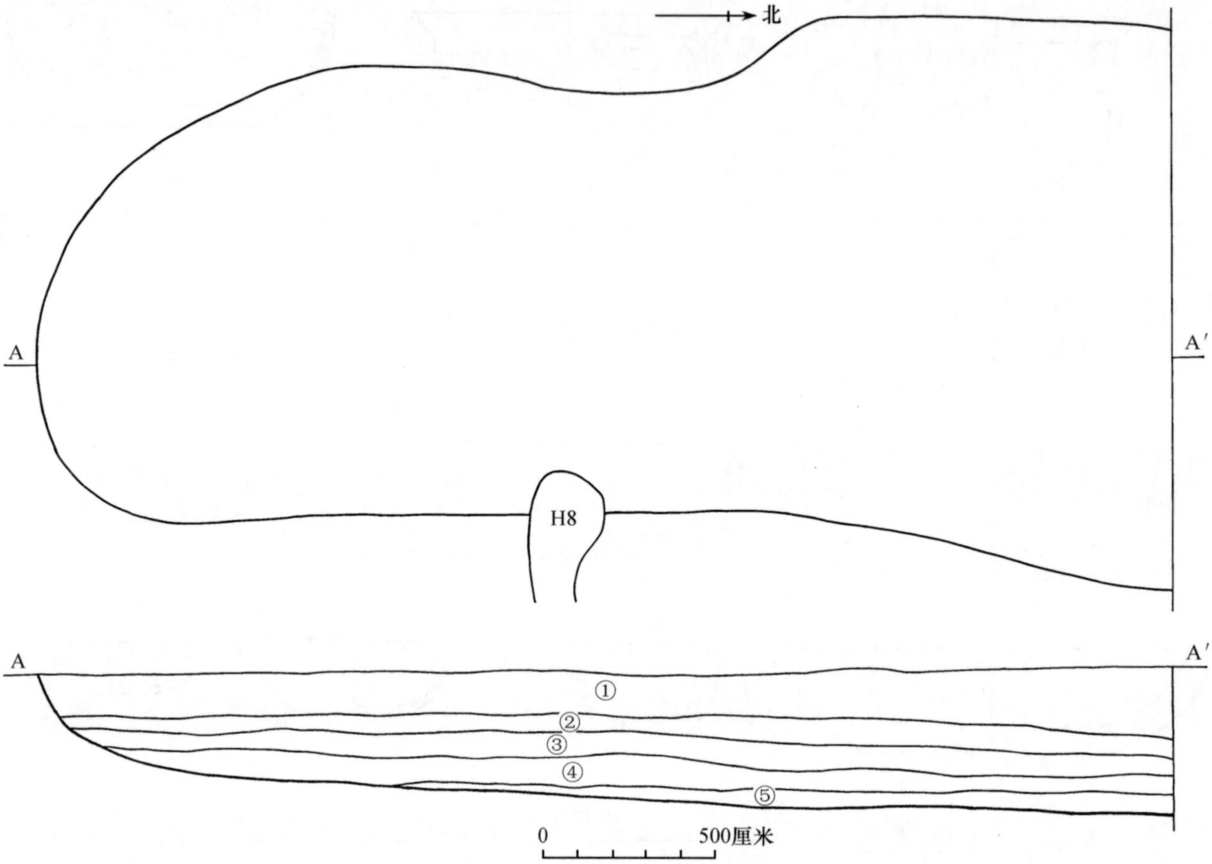

图五七　G5 平、剖面图

腹部饰竖向绳纹。口径 34、残高 6.8 厘米（图五八，7）。G5③: 16，夹云母红陶。敞口，尖圆唇，斜折肩，斜腹微弧。折肩处饰压印窝纹，肩、腹部饰不规则细绳纹。口径 36.8、残高 11.6 厘米（图五八，8）。G5③: 17，夹云母红褐陶。敞口，尖圆唇，斜折肩，斜腹微弧。折肩处饰压印窝纹，肩、腹部饰不规则细绳纹。口径 38、残高 10.4 厘米（图五八，9）。G5②: 15，夹云母灰陶。敞口、翻卷沿，内腹弧。腹部饰斜向绳纹。口径 38、残高 7.6 厘米（图五九，5）。G5③: 20，夹砂灰陶。敞口、翻卷沿，重唇，素面。口径 54、残高 6 厘米（图五九，4）。

陶瓮　3 件。G5②: 14，夹云母灰陶。近直口，喇叭状座。底口方唇，素面。残高 10.6、口径 9.4 厘米（图五九，2）。G5③: 19，夹云母灰陶。侈口、圆唇，颈斜直，斜肩。肩部饰斜向弦断细绳纹。残高 12.8、口径 30.3 厘米（图五九，1）。G5④: 7，夹云母灰陶。侈口、圆唇，垂重沿，斜肩。饰竖向绳纹。残高 29.2、残高 8.4 厘米（图五九，3）。

陶盆　1 件。G5④: 4，夹云母红褐陶。敞口、圆唇，斜腹微弧，底内凹成圈足。外视无足。素面。高 7.5、口径 19.2、底径 9 厘米（图五九，6）。

陶碗　2 件。G5④: 3，夹砂灰陶含云母。敞口，圆唇，斜腹，小底不平。口沿微残。通高 6.6、口径 15、底径 4.6 厘米（图五九，8）。G5②: 12，夹云母红陶，口沿残，斜腹，饼状足微

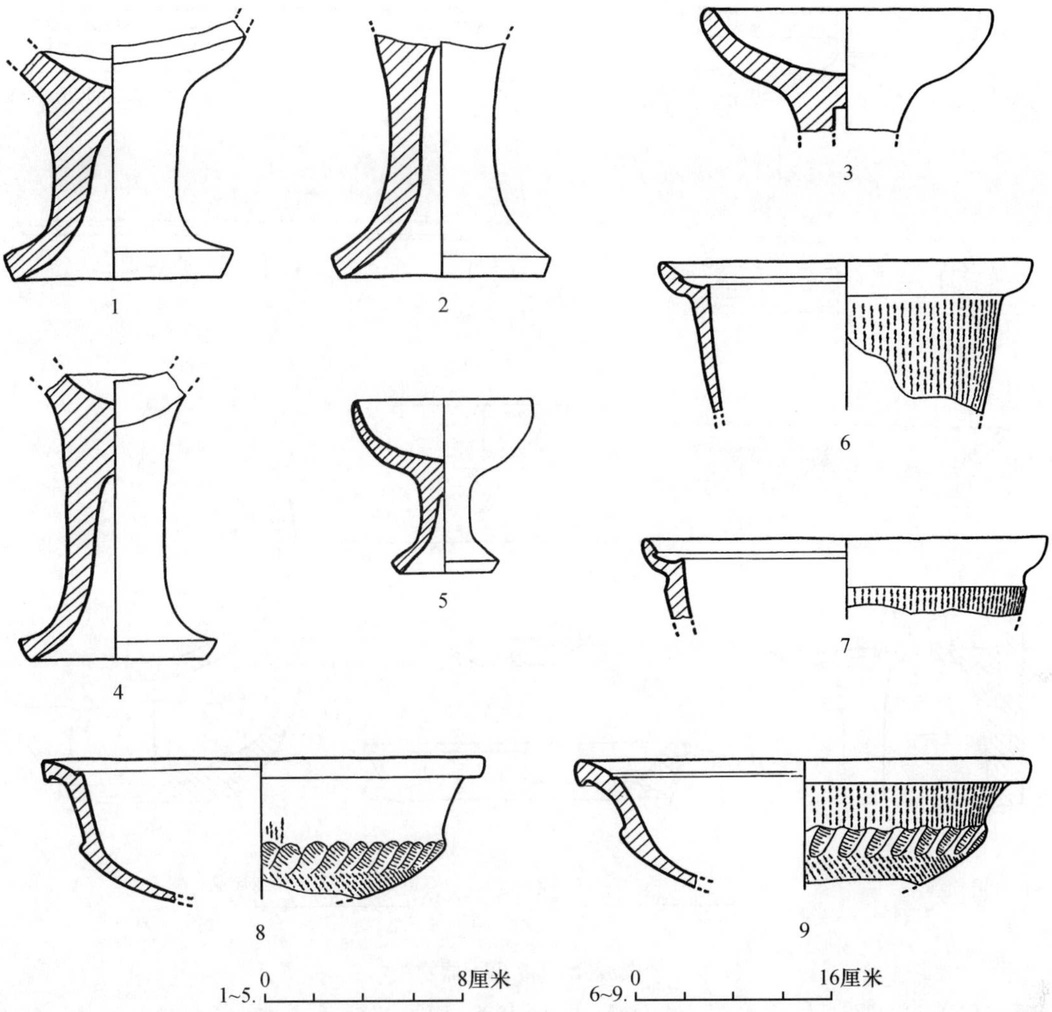

图五八 G5出土器物

1~5. 陶豆（G5②:16、G5③:18、G5④:8、G5④:9、G5④:5） 6~9. 陶釜（G5②:8、G5②:23、G5③:16、G5③:17）

鼓。素面。内残留三个凹窝。残高5.4、底径8.8厘米（图五九，10）。

鼎足 1件。G5④:6，夹云母红陶。圆柱状，下部残。素面。残高11厘米（图五九，7）。

陶器座 1件。G5③:5，红陶泛灰，夹砂含云母。形如“碟”状无底。修补完整。高3、外径17厘米（图五九，9）。

陶垫饼 1件。G5④:2，夹砂红陶含云母。圆形饼状。直径6.1、厚1.3厘米（图六〇，1；图版一三，6）。

陶纺轮 6件。G5③:3，红陶泛土白，夹砂含云母。圆形饼状，中穿圆孔，一面饰细绳纹。保存较完好。外径8、孔径0.8、厚0.9厘米（图六〇，2；图版一四，3）。G5③:4，红陶表面泛灰，夹砂含云母。圆形饼状，中穿圆孔。外径6.2、孔径1.1、厚1.2厘米（图六〇，3）。G5②:3，灰陶，夹砂含云母。圆形饼状，中穿圆孔，一面饰细绳纹。外径6.3、孔径1、厚1.4

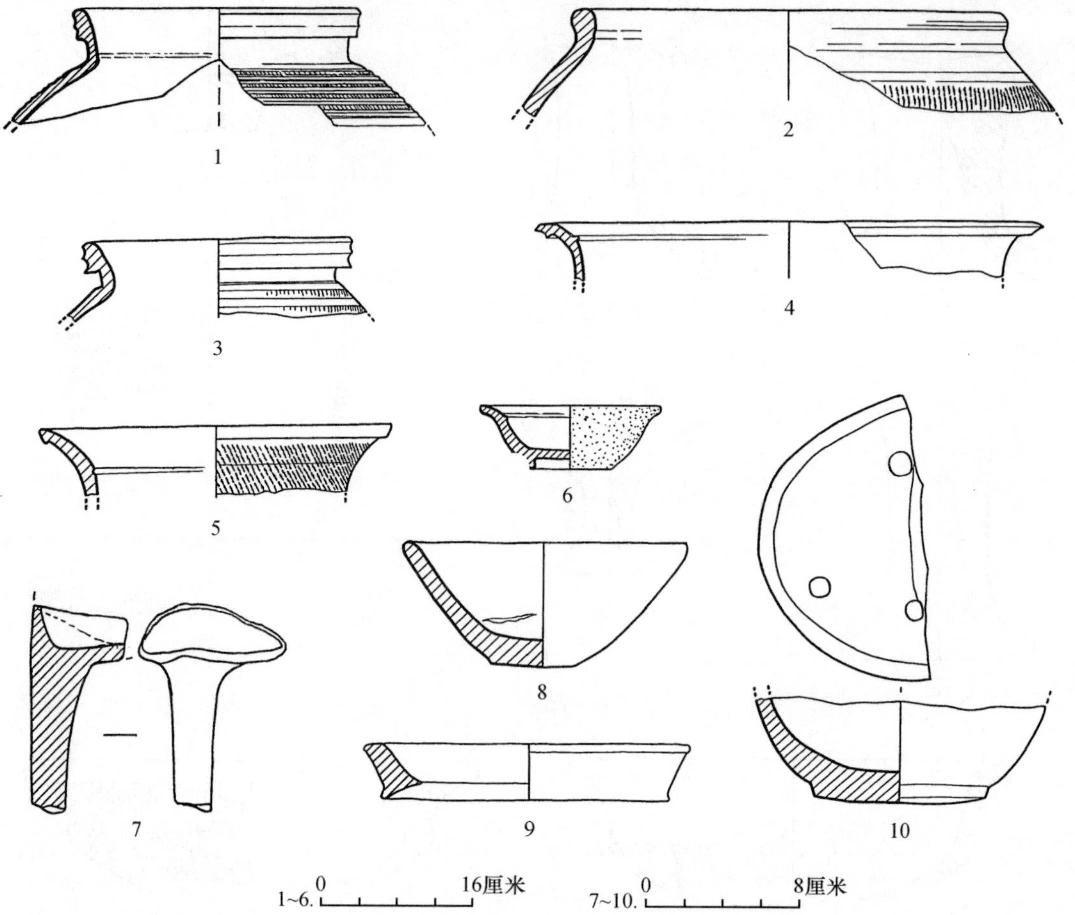

图五九　G5出土器物

1~3. 陶瓮（G5③:19、G5②:14、G5④:7）　4、5. 陶釜（G5③:20、G5②:15）　6. 陶盆（G5④:4）　7. 鼎足（G5④:6）　8、10. 陶碗（G5④:3、G5②:12）　9. 陶器座（G5③:5）

厘米（图六〇，4）。G5②:10，夹云母灰陶。圆饼状，对穿圆孔，单面饰细绳纹。外径7.2、孔径1.3、厚0.9~1.1厘米（图六〇，5）。G5③:10，夹云母红陶。圆饼状略厚，素面。残外径9.2、孔径1.1、厚1.7~1.9厘米（图六〇，6）。G5③:11，夹云母灰陶。圆饼状，圆孔。单面饰细绳纹。外径4.6、孔径0.6、厚1.3厘米（图六〇，7）。

圆陶片　3件。圆饼状，均用陶片打磨而成。G5①:2，夹云母灰陶，单面饰细绳纹。直径7.2、厚1.3厘米（图六〇，8）。G5①:3，夹云母灰陶。单面轮旋抹痕。直径8.5、厚1.6厘米（图六〇，9）。G5③:13，夹云母灰褐陶，体形较小，单面饰细绳纹。直径3.1、厚0.7厘米（图六〇，10）。

板瓦　2件。G5②:19，红陶泛灰，残存半部分，内布纹，外竖饰细绳纹。长42.8、残宽35.6、厚0.8厘米（图六一，1）。G5②:20，夹云母灰褐陶。方沿，饰竖向绳纹。残长17.2、残宽18.8厘米（图六一，2）。

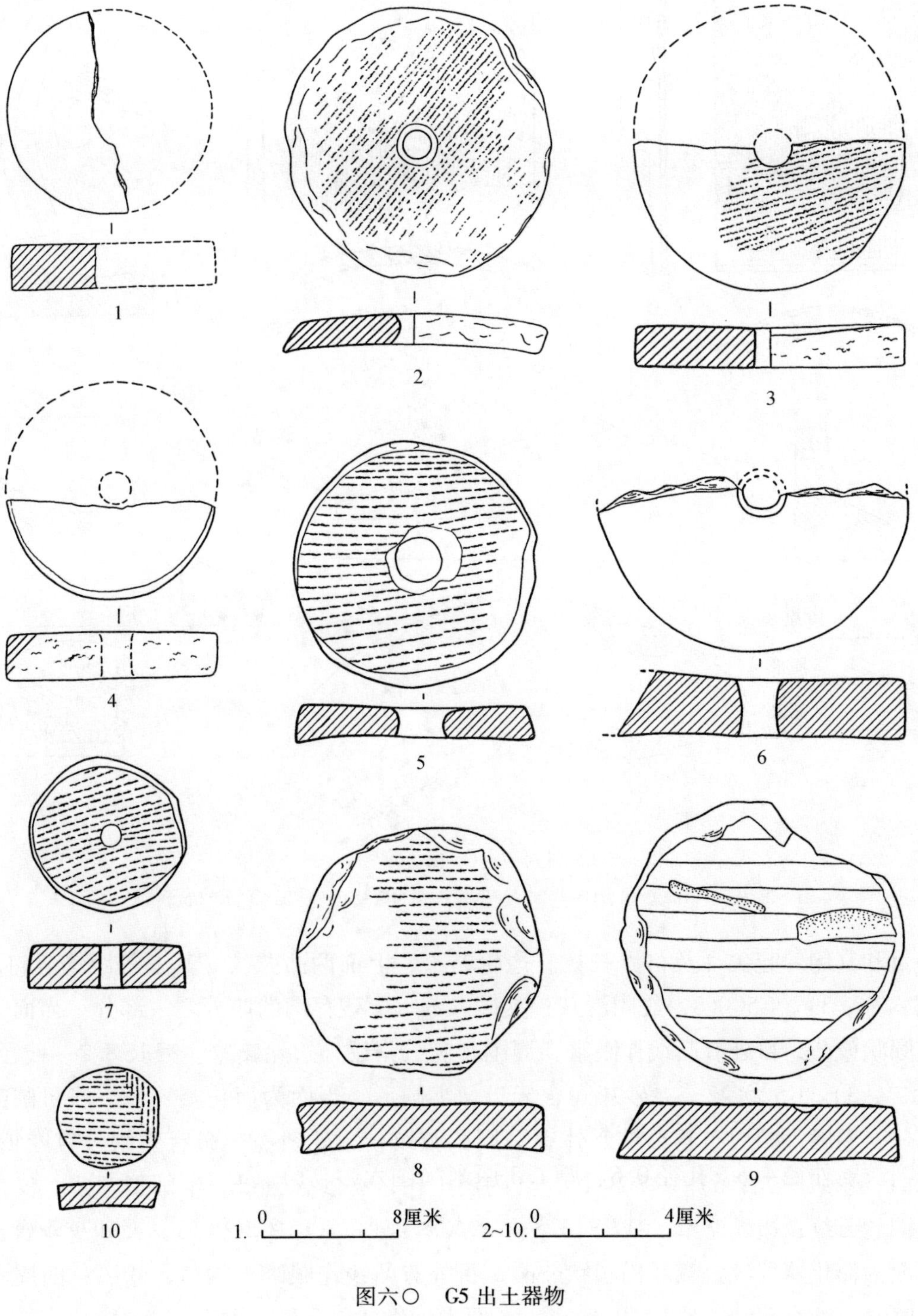

图六〇　G5出土器物

1. 陶垫饼（G5④:2）　2～7. 陶纺轮（G5③:3、G5③:4、G5②:3、G5②:10、G5③:10、G5③:11）

8～10. 圆陶片（G5①:2、G5①:3、G5③:13）

瓦当　6件。G5③:9，夹砂灰陶含云母。仅残存部分纹饰以外的素面部分和略窄的边轮。残径15.5厘米（图六一，4）。G5②:5，夹砂灰陶含云母。残存约圆的四分之一部分。可见一

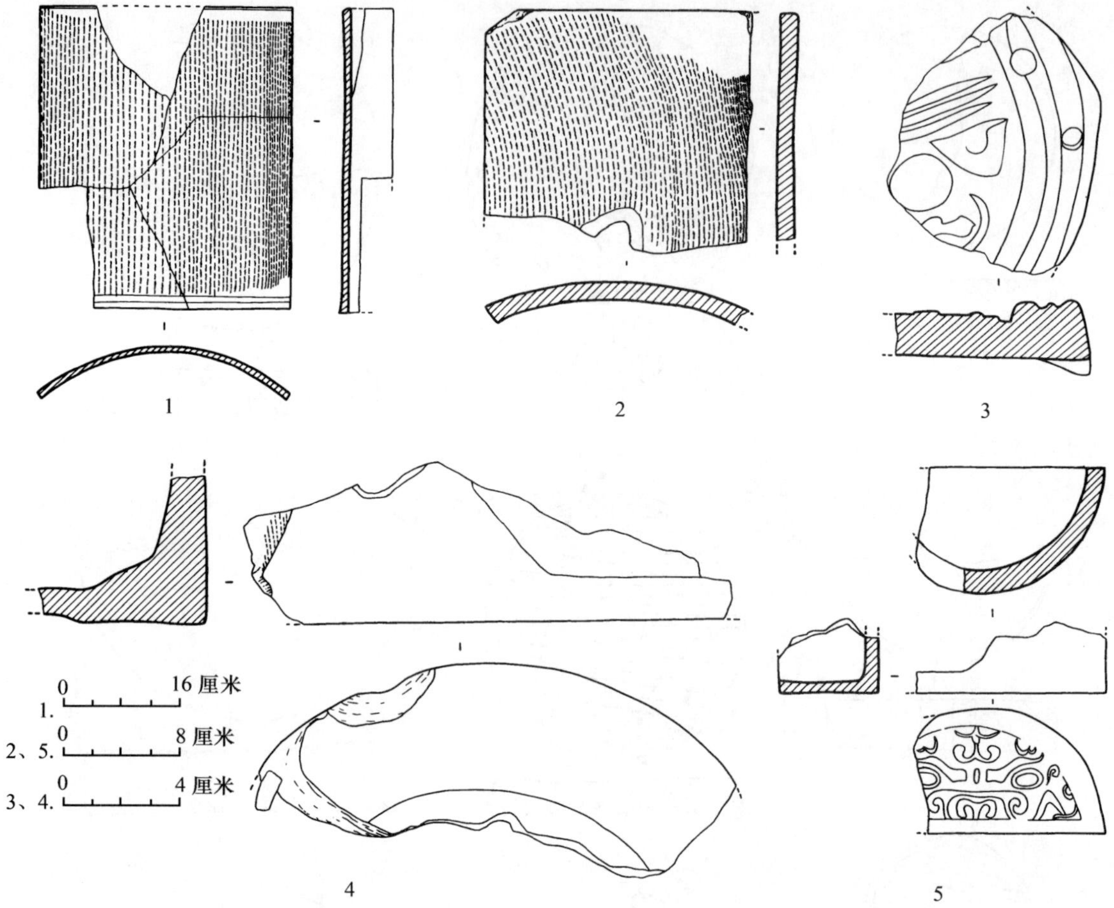

图六一 G5 出土器物

1、2. 板瓦（G5②:19、G5②:20） 3～5. 瓦当（G5③:5、G5③:9、G5②:13）

椭圆状鼓目和其侧耸起尖耳及格界三栏。边轮略窄，上饰两凸弦纹，其上等距饰乳钉。残径9厘米（图六一，3）。G5③:8，红陶泛灰，夹砂含云母。残存圆的四分之一部分。当面为简化兽纹，目椭圆状鼓凸，目外有凸线作眼眶，周围布满云雷纹，边轮略窄。残长8.2、残径11.5厘米（图六二，3）。G5②:22，夹砂灰陶含云母。半圆形，当面为简化饕餮纹，双目圆鼓，鼻梁直挺，阔口，卷唇；四周布卷云纹，外有一周凸弦纹，边轮较宽。微有残缺。直径15.0厘米（图六二，1；彩版一二，6）。G5②:11，红陶泛土白，夹砂含云母。半圆形，残。仅存一圆鼓目及其周围卷云纹；边轮略窄。残径13.5厘米（图六二，2）。G5②:13，夹砂灰陶含云母。半圆形，当面为简化饕餮纹，双目椭圆状鼓凸，目外有凸线作眼眶，阔口，卷唇；四周布满云雷纹，边轮略窄。微有残缺。残长10、直径18厘米（图六一，5；彩版一三，1）。

石斧 1件。G5③:1，扁体楔形，弧刃，背部略呈长方形残断。器表残留磨制痕。残长8.8、宽6.5、厚4.4厘米（图六二，5）。

石镞 1件。G5②:17，绿松石。三棱锥形，三翼前聚成锋，截面三角形，后有圆柱形铤与铁杆相接。铁杆锈蚀严重。残长8.5厘米（图六二，4）。

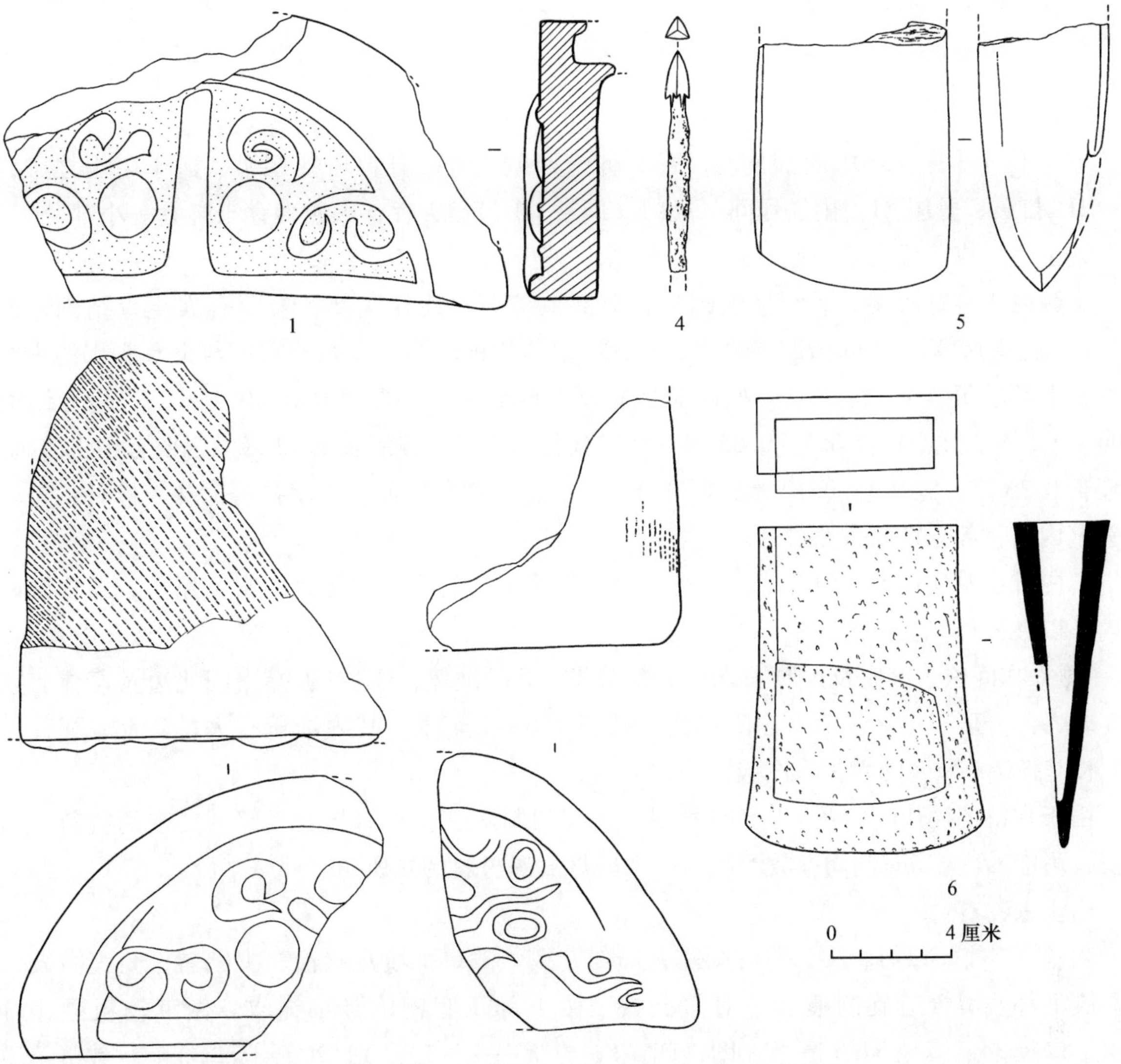

图六二　G5 出土器物

1～3. 瓦当（G5②:22、G5②:11、G5③:8）　4. 石镞（G5②:17）　5. 石斧（G5③:1）　6. 铁斧（G5②:9）

铁斧　1件。G5②:9，扁体楔形，两侧近刃部微外撇，直刃两角微翘，背部长方形有銎，与一侧面半圆形孔相通。通体锈蚀严重。通长10.9、宽6.7～8.1、厚0.3～0.7厘米（图六二，6）。

三、陶　　窑

清理陶窑7座。有人根据火焰的运行形态，将黄河流域先秦陶窑分为升焰窑和半倒焰窑[①]。这一分类意见也适于南正遗址的陶窑。同一陶窑中出土的烧成陶器形态是相同的，体现出陶器烧制的专门化。

① 张明东：《黄河流域先秦陶窑研究》，《古代文明》（第3卷），文物出版社，2004年。

1. 升焰窑

5座。

Y1　位于Ⅰ区T0501西部偏北，部分伸入西壁之外。开口于④层下，建于生土之中，被G1、H1打破，叠压Z1。由操作间、火门（因被G1打破无存，火膛残存于窑室一小部分）、窑床、残窑室组成。残窑壁与残室底长1.92米，残壁高0.5～0.65米。

火膛位于窑室西端，平面呈椭圆形，上部被破坏，残存底部，表面有火烧青结面，残高0.7米，宽0.65米，中间微凹。火道、窑箅、窑顶均被破坏，仅剩残窑壁与窑室底部的火膛部分。其上部堆积同于窑室，有一残陶釜倒置于火膛底上。窑壁厚0.2～0.4米，火烧青结面厚0.06～0.1米，残窑壁高0.5～0.65米，侧壁残长1.1米，残底长1.92米。窑壁有用土砖砌筑，土坯长0.38米，宽0.1～0.12米，厚0.06～0.1米，部分壁面有用草拌泥涂抹与修补痕迹。窑为斜壁内收，部分壁面自然脱落。

窑内堆积厚0.6米，内含草拌泥烧土块、灰沙土、红烧土块等，因窑壁塌落，器物砸碎于窑内，以夹云母陶釜残片为主。

Y1操作间位于窑室及火膛前端，大部分被G1所破坏，H1打破操作间北边及窑体。残径长3米，部分压于Ⅰ区T0401东隔梁内，残宽1.6～2.4米。其内堆积有大量陶片、瓦片，长1.3米，宽0.7米（图六三；图版二，1）。

由于在窑的操作间内及G1底部发现有遗弃的制陶红黏土料与云母碎屑夹杂的材料，据此分析，可能G1为当时制陶存放泥料与筛选云母石等材料的场所。

出土遗物有：

陶釜　7件。Y1:1，夹云母红褐陶，局部发黑。敛口，浅盘状沿，尖圆唇，筒腹微鼓，圜底。腹上部残留数道旋制痕和一对接凸棱，棱下部及底密饰竖细绳纹。做工较粗糙。通高34.4、口径34、腹径34.5厘米（图六四，1；彩版一一，1）。Y1:2，夹云母红陶。敛口，浅盘状沿，圆唇，筒腹微鼓，圜底。腹上部残留数道旋制痕和一对接凸棱，棱下部及底疏饰竖细绳纹。做工较粗糙。通高33.2、口径31、腹径30厘米（图六四，2）。Y1:3，泥质红陶，局部发黑。敛口，折沿上仰，尖圆唇，筒腹微鼓，圜底。腹上部残留数道旋制痕和一对接凸棱，棱下部及底密饰竖细绳纹。做工较粗糙。通高32.5、口径28.6、腹径31厘米（图六四，3；图版一〇，1）。Y1:4，夹云母红褐陶。敛口，浅盘状沿，斜方唇，筒腹微鼓，圜底。腹上部残留数道旋制痕和一对接凸棱。做工较粗糙。通高34.4、口径34.4厘米（图六四，4）。Y1:6，夹云母红陶。敛口，斜沿，尖圆唇，腹微弧。腹上部轮旋痕迹明显，下部饰竖向绳纹。通高33.2、残高20厘米（图六四，5）。Y1:7，夹云母红陶。母口呈浅盘状，腹微弧。腹上部饰凹弦纹数道。口径31.2、残高13.2厘米（图六四，6）。Y1:11，夹云母红陶。近直口，斜沿微凹，尖圆唇，斜直腹，腹部饰竖向绳纹。口径42、残高24.4厘米（图六四，8）。

陶罐　1件。Y1:12，夹云母灰陶。口微敛，圆唇，矮颈，圆肩，颈部饰凸弦纹一道。口径28、残高9.6厘米（图六四，7）。

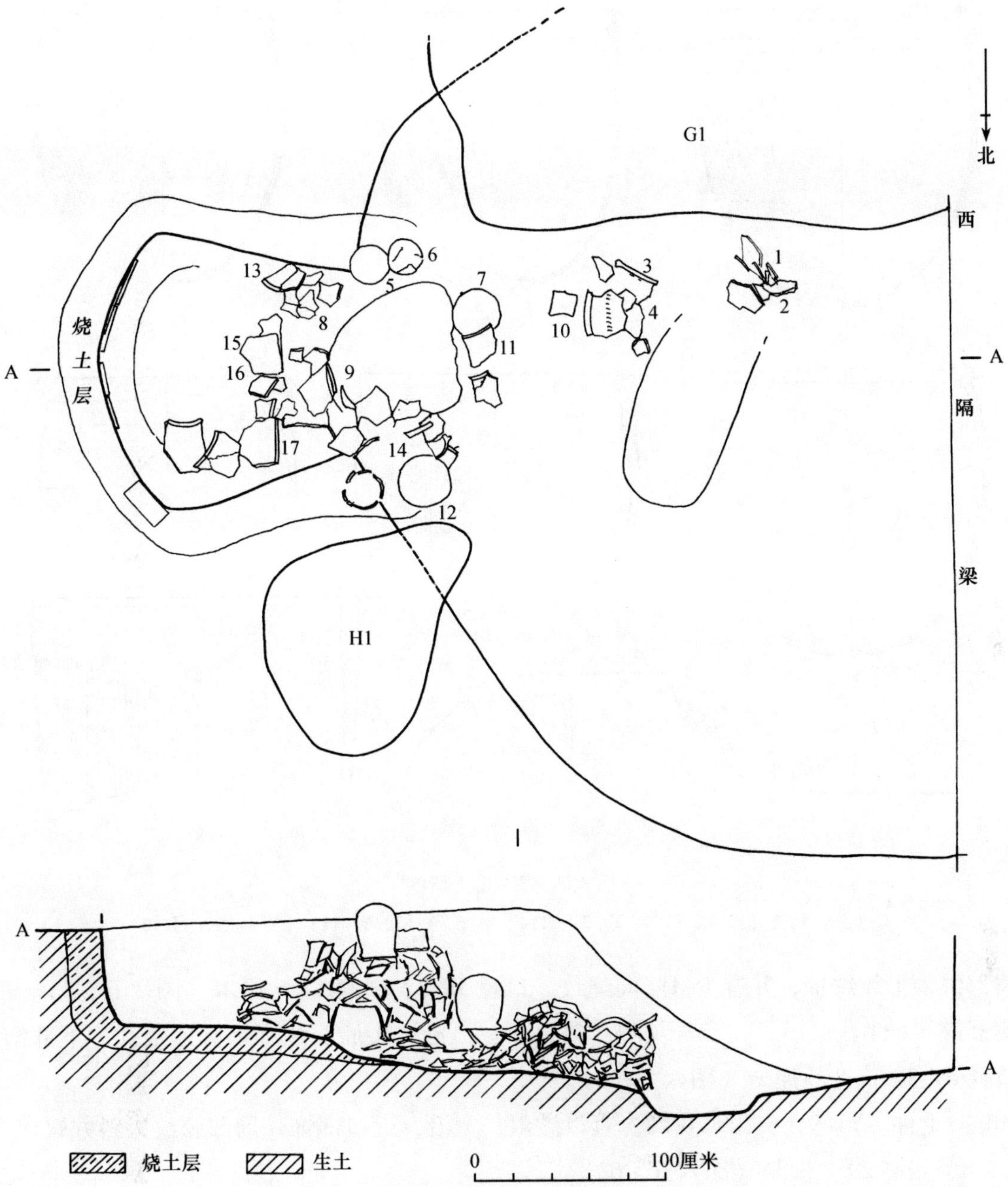

图六三　Y1 平、剖面图

1～4、6、7、11. 陶釜　5. 陶器座　8. 陶盆　9. 陶缸　10、13、15、16. 陶瓮　12. 陶罐　14. 铁刀　17. 板瓦

陶瓮　3 件。Y1∶10，夹云母红褐陶，外壁呈青色，敛口、圆唇，矮直领饰二周凸弦纹，溜肩饰竖向细绳纹。口径 54、残高 16.4 厘米（图六五，1）。Y1∶13，夹云母灰陶，敞口，厚圆唇，斜肩微弧。颈部饰三道凹弦纹，腹部饰竖向绳纹。残高 16.8 厘米（图六五，7）。Y1∶15，夹云母灰陶，敛口，近方唇，矮颈，圆肩，颈部饰凸弦纹二道，肩部饰菱形纹带。口径 42、残高 8 厘米（图六五，2）。Y1∶16，夹云母红陶，敛口，方圆唇，矮颈，圆唇。颈部饰凸弦纹二

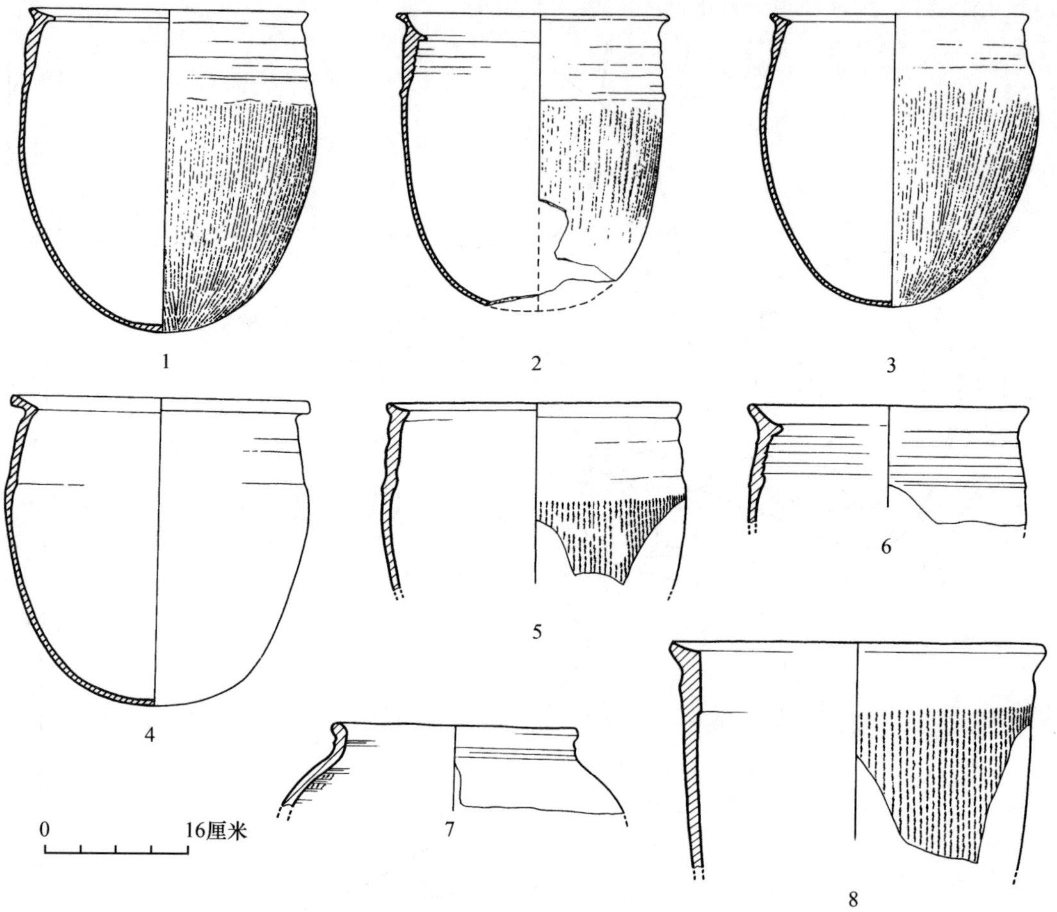

图六四　Y1 出土器物

1～6、8. 陶釜（Y1∶1、Y1∶2、Y1∶3、Y1∶4、Y1∶6、Y1∶7、Y1∶11）　7. 陶罐（Y1∶12）

道，肩部饰菱形纹纹带，并有少量竖向绳纹。口径 38.8、残高 17.6 厘米（图六五，3）。

陶器座　1 件。Y1∶5，夹云母灰陶。敛口、宽弧沿、尖唇。颈部饰圆形镂孔，下部饰细绳纹。口径 64.8、高 8.6 厘米（图六五，5）。

陶缸　1 件。Y1∶9，夹云母灰陶。直口微敛，宽沿，近口部饰一周凹弦纹，斜方唇，直腹。口径 64.8、残高 20.8 厘米（图六五，6）。

陶盆　1 件。Y1∶8，夹云母灰陶。斜沿、方唇、直壁折肩，斜直腹下收，小平底。口径 45.6、底径 8.8、高 16 厘米（图六五，4）。

板瓦　1 件。Y1∶17，夹砂红陶。方沿，饰竖向粗绳纹。残长 26.4、残宽 12.4 厘米（图六五，9）。

铁刀　1 件。Y1∶14，柄及尖不存，残存平面长方形，刃锐背宽，截面三角形。通体锈蚀严重。残长 8.9、宽 2.4～3.1 厘米（图六五，8）。

Y3　位于Ⅱ区 T0305、T0405 探方之间，M4 以南偏东。开口于③层下，距现地表深 0.3～0.45 米。向下打破生土。操作间上口东西两边均被现代长方形坑打破。窑身、窑顶均已破坏。

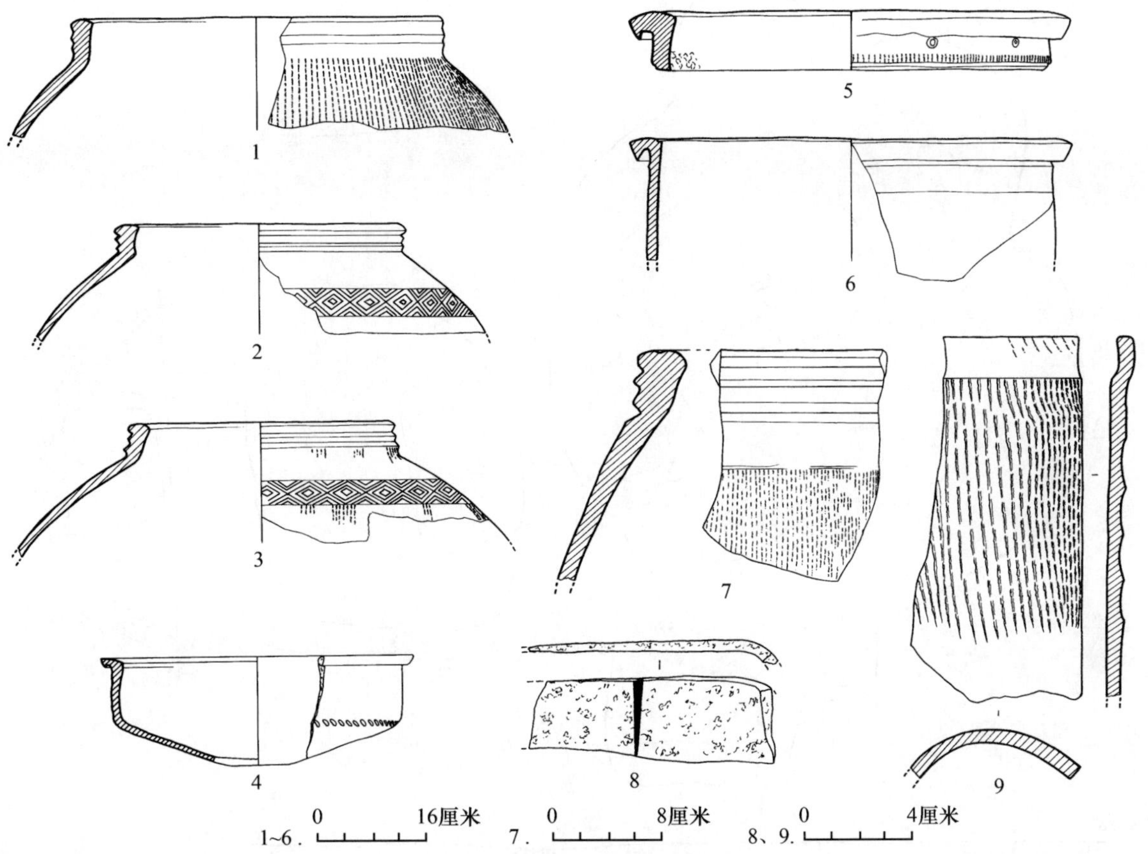

图六五　Y1出土器物

1～3、7. 陶瓮（Y1:10、Y1:15、Y1:16、Y1:13）　4. 陶盆（Y1:8）　5. 陶器座（Y1:5）　6. 陶缸（Y1:9）　8. 铁刀（Y1:14）　9. 板瓦（Y1:17）

面积高度不明。

火门位于窑的南端，南北走向，呈半圆状。残高0.96米，底宽0.92米。顶部、烧土残厚0.05米。火膛位于火门的北部。

窑室平面呈椭圆形，东西长2.5米，南北宽2米。

火道因窑上部坍塌，由残迹判断，为椭圆形，宽0.16～0.2米，斜坡状，位于窑室东、西、北三壁。东西两壁各有3个，北壁5个。

窑篦顶已全部被扰，形状位置不明。窑壁烧结面厚0.25～0.35米。

Y3内堆积均为窑顶部坍塌下的烧土块、烧结面及杂土，内含有红褐色夹云母陶片。

工作间位于火门的南部，平面近椭圆状，口大底小。周边自上向下均内收，壁不平整。上口东西最大径4.94米，南北最大径5.04米。底部东西最大径2.82米。南北最大径2.04米，深1.5米。上口西南方，有长1米，宽0.8米，高0.5米的缺口，判断可能为上下工作间的通道。工作间填土呈灰褐色，土质松散，内含有大量的烧土块、灰烬，夹杂有红褐色夹云母陶片等。底部有厚0.1～0.5米的灰层，内有木炭残块，底不平整（图六六；图版二，2）。

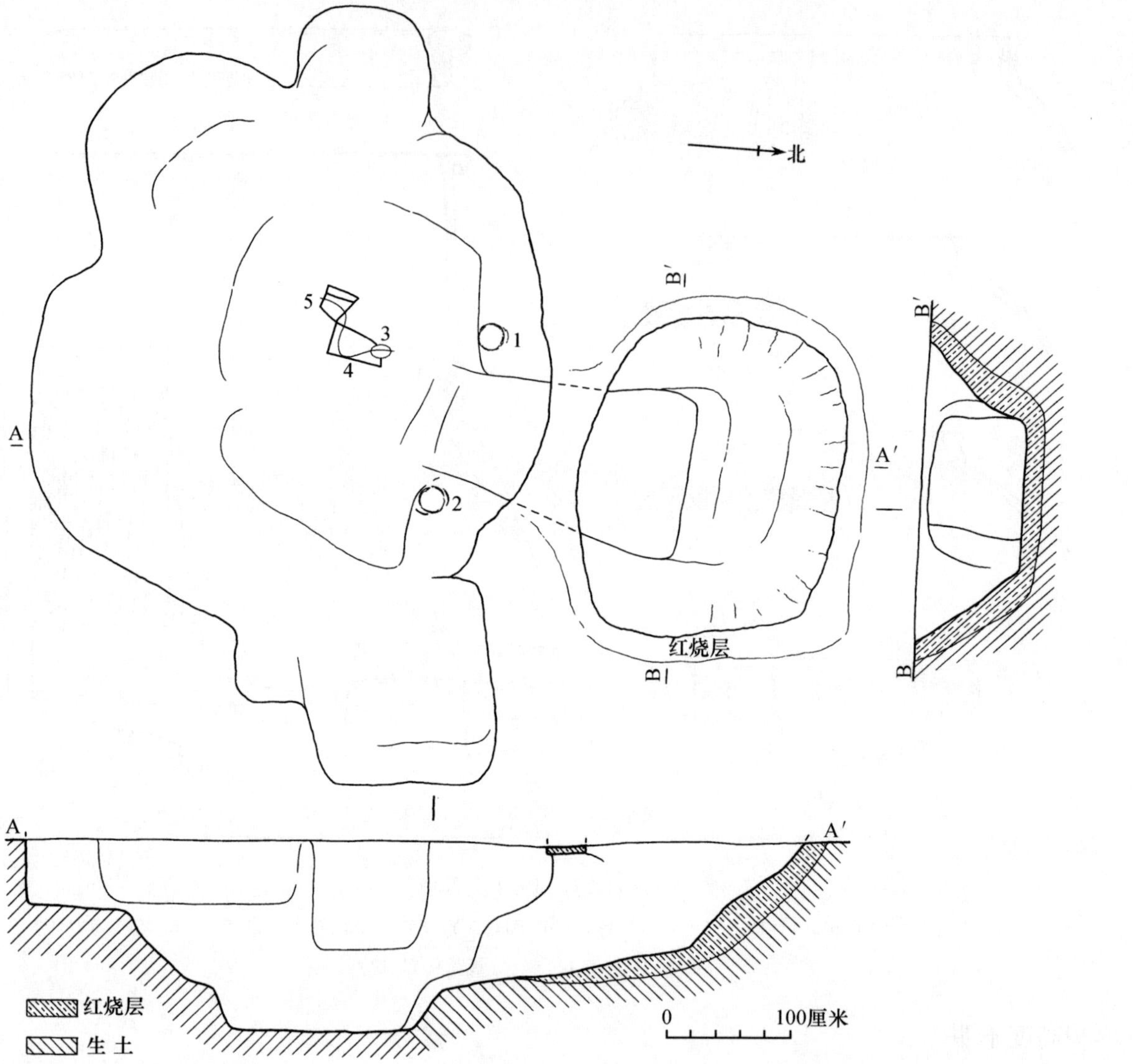

图六六　Y3 平、剖面图

1～5. 陶釜

火门东西两侧，各倒置一残陶罐，其用途不明。可能为保存火种之用。由于窑室顶部已残，窑内器物的放取方式不明。出土遗物有：

陶釜　5 件。Y3∶1，红陶泛土白，夹砂含云母。盘口，内残留旋刮痕，尖圆唇，直腹密饰竖细绳纹。口径 32.4、残高 25.6 厘米（图六八，1）。Y3∶2，红陶泛灰，夹砂含云母。盘口，内残留旋刮痕，尖圆唇，直腹密饰竖细绳纹。口径 32.4、残高 16.4 厘米（图六八，2）。Y3∶3，夹砂红陶含云母。盘口，内残留旋刮痕，尖圆唇，直腹密饰竖细绳纹。口径 32、残高 14 厘米（图六八，3）。Y3∶4，夹砂红陶含云母。盘口，内残留旋刮痕，尖圆唇，直腹密饰微右斜细绳纹。残高 13.6 厘米（图六八，4）。Y3∶5，夹云母红陶。母口，尖圆唇，斜直腹，饰竖向中粗绳纹。残高 26.8、口径 33 厘米（图六八，5）。

Y4　位于Ⅲ区T0503的东北角。被H17打破，打破H18。由于破坏严重，仅存火膛底面约1平方米。火膛口距地表0.43米，深约0.16米。包含物有红烧土块、灰土及残陶片，残余火烧青结面厚0.04～0.1米。

火门、火道、窑箅、窑顶、窑壁均破坏不清。

操作间位于窑室东端，其西边被H17破坏，北边被现代坑（K）破坏，打破H18（图六七）。

其工作面内堆积含淤积土、草木灰、零星红褐陶片。

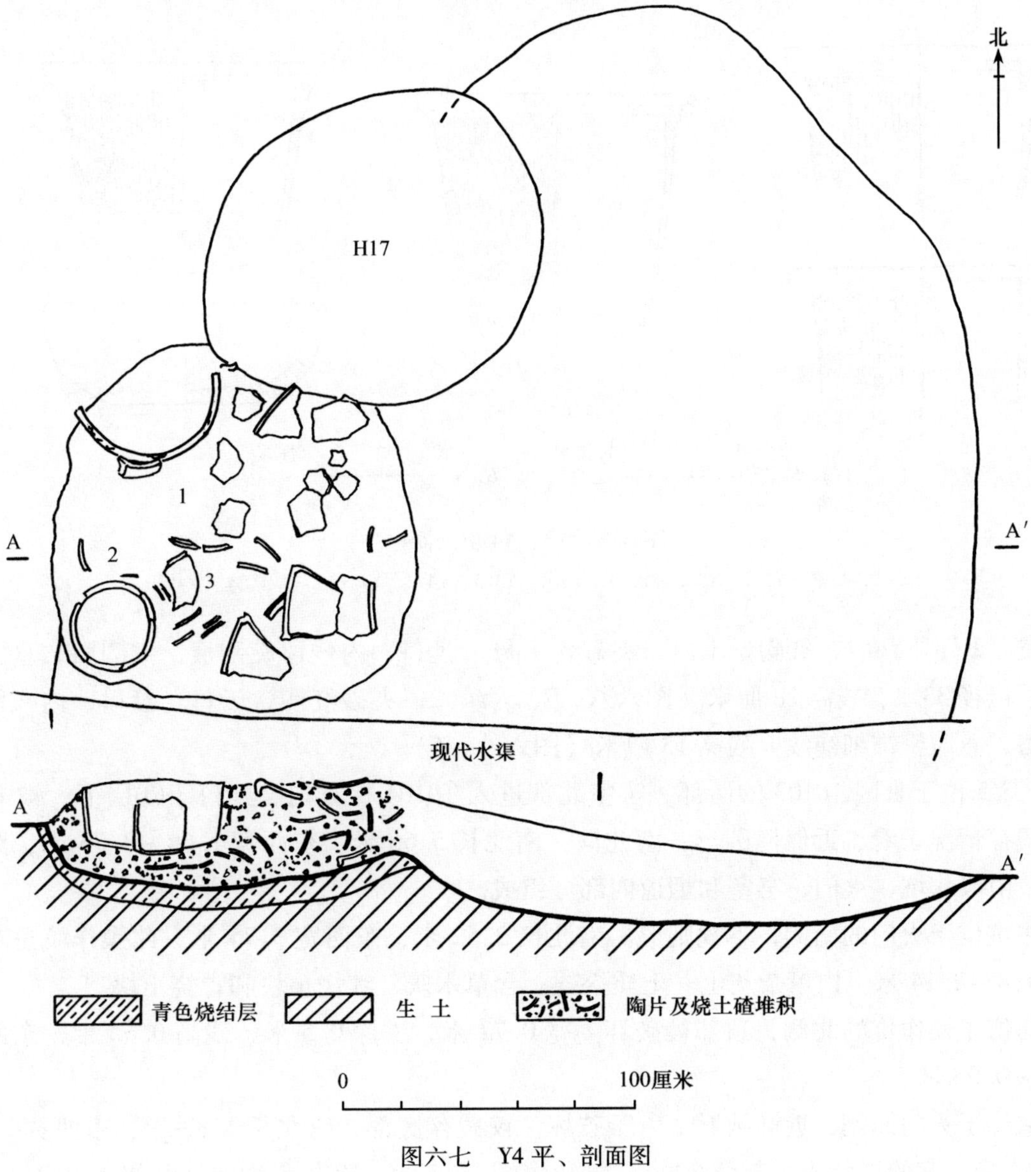

图六七　Y4平、剖面图

1、2. 陶釜　3. 陶钵

出土遗物有：

陶钵　1件。Y4∶3，夹云母红褐陶。近直口、圆唇，弧腹，平底。素面。高5.9、口径16.4、底径8.6厘米（图六八，8；图版一一，5）。

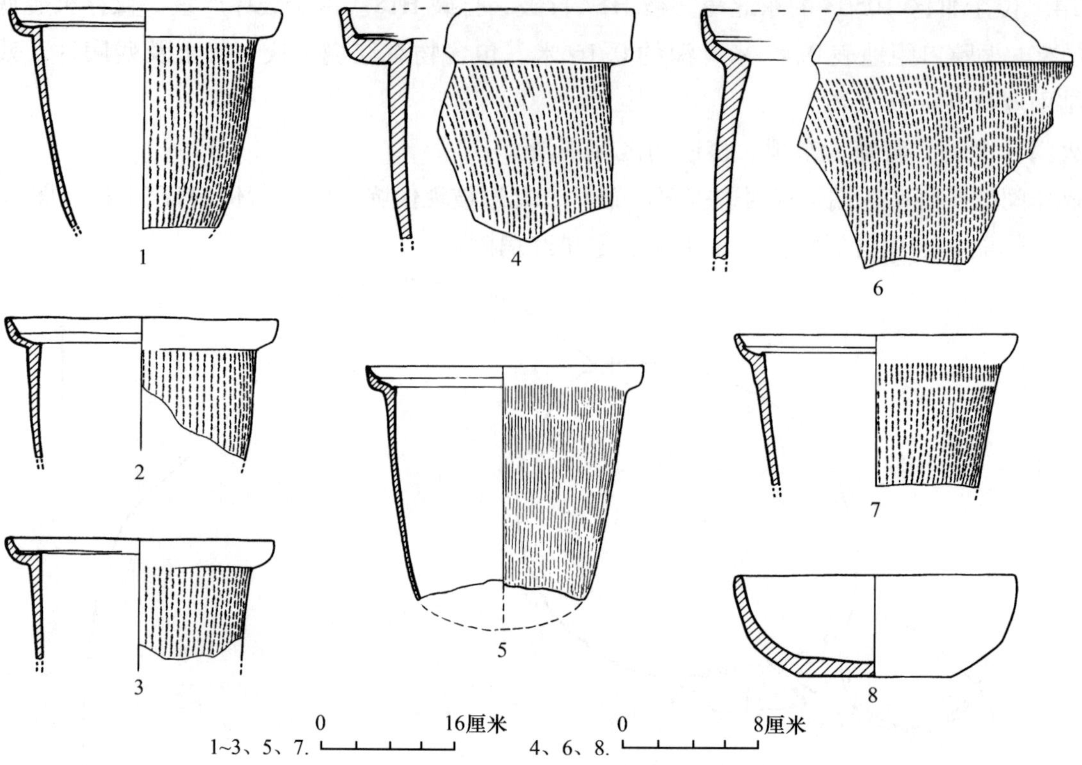

图六八　Y3、Y4出土器物

1~7. 陶釜（Y3:1、Y3:2、Y3:3、Y3:4、Y3:5、Y4:2、Y4:1）　8. 陶钵（Y4:3）

陶釜　2件。Y4:1，红陶泛土白，夹砂含云母。盘口，内残留旋刮痕，尖圆唇，直腹密饰细绳纹。口径33.2、残高18厘米（图六八，7）。Y4:2，夹砂红陶含云母。盘口，内残留旋刮痕，双唇，直腹密饰细绳纹。残高15厘米（图六八，6）。

Y5　Y5位于Ⅲ区T0103的西部，窑室北部进入T0104探方内。开口于③层下，被H31打破。从残存情况来看，近似椭圆形，南北向，南北长5.66米，东西宽1.64~3.75米，距地表深1米。由操作坑、火门、窑室和烟道四部分组成。

操作坑位于火门的南侧，不规则形。南北长3.52米，东西宽3.75米，此操作坑呈东高西低，深1.4~2.14米。内填杂灰土。土质松软，含草木灰、红烧土块和青烧土块。

火门位于操作坑的北侧，顶部被破坏。宽0.72米，进深0.5米，残高0.62米，东西两壁厚0.04~0.06米。

窑室位于火门北侧，近椭圆形。由于破坏，仅残存底部，南北长1.88米，东西宽1.5米，残高0.44米。窑的周壁为青灰色烧结面，厚0.06~0.1米。青灰色烧壁外红烧土厚0.2~0.35米。窑室底部稍平（图六九）。

烟道位于窑室的后壁，残留底部，由东向西排列五个。

① 号烟道，位于窑室后壁东端，西距2号烟道0.11米。宽0.11~0.14米，向里进深0.05米，高0.2米。

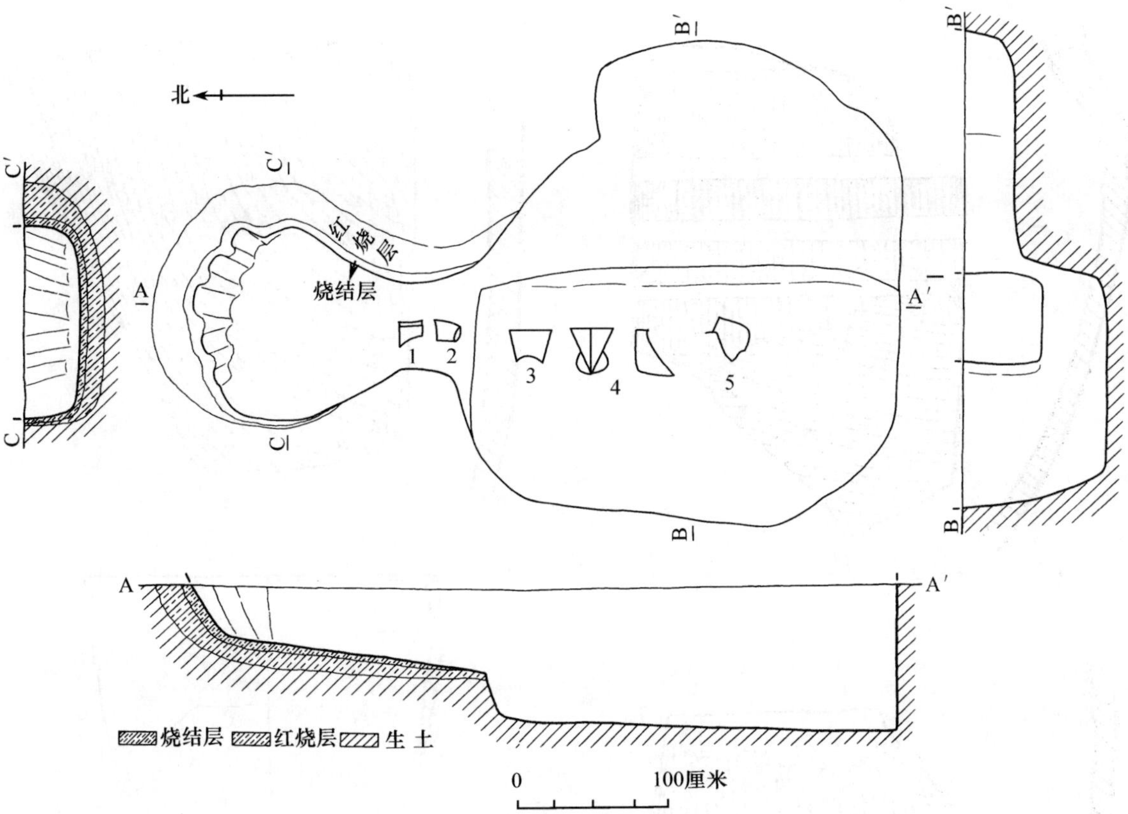

图六九　Y5 平、剖面图

1～5. 陶釜

② 号烟道，位于后壁东部，东距1号烟道0.11米，西距3号烟道0.09～0.14米。宽0.16米，向里进深0.05米，高0.25米。

③ 号烟道，位于后壁中部，东距2号烟道0.09～0.14米，西距4号烟道0.06～0.2米。宽0.19米，向里进深0.04米，高0.28米。

④ 号烟道，位于窑室后壁西部，东距3号烟道0.06～0.2米，西距5号烟道0.14米。宽0.15米，向里进深0.04米，高0.18米。

⑤ 号烟道，位于窑室后壁西端。东距4号烟道0.14米，宽0.1～0.13米，向里进深0.03米，高0.12米。

窑内堆积为灰黑色杂土，含炭块、青灰色烧壁残块。包含物有灰色夹云母夹砂陶器残片等。出土遗物有：

陶釜　5件。Y5:1，夹砂灰陶含云母。圆肩，直腹，肩腹上竖饰细绳纹，残留四道旋刮痕。残高18.8厘米（图七○，1）。Y5:2，夹砂灰陶含云母。外饰左斜细绳纹，内素面。残高16.4厘米（图七○，2）。Y5:3，夹砂灰陶含云母。外饰右斜细绳纹，内素面。残高15厘米（图七○，3）。Y5:4，夹云母红陶。敛口，平沿微斜，圆唇，斜腹，素面。口径28、残高13.2厘米（图七○，4）。Y5:5，夹云母红陶，敞口，方垂唇，斜直腹，腹部饰竖向绳纹。口径41.2、残

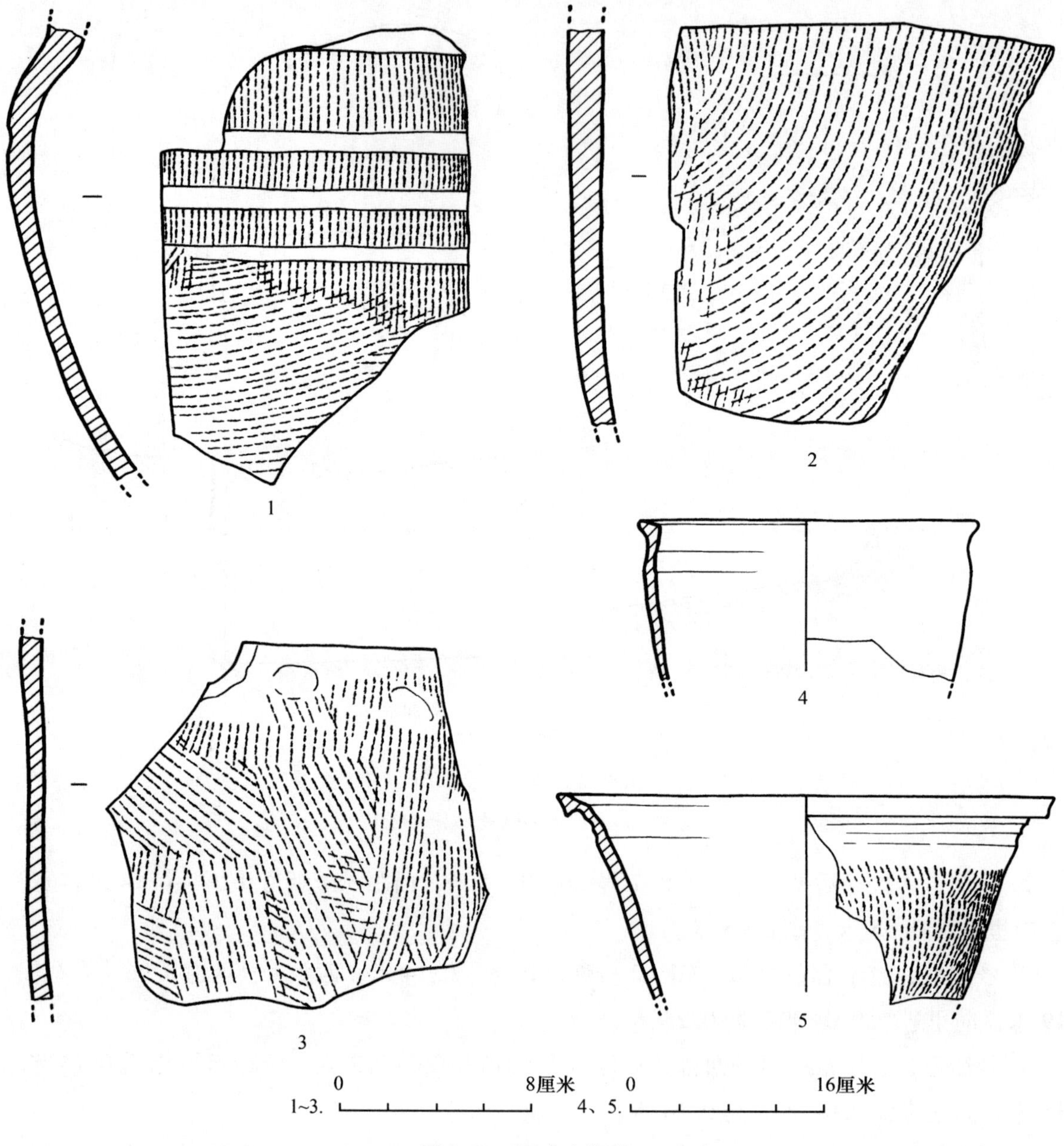

图七○　Y5 出土陶釜

1. Y5∶1　2. Y5∶2　3. Y5∶3　4. Y5∶4　5. Y5∶5

高 17.2 厘米（图七○，5）。

根据 Y5 结构大小情况，推断应为烧制小型陶器的陶窑。

Y7　Y7 位于Ⅲ区 T0304 的东部，距东隔梁约 1.5 米。开口于③层下，被 H8 打破，自身打破 G5。距地表深 0.82 ~ 1.32 米。建在 G5 的东坡上部，东高西低。平面形状为半葫芦形，东西向。由操作坑、火膛、窑室等组成，残长 4.9 米，宽 2.1 ~ 4.2 米。由于顶部塌落，窑门及火膛不详。

操作坑位于窑门的西部，坑口距地表 1.32 米，形状不明。南北 2.4 米，东西 4 米，坑深 0.54 ~ 0.7 米。其内填土为五花杂土，包含有红烧土块、红烧土颗粒、青灰色烧结块等，出有夹云母红陶片等。

在操作坑之北部窑门的北侧有台阶三层，分上中下，上层长1.9米，宽0.39米，高0.38米；中层长1.4米，宽0.4米，高0.3米；下层长1.3米，宽0.5米，高0.25米。三层台阶均为生土。

窑门位于操作坑的东部，火膛西部，已坍塌。底部残留有红烧土，南北宽0.7～0.8米，高度不详。

火膛位于窑门的东侧，窑床的西侧。高度不明。底部留有红烧土痕迹，东西长0.8～1米，南北宽0.7～0.8米。含草木灰和木炭碎屑。

窑室平面呈半葫芦形，底部为斜坡形，东高西低。东西长2.2米，南北宽1～2.18米。四壁残留有青灰烧结块，厚0.04～0.06米。硬壁外有红烧土，厚0.1～0.12米，底部被破坏后残留部分，厚0.06～0.08米。

烟道位于窑室的东壁。由于窑顶塌落，北部烟道高度宽度不明，南部残留有痕迹，宽0.32～0.34米，高度不详（图七一）。

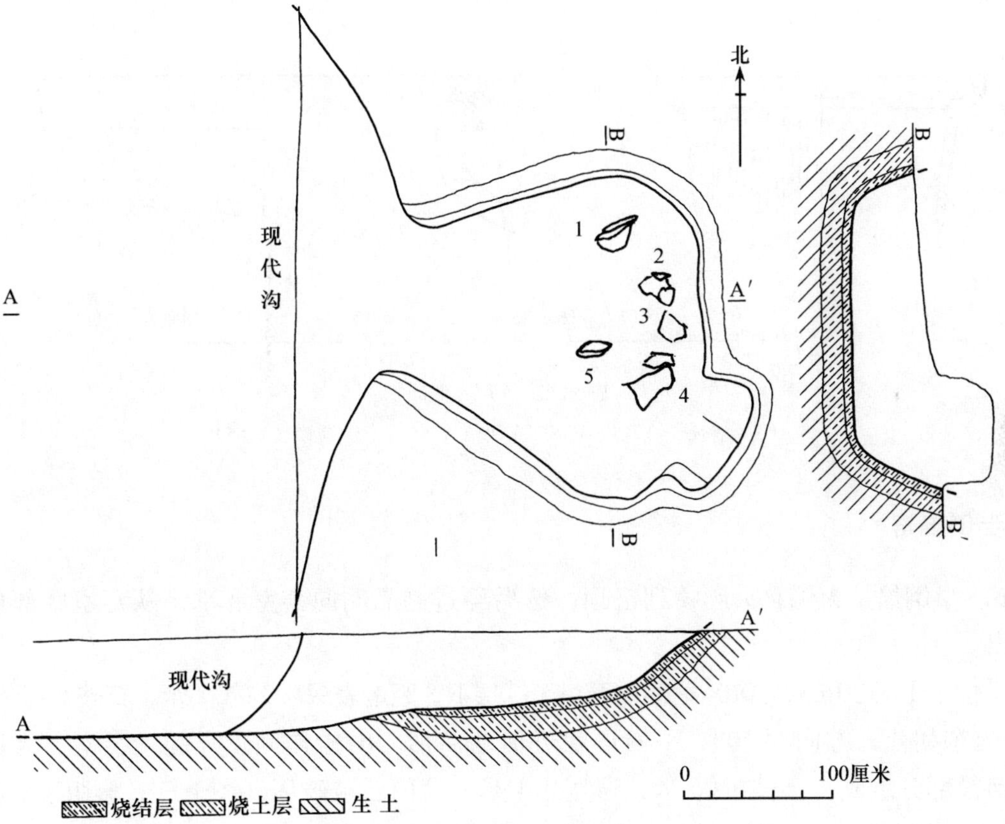

图七一　Y7平、剖面图
1～4. 陶釜　5. 陶罐

窑内填土较杂，顶部塌落后留有大量红烧土块、红烧土颗粒及青灰硬壁残砖块。出土物夹云母红陶片等。可辨器形有：

陶釜　4件。Y7∶1，夹砂红陶含云母。盘口，内残留旋刮痕，尖圆唇，直腹密饰竖细绳纹。

口径32、残高20.8厘米（图七二，1）。Y7∶2，红陶泛灰，夹砂含云母。盘口，内残留旋刮痕，圆唇，直腹密饰竖细绳纹。口径28、残高19.6厘米（图七二，2）。Y7∶3，夹砂红陶含云母。盘口，内残留旋刮痕，圆唇，直腹密饰竖细绳纹。口径30.4、残高16.8厘米（图七二，3）。Y7∶4，夹砂红陶含云母。盘口，内残留旋刮痕，尖圆唇，直腹密饰竖细绳纹。口径32、残高12.8厘米（图七二，4）。

陶罐　1件。Y7∶5，陶色灰白，夹砂含云母。直口微侈，卷圆唇外饰一宽凹弦纹，束颈，溜肩。口径20.6、残高7.4厘米（图七二，5）。

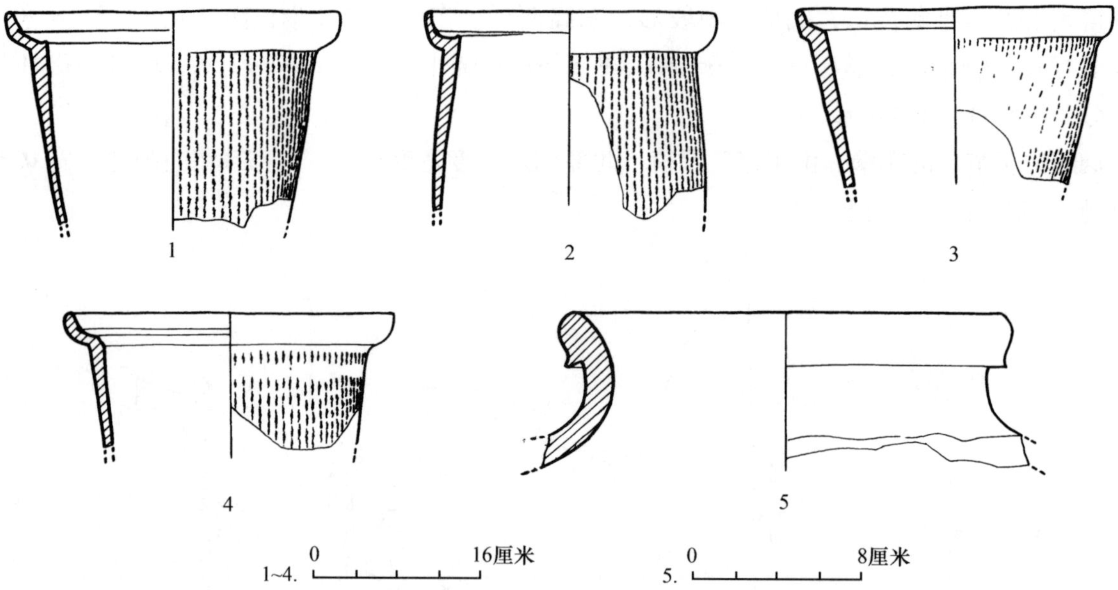

图七二　Y7出土器物

1~4. 陶釜（Y7∶1、Y7∶2、Y7∶3、Y7∶4）　5. 陶罐（Y7∶5）

2. 半倒焰窑

2座。半倒焰是火焰自火膛喷到窑顶，然后经过制品倒向窑室底部，从窑室底部后方的排烟孔排出。

Y2　位于Ⅰ区T0103、T0104之间。开口于③层下，距地表深0.9~1.2米，打破G4、生土。

Y2坐东朝西，方向为70°，平面形状近似葫芦形。由操作间、火膛、窑室、火道、排烟孔、烟囱等部分组成，全长6.06米，通宽3.1米，窑门已被破坏（图七三；彩版五，2）。

火膛位于窑床之西，呈圆弧状，东西长1.7米，南北宽0.7米。火膛内壁因长期烧结而十分坚硬，呈青蓝色。火膛系掏挖而成，底部不平，东高西低。火膛口外南半部以残破陶釜口沿残片环形叠砌而成，形成高约0.2米左右的平台，为二次利用。其用途起挡火墙的作用。

火膛内填土可分3层：

第①层，为窑室坍塌后的红烧土颗粒、青蓝烧结块等。土质硬，厚0.3米；

第②层，为灰黄土，夹杂有红烧土颗粒，厚0.2米。土质松，包含物有夹砂红陶片等；

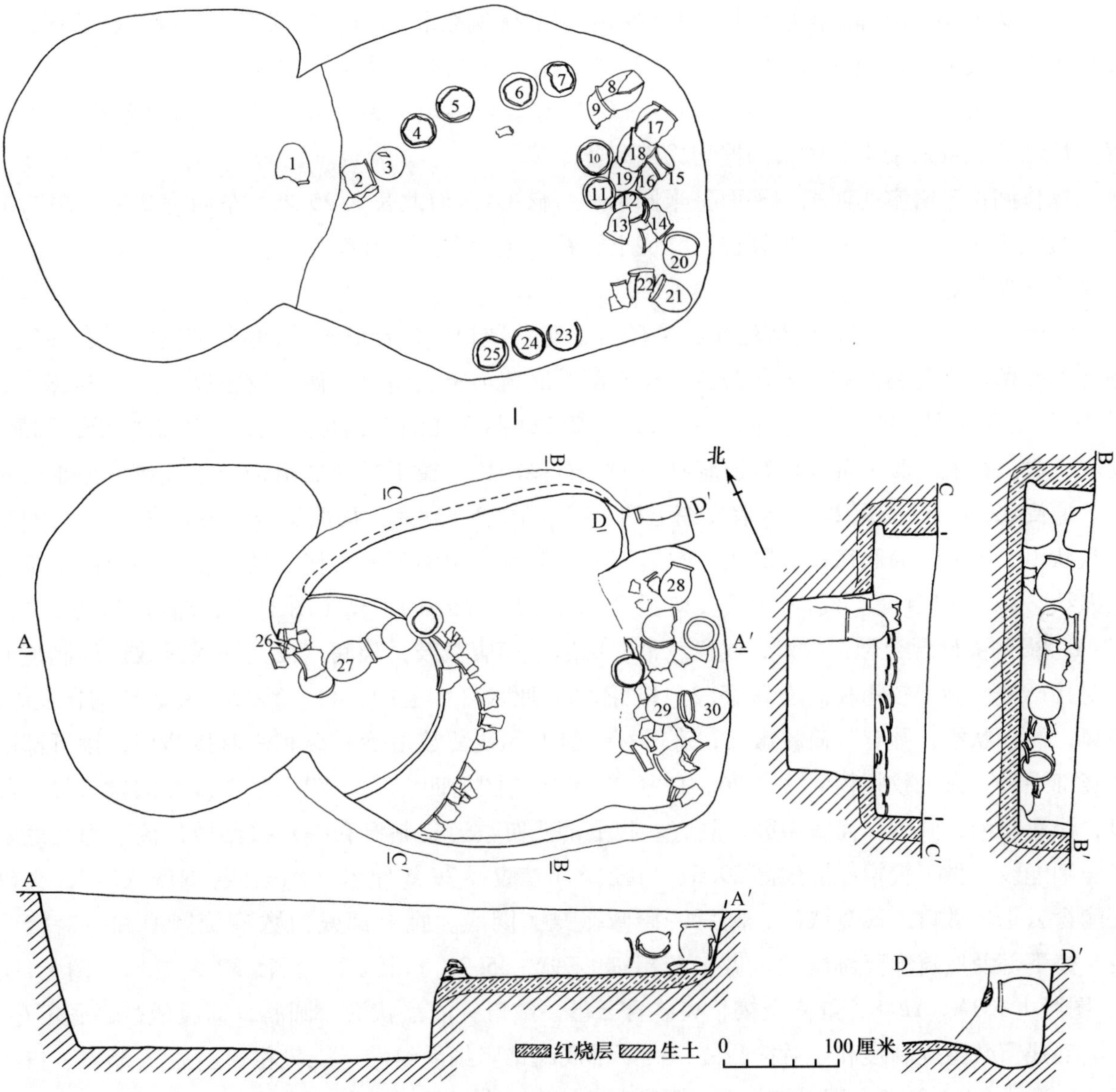

图七三　Y2平、剖面图
1～25、27～30. 陶釜　26. 陶压锤

第③层，为青灰色土，土质松，厚0.2米。含有大量炭灰颗粒。包含物有夹砂红陶片等。

窑室平面呈椭圆形，东西长3.9米，南北宽3.1米，面积约为12平方米。窑壁已坍塌，仅存北壁少量经烧结而形成的青蓝色内壁，残高0.6米，外围有一层厚约0.25米的红烧土。

窑床为东高西低呈缓坡状，底部为烧结而成的青蓝色硬面。

火道仅保留窑室北侧1个，宽0.06～0.1米，由火膛沿窑床环至排烟孔。从北侧保留的火道分析，窑室南侧也应有1个火道。

排烟孔两个分别位于窑室东部的南北两侧，形状为方形。口宽0.5米，内宽0.4米，东西长0.4米，深0.02～0.22米，底部为烧结而成的青蓝色硬面。斜坡状。

因窑室坍塌，南部烟囱已破坏，只保留窑室后壁偏东北部的1个烟道。上口部已破坏，残长0.4米，残宽0.36米；下口直径为0.35米，近似于圆形，残高0.88米。

窑顶、窑壁均已被破坏，残存高0.4～0.48米。窑内填土为窑室塌落后形成的红烧土颗粒、青色烧结块及灰黄杂土。残余陶器均为红陶釜。

操作间位于窑室的西端，平面呈半圆形，打破G4。南北长3.25米，东西宽2米，深1.34米。填土黄灰色，夹杂有炭灰颗粒、红烧土颗粒，包含有夹砂红陶片等。

出土遗物有：

陶釜　28件。Y2∶1，红陶泛褐，夹砂含云母。敛口，浅盘状沿，圆唇，筒腹微鼓，圜底。腹上部残留数道旋制痕和一对接凸棱，棱下部及底疏饰竖细绳纹。做工较粗糙。通高34.8、口径31.2厘米（图七四，1；彩版一一，2）。Y2∶2，夹砂红陶含云母。敛口，浅盘状沿，圆唇，筒腹微鼓，圜底。腹上部残留数道旋制痕和一对接凸棱，棱下部及底疏饰竖细绳纹。做工较粗糙。通高32.4、口径宽29.2厘米（图七四，2）。Y2∶3，红陶，局部泛灰，夹砂含云母。敛口，浅盘状沿，圆唇，筒腹微鼓，圜底。腹上部残留数道旋制痕和一对接凸棱，棱下部及底疏饰竖细绳纹。做工较粗糙。残高34.8、口径29.3、腹径29.6厘米（图七四，3；图版九，4）。Y2∶4，褐陶夹砂含云母。敛口，浅盘状沿，圆唇，筒腹微鼓，圜底。腹上部残留数道旋制痕和一对接凸棱。做工较粗糙。通高35.2、口径28.8厘米（图七四，4）。Y2∶5，夹砂红陶含云母。敛口，浅盘状沿，圆唇，筒腹微鼓，底不存。腹上部残留数道旋制痕和一对接凸棱，棱下部疏饰竖细绳纹。做工较粗糙。残高26、口径32厘米（图七四，5）。Y2∶6，夹砂红陶含云母。敛口，浅盘状沿，圆唇，筒腹微鼓，圜底。腹上部残留数道旋制痕和一对接凸棱，棱下部及底疏饰竖细绳纹。做工较粗糙。残高29.6、口径28.6、腹径29.6厘米（图七四，6）。Y2∶7，夹砂红陶含云母。敛口，浅盘状沿，圆唇，筒腹微鼓，圜底。腹上部残留数道旋制痕和一对接凸棱，棱下部及底疏饰竖细绳纹。做工较粗糙。残高35.2、口径32、腹径32.3厘米（图七四，7；图版九，3）。Y2∶8，红陶泛褐，夹砂含云母。敛口，浅盘状沿，圆唇，筒腹微鼓，底不存。腹上部残留数道旋制痕和一对接凸棱，棱下部底疏饰竖细绳纹。做工较粗糙。通高35.4、口径28.6、腹径30.4厘米（图七四，8）。Y2∶9，夹砂红陶含云母。敛口，浅盘状沿，圆唇，筒腹微鼓，圜底。腹上部残留数道旋制痕和一对接凸棱，棱下部及底疏饰竖细绳纹。做工较粗糙。通高34.4、口径29.6、腹径29.4厘米（图七四，9）。Y2∶10，与Y2∶11合号，红陶泛褐，夹砂含云母。敛口，浅盘状沿，圆唇，筒腹微鼓，圜底。腹上部残留数道旋制痕和一对接凸棱，棱下部疏饰竖细绳纹。做工较粗糙。残高22、口径30厘米（图七五，1）。Y2∶12，红陶泛褐，夹砂含云母。敛口，浅盘状沿，圆唇，筒腹微鼓，圜底。腹上部残留数道旋制痕和一对接凸棱，棱下部疏饰竖细绳纹。做工较粗糙。残高24.8、口径29.2厘米（图七五，2）。Y2∶13，红陶泛土白，夹砂含云母。敛口，浅盘状沿，圆唇，筒腹微鼓，圜底。腹上部残留数道旋制痕和一对接凸棱，棱下部及底疏饰竖细绳纹。做工较粗糙。残高33.5、口径29、腹径30.8厘米（图七五，3）。Y2∶14，红陶泛褐，局部发黑，夹砂含云母。敛口，浅盘状沿，圆唇，筒腹微鼓，圜底。腹上部残留数道旋制痕和一对接凸棱，棱下部底疏饰竖细绳纹。做工较粗糙。残高

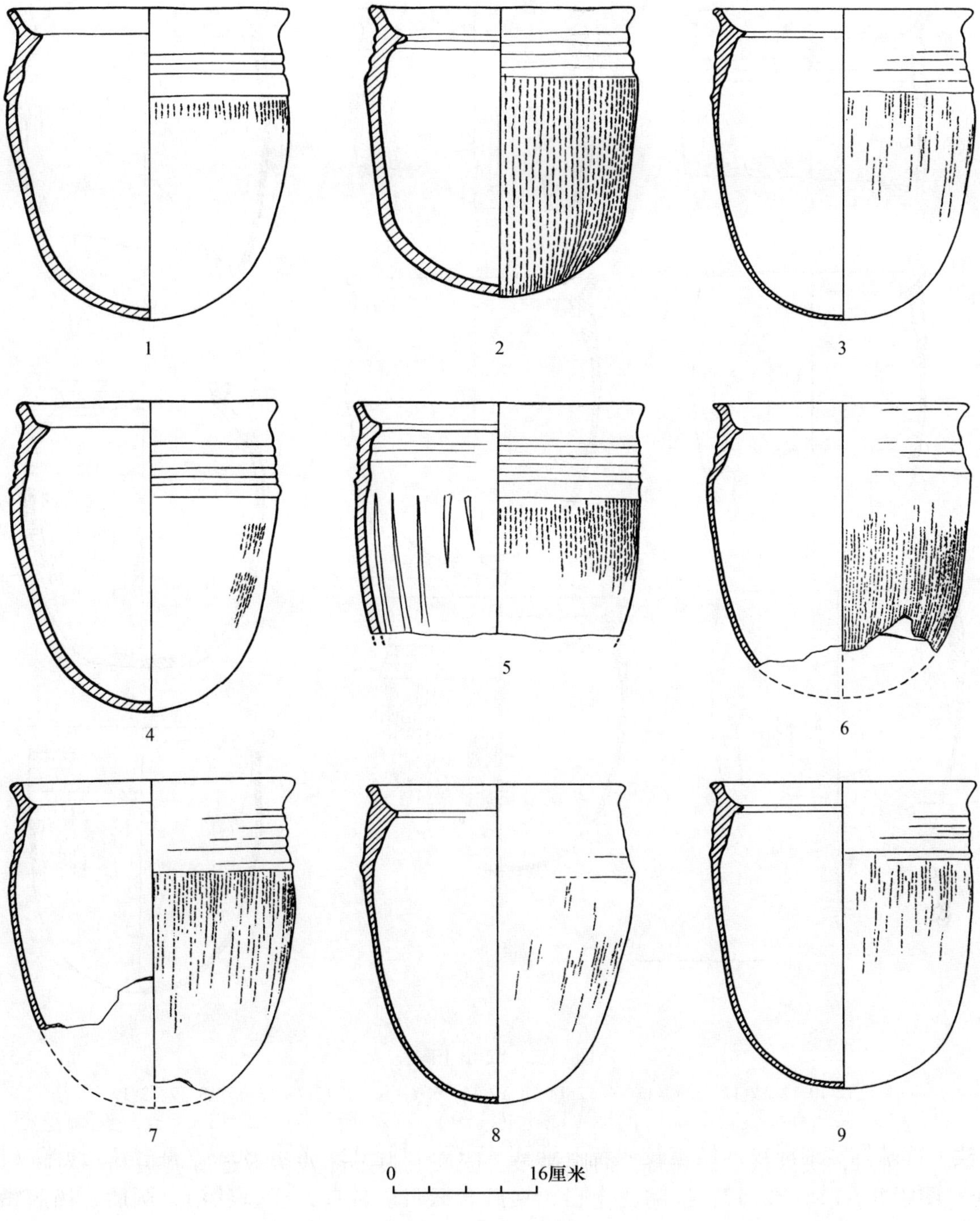

图七四　Y2 出土陶釜

1. Y2∶1　2. Y2∶2　3. Y2∶3　4. Y2∶4　5. Y2∶5　6. Y2∶6　7. Y2∶7　8. Y2∶8　9. Y2∶9

29、口径 29.7、腹径 29 厘米（图七五，4）。Y2∶15，红陶泛褐，夹砂含云母。直口微侈，撇沿，斜方唇，溜肩，微鼓腹下弧收，平底。腹上部残留数道旋制痕和一对接凸棱，棱下部疏饰竖细绳纹。做工较粗糙。通高 35.4、口径 31、腹径 31.4 厘米（图七五，5）。Y2∶16，夹砂红陶含云母。敛口，浅盘状沿，圆唇，筒腹微鼓，底不存。腹上部残留数道旋制痕和一对接凸

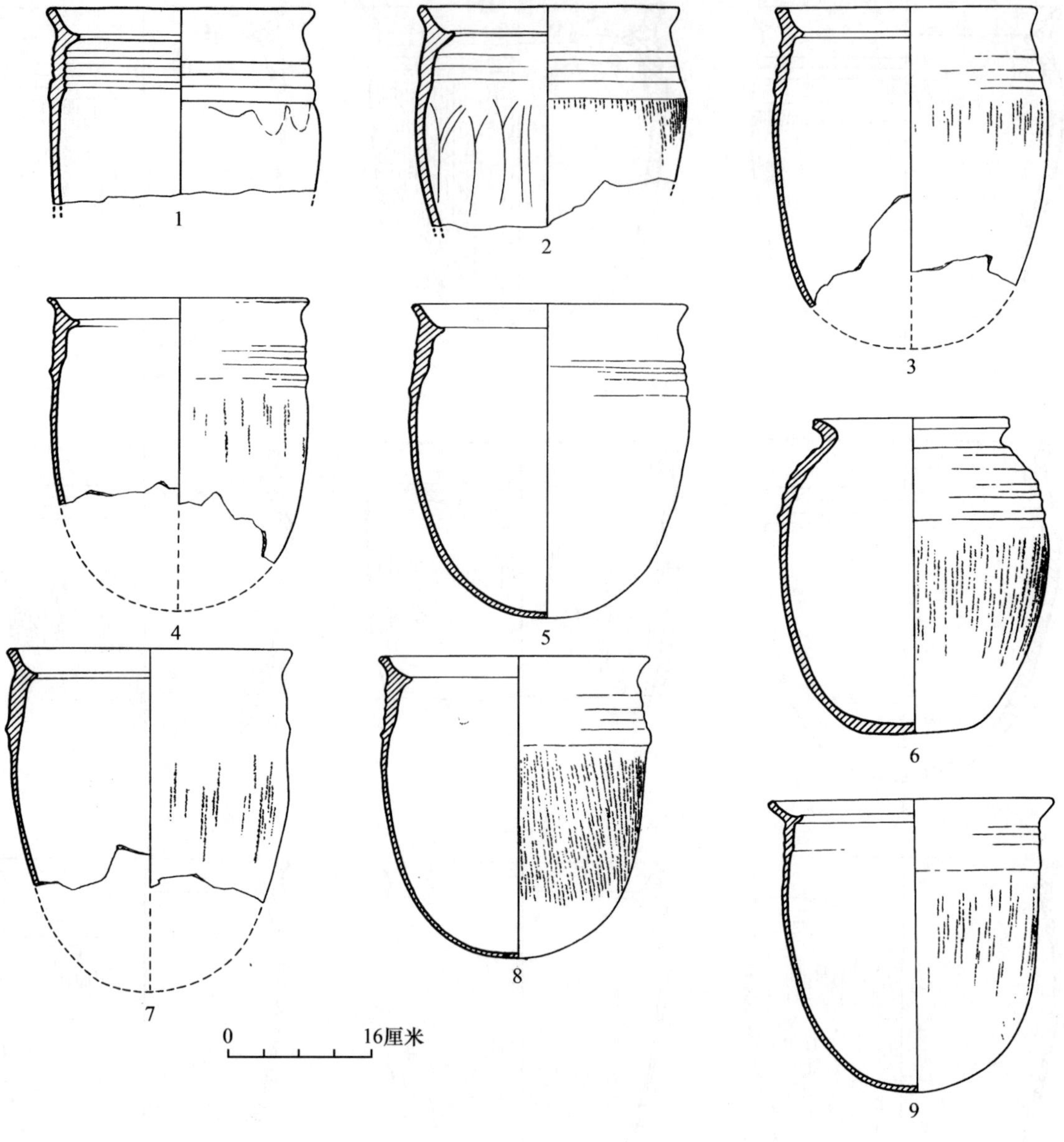

图七五　Y2 出土陶釜

1. Y2∶10　2. Y2∶12　3. Y2∶13　4. Y2∶14　5. Y2∶15　6. Y2∶16　7. Y2∶17　8. Y2∶18　9. Y2∶19

棱，棱下部疏饰竖细绳纹。做工较粗糙。通高 35.6、口径 22、腹径 30.3、底径 12 厘米（图七五，6；图版九，1）。Y2∶17，红陶泛土白，夹砂含云母。敛口，浅盘状沿，圆唇，筒腹微鼓，圜底。腹上部残留数道旋制痕和一对接凸棱，棱下部及底疏饰竖细绳纹。做工较粗糙。残高 28.4、口径 32、腹径 31.7 厘米（图七五，7）。Y2∶18，红陶泛褐，夹砂含云母。敛口，浅盘状沿，圆唇，筒腹微鼓下微收，圜底。腹上部残留数道旋制痕和一对接凸棱，棱下部及底疏饰竖细绳纹，内底残留烟炱痕。做工较粗糙。通高 33.8、口径 29.8、腹径 29.7 厘米（图七五，8；图版一〇，3）。Y2∶19，红陶，局部泛灰，夹砂含云母。敛口，浅盘状沿，圆唇，筒腹微鼓，圜底。腹上部残留数道旋制痕和一对接凸棱，棱下部及底疏饰竖细绳纹。做工较粗糙。通高

32.3、口径32、腹径28.7厘米（图七五，9）。Y2∶20，夹砂红陶含云母。敛口，浅盘状沿，圆唇，筒腹微鼓，底不存。腹上部残留数道旋制痕和一对接凸棱，棱下部及底疏饰竖细绳纹。做工较粗糙。通高37.2、口径31.2厘米（图七六，1；图版一〇，2）。Y2∶21，夹砂红陶含云母。敛口，浅盘状沿，圆唇，筒腹微鼓，圜底。腹上部残留数道旋制痕和一对接凸棱，棱下部及底疏饰竖细绳纹。做工较粗糙。残高33.2、口径29、腹径28.3厘米（图七六，2）。Y2∶22，红陶，局部泛灰，夹砂含云母。敛口，浅盘状沿，圆唇，筒腹微鼓，圜底。腹上部残留数道旋制痕和一对接凸棱，棱下部及底疏饰竖细绳纹。做工较粗糙。残高31.2、口径30.5、腹径30厘米（图七六，3）。Y2∶23，红陶泛土白，局部发灰，夹砂含云母。敛口，浅盘状沿，圆唇，筒腹微鼓，圜底。腹上部残留数道旋制痕和一对接凸棱，棱下部及底疏饰竖细绳纹。做工较粗糙。通高34.6、口径28.5、腹径28.5厘米（图七六，4；图版一〇，4）。Y2∶24，褐陶夹砂含云母。敛口，浅盘状沿，圆唇，筒腹微鼓，圜底。腹上部残留数道旋制痕和一对接凸棱，棱下部及底疏饰竖细绳纹。做工较粗糙。通高34.8、口径28.8厘米（图七六，5）。Y2∶25，夹砂红陶含云母。敛口，浅盘状沿，圆唇，筒腹微鼓，底不存。腹上部残留数道旋制痕和一对接凸棱，棱下部疏饰竖细绳纹。做工较粗糙。通高34.5、口径30.6、腹径30.8厘米（图七六，6）。

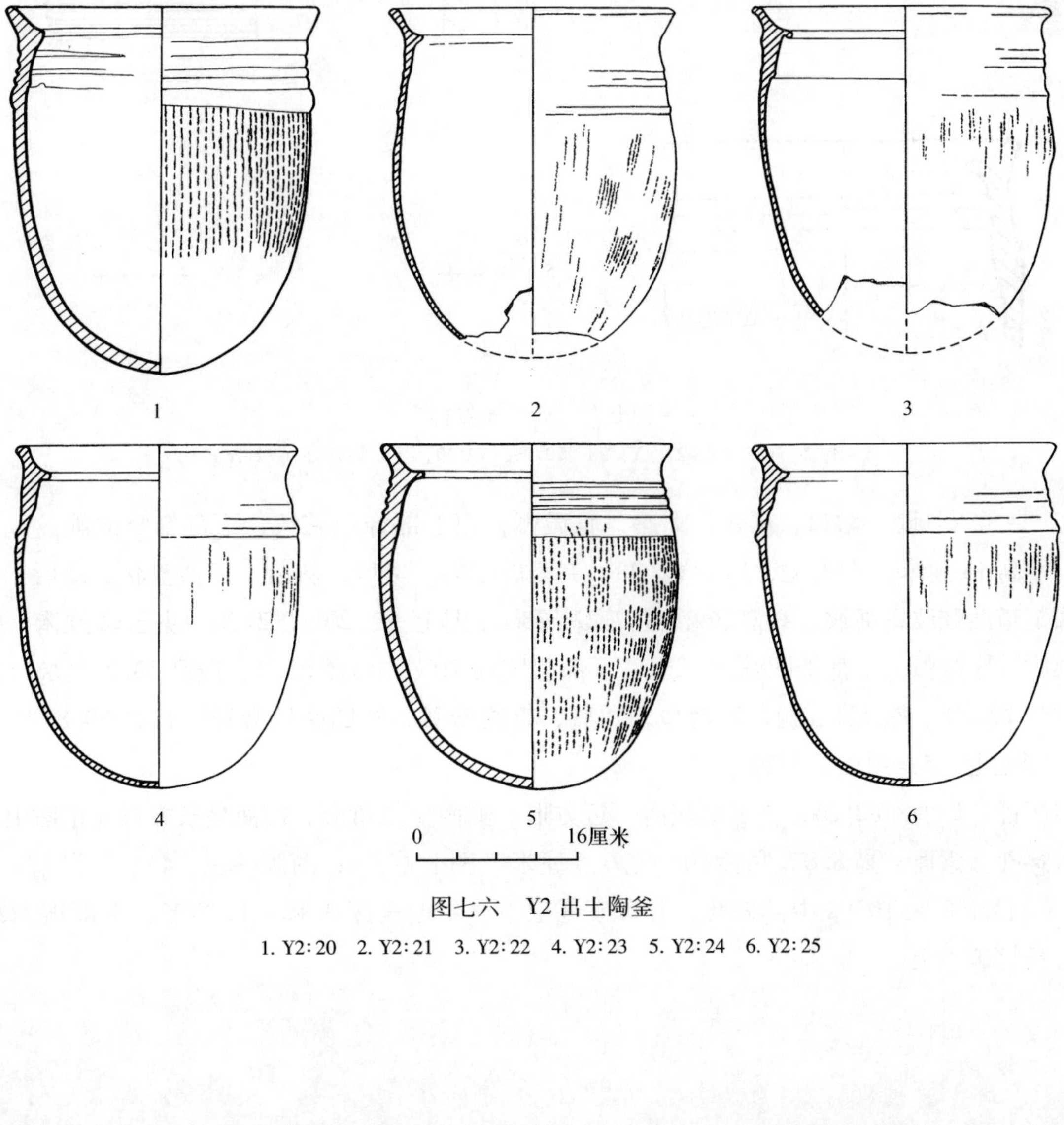

图七六　Y2出土陶釜

1. Y2∶20　2. Y2∶21　3. Y2∶22　4. Y2∶23　5. Y2∶24　6. Y2∶25

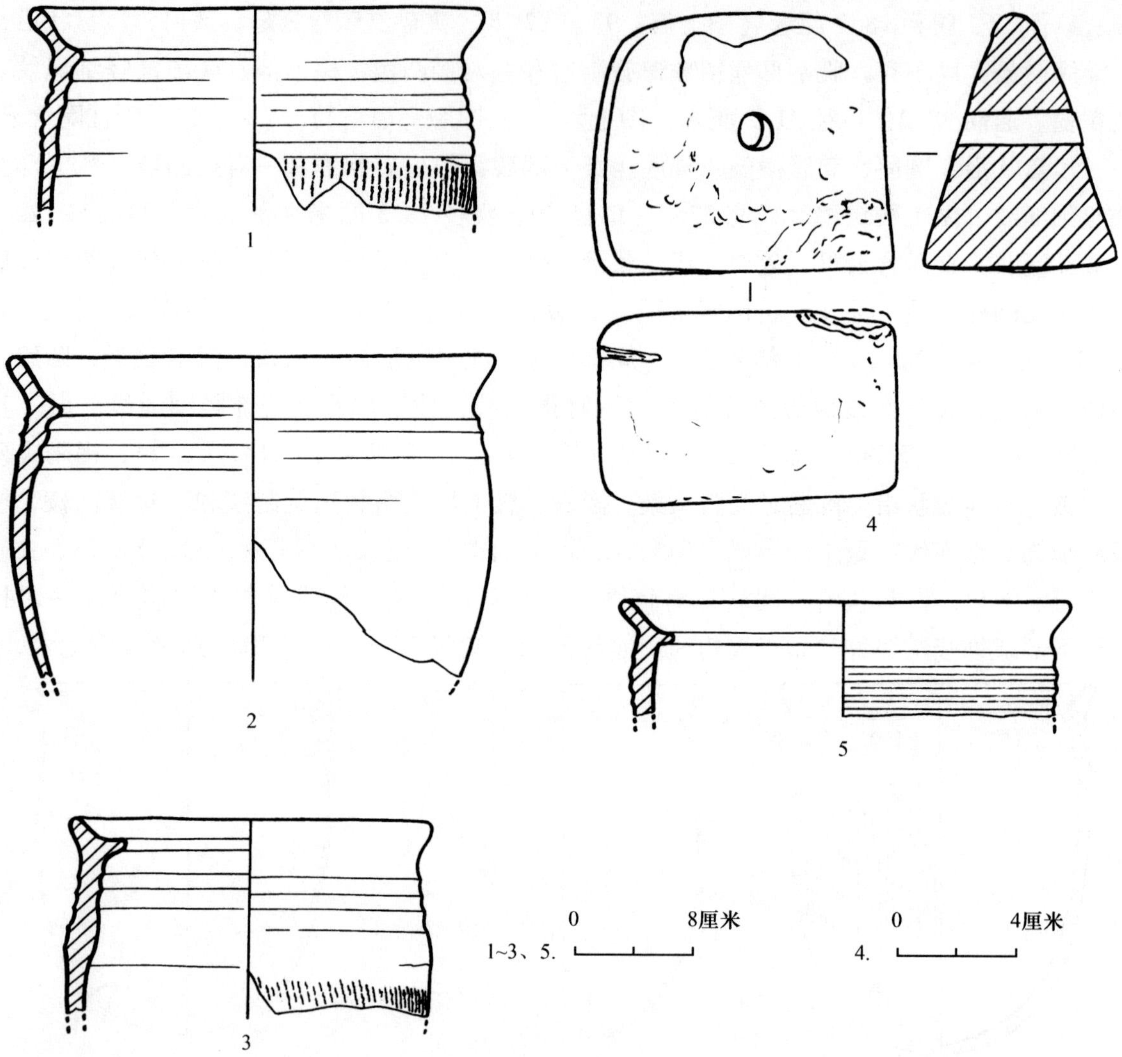

图七七　Y2出土器物

1～3、5. 陶釜（Y2:27、Y2:28、Y2:29、Y2:30）　4. 陶压锤（Y2:26）

Y2:27，夹云母红陶。敞口，微弧，圆唇，腹微弧，腹上部饰凸弦纹，下部饰竖向绳纹。口径31.6、残高14厘米（图七七，1）。Y2:28，夹云母红陶。敛口，斜沿，近似盘状，圆唇，口沿以下饰三道凸弦纹，弧腹。口径34、残高22厘米（图七七，2）。Y2:29，夹云母红陶。浅盘口，圆唇，腹微弧，上部饰凹弦纹三道，下部饰竖向绳纹。口径25.2、残高13.2厘米（图七七，3）。Y2:30，夹云母红陶。浅盘口，圆唇，直腹微弧，饰凹弦纹数道。口径30.8、残高8厘米（图七七，5；图版九，2）。

陶压锤　1件。Y2:26，夹云母灰陶。近方形，侧面呈三角形，底面呈长方形，正面中部有一圆形穿孔。素面。高8.8、底长10、宽6.6厘米（图七七，4；图版一三，4）。

Y6　位于Ⅲ区T0302中部偏北，开口于③层下。距地表深0.48～1.58米，南部被M22打破，自身打破生土。

该窑平面为长方形，东北—西南方向。南北总长4.8～6米，东西宽3.08～3.6米，由操作坑、火门、火膛、窑室和烟道五部分组成。

操作坑位于火门的南侧，形状近圆形，南部被M22打破。残存东西宽3.2米，南北残长0.5～1.06米。坑口距地表0.76～1.58米，底距地表2.24～2.32米。坑壁斜坡状，口大、底小，未发现工具痕迹。内填杂灰土，土质松软、含烧土块和碎烧壁块、炭灰、夹云母红陶片等。

火门位于火膛的南侧，形状长方形，顶部已破坏，方向220°。东西宽0.82～1.16米，进深1.32米，残高0.64～0.92米。内壁青灰色，厚0.02～0.05米，红烧土厚0.1～0.2米。火门外残留一土坯封门，残高0.14米，宽0.15米。

火膛位于窑室南侧，形状近三角形。东西宽1～2.6米，南北长0.7米，深0.5米。底部较平，东西两壁沿底部斜坡向上，周壁已烧成青灰色硬壁面，厚0.06～0.08米。火膛内残留大量木炭灰烬，火膛底部残留几件陶釜。

窑室位于火膛北侧，形状长方形，顶部已破坏，残留四壁。窑室底部南北长2.6米，东西宽3.08～3.6米。残高1.05～1.12米，东西两壁青灰色，质坚硬，厚0.06～0.12米，红烧土厚0.2～0.45米。西壁上留有工具加工痕迹，宽0.075米，长0.14米。

窑室后壁用土坯砌筑，外用草拌泥涂抹。土坯厚0.09米，长0.35米，宽0.17米。内壁青灰色，土质坚硬，厚0.12～0.17米，烧土厚0.35～0.4米。窑室底部青灰色，较平（图七八；彩版六，1）。

烟道位于窑室的后壁、底部，共3个，由西向东排列。

① 号烟道，位于窑室后壁西边。西距西北角0.62米，形状长方形。东西宽0.25米，高0.2米，进深0.4米，内东西宽0.32米。两侧烟道为斜坡状，向中部烟道接近，残高1.1米。据此推断，三道上部合为一体，进入地下烟囱。

② 号烟道，位于后壁底中部，西距1号烟洞0.8米。东西宽0.29米，高0.22米，进深0.5米，内宽0.46米。烟道直向上，上部烟囱口已破坏，残高1.05米。

③ 号烟道，位于后壁东边，其形状、大小、结构同①号烟洞。由于东北壁塌落，烟洞被堵，仅在顶部发现。

窑内堆积灰黄色杂土，含大量夹云母红陶片、石块、木炭颗粒和倒塌的烧壁残块、红烧土块等。可辨器型有夹云母红陶釜、灰陶器座、绳纹筒瓦、板瓦残片等。

出土遗物有：

陶釜　17件。Y6:1，夹砂红陶含云母。盘口内残留旋刮痕，尖圆唇，唇下饰一凹弦纹，直腹。唇下及腹斜饰、竖饰细绳纹。口径37.6、残高9.6厘米（图七九，1）。Y6:2，夹砂红陶含云母。盘口内残留旋刮痕，圆唇，直腹密饰竖细绳纹。口径32、残高10厘米（图七九，2）。Y6:5，红陶泛土白，夹砂含云母。敛口，折沿上仰，尖圆唇，筒腹微鼓，圜底。腹上部残留数道旋制痕和一对接凸棱，棱下部及底密饰竖细绳纹。做工较粗糙。口径29.2、通高35.2厘米（图七九，3；彩版一一，3）。Y6:14，与Y6:12合号，夹云母红褐陶。敛口，宽沿微凹，斜腹微弧。素面。口径24.8、残高9.6厘米（图七九，4）。Y6:15，夹云母红陶。直口，沿微斜，

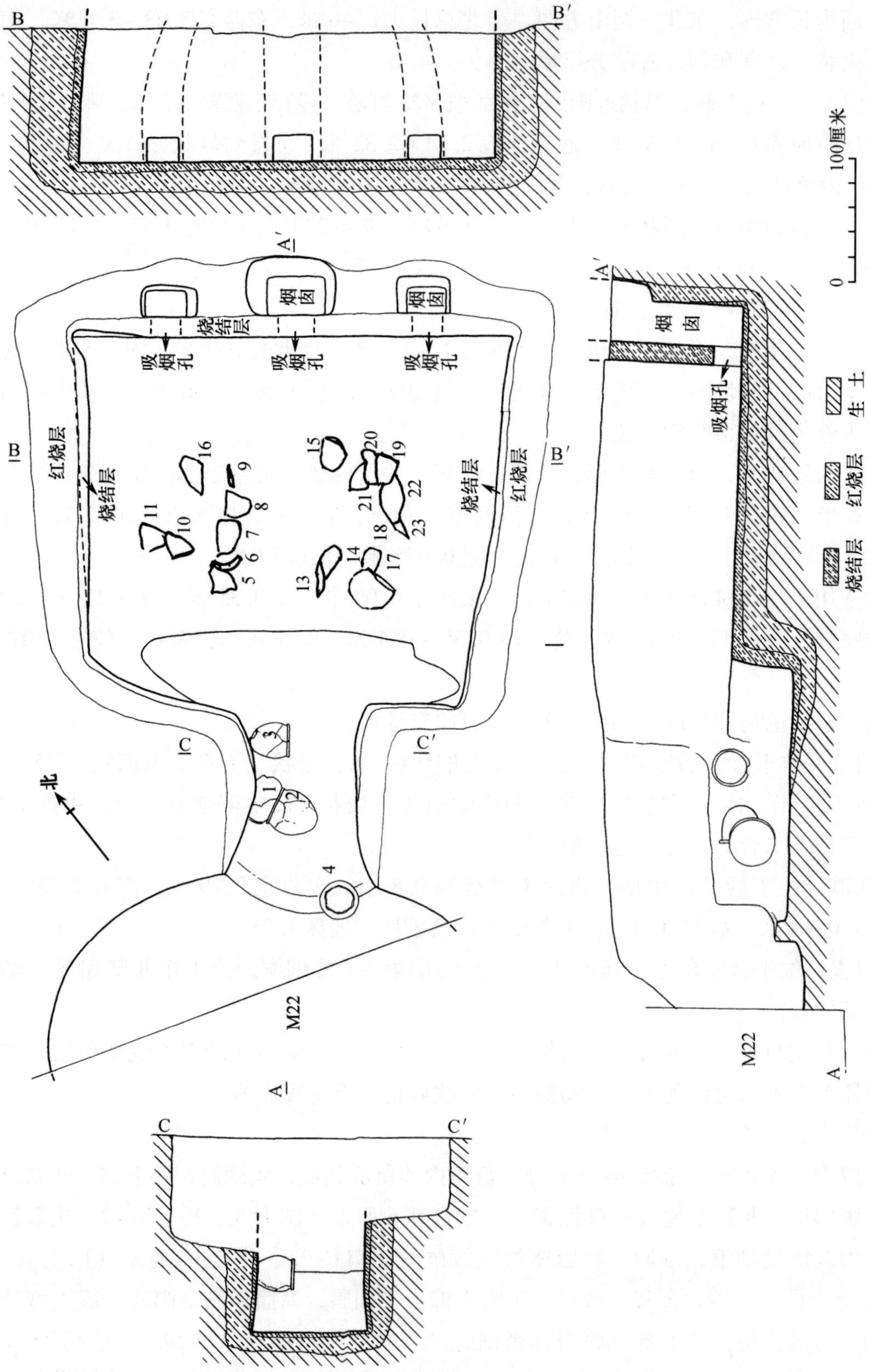

图七八　Y6平、剖面图

1～8、10～12、14～21. 陶瓮　22. 陶釜　13. 陶钵　9、23. 器座

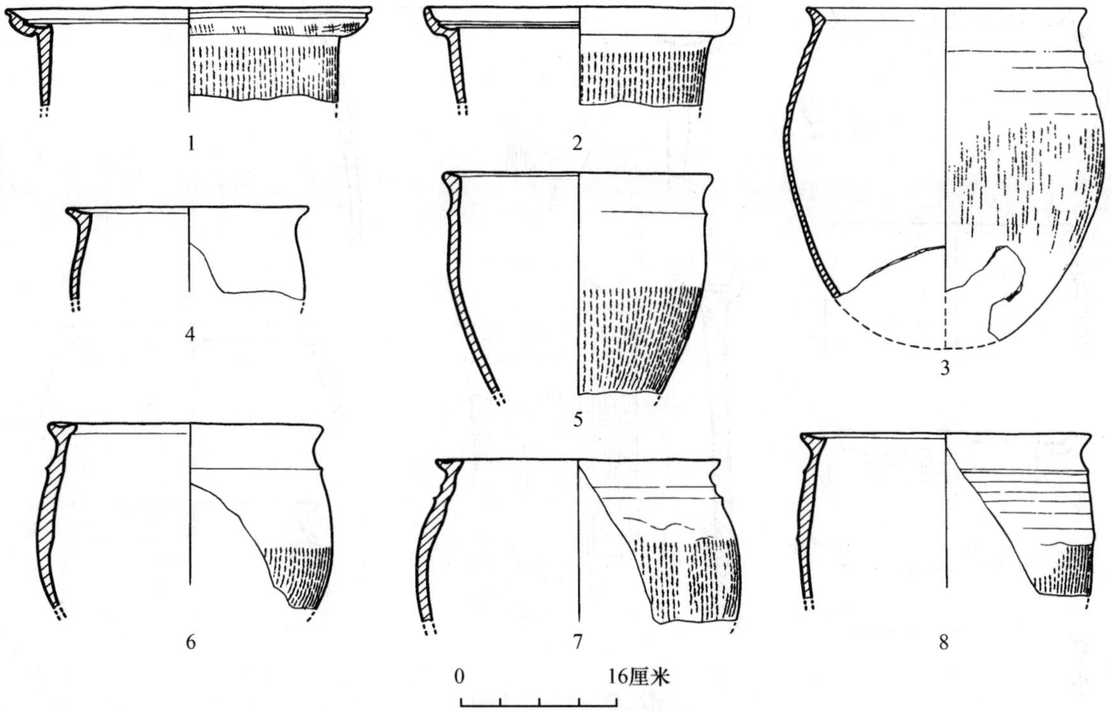

图七九　Y6 出土陶釜

1. Y6:1　2. Y6:2　3. Y6:5　4. Y6:14　5. Y6:15　6. Y6:16　7. Y6:17　8. Y6:18

圆唇，弧腹斜收，腹下部饰竖向绳纹。口径28、残高22.8厘米（图七九，5）。Y6:16，夹云母红陶。敛口，宽沿微凹，尖圆唇，弧腹，肩上部饰一道凸弦纹，腹部饰竖向绳纹。口径28.4、残高19.2厘米（图七九，6）。Y6:17，夹云母红陶。敛口，宽沿微凹，尖圆唇，圆弧腹，肩上部饰二道凸弦纹，腹部饰竖向绳纹。口径29.2、残高16.8厘米（图七九，7）。Y6:18，夹云母红陶。敛口，平沿微斜，尖圆唇，腹微弧，腹上部轮旋痕迹明显，下部饰竖向绳纹。口径30、残高17.2厘米（图七九，8）。Y6:19，夹云母红陶。敞口，圆鼓腹，腹下部饰竖向绳纹。口径30、残高12厘米（图八〇，1）。Y6:20，夹云母灰陶。敞口，尖圆唇，腹微弧，素面。口径30.4、残高14.8厘米（图八〇，2）。Y6:21，夹云母灰陶。母口呈浅盘状，尖圆唇，直腹，腹部饰竖向绳纹。口径29.6、残高6.4厘米（图八〇，3）。Y6:3，夹砂红陶含云母。盘口内残留旋刮痕，尖圆唇，直腹密饰竖细绳纹。残高10.4厘米（图八〇，4）。Y6:4，夹砂红陶含云母。盘口内残留旋刮痕，圆唇，直腹密饰竖细绳纹，残留对接痕。残高22.2厘米（图八〇，5）。Y6:6，夹砂红陶含云母。敛口，折沿上仰，圆唇，腹微鼓饰一周凸弦纹。残高16厘米（图八〇，6）。Y6:7，红陶泛褐，夹砂含云母。敛口，浅盘状沿，圆唇，腹微鼓饰一周凸弦纹。口径32、残高12.8厘米（图八〇，7）。Y6:8，红陶泛黑灰，夹砂含云母。直口微侈，浅盘状沿，圆唇，腹微鼓，上部饰一周凸弦纹，下部密饰竖细绳纹。弦纹下残留对接痕。残高16.4厘米（图八一，1）。Y6:10，与Y6:11合号，夹砂红陶含云母。敛口，浅盘状沿，圆唇，腹微鼓饰一周凸弦纹，腹部残留对接凸棱。口径30、残高14.6厘米（图八〇，8）。

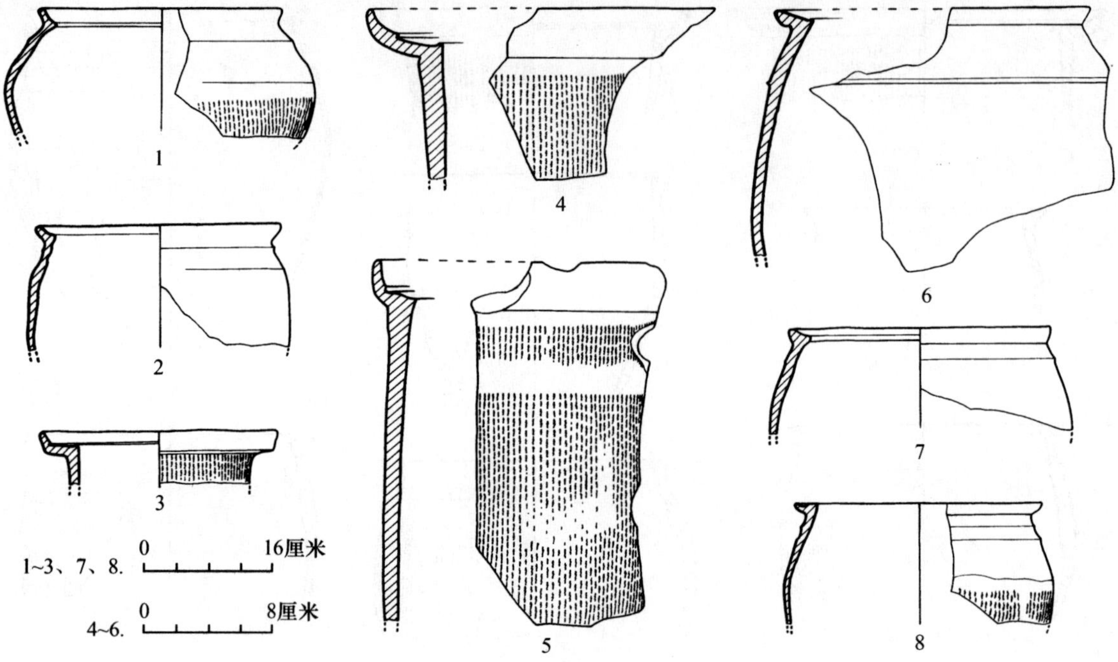

图八〇　Y6出土陶釜

1. Y6:19　2. Y6:20　3. Y6:21　4. Y6:3　5. Y6:4　6. Y6:6　7. Y6:7　8. Y6:10

陶瓮　1件。Y6:22，夹云母灰陶。敛口，方唇，矮领，斜肩，颈部饰凸弦纹二道。口径32.8、残高12.8厘米（图八一，3）。

陶钵　1件。Y6:13，夹云母红陶。直口、尖圆唇，圆腹，平底，素面。高5.2、口径18.4、底径9.6厘米（图八一，2）。

器座　2件。Y6:23，夹云母红褐陶。敞口，斜沿，方垂唇，斜直壁，素面。口径59.2、

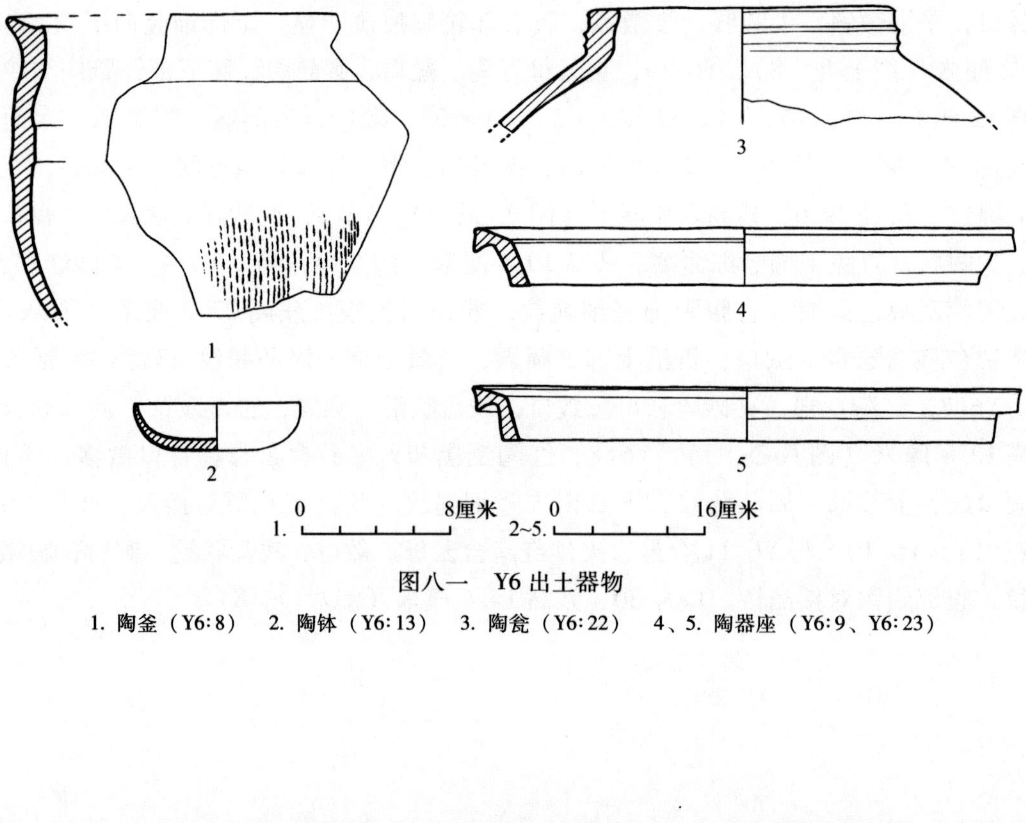

图八一　Y6出土器物

1. 陶釜（Y6:8）　2. 陶钵（Y6:13）　3. 陶瓮（Y6:22）　4、5. 陶器座（Y6:9、Y6:23）

底径52.8、高6厘米（图八一，5）。Y6:9，夹云母灰陶。侈口，双垂唇，斜直壁，素面。口径58、底径50.6、高6.4厘米（图八一，4）。根据Y6结构、大小和烧壁厚度推断，此窑应为烧制大型陶釜、罐的陶窑。

四、灶　址

共清理5座，从平面形状上分为两种类型。

1.（近）椭圆形

4座。

Z1　位于Ⅰ区T0501的西北部。开口于④层下，被Y1打破。南端被G1、H3打破。长1.04米，宽0.4~0.5米。灶口距灶底0.1米。灶壁一边保存有火烧面，一边自然脱落（图八二，1）。

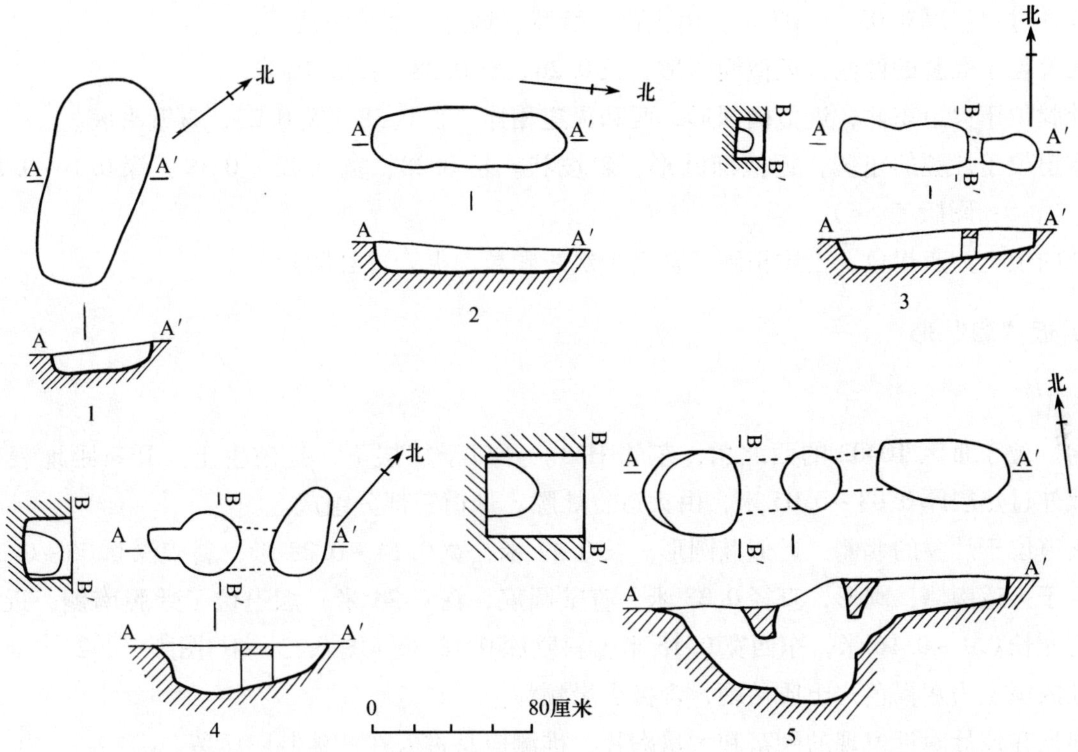

图八二　陶灶平、剖面图

1. Z1平、剖面图　2. Z2平、剖面图　3. Z3平、剖面图　4. Z4平、剖面图　5. Z5平、剖面图

灶内填土灰褐色，土质松软。夹红烧土颗粒、草木灰，无包含物。

Z2　位于Ⅲ区T0503的东南角，H15的西边，Y4操作坑东边。开口于③层下，打破生土。上部已残缺，灶壁外为约0.03米厚的烧结层。灶东西宽0.2~0.3米，南北长1米。灶口距地表0.35~0.4米，深0.16米（图八二，2；图版三，3）。

灶内填土为浅灰褐色，土质松软，含烧土块及草木灰。出土有铁钉及绳纹陶片。根据该灶的形状及大小推断，此灶为使用圜底釜做饭所用，后被废弃。

Z3　位于Ⅲ区T0604西南，东邻H16，西出探方。开口于③层下，打破④层及生土。

该灶由三个椭圆形小坑组成，由灶坑、灶膛、烟道三部分组成。灶坑近圆形，灶膛圆形，烟道呈长形，过热层厚0.05～0.08米。

灶坑位于灶膛西边，近圆形。东西0.5米，南北0.42米，深0.4米。灶膛位于灶坑东边，圆形，口小底大，圜底。直径0.36米，深0.64米。烟道位于灶膛东边，长形。东西长0.7米，南北宽0.2～0.3米，深0.1～0.2米（图八二，3；图版三，1）。

灶壁及灶底的加工痕迹不明显。灶口距地表0.3米，灶底距地表0.94米。灶内填土为灰色，土质松软，含炭屑、少量陶片。

根据该灶周边发现的陶窑和大量的陶器残片，推测为当时人们生活所用的灶。因为灶壁的过热层较薄，可能使用时间不长。

Z5　位于Ⅲ区T0602的西北部。开口于③层下，打破④层、生土。距地表深0.55～0.65米。灶外过热层厚0.03～0.07米，由火道、灶膛、烟道三部分组成。

火道位于灶膛的西侧，近似椭圆形，长0.26、宽0.28、深0.16米。

灶膛位于火道东侧，近似椭圆形，西和火道相连。长0.38、宽0.23，直壁平底。

烟道位于灶膛的东侧，近似椭圆形，斜坡状。长0.28、宽0.12～0.19、深0.1～0.16米（图八二，5；图版三，4）。

灶内填土为灰褐色，土质稍硬。含极少炭灰颗粒、夹云母红陶片。

2. 近“瓢”形

1座。

Z4　位于Ⅲ区T0402的西北角，东邻H33。开口于③层下，打破生土。开口距地表0.38米。灶外过热层厚0.03～0.05米，由火道、灶膛、烟道三部分组成。

火道位于灶膛的北侧，近似椭圆形。长0.47米，宽0.14～0.28米，斜壁深0.06～0.2米。灶膛位于火道南侧，圆形，直径0.33米。直壁圜底，深0.24米。烟道位于灶膛南侧，近似方形。南北长0.1～0.16米，东西宽0.15米，斜壁深0.18米（图八二，4；图版三，2）。

灶内填土为灰褐色，土质稍硬，含极少炭颗粒。

根据在该灶附近发现的陶窑和大量陶片，推测应是古人在此地制陶所留。

五、其　他

清理槽1条。

C1　位于Ⅲ区T0405西南。开口于③层下，打破生土。距地表深度为0.35～0.4米。

平面形状呈不规则形。长约5.4米，方向为东北至西南方。上口宽0.32～0.68米，底宽0.3～0.59米，深0.3米。壁不平整，底东高西低，稍带坡度（图八三）。

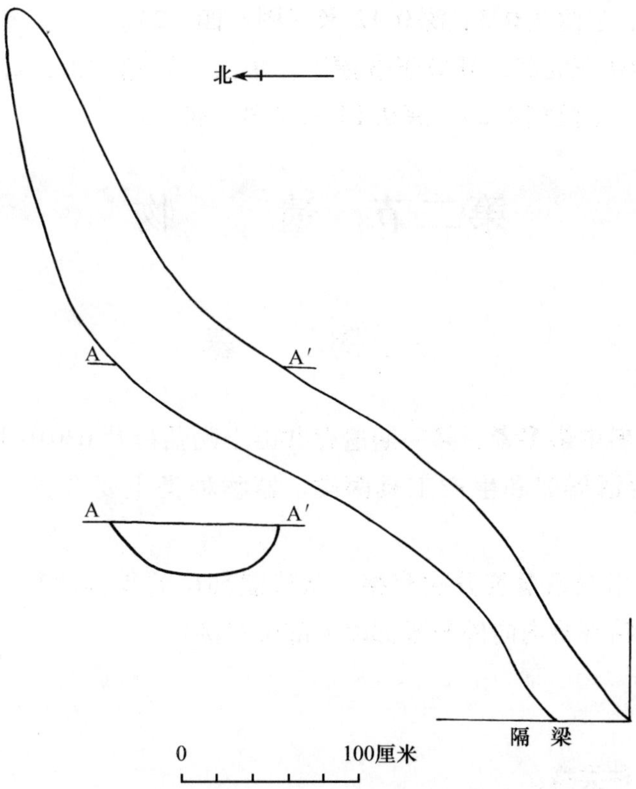

图八三　C1 平、剖面图

槽内填土呈灰褐色、淤土，含粉沙较多，土质松软，内含夹云母、碎陶片等。

根据形状和包含物推断，可能是流水冲刷而成。水由东北向西南流。

清理柱洞 3 个。

三者从大小、形状、相对位置看，很似房址的柱洞，虽然在努力清理周边地面的过程中，始终没有发现与房址有关的迹象。

D1　位于Ⅲ区 T0604 中南部，开口于③层下。平面呈椭圆形，圜底，填土呈灰褐色，土质稍硬。南北长 0.35、东西宽 0.3、深 0.1 米（图八四，1）。

D2　位于Ⅲ区 T0604 中北部，开口于③层下。平面呈圆角长方形，平底，填土呈灰褐色，

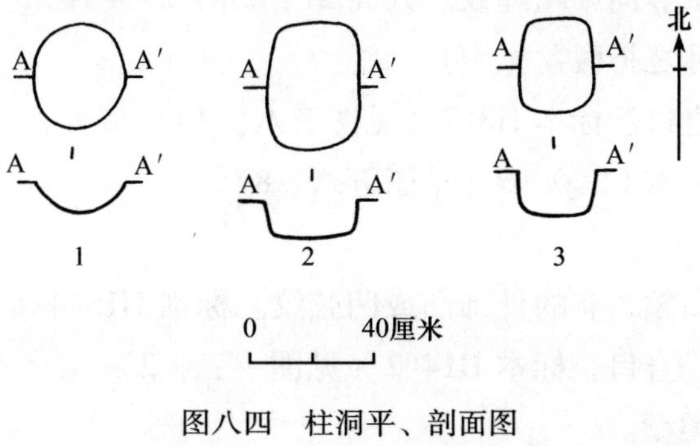

图八四　柱洞平、剖面图

1. D1 平、剖面图　2. D2 平、剖面图　3. D3 平、剖面图

土质稍硬。南北长0.4、东西宽0.3、深0.12米（图八四，2）。

D3 位于Ⅲ区T0604东北部，开口于③层下。平面呈圆角方形，近平底，填土呈灰褐色，土质稍硬。南北长0.3、东西宽0.26、深0.15米（图八四，3）。

第二节 遗 物

一、陶 器

陶器为所获实物资料中最多者，第一期遗存共出土陶器碎片63010片，发现完整和可复原陶器103件。可分为生活器皿和生产工具两类。器物种类主要有釜、罐、瓮、钵、碗、豆、瓦等。

釜、瓮等器物多采用泥条盘筑分次套接，从残脱部位看得很清楚，口沿部位再经慢轮修整。侈口折沿瓮多自口沿部自内向外与颈部以下部位对接。

1. 生活器皿

（1）陶釜，分为三种类型。

A型 直腹釜，分三式。

Ⅰ式：尖圆唇或方唇、敞口、卷沿。标本H15:1（见图一四，2）。

Ⅱ式：平折沿、直口。标本H6:1（见图三〇B，2）。

Ⅲ式：圆唇、母口，有的束颈。标本H6:2（见图三〇B，3）。

B型 鼓腹（弧腹）釜，分为四式。

Ⅰ式：方唇、敞口、卷沿。标本Y2:16（见图七五，6）。

Ⅱ式：圆唇、侈口，内折沿突出。肩部较窄。标本Y2:1（见图七四，1）。

Ⅲ式：平折沿、直口。标本G1②:25（见图四五，6）。

Ⅳ式：肩部较宽。标本ⅢT0702③:3，夹云母红陶。侈口，尖圆唇，圆肩，斜腹微弧，肩上部饰凹弦纹三道，腹部饰竖向中粗绳纹。残高27、口径29.4厘米（图八五，1）。

C型 浅腹釜（亦有称之折腹盆），分二式。

Ⅰ式：方唇、折沿，直口。标本H8:7（见图三八，7）。

Ⅱ式：方唇、敞口。标本G5③:16（见图五八，8）。

（2）陶瓮，分为二式。

Ⅰ式：方唇、直口、高领，有的外饰凸或凹弦纹。标本H15:4（见图一四，5）。

Ⅱ式：方唇、平斜沿、直口，标本H14:2（见图一三，2）。

（3）陶罐，分为两种类型。

A型 大体罐，分为两亚型。

Aa 型　折沿，分二式。

Ⅰ式：圆唇、侈口。标本 H29:1（见图二五，2）。

Ⅱ式：方唇、侈口，颈部微束。标本 H29:4（见图二五，5）。

Ab 型　卷沿，分三式。

Ⅰ式：圆唇、直口。标本 H29:2（见图二五，4）。

Ⅱ式：圆唇、侈口。标本 H8:24（见图三八，2）。

Ⅲ式：方唇、敞口，束颈。标本 H15:2（见图一四，3）。

B 型　小体罐。标本ⅢT0801③:1，夹云母红褐陶。敛口，宽沿、尖圆唇，束颈，折肩，斜直腹，平底内凹。手制，制作粗糙。高 9、肩宽 10、底径 7.2 厘米（图八五，2；图版一二，6）。

（4）陶豆，分为二式。

Ⅰ式：浅盘。标本 H15:3（见图一四，4）。标本ⅢT0801④:3，夹云母灰陶。敞口、浅盘，尖圆唇，座残。轮制。残高 5.2、口径 12.8 厘米（图八五，5；图版一二，3）。

Ⅱ式：深盘。标本ⅢT0604③:1，夹云母灰陶。敞口、尖圆唇，柄稍粗，喇叭状座，轮制，素面。通高 15、口径 13.6、座口径 9.4 厘米（图八五，3；图版一二，4）。标本ⅢT0604③:2，夹云母灰陶。喇叭状座，轮制，素面。底径 8.8、残高 7 厘米（图八五，4）。

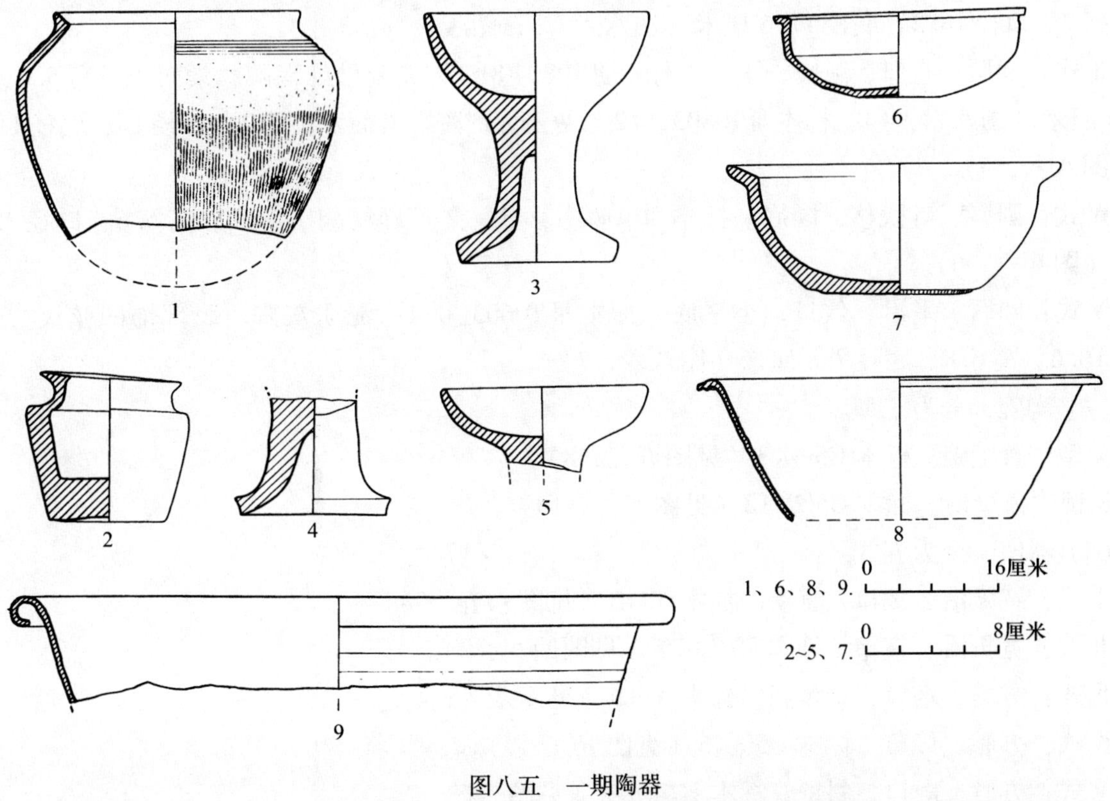

图八五　一期陶器

1. 陶釜（ⅢT0702③:3）　2. 罐（ⅢT0801③:1）　3～5. 豆（ⅢT0604③:1、ⅢT0604③:2、ⅢT0801④:3）
6～9. 陶盆（ⅠT0103④:1、ⅢT0803③:1、ⅠT0504③:3、ⅢT0302③:2）

（5）陶盆，分为四式。

Ⅰ式：直口，近平沿微内斜，方唇、腹上部斜直，腹下部微弧，平底微凹。标本ⅠT0103④：1，夹云母红陶。素面。高9.5～10.6、口径30.8、底径10厘米（图八五，6；图版一三，1）。

Ⅱ式：敞口，宽斜沿、圆唇、弧腹，平底。标本G5④：4（见图五九，6）。标本ⅢT0803③：1，夹云母红陶。手制，制作粗糙。底一周饰竖向戳印纹。高8、口径20.4、底径9厘米（图八五，7）。

Ⅲ式：敞口，宽沿，沿面双唇，尖唇，斜腹。标本ⅠT0504③：3，夹云母红陶。轮制痕迹明显。素面。口径49、残高17.2厘米（图八五，8）。

Ⅳ式：敞口，翻卷唇，斜直腹。标本ⅢT0302③：2，夹云母红陶。轮制痕迹明显。素面。口径80、残高13.2厘米（图八五，9）。

（6）陶钵，分为五式。

Ⅰ式：圆唇、敛口，肩微折。标本H19：1（见图二三，2）。

Ⅱ式：方唇或斜方唇，直口，腹微折，平底。标本ⅢT0505③：2，夹云母红陶。素面。高6.5、口径19、底径14.8厘米（图八六，1）。标本ⅢT0505③：1，夹云母红陶。素面。高6.8、口径17.6、底径12.2厘米（图八六，2；图版一一，6）。标本ⅢT0802③：4，夹云母红陶。素面。高7、口径18.2、底径11.6厘米（图八六，3；图版一一，3）。

Ⅲ式：圆唇、直口，弧腹，平底。标本ⅢT0804③：1，夹云母红褐陶。素面。残高5.6、口径16厘米（图八六，4）。标本ⅢT0803③：2，夹云母红陶。素面。高5.2、口径16、底径11厘米（图八六，5）。

Ⅳ式：圆唇、口微侈，圜底。标本ⅢT0803③：3，夹云母红陶。素面。高5.6、口径12.6厘米（图八六，6）。

Ⅴ式：圆唇、平沿、敛口，小平底。标本ⅢT0603③：1，泥质灰陶。腹部饰凹弦纹二道。口径16.6、高6.8、底径7.8厘米（图八六，7）。

（7）陶碗，分为二型。

A型　直壁碗。标本G5④：3（见图五九，8）。

B型　弧壁碗。标本G5②：12（见图五九，10）

（8）器座，分为五式。

Ⅰ式：宽弧沿、敛口，直壁。标本Y1：5（见图六五，5）。

Ⅱ式：宽折沿、直壁。标本G1②：23（见图四八，2）。

Ⅲ式：方唇、敞口，壁稍斜。标本Y6：9（见图八一，4）。

Ⅳ式：方唇、侈口。标本G5③：5（见图五九，9）。

Ⅴ式：方唇、敞口，斜壁。标本H14：2-2（见图一三，2）。

（9）陶轮，分为二型。

A型　窄轮沿。标本ⅠT0102④：1，泥质灰陶。形同器物圈足，轮面略鼓。轮盘侧面饰压

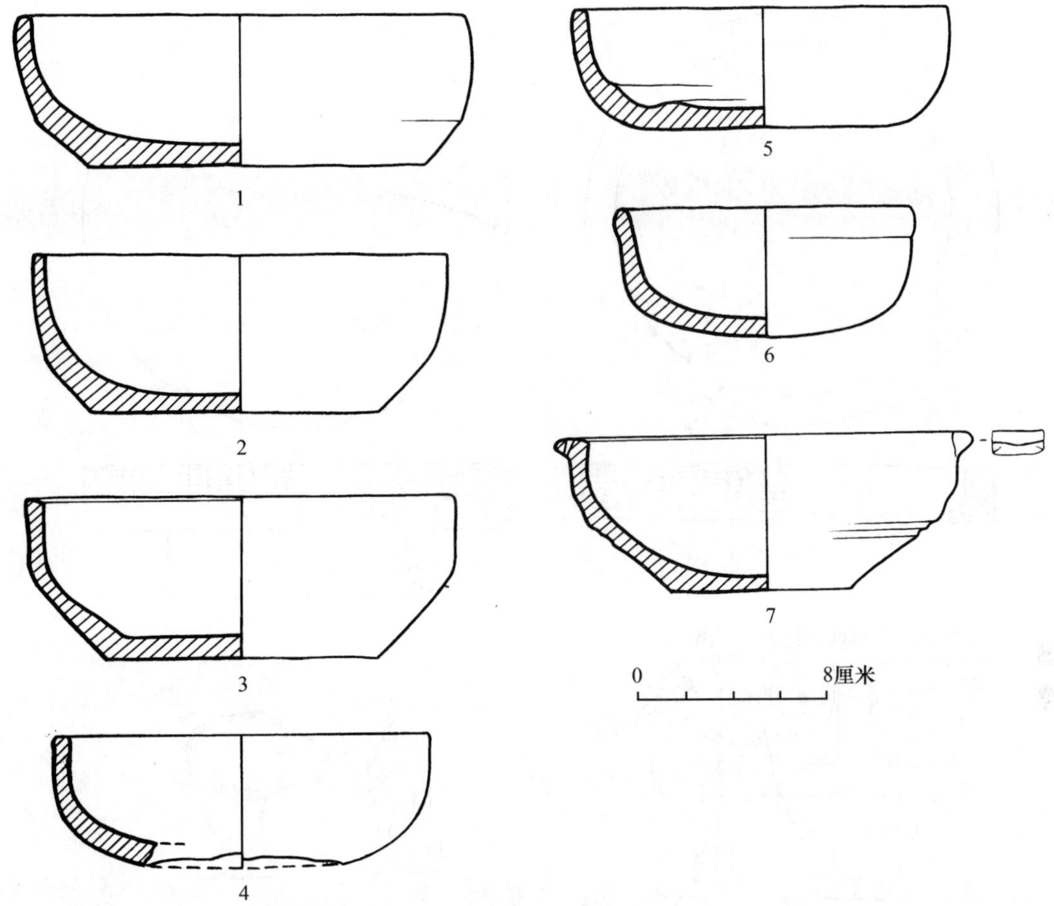

图八六　陶钵

1. ⅢT0505③:2　2. ⅢT0505③:1　3. ⅢT0802③:4　4. ⅢT0804③:1　5. ⅢT0803③:2　6. ⅢT0803③:3　7. ⅢT0603③:1

印方格纹纹带数道。直径44、高6厘米（图八七，1）。

B型　宽轮沿。标本ⅠT0501③:2，泥质灰陶。垂圆唇，座呈圈足状，轮面内凹，轮面有圆形镂孔，因该器物残破，故其镂孔数量不详。轮盘侧面饰压印方格纹纹带数道。直径44.8、高14厘米（图八七，2）。

（10）鼎足，分为三型。

A型　鬼脸式。标本ⅢT0304③:2，夹云母灰陶。正面呈三角形，侧面呈扁条状。残高14.4厘米（图八七，3）。

B型　靴状足。标本ⅠT0504③:2，夹云母红褐陶。呈圆柱状，底部形同兽足。残高8.8厘米（图八七，4）。

C型　圆柱足。标本G5④:6（见图五九，7）。

（11）建筑材料。瓦与瓦当是用于建筑的重要材料。囿于出土资料的局限，以往对燕式瓦当的研究集中在燕下都[①]。南正遗址出土的瓦当为燕下都遗址以外及其与同时期邻近地区出土

① 申云艳：《中国古代瓦当研究》，文物出版社，2006年。

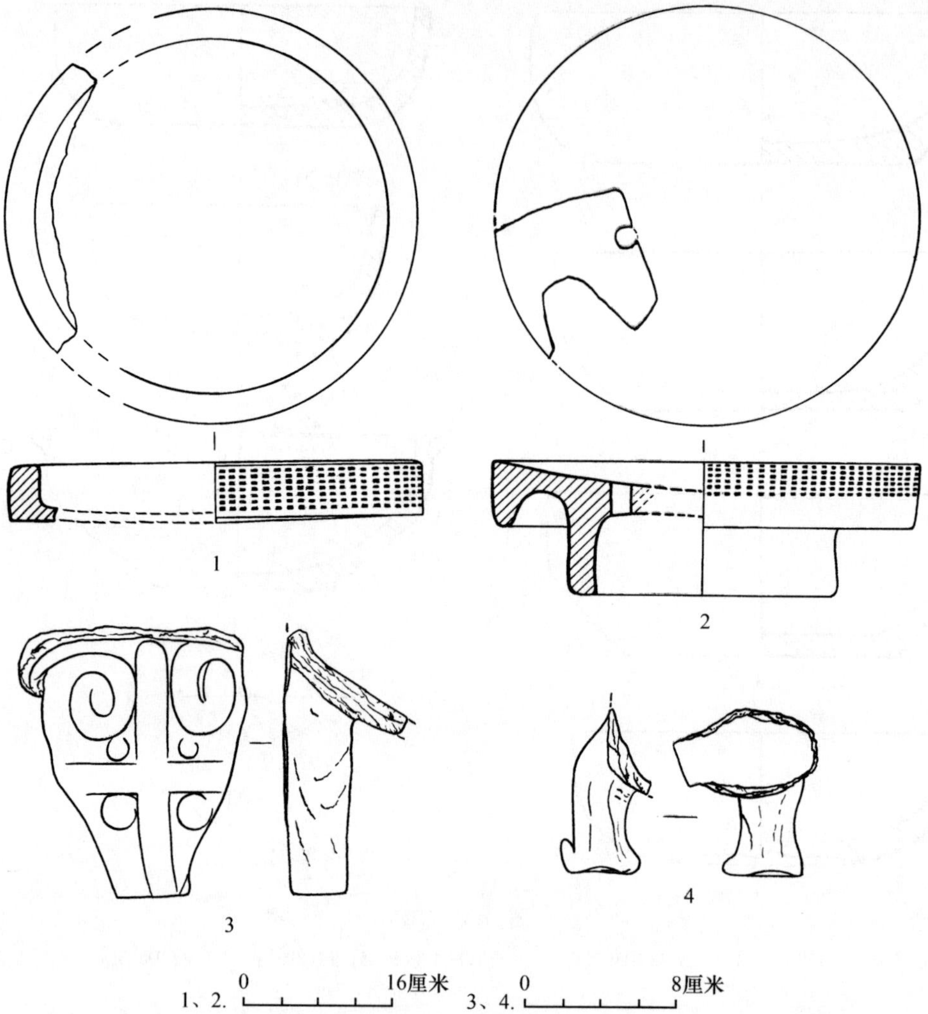

图八七 一期陶器

1、2. 陶轮（ⅠT0102④:1、ⅠT0501③:2） 3、4. 鼎足（ⅢT0304③:2、ⅠT0504③:2）

的燕瓦当之间的关系探讨提供了新的材料。

瓦 数量众多，分为板瓦、筒瓦两种。

板瓦 较宽。以夹云母灰陶为主，火候较高，陶质较硬。夹云母红陶次之。标本G5②:19（见图六一，1）。

筒瓦 瓦头小于瓦身，瓦头与瓦身斜弧相连。标本ⅢT0604③:1，夹云母灰陶。子口、斜唇，外饰不规则细绳纹，中部有横向抹痕二道。残长19.2、残宽8.8、厚0.8~1.2厘米（图八八，2）。标本ⅢT0606③:1，夹云母灰陶。平唇、外饰不规则细绳纹。残长31.2、宽19.2~20.8、厚0.8~1.6厘米（图八八，1；彩版一四，4）。

瓦当 均为半瓦当。分为云纹和兽面两种，模制。

云纹瓦当 标本ⅠT0302③:1，夹砂灰陶含云母。残存半部分，心部方格纹出四叶，叶间为卷云纹，外饰两周凹弦纹，宽边轮。直径15.5厘米（图八八，3；彩版一三，3）。

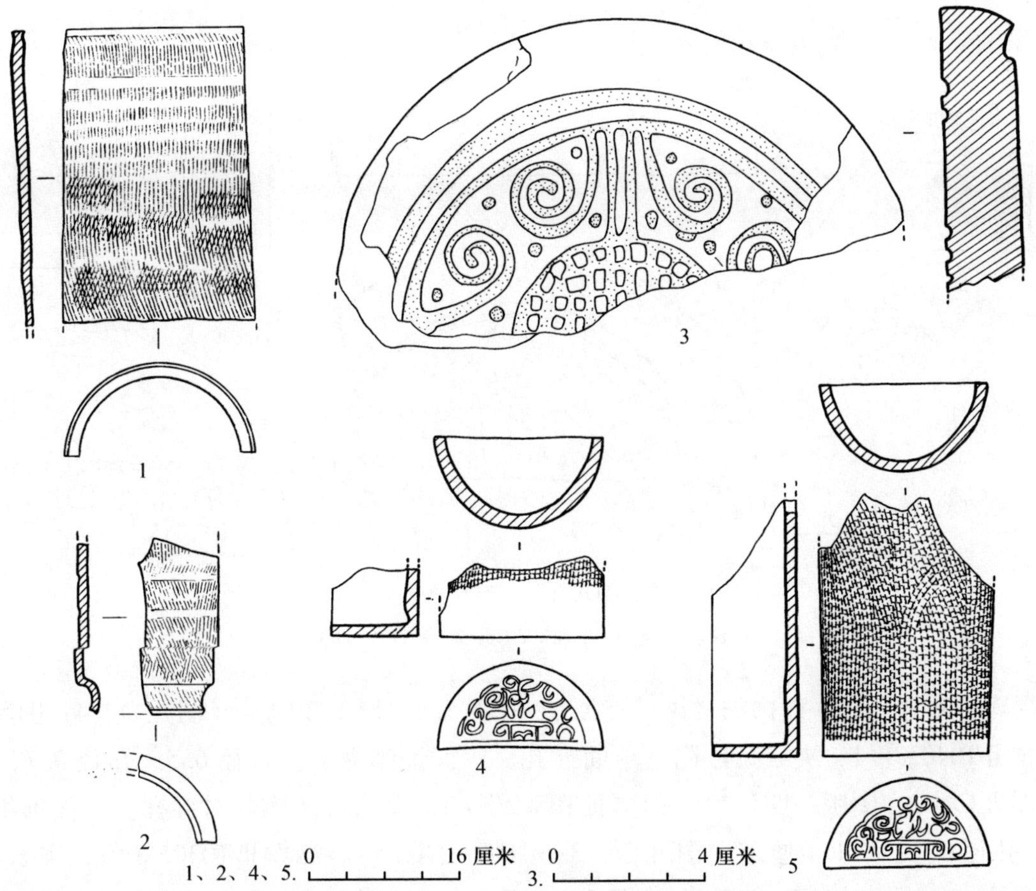

图八八　一期筒瓦及瓦当

1、2. 筒瓦（ⅢT0606③:1、ⅢT0604③:1）　3～5. 瓦当（ⅠT0302③:1、ⅢT0304③:1、ⅠT0501③:1）

兽面瓦当　标本ⅢT0304③:1，夹砂灰陶含云母。当面为简化饕餮纹，双目椭圆状鼓凸，阔口，卷唇；四周布满云雷纹，边轮略宽。纹饰较模糊。残长8.8、直径17.5厘米（图八八，4；彩版一三，2）。标本ⅠT0501③:1，夹砂灰陶含云母。当面为简化饕餮纹，双目椭圆状鼓凸，阔口，卷唇；四周布满卷云纹，边轮略宽。纹饰较模糊。残长28、直径18厘米（图八八，5；彩版一四，3）。标本ⅢT0504③:1，夹砂灰陶含云母。残缺，当面为简化饕餮纹，残存一椭圆状鼓目和周围云雷纹；边轮略窄。残长14、残径17厘米（图八九，1；彩版一四，1）。标本ⅢT0703③:1，夹砂灰陶含云母。残。当面为简化兽纹，仅存一圆鼓目及其周围卷云纹；边轮略宽。残径12.5厘米（图八九，3；彩版一四，2）。标本ⅢT0802③:2，夹砂灰陶含云母。当面为简化饕餮纹，双目椭圆状鼓凸，额纹卷云状，阔口，露齿，卷唇；额部左右各饰一飞鸟，边轮略宽。残长6.5、残径16.3厘米（图八九，2；彩版一三，4）。

2. 生产工具

（1）纺轮，均用陶片打磨而成，呈圆饼状。标本ⅢT0204④:1，夹云母褐陶，对穿孔。一面饰平行细线纹。直径7.8～8.1、孔径0.8、厚1.1厘米（图九〇，1）。标本ⅢT0205④:2，夹

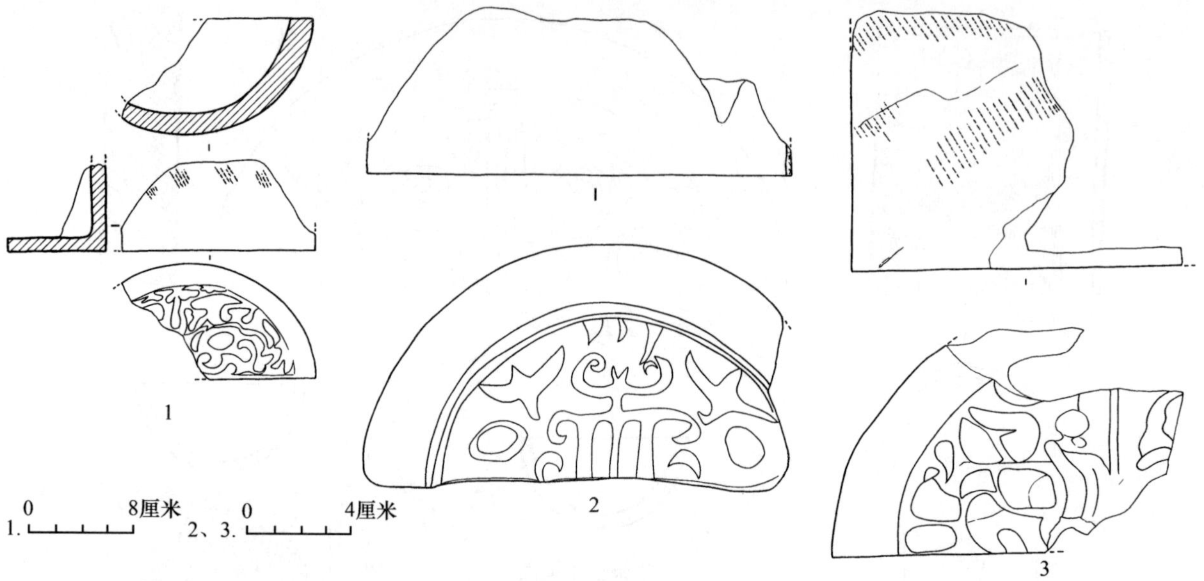

图八九　一期瓦当

1. ⅢT0504③:1　2. ⅢT0802③:2　3. ⅢT0703③:1

云母红褐陶。对穿孔。一面饰细线纹。直径8、孔径1.3、厚1.2厘米（图九○，4；图版一四，4）。标本ⅡT0403③:1，夹云母红陶。单面穿孔。一面饰细绳纹。直径6.5、孔径0.7、厚1.6厘米（图九○，2；图版一四，2）。标本ⅢT0802③:3，夹云母灰陶。对穿孔。一面饰细绳纹。直径6、孔径0.7、厚1.1厘米（图九○，3；图版一四，5）。标本ⅢT0305③:1，夹云母红褐陶。体型较小且厚，对穿孔。素面。直径3.9、孔径0.9、厚1.6厘米（图九○，5；图版一四，6）。标本ⅢT0501③:1，夹云母红褐陶。中间略厚，素面。直径5.5、孔径0.75、厚0.8～1.6厘米（图九○，6）。

（2）陶拍，标本ⅢT0802③:1，夹云母灰褐陶。呈蘑菇状，柄上部内凹。通高7、拍径9.7、柄径4.8厘米（图九○，7；图版一三，2）。

（3）圆陶片，标本ⅢT0304③:2，夹云母灰陶。直径6厘米（图版一三，3）

二、石　　器

环　标本ⅢT0801③:2，青灰色。圆形饼状中穿孔。器形边缘部规整，孔不甚圆。保存较完好。直径5.3、孔径1.6、厚0.3厘米（图九一，7；彩版二四，5）。

箭　铁杆石镞，镞呈三棱锥状与箭杆浇铸连为一体。标本ⅢT0802③:1，箭杆粗于镞翼，残长17.5厘米（图九一，5）。标本Ⅱ区采:1，箭杆细于镞翼，残长8.7厘米（图九一，4）。

铲　标本ⅠT0305③:1，灰质岩，呈浅灰色，对穿孔。残高5.5、残宽6.4、厚1.9厘米（图九一，6）。

刀　标本ⅠT0501③:1，细砂岩，呈黑灰色，近长方形。残长9.2、残宽5.8、厚0.5厘米（图九一，1）。

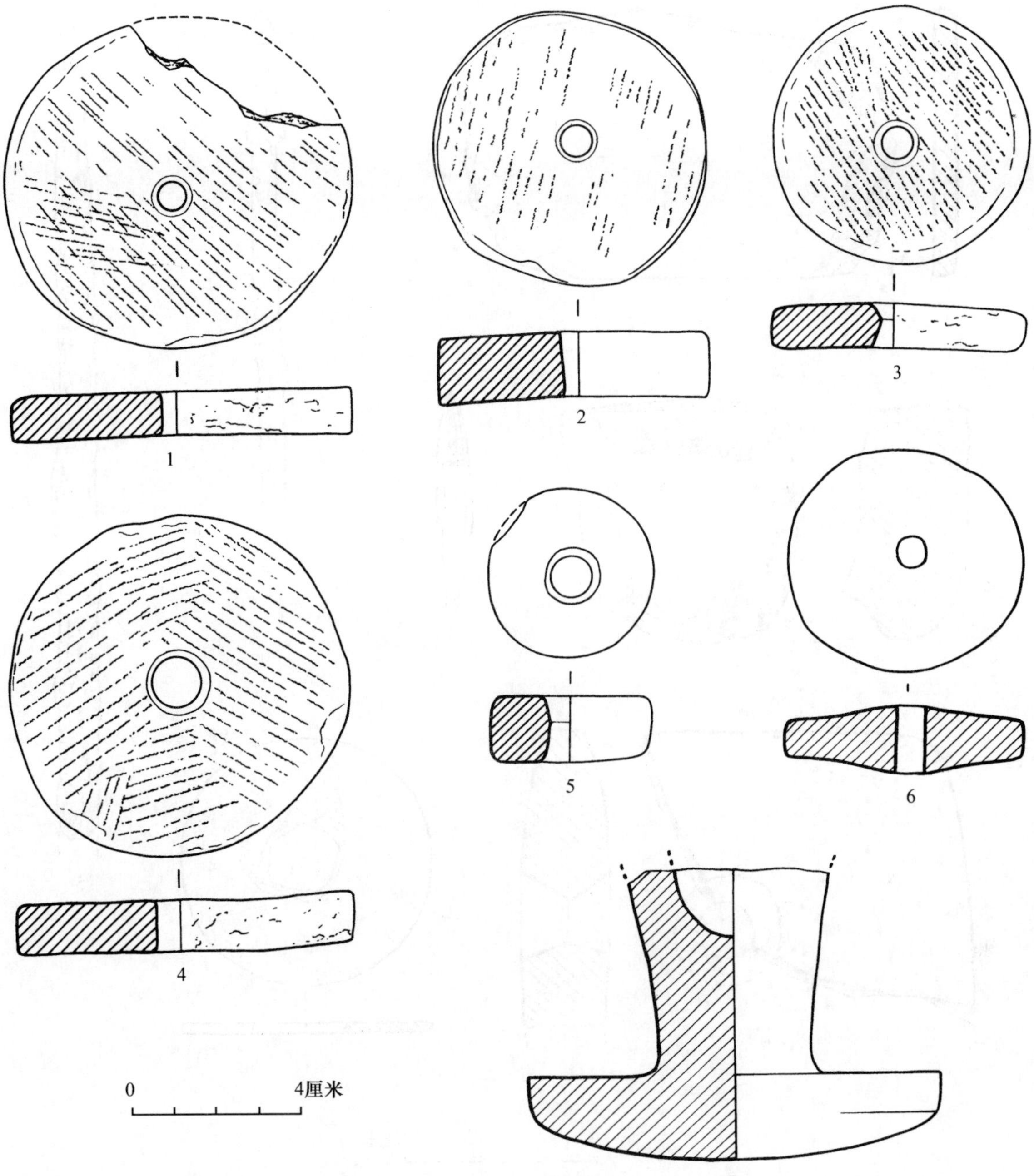

图九〇　一期陶器

1~6. 纺轮（ⅢT0204④:1、ⅡT0403③:1、ⅢT0802③:3、ⅢT0205④:2、ⅢT0305③:1、ⅢT0501③:1）　7. 陶拍（ⅡT0802③:1）

斧　标本ⅢT0505③:1，青灰色，灰质岩。残高5.2、宽4.8厘米（图九一，2）。

三、铜　　器

镞　标本ⅢT0404③:1，三翼前聚成锋，截面三叶形，后端有铤，残断。通体锈迹斑斑。残长4.5厘米（图九一，3）。

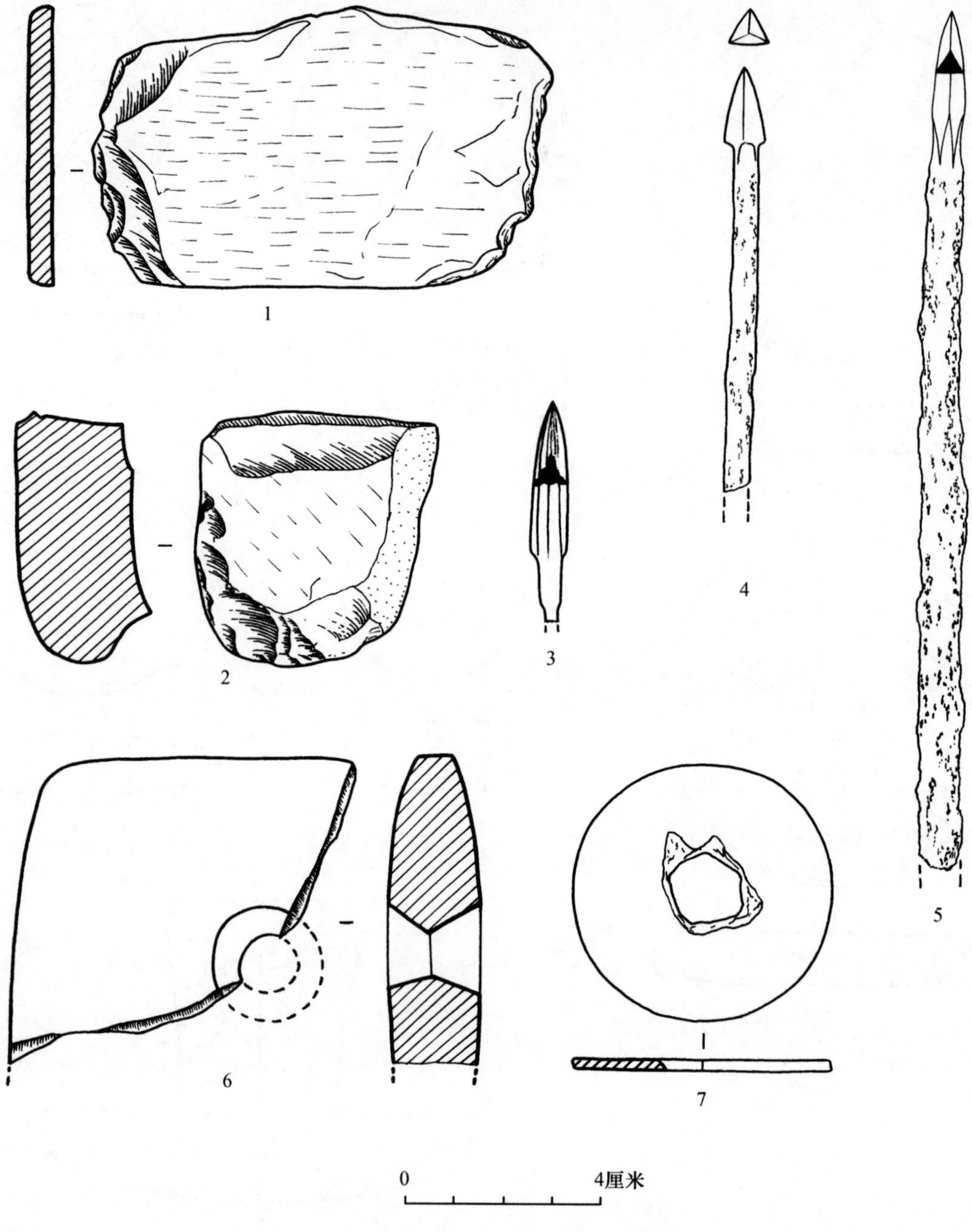

图九一　一期铜、石器

1. 石刀（ⅠT0501③:1）　2. 石斧（ⅢT0505③:1）　3. 铜镞（ⅢT0404③:1）　4、5. 石箭（Ⅱ区采:1、ⅢT0802③:1）　6. 石铲（ⅠT0305③:1）　7. 石环（ⅢT0801③:2）

四、铁　器

凿　标本ⅢT0701③:1，楔形，向下一侧弧收成直刃，背部截面梯形有銎。通体锈迹斑斑。通高17、截面长2～2.9、刃宽2.3厘米（图九二，1；图版三五，4）。

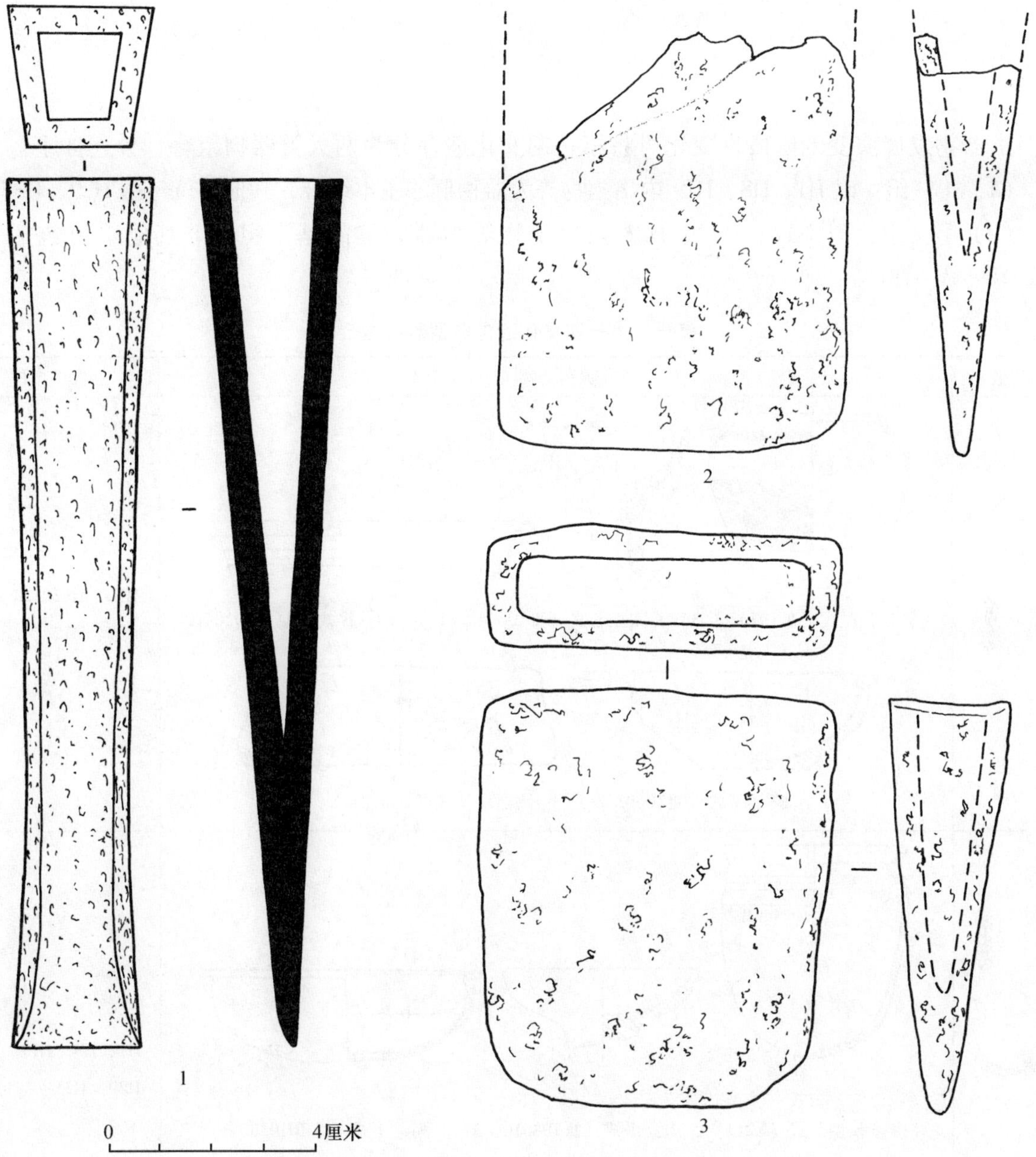

图九二　一期铁器

1. 凿（ⅢT0701③:1）　2、3. 斧（ⅢT0702③:1、ⅢT0602③:1）

斧　标本ⅢT0702③:1，扁体楔形，直刃两角微翘，背部朽残，有长方形銎。通体锈蚀。残高8、宽6.7、厚0.3～2厘米（图九二，2）。标本ⅢT0602③:1，扁体楔形，直刃两角微翘，背部有长方形銎。通体锈蚀。高7.9、宽6.8、厚2.4厘米（图九二，3；图版三五，3）。

第三节　不同的发展阶段

遗迹间具有相对早晚的关系，所获包含物也表现出早晚演变的趋势，具备探寻早晚差别的条件。

一、段落划分

由器物发展演变的阶段性变化可将第一期文化遗存分为两大类器物组合，分述如下。

（1）第一组：以 H1、H8、H19 内出土物等为器物群的基本组合，其他单位包括 H29、H35 等。

（2）第二组：以 H12、H23、H28 内出土物等为器物群的基本组合，其他单位包括 H30、H42 等（表一）。

表一　第一期文化遗存典型器物组合表

分组	典型器物	典型单位
第二组	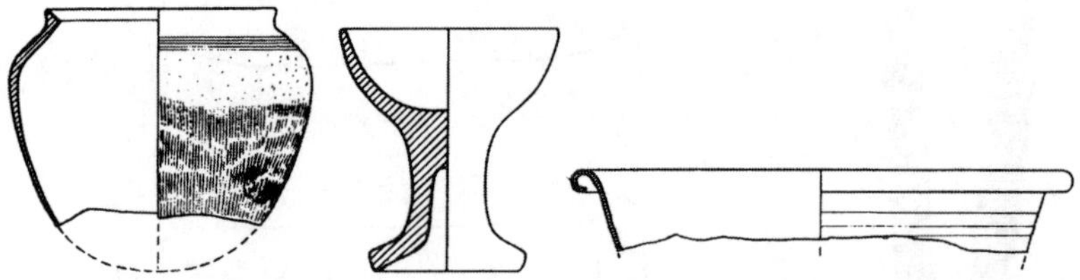 陶釜 B 型Ⅳ式（ⅢT0702③:3）　陶豆Ⅱ式（ⅢT0604③:1）　陶盆Ⅳ式（ⅢT0302③:2） 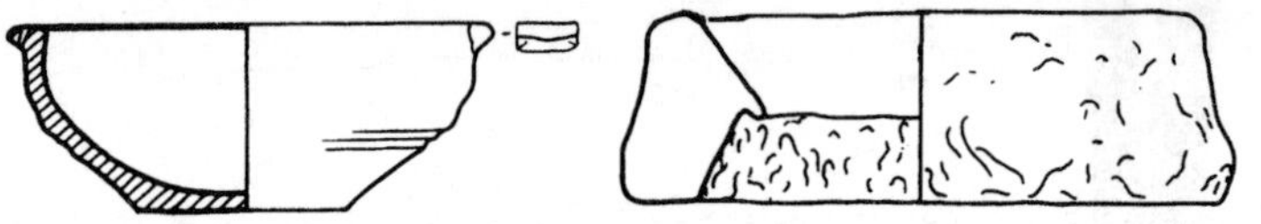 陶钵Ⅴ式（ⅢT0603③:1）　陶器座Ⅴ式（H14:2-2）	H10、H12、H23、H39、H42
第一组	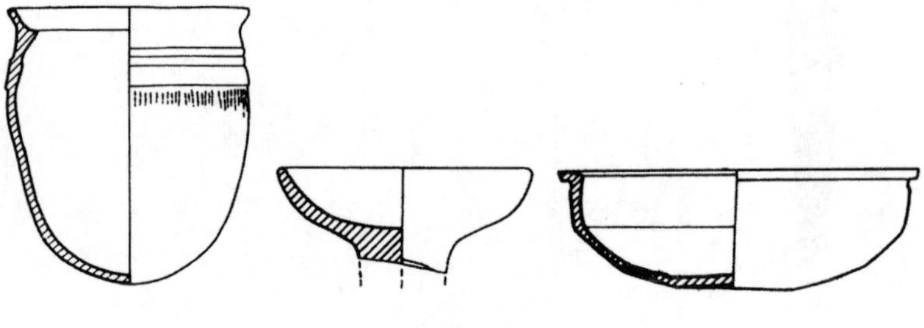 陶釜 B 型Ⅱ式（Y2:1）　陶豆Ⅰ式（ⅢT0801④:3）　陶盆Ⅰ式（ⅠT0103④:1） 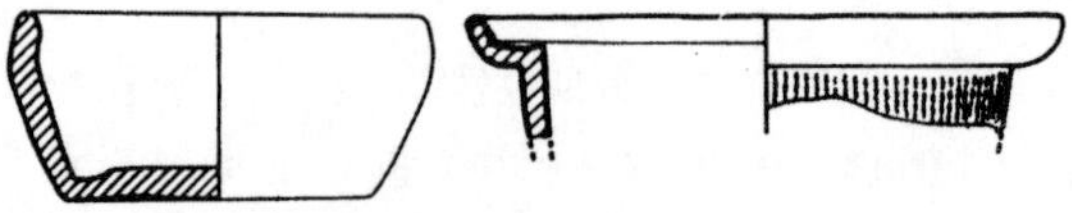 陶钵Ⅰ式（H19:1）　陶釜 A 型Ⅲ式（H6:2）	H1、H8、H19、H29、H35

上述二类器物群组合所代表的遗存，彼此的文化面貌和文化特征有所区别。第一类不同第二类共存。依据地层堆积顺序可知，二类器物群具有相对早晚关系。二组器物式别方面的差异，应当反映了它们彼此时间上的不同。同样从地层关系可知，二个组别中，第一组时代最早，第二组晚一些。这两个组合关系又分别重复出现于若干单位，说明它们确实代表了二个时间上的段落。如此可将第一期文化遗存分为二个发展阶段。

二个阶段主要陶器略呈如下变化趋势：

直腹釜的趋势是由卷沿趋于折沿，最后发展为母口。

大体罐的演变趋势是口沿部位外翻。

陶盆由折沿趋于卷沿、直口趋于敛口、折腹趋于斜直腹。

陶豆的演变趋势是豆盘越来越深。

钵的演变趋势是敛口趋直口，沿面平折外翻。

器座的演变趋势是由敛口趋于敞口，直壁趋于斜壁。

二、各段文化性质

1. 遗物

陶器的陶系、纹饰、器型呈现出发展阶段的不同，也从另一方面印证了将文化遗存划分为二个阶段的合理性。

（1）陶系

属一段的遗迹单位共出土陶片60319片。经过对5个典型单位的2869片陶片进行统计分析，第一段遗存的陶系特征如下（表二）。

表二　第一段遗存典型单位陶系统计表　　单位：件

陶系 数量 单位	夹云母						夹砂				泥质		合计
	灰	黑	红	褐	红褐	灰褐	灰	红	黑	褐	灰	红褐	
H1	15	4	16	14	26	20	10	2	4	18	12	4	145
H8	357	14	692	580	527	254	65	2	3	5	28	5	2532
H19	4	1	5	3	13	2	6	1	1	2	2	2	42
H29	9	4	4	20	8	1	3	1		2	6	2	60
H35	3	1	1	3	54	3	4	3	2	6	6	4	90
合计	388	24	718	620	628	280	88	9	10	33	54	17	2869
百分比（%）	13.5	0.8	25.0	21.6	21.9	9.8	3.1	0.3	0.4	1.2	1.9	0.6	100

陶器的质地可分为夹云母、夹砂、泥质三类。夹云母陶占92.5%，占绝对多数。夹云母陶中也有部分是同时掺砂的。夹砂陶和泥质陶所占都较少，分别为5%和2.5%。

依陶色分，可分为灰、黑、红、褐四大类。其中褐陶最多，占总数的55.1%。由于烧制时火候不均或使用时炙烤的原因，器物外表往往呈现灰褐、红褐之状。红陶次之，占25.3%；灰陶占18.5%；黑陶最少，占1.2%。

陶质、陶色两者综合考虑，可分为夹云母灰陶、夹云母黑陶、夹云母红陶、夹云母褐陶、夹云母红褐陶、夹云母灰褐陶、夹砂灰陶、夹砂红陶、夹砂黑陶、夹砂褐陶、泥质灰陶、泥质红褐陶12类。其中夹云母红陶最多，占25%；夹云母红褐陶次之，占21.9%；夹云母褐陶再次之，占21.6%；夹云母灰陶和夹云母灰褐陶占13.5%和9.8%，其他所占比例都较少（图九三）。

属二段的遗迹单位中共出土陶片2691片。经过对5个典型单位的2054片陶片进行统计分析，第二段遗存的陶系特征如下（表三）。

夹云母陶仍然最多，占90.4%，夹砂陶占2.3%，泥质陶的比重上升，占7.4%。

褐陶的比重下降，占49.1%；红陶有所增加，占35.2%；灰陶略减，占14.7%；黑陶仍最少，占1.1%（图九四）。

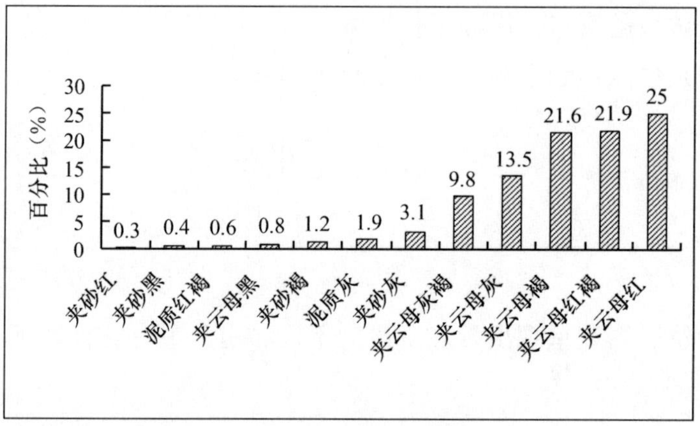

图九三　第一段陶系百分比图

表三　第二段遗存典型单位陶系统计表　　单位：件

陶系 / 数量 / 单位	夹云母						夹砂				泥质		合计
	灰	黑	红	褐	红褐	灰褐	灰	红	黑	褐	灰	红褐	
H12	20	5	84	52	58	36	1	2	3	4	32	4	301
H23	50	1	202	22	66	24	2	3	2	6	18	2	398
H28	28	1	62	8	50	2		3	1	3	10	6	174
H39	28	2	76	48	18	1	2	2	2	2	74		255
H42	32	4	286	42	534	12	2	2	2	3	4	3	926
合计	158	13	710	172	726	75	7	12	10	18	138	15	2054
百分比（%）	7.7	0.6	34.6	8.4	35.4	3.7	0.3	0.6	0.5	0.9	6.7	0.7	100

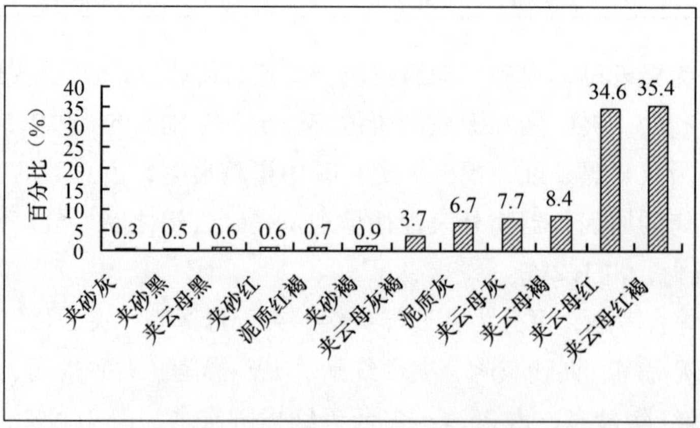

图九四　第二段陶系百分比图

(2) 纹饰

纹饰以绳纹为主，还有一定比例的凹弦纹、素面等。

绳纹多用于罐、瓦等，可分为粗绳纹、中粗绳纹、细绳纹、弦断绳纹几种。粗绳纹在每厘米的宽度上一般饰2、3条，中粗绳纹每厘米饰4～6条，细绳纹每厘米饰7～9条。弦断绳纹实质是绳纹形成后的处理方式，非绳纹的具体形状。但因其较为特殊且所占比重不高不会对百分比构成产生较大影响，因此单独作为一种。弦断绳纹者粗、中粗、细皆有之。

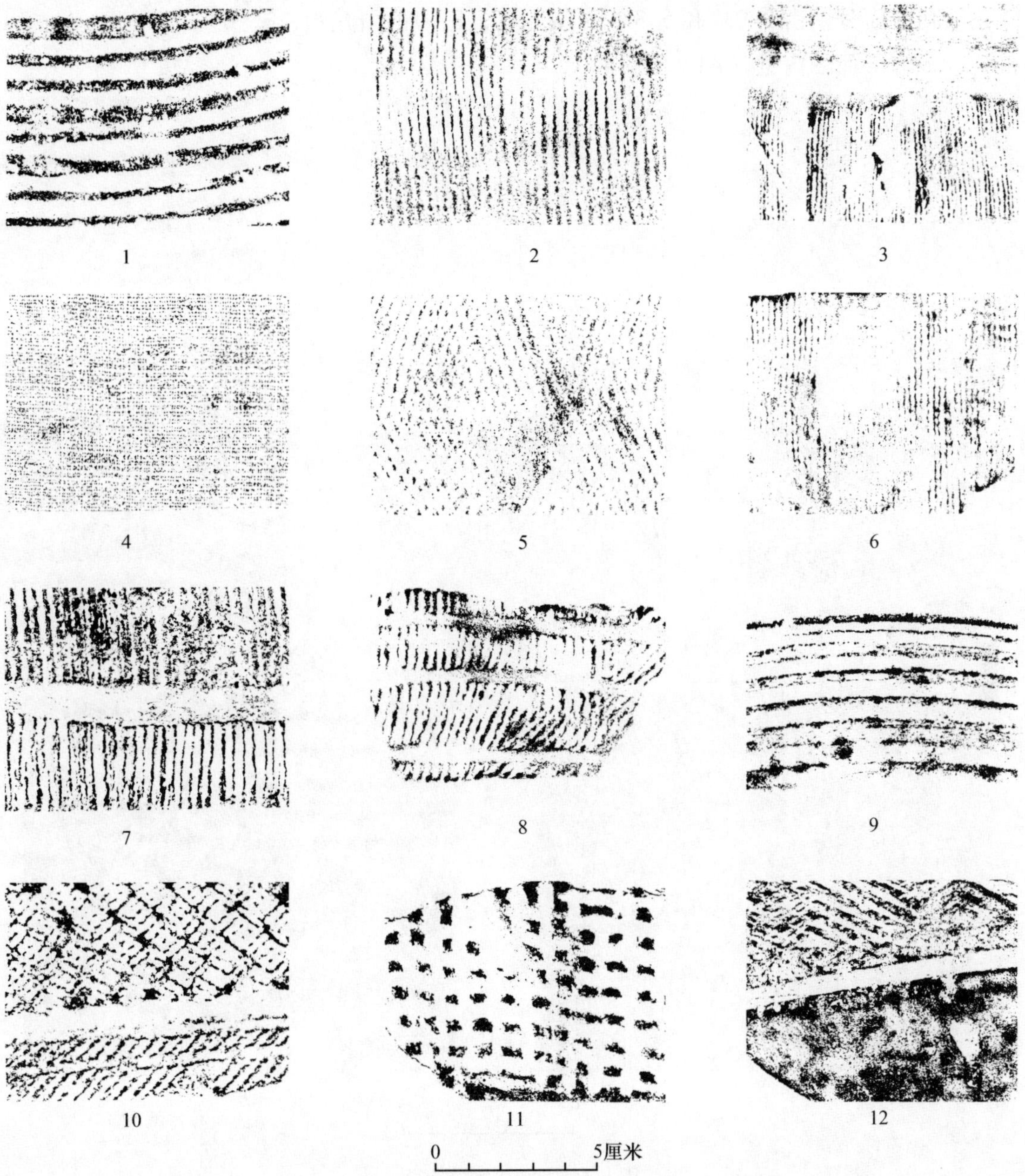

图九五　第一段纹饰拓片

1、2、10. ⅠT0501③　3～5. H8　6、7. G5　8. ⅢT0304②　9. Y2　11、12. ⅢT0503②

凹弦纹多饰于瓮、釜的颈部，部分板瓦上亦有。多为盘筑泥条而在器表形成，是一种制陶过程的副产品。

菱形纹饰于瓮的折肩部位。有的先于肩部饰宽泥带，形成堆纹，再在其上拍菱形纹。

一段绳纹占纹饰总数的79.1%。以细绳纹最多，占38.6%（图九五，3、6）；中粗绳纹占31.6%（图九五，6）；粗绳纹占5.2%（图九六，1）；弦断绳纹占3.7%，弦又有粗弦、细弦之分（图九五，7、8；图九六，2）；由于施纹方向不同还形成交错绳纹（图九五，5）。

凹弦纹和素面分别占9.9%和5.3%（图九五，1、9；图九六，3、6）。

布纹，多饰于瓦的内壁（图九五，4）。

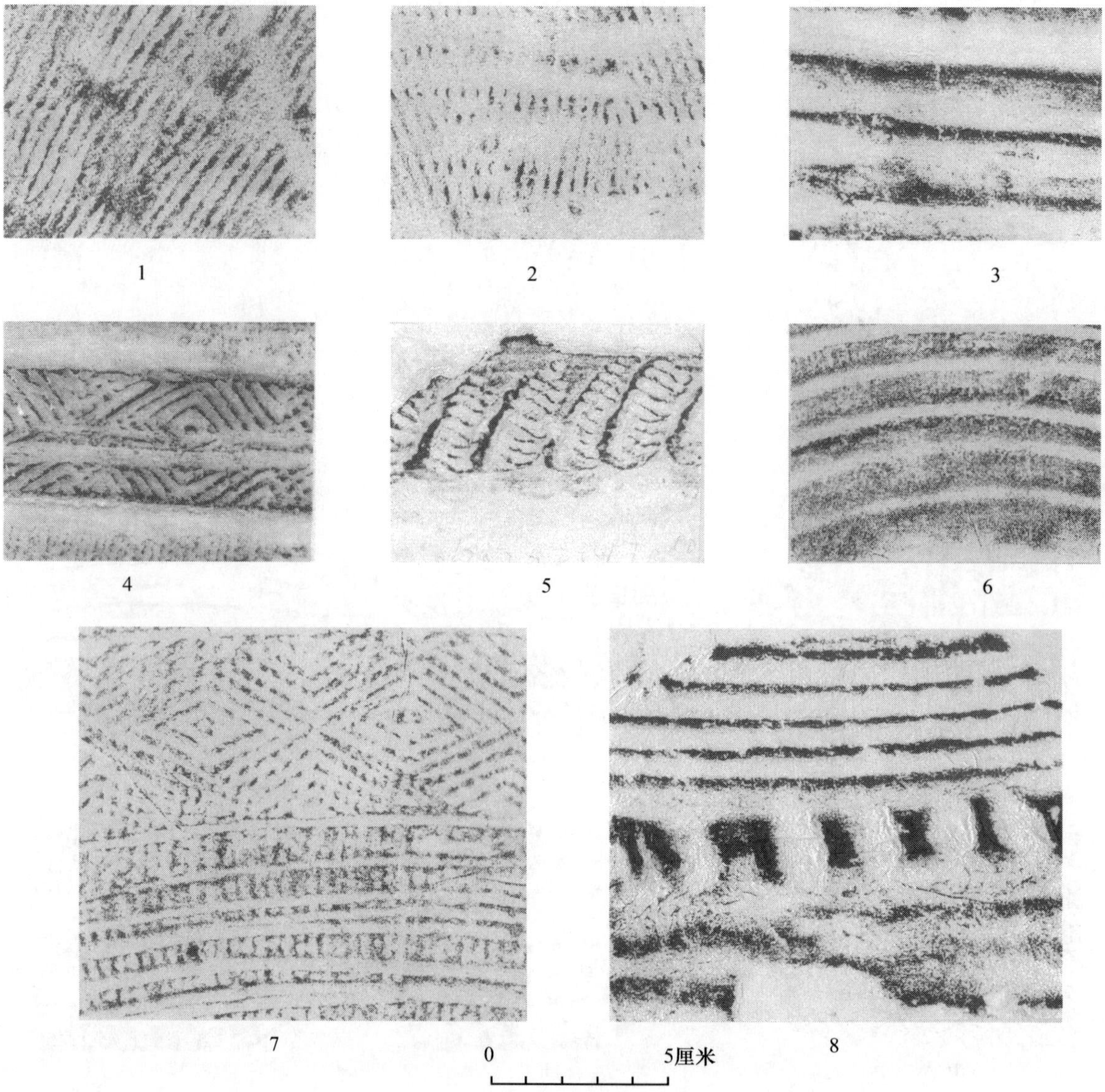

图九六　第一段纹饰拓片

1. G5　2. ⅢT0305②　3、8. Y2　4. ⅠT0401③　5. ⅢT0501②　6. ⅠT0501③　7. ⅢT0302②

其他还有菱形纹、弦纹、绳纹一起使用组成的复合纹饰（图九五，10、12；图九六，4、7、8）；横、纵压印成的似方格纹（图九五，11）；堆纹按出指窝状再施绳纹（图九六，5）等，这些所占比重都不多（表四；图九七）。

表四　第一段遗存典型单位陶片纹饰统计表　单位：件

陶系 / 数量 / 单位	纹饰分类								合计
	绳纹				凹弦纹	附加堆纹	素面	其他	
	粗绳纹	中粗绳纹	细绳纹	弦断绳纹					
H1	37	24	22	6	12	8	24	12	145
H8	52	844	1066	90	268	12	104	96	2532
H19	22	2	2	1	3	1	8	3	42
H29	12	5	12	6		2	13	10	60
H35	26	32	6	3	2	3	2	16	90
合计	149	907	1108	106	285	26	151	137	2869
百分比（%）	5.2	31.6	38.6	3.7	9.9	0.9	5.3	4.8	100

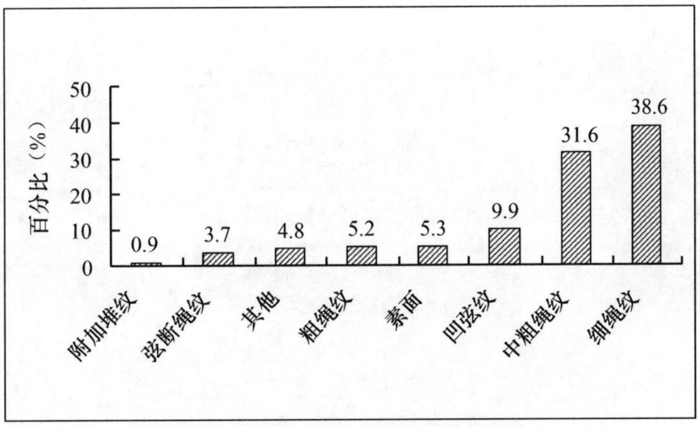

图九七　第一段陶片纹饰百分比图

第二段绳纹比重大降，占纹饰总量的58%，中粗绳纹最多，占22%（图九八，1、4）；细绳纹比重下降，占23.5%（图九八，2）；粗绳纹比重反而上升，占13.9%（图九八，3）；弦断绳纹略减，占2.2%（图九九，6、8）；交错绳纹多为中粗绳纹（图九八，5、6）。

菱形纹的菱形有渐大的趋势（图九八，9）。

素面陶的比重大幅增加，达23.5%。

凹弦纹略涨，占11.7%（图九九，2、4、7）。

新出现了粗篮纹（图九八，8）、绳索纹（图九八，7），还有凹弦纹+绳纹（图九九，3、5）、弦纹+圆圈纹（图九九，1）等，但这些所占比重都不多（表五；图一〇〇）。

（3）器型

器型的主要种类有釜、瓮、罐、豆、瓦（及瓦当）等。

经过对第一阶段5个典型单位的777件陶器口沿和特征性残片进行统计分析，釜的比例最高，占62%；瓦（及瓦当）次之，占26.2%；瓮占4.9%；其他器型所占比例都不大（表六；图一〇一）。

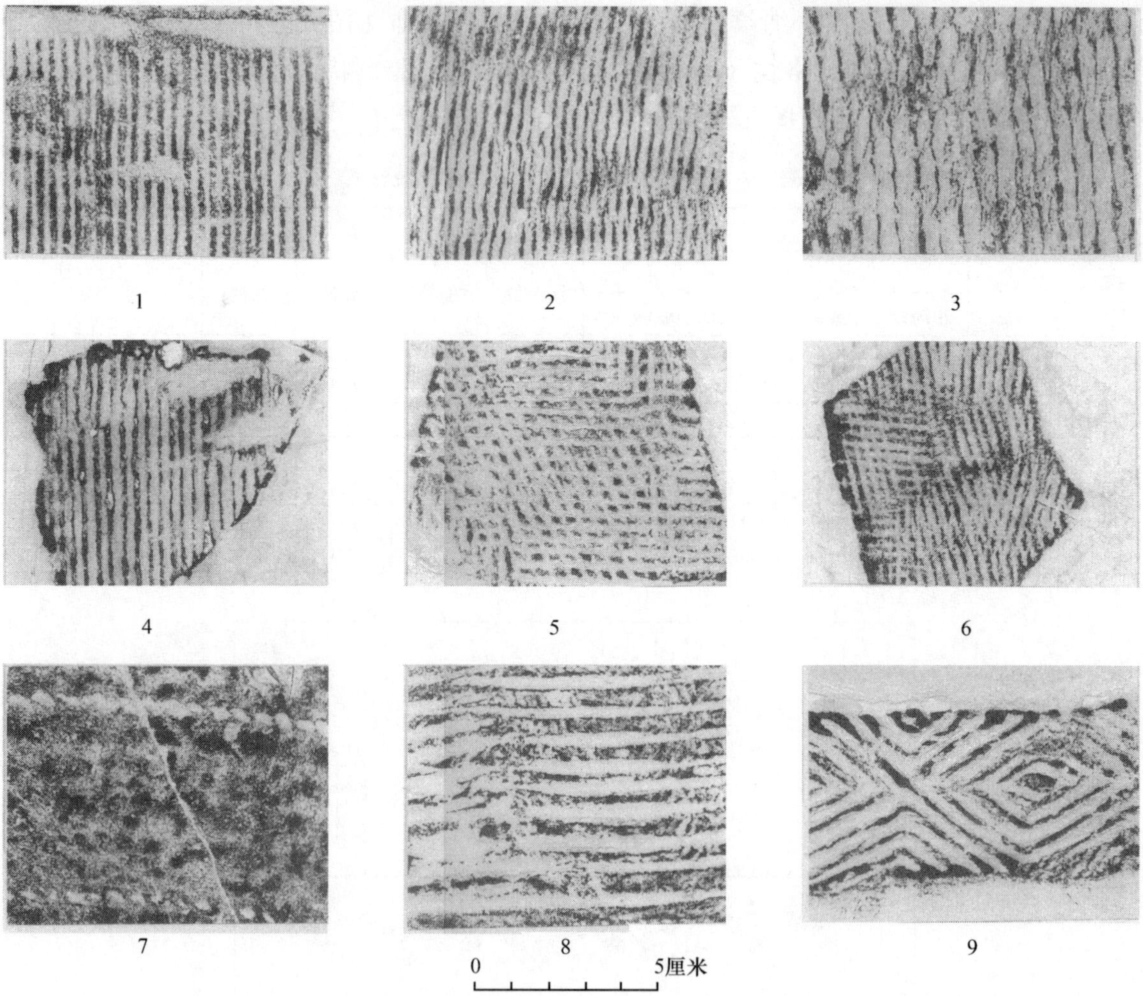

图九八　第二段纹饰拓片

1、2. H7　3. ⅢT0404②　4. ⅢT0503②　5、6. H18　7. ⅢLT0705②　8. ⅢT0404②　9. ⅢT0302②

表五　第二段遗存典型单位陶片纹饰统计表　　　　单位：件

纹饰 / 数量 / 单位	纹饰分类								合计
	绳纹				凹弦纹	附加堆纹	素面	其他	
	粗绳纹	中粗绳纹	细绳纹	弦断绳纹					
H12	4	81	121	17	12	7	50	9	301
H23	72	160	58	3	4	3	50	48	398
H28	5	14	98	8	2	3	38	6	174
H39	13	103	79	4	2	4	44	6	255
H42	192	94	52	14	220	6	300	48	926
合计	286	452	408	46	240	23	482	117	2054
百分比（%）	13.9	22.0	19.9	2.2	11.7	1.1	23.5	5.7	100

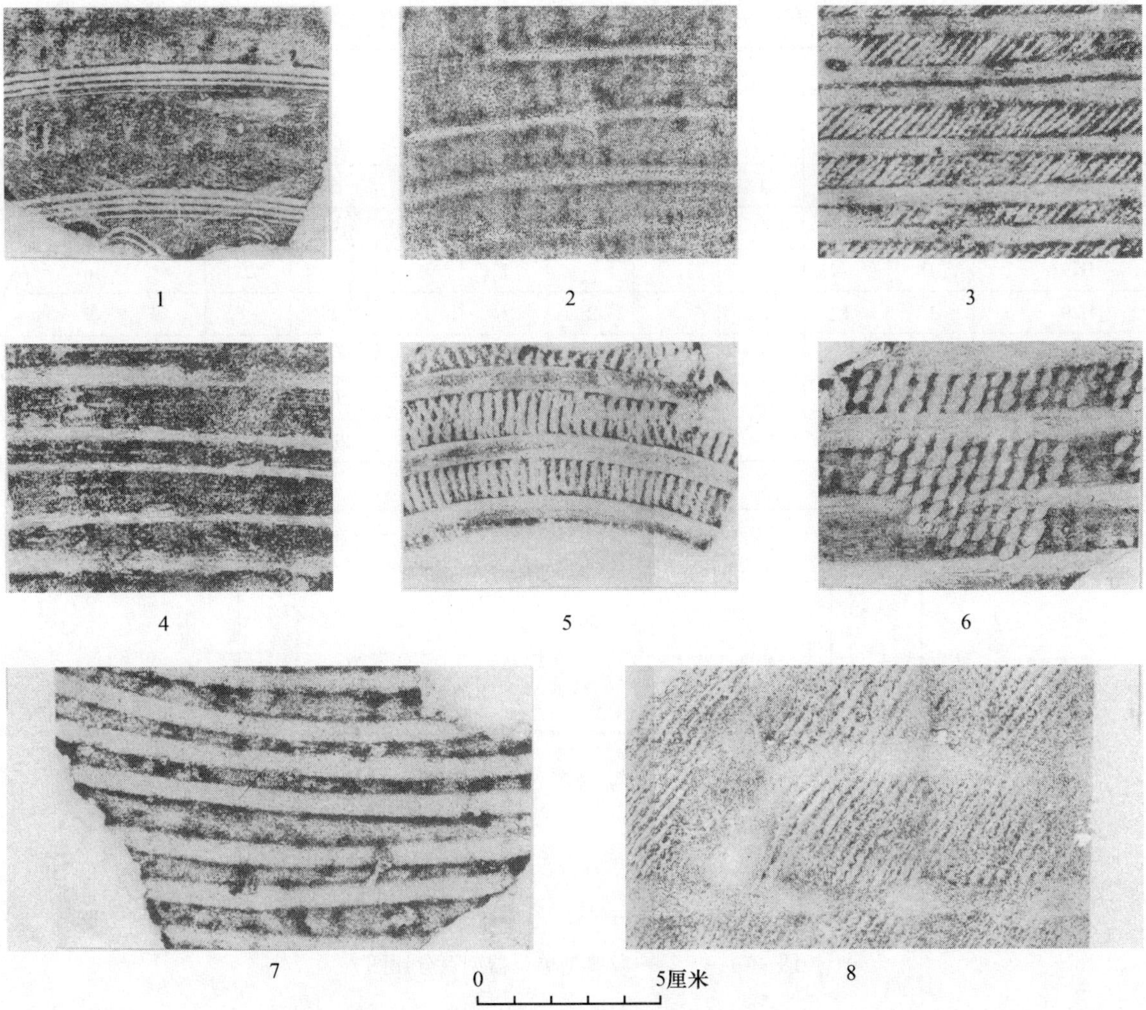

图九九　第二段纹饰拓片

1、2. H18　3. ⅢT0504②　4、5. H32　6. ⅢT0404②　7. ⅢT0302②　8. ⅢT0606②

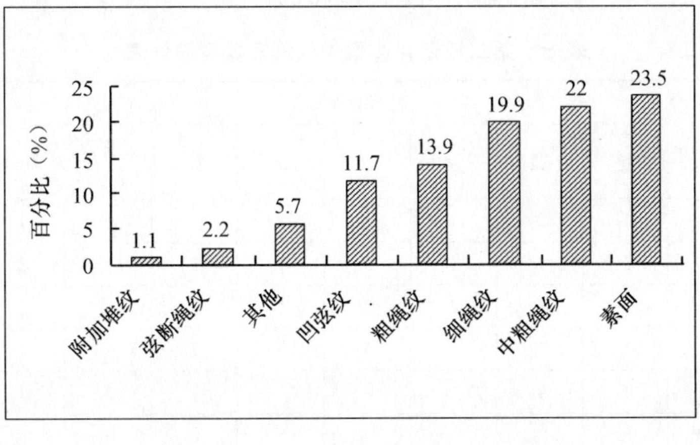

图一〇〇　第二段陶片纹饰百分比图

表六　第一段遗存典型单位陶器器型统计表　　单位：件

器类 / 数量 / 单位	器型分类									合计
	釜	瓮	罐	盆	豆	碗	钵	瓦（瓦当）	其他	
H1	7	8	1				1	5	1	23
H8	472	26	13	8	4	2	3	198	5	731
H19	1		1			1	1		2	6
H29	1	1	3		2	1		1		9
H35	1	3	1	1	1				1	8
合计	482	38	19	9	7	4	5	204	9	777
百分比（%）	62.0	4.9	2.5	1.2	0.9	0.5	0.6	26.2	1.2	100

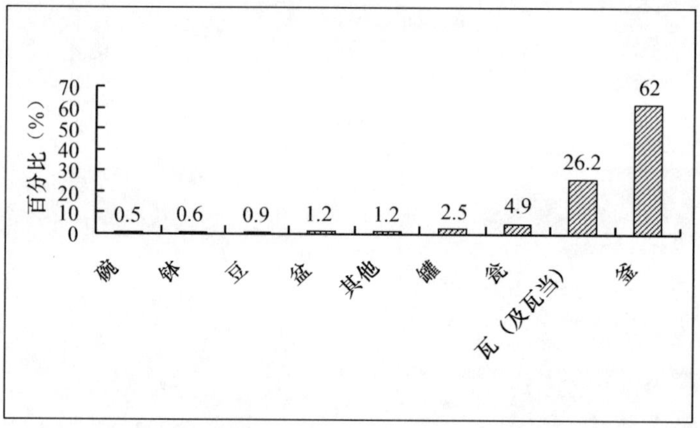

图一〇一　第一段典型单位器型百分比图

经过对第二阶段5个典型单位的346件陶器口沿和特征性残片进行统计分析，釜的比例大幅上升，仍为最高，占80.6%；盆的比例有所上升，占4.1%；豆的比例上升，占4.1%；瓦（及瓦当）的比重大降，占2.9%；其他器型所占比例都不多（表七；图一〇二）。

表七　第二段遗存典型单位陶器器型统计表　　单位：件

器类 / 数量 / 单位	器型分类									合计
	釜	瓮	罐	盆	豆	碗	钵	瓦（瓦当）	其他	
H12	24	1	2	1	2	1		6	1	38
H23	24	2	1		5	1	2	1	2	38
H28	16	1	1	2	2	1	2		2	27
H39	14	1	1	1	3	2	1		2	25
H42	201	1	9		2		1	3	1	218
合计	279	6	14	4	14	5	6	10	8	346
百分比（%）	80.6	1.7	4.1	1.2	4.1	1.5	1.7	2.9	2.3	100

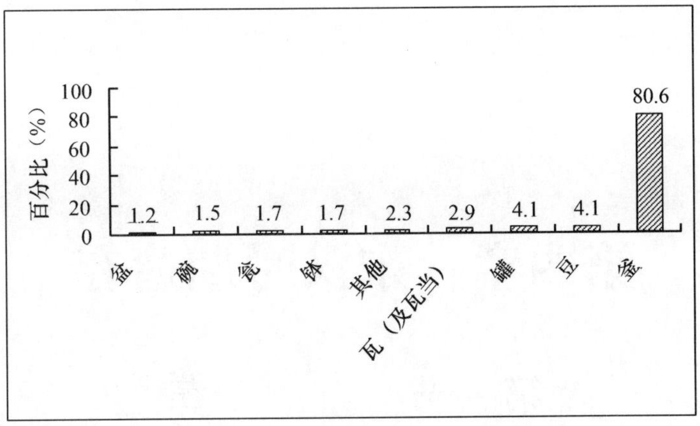

图一〇二　第二段典型单位器型百分比图

2. 遗迹

属早段遗存的有灰坑 12 座（H1、H3～H6、H8、H14、H15、H19、H25、H29、H35）；灰沟 3 条（G1、G4、G5）；陶窑 5 座（Y1、Y2、Y5～Y7）；灶址 1 座（Z1）。

属晚段遗存的有灰坑 26 座（H2、H7、H9～H13、H16～H18、H20、H21、H23、H27、H28、H30、H31、H33、H36～H43）；灰沟 2 条（G2、G3）；陶窑 2 座（Y3、Y4）；灶址 4 座（Z2～Z5）；槽 1 条（C1）；洞 3 个（D1～D3）。

各阶段灰坑形制的变化如下（表八）。晚段遗迹的数量（尤其是灰坑）比之早段有了较多增长，反映出遗址的这一阶段人的活动更为频繁。

表八　第一期遗存灰坑形制统计表

形制	早段		晚段		合计	
	数量（个）	百分比（%）	数量（个）	百分比（%）	数量（个）	百分比（%）
椭圆形	2	5.26	7	18.42	9	23.68
圆形	2	5.26	10	26.32	12	31.58
近长方形	5	13.16	6	15.79	11	28.95
不规则形	3	7.89	3	7.89	6	15.79
合计（个）	12	31.58	26	68.42	38	100

第四章　东汉时期遗存

第一节　墓　　葬

共清理砖室墓葬23座（附表二）。地表未见封土，可能因自然或其他原因已被夷平。M14、M15、M23、M25、M26为南北方向，其余墓葬为东西方向。由于墓主人的等级、身份及墓葬习俗的不同，墓葬按墓室的数量分为单室、双室、多室三类。

单室墓整体作甲字形或刀把形，双室墓分为前室、后室；多室墓分为前室、后室、耳室（有的还有中室）。一般由墓道、墓门、墓室（有的墓还有甬道）几部分组成。

墓室顶部据残余部分推断应为券顶（船篷状）。大部分墓门为拱顶，以单券或双券砌成。部分墓保存有棺床。葬具皆已腐朽无存，骨架保存状况较差。墓室壁砖的砌法多采用底部先错缝平砌两层横向平砖，然后横立砖砌一层的砌砖方法。墓壁起于铺地砖之上。各室的铺地砖处于一个平面，铺法有一纵一横或二纵二横、平砖错缝等几种。

墓砖为泥质青灰色、泥质红色两种。除M8的墓砖稍大外，墓砖的长度均为25～28、宽为12～14、厚为4～7厘米。M5墓门券顶用砖与墓壁砌砖的大小不一致。墓砖的形状多为长方形素面砖，少数在其上饰粗绳纹。M12的墓底砖为正方形，两端饰对称三角纹夹乳钉纹（附表三）。

墓葬大部分都盗掘，残余的随葬品有陶器、石器、铜器等，并出有大量铜钱。随葬器物编号者390件。其中陶器335件，占总数的85.9%；铜器41件，占总数的10.5%；石器6件，占总数的1.5%；铜钱编号为22个序号，共出土铜钱2011枚。

陶器可分为实用器及模型明器（俑）两大类，器壁上的陶衣、粉彩均已剥落。实用陶器以夹云母红陶占多数，有罐、瓮、釜、器盖等。模型陶器以泥质灰陶为主，兼有泥质红陶、夹砂红陶，器型有仓、灶、井、楼、俑等。铜器种类有镜、刀、带钩、泡钉等。石器有杵、砺石等。

一、单 室 墓 葬

共15座。

1. M1

位于Ⅰ区T0205西北部，东邻M3，南邻M2。其墓道被近代墓打破，方向为275°。该墓开口于②层下，打破③层，距地表0.5米。

该墓平面近似“刀”把形，砖式券顶结构。由墓道、墓门（封门）、甬道、墓室组成（图一〇三；彩版六，2）。

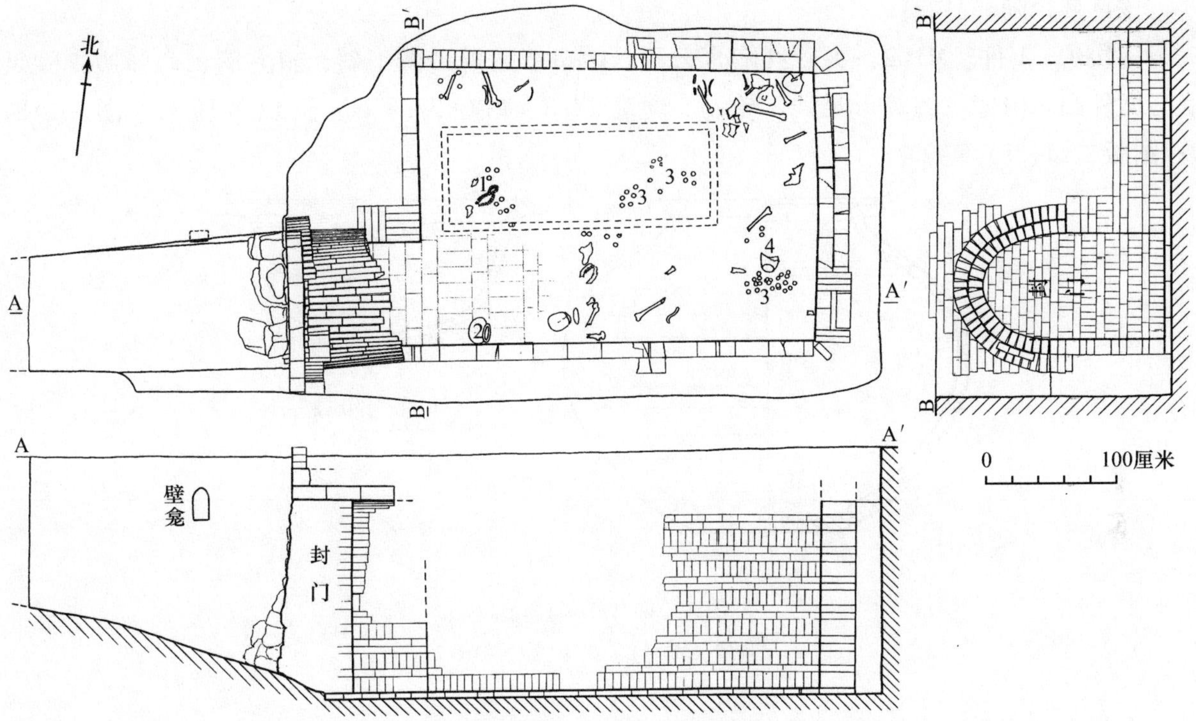

图一〇三　M1平、剖面图

1、3. 铜钱　2. 陶炭炉　4. 陶罐

墓道位于墓室以西，平面形状近似梯形。底坡残长2.1米，上口残长2米，西宽0.84米，东宽1.24米，深0.57～0.85；下端西宽0.84米，东宽0.9米，呈斜坡状。墓道北壁有一上圆下方形小龛，长0.15米，高0.25米，进深0.05米，距墓口0.25米。

墓门宽0.8米，高1.34米，中上部为青砖双券。从0.9米处开始起券，上部为单砖平砌，相互错缝。封门上部为圆形，下部宽0.8米，高1.34米，厚0.125～0.54米。封门自下向上用墓砖一平一竖砌5层，其上平砌6层。封门之外堆砌石块。

甬道长0.92米，宽0.8米，高1.44米。现存顶部为单砖券形，券厚0.125米，券残长0.68米，从0.8米开始起券，相互错缝。两壁采用两平一竖式错缝平砌方法，南北两壁部分已被破坏，东部残高0.54～0.7米。甬道门距墓室0.48米，上宽0.4米，下宽0.8米，高1.34米，厚0.125～0.26米。上半部为单砖错缝平砌，下半部为一平一竖式错缝平砌法。

墓室形状近似长方形，填土为五花土。墓口距地表0.5米，墓底距地表2.23米，墓口长3米，墓底长2.95米（东壁稍外倾）。墓口和墓底的宽度基本相等，墓口宽2.13米，墓底宽2.06米，估计为砖式券顶结构，已破坏无存。四周墙壁采用两平一竖错缝平砌的砌砖方法，壁厚0.27米，因被扰乱而残存部分，残高0.13～1.46米。铺底砖为一横一纵式由西向东依次排列，基本保存完好。

M1墓室内发现头骨两个，分别编号为1、2。1号头骨面向上，头向东，2号头骨向下，面向不清。因扰乱严重，骨架凌乱，故葬式不清，年龄、性别不详。

该墓残余随葬品有：

陶炭炉　1件。M1∶2，夹砂红陶含云母。敞口，宽折沿微下斜，斜方唇，微弧腹，圈足，底心微外凸。内壁三倒蹄形足残。轮制。通高14.8、口径33.8、足径12.8厘米（图一〇四，2；图版二〇，1）。

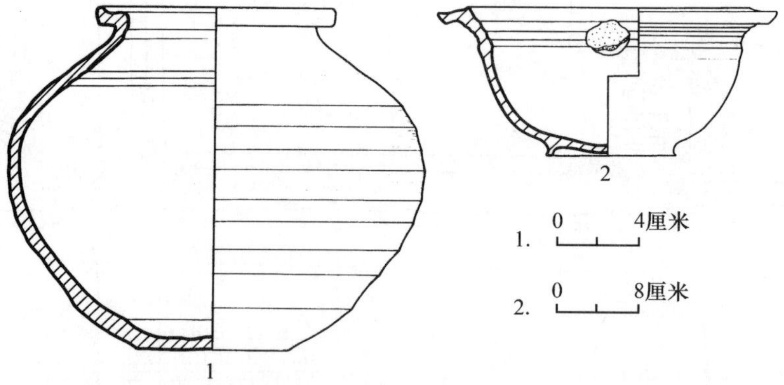

图一〇四　M1随葬器物

1. 陶罐（M1∶4）　2. 陶炭炉（M1∶2）

陶罐　1件。M1∶4，夹砂红陶含云母。直口微侈，浅盘状沿，斜方唇，溜肩鼓腹下弧收，底微上凹。轮制，腹残留旋制痕。通高17.1、口径12、腹径21.1、底径7.4厘米（图一〇四，1；图版一六，1）。

从零散及成串的铜钱中，可分辨出的有三种：五铢较多，货泉数枚，剪轮五铢数枚。

五铢铜钱　338枚。标本M1∶1-1。圆形，双面有郭；方穿，背有郭。正面篆文“五铢”，“五”字交笔弯曲；“金”字上部“△”形，四点均竖笔，“朱”字上下均圆折。钱径2.54、穿径0.94、郭厚0.11、肉厚0.95厘米（图一〇五，1）。标本M1∶3-2，圆形，双面有郭；方穿。正面篆文“五铢”，“五”字交笔弯曲；“金”字上部“△”形，四点均竖笔，“朱”字上部圆折或直折，下部均圆折。钱径2.54、穿径0.95、郭厚0.11、肉厚0.85厘米（图一〇五，2）。

货泉铜钱　12枚。标本M1∶1-3，圆形方穿，正反面均有郭；正面篆文“货泉”，“泉”字竖画有断笔。钱径2.27、穿径0.68、郭厚0.16、肉厚0.1厘米（图一〇五，3）。

剪轮五铢　38枚。标本M1∶1-2，正面圆形无郭，方穿，背有郭。正面篆文“五铢”，“五”字交笔弯曲，缘部两角不存；“金”字仅存半部分，“朱”字上下均圆折。钱径1.96、穿径0.92、肉厚0.1厘米（图一〇五，4）。标本M1∶3-1，正面圆形无郭，方穿，背有郭。正面篆文篆字“五铢”，“五”字交笔弯曲；“金”字上部“△”形，四点均竖笔，“朱”字上下均直折。钱径2.33、穿径0.92、肉厚0.1厘米（图一〇五，5）。

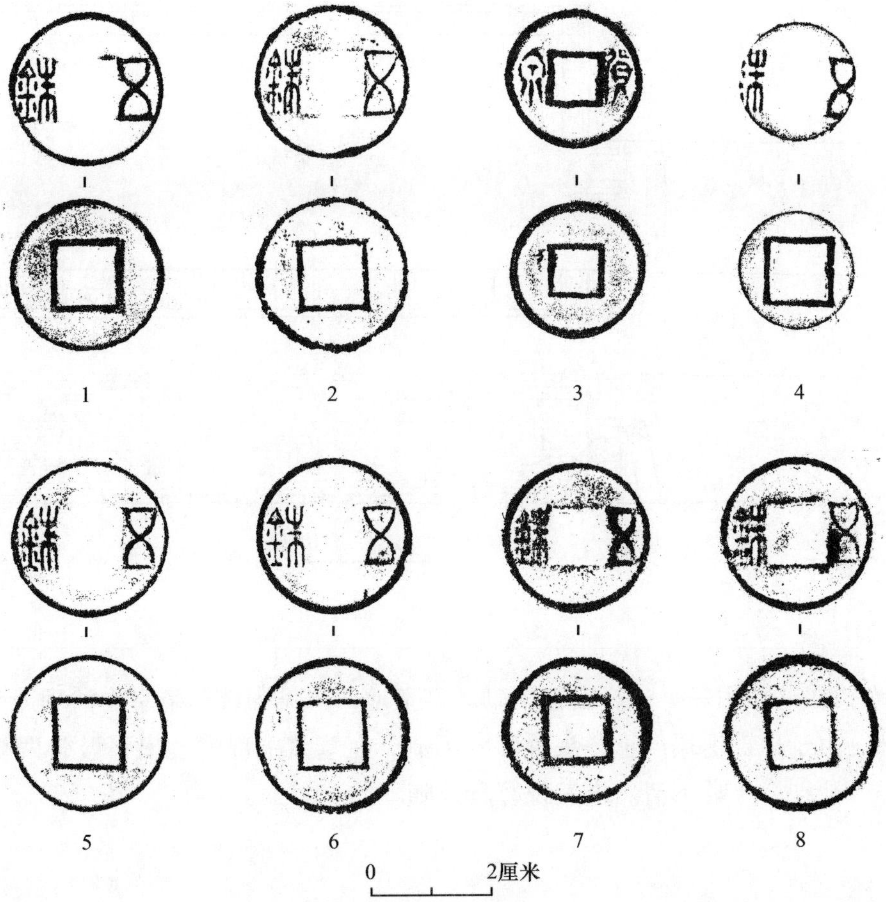

图一〇五　铜钱拓片

1、2、6～8. 五铢（M1∶1-1、M1∶3-2、M5∶3、M8∶1、M9∶3）　3. 货泉（M1∶1-3）　4、5. 剪轮五铢（M1∶1-2、M1∶3-1）

2. M4

位于Ⅱ区 T0305 西北部，东邻 M5，方向 267°。开口于②层下，打破③层。墓口距地表 0.4 米。

M4 平面呈“刀”把形，由墓道、墓门、墓室三部分组成（图一〇六；彩版七，2）。

墓道平面呈近似长方形，位于墓室西部。墓道东西长 2.55 米，东端宽 0.82 米，西端宽 0.7 米。墓道底部略窄，东西长 2.5 米，东端宽 0.81 米，西端宽 0.68 米。墓道底距墓道口深 0.75～0.8 米，其内填土为五花土，未经夯实。

墓门用残砖竖砌而封。高 0.78 米，宽 0.82 米。外部堆一近方形石板，石板长 0.53 米，宽 0.47 米，厚 0.85 米。

墓室形状近似长方形，由于坍塌严重，墓室内残砖较多。墓室东西长 4.3 米，南北宽 1.94 米，墓底距墓口深 0.8 米。东壁和北壁厚度均为 0.12 米，均为单砖错缝平砌；西壁和南

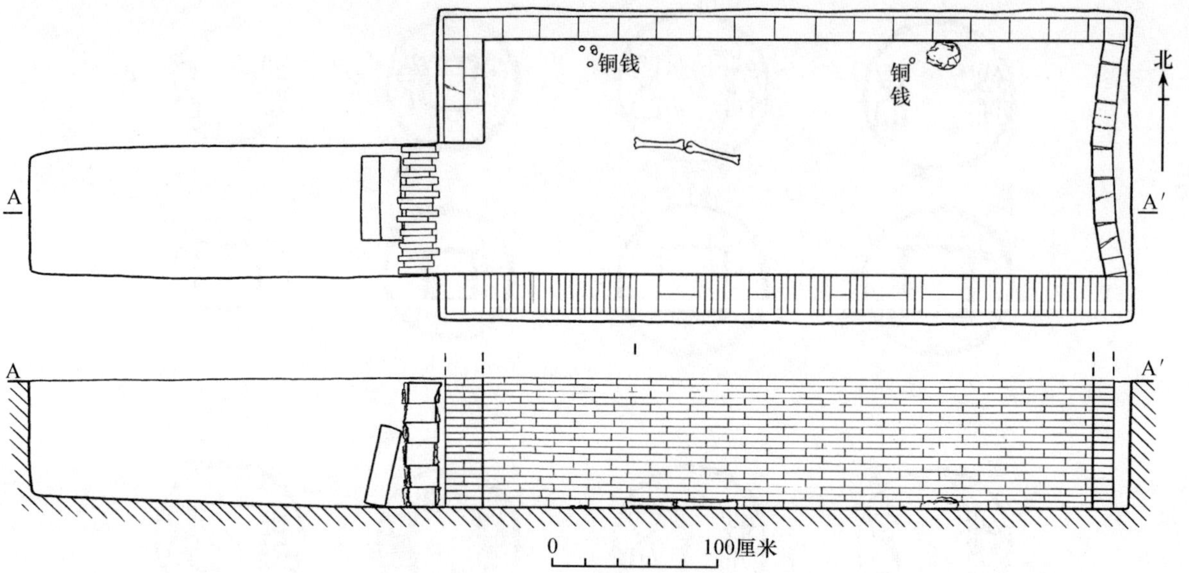

图一〇六　M4 平、剖面图

壁壁厚 0. 24 米，二壁采用一平一竖错缝平砌。墓室地面未见铺砖。墓室内清理人头骨 1 个，位于墓室东北部，由于顶部坍塌严重，头骨面向不清。在墓室中部清理出下肢骨两根，因扰乱严重，葬式不详，性别、年龄不清。未发现葬具及随葬品。

3. M5

位于Ⅱ区 T0306 中部，南邻 M4，方向 275°。开口于②层下，打破生土。距地表深 0. 3 米，打破生土。

该墓整体作甲字形。顶部已残。东西长 4. 4 米，南北宽 2. 6 米。由墓道、墓门、墓室组成（图一〇七，彩版七，3）。

墓道位于墓室西侧，形状长方形。墓道西端已破坏，残存部分呈竖穴式，东西残长 0. 7 米，南北宽 0. 9 米，深 2. 05 米，填土为五花土。

墓门位于墓道东侧，南北宽 0. 9 米，高 1. 15 米。在 0. 85 米处起券，砌法为并列双券，拱顶，进深 0. 25 米。墓门以石块平砌错缝而封，南北宽 0. 9 米，高 1. 1 米。

墓室位于墓道东侧，形状长方形，东西长 3. 6 米，南北宽 1. 7 米。室壁青砖所砌，砌法有一平一竖、两平一竖两种。1 米开始起券，残留高度 1. 8 米，上券已残。墓室西侧砖的砌法错逢平砌，墓底铺地砖，平砖错缝。

棺床位于墓室东侧，为生土台。南北长 1. 7 米，东西宽 0. 6 米，高 0. 22 米，上部用残砖南北错缝平铺。

该墓为双棺合葬墓，南边棺痕不明显，北部棺痕东西长 2. 15 米，南北宽 0. 4 ~ 0. 5 米。

北棺葬式为仰身直肢，男性壮年；南棺为屈肢葬，女性，年龄不清。

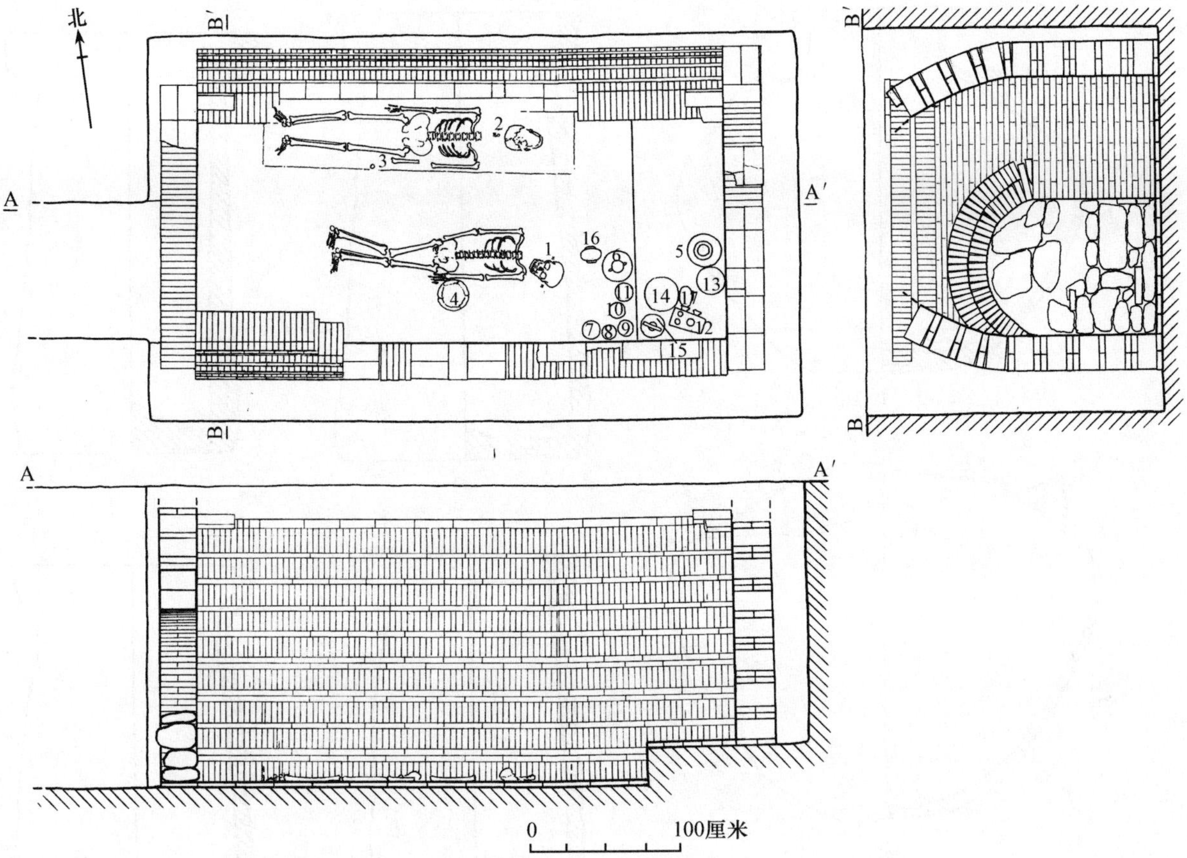

图一〇七　M5平、剖面图

1. 耳珰形器　2. 料珠　3. 铜钱　4～6. 陶罐　7～11. 陶仓　12. 陶灶　13. 陶奁　14. 陶盆　15. 陶井　16、17. 耳杯

随葬品有：

陶罐　3件。M5∶4，夹云母红陶。口、颈残，溜肩双耳，鼓腹下微弧收，底不平。轮制。残高17、腹径20.8、底径5.5、壁厚0.3～0.8厘米（图一〇八，2）。M5∶5，夹云母红陶。直口微侈、下斜沿，方唇，矮颈，溜肩附双耳，鼓腹下弧收，底微上凹。轮制，肩、腹残留旋制痕。高17.4、口径5.5、腹径19.4、底径6.7、壁厚0.35～0.5厘米（图一〇八，1；图版一六，2）。M5∶6，夹云母红陶，直口微敛、浅盘状口，凹唇，溜肩饰一凹弦纹，鼓腹下弧收，底平。轮制，肩、腹残留旋制痕。高22.2、口径12.2、腹径25.8、底径8.4、壁厚0.4～0.7厘米（图一〇八，3；图版一六，3）。

陶仓　5件。M5∶7，泥质灰陶。盘口，折沿下斜，斜方唇，斜直腹下微外撇，平底微上凹。轮制，腹部残留旋制痕，做工粗糙。通高21.4、口径11.8、底径11.8、壁厚0.8～1厘米（图一〇八，4；图版三四，3）。M5∶8，泥质灰陶。盘口，折沿下斜，斜方唇，斜直腹下微外撇，平底微上凹。轮制，腹部残留旋制痕，做工粗糙，沿微残。通高21.1、口径10.3、腹径10.3、底径10.8、壁厚0.6～1.1厘米（图一〇八，5，图版三四，4）。M5∶9，泥质灰陶。盘口，折平沿，方唇，斜直腹下微外撇，平底微上凹。轮制，腹部残留旋制痕，做工粗糙。通高

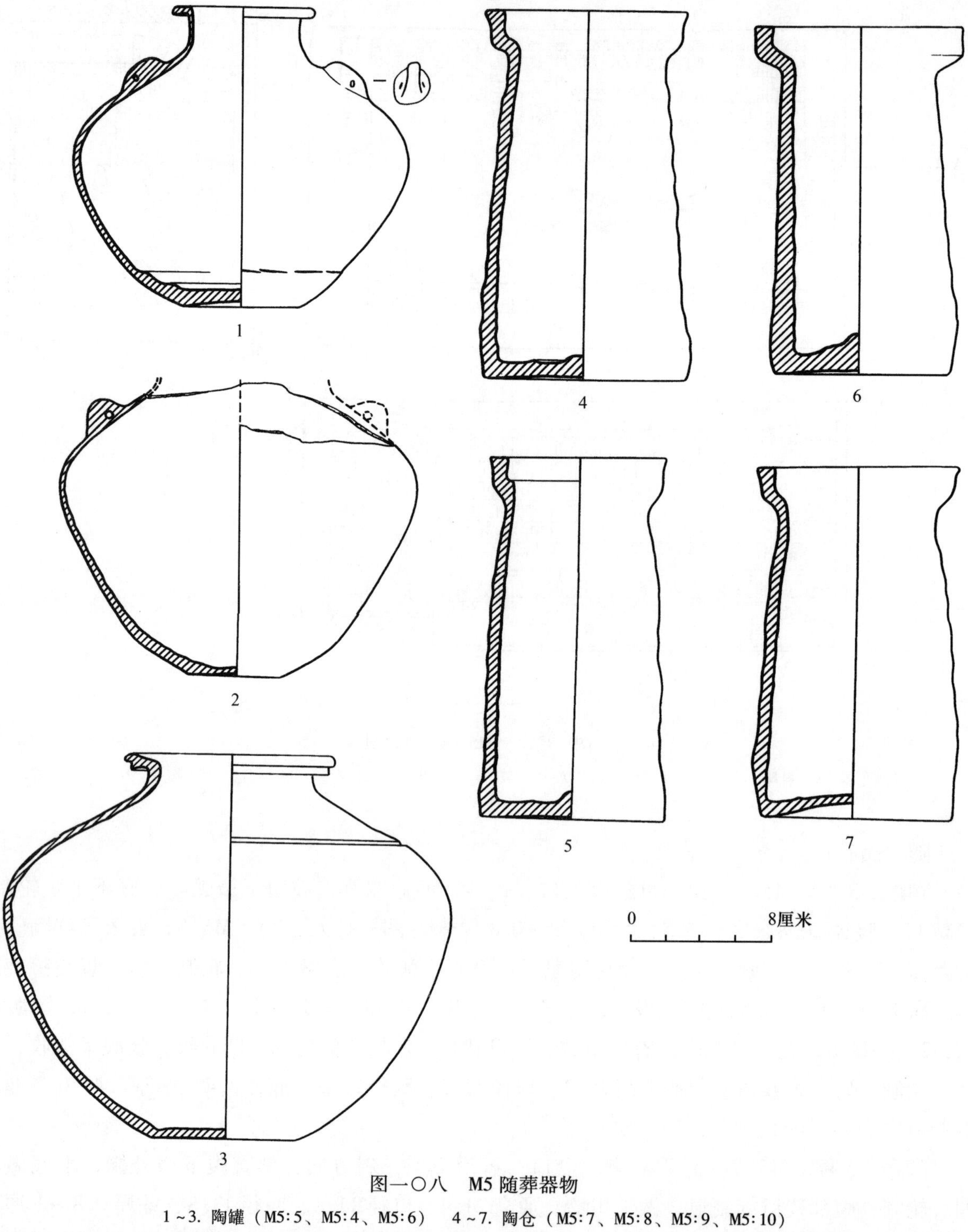

图一〇八　M5 随葬器物

1 ~ 3. 陶罐（M5:5、M5:4、M5:6）　4 ~ 7. 陶仓（M5:7、M5:8、M5:9、M5:10）

20.1、口径 12、底径 10、壁厚 0.8 ~ 1.4 厘米（图一〇八，6；图版三五，1）。M5:10，泥质灰陶。盘口，折沿下斜，斜方唇，斜直腹下微外撇，底上凹。轮制，腹部残留旋制痕，做工粗糙。通高 20.4、口径 11.5、腹径 11.7、底径 11、壁厚 0.6 ~ 1 厘米（图一〇八，7）。M5:11，

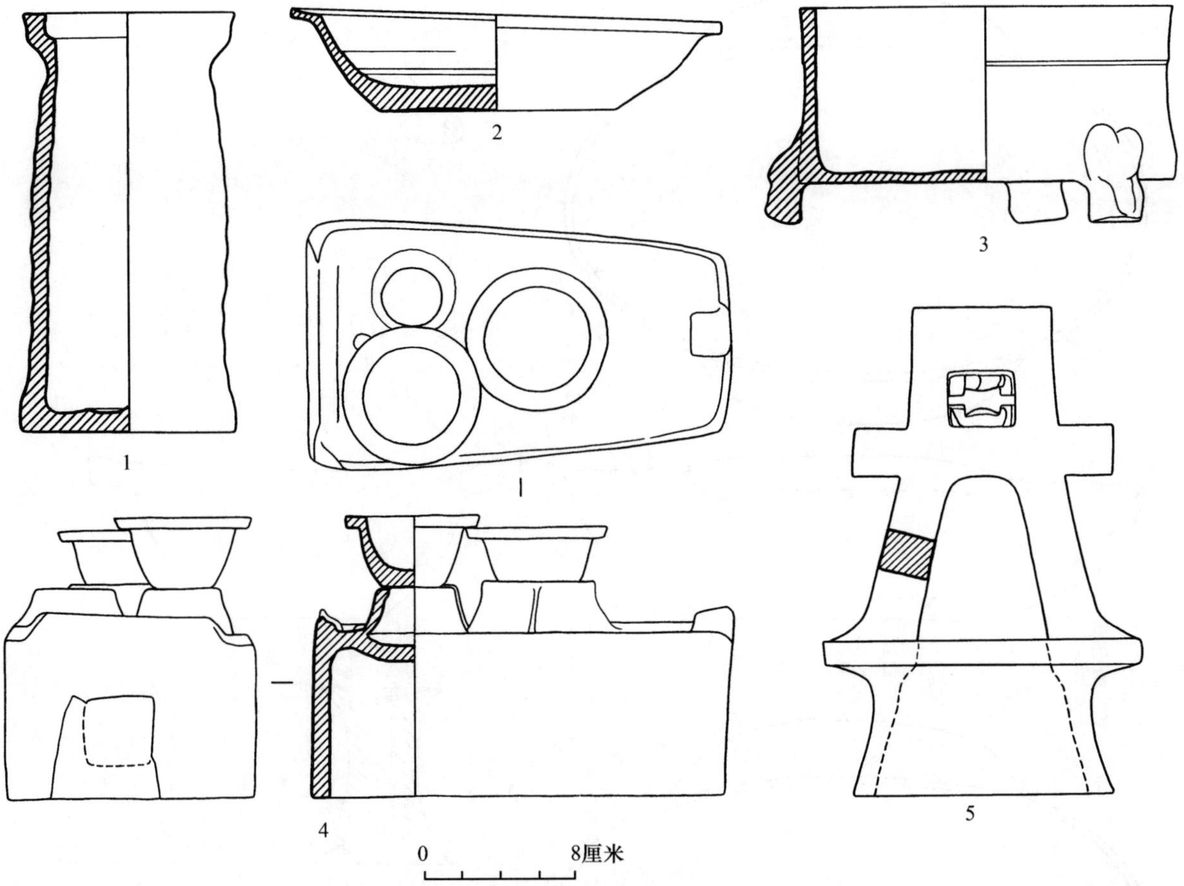

图一〇九　M5随葬器物

1. 陶仓（M5∶11）　2. 陶盆（M5∶14）　3. 陶奁（M5∶13）　4. 陶灶（M5∶12）　5. 陶井（M5∶15）

泥质灰陶。盘口，折沿下斜，斜方唇，斜直腹中部微鼓，平底。轮制，腹部残留旋制痕，做工粗糙。通高22、口径11.2、腹径10.4、底径11.4、壁厚0.7～1.2厘米（图一〇九，1）。

陶灶　1件。M5∶12，泥质灰陶。灶体平面呈梯形，前窄后宽，上面后端有方形烟囱，灶面三釜呈“品”字形分布。正面是方形火门，无底内空。火门略残，手制，做工粗糙。长22、宽10～13.2、高10.8、壁厚1厘米（图一〇九，4；图版三三，6）。

陶奁　1件。M5∶13，泥质灰陶。直口，方唇，唇下一凸弦纹带，筒腹，平底三兽足。手轮兼制。通高11.3、口径19.8、足高2.2、壁厚0.8～1.2厘米（图一〇九，3；彩版二二，3）。

陶盆　1件。M5∶14，泥质灰陶。敞口，宽折沿微上仰，方唇，斜腹折收，内腹底间饰一弦纹带，底心略上凸，外底平。做工较细腻。轮制。通高4.6～5.6、口径22.4、沿宽1.6、底径12.3、壁厚0.5～1.1厘米（图一〇九，2）。

小陶盆　2件。M5∶18，泥质灰陶。敞口，折平沿，方唇，斜腹，平底。做工粗糙。模制。通高4.1、口径7.6、底径2.8厘米（图一一〇，10）。M5∶19，泥质灰陶。敞口，折平沿，斜方唇，斜腹，平底，做工粗糙，模制。通高3.8.1、口径7.4、底径3厘米（图一一〇，11）。

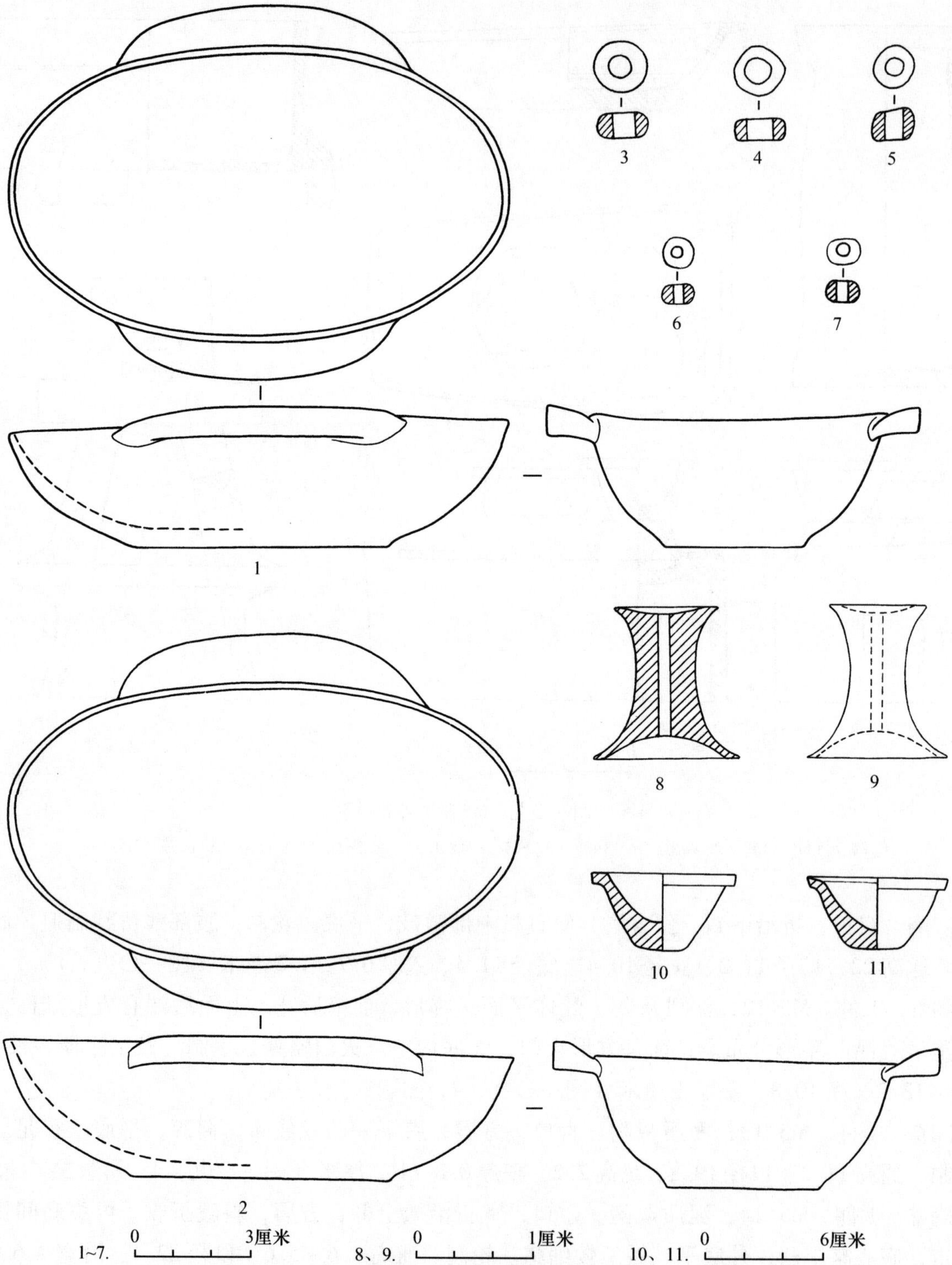

图一一〇　M5随葬器物

1、2. 陶耳杯（M5：16、M5：17）　3～7. 玉珠（M5：2-1、M5：2-2、M5：2-3、M5：2-4、M5：2-5）　8、9. 玻璃耳珰（M5：1-1、M5：1-2）　10、11. 陶盆（M5：18、M5：19）

陶井 1件。M5:15，泥质灰陶。井架如“甘”字反置，立柱及横梁截面均方形，内部一横乃绕绳之滑轮，井口圆形微敛，井台环饼状，井壁喇叭状下外撇。手轮兼制。通高25.6、口径7、台径16.8、底径13.9、壁厚1~1.2厘米（图一〇九，5；彩版二〇，1）。

耳杯 2件。M5:16，泥质灰陶。形似“船”状，平面椭圆形，敞口，圆唇，浅腹，平底，两侧附残月形耳，模制。通高3.8、长13.2、宽9.9、壁厚0.15~0.5厘米（图一一〇，1；彩版二一，6）。M5:17，泥质灰陶。形似“船”状，平面椭圆形，敞口，圆唇，浅腹，平底，两侧附残月形耳。模制。通高3.9、长13.5、宽10.2、壁厚0.1~0.7厘米（图一一〇，2）。

耳珰 2件。M5:1-1，玻璃器。天蓝色泛白，半透明，形似腰鼓，一端稍大，中空。做工精细。通长1.36、大端径1.22、小端径0.86厘米（图一一〇，8；彩版二四，4左）。M5:1-2，微残，形制大小同上（图一一〇，9；彩版二四，4右）。

玉珠 5件。白色玉质，算珠形稍扁。M5:2-1，外径1.4、孔径0.6、厚0.7厘米（图一一〇，3）。M5:2-2，外径1.4、孔径0.6、厚0.6厘米（图一一〇，4）。M5:2-3，较厚。外径1.2、孔径0.5、厚0.8厘米（图一一〇，5）。M5:2-4，体形较小。外径0.9、孔径0.2、厚0.5厘米（图一一〇，6）。M5:2-5，体形较小，略厚。外径0.9、孔径0.3、厚0.6厘米（图一一〇，7）。

五铢铜钱 1枚。M5:3，圆形，双面有郭；方穿，背有郭。正面篆文“五铢”，“五”字交笔弯曲；“金”字上部“△”形，四点均竖笔，“朱”字上下均圆折。钱径2.61、穿径0.96、郭厚0.11、肉厚0.96厘米（图一〇五，6）。

4. M8

位于Ⅱ区T0403和T0503北部，北邻M7、南邻M9，方向270°。开口于②层下，打破生土，墓口距地表0.4米。

整体近“甲”字形，砖式结构（顶部已破坏），由斜坡墓道、墓门、甬道、墓室组成（图一一一；图版四，3）。

墓道位于墓室以西，形状近似长方形。上口东西长6.9米，西宽0.94米，东端宽1.04米。底坡长5.25米。下端西宽0.94米，东宽1.04米，深0.45~2.15米。

墓门南北宽1.04米，残高1米，厚0.75米。用青砖砌成，东半部为一平一竖错缝平砌。墓门的封门形式为以墓砖自下向上一平一竖砌三层；其上平砌，因残而层数不清。封门之外堆砌残砖块。券顶已塌，高度不详。

甬道剖面呈梯形，南北宽1.04米，上部东西宽0.25米，下部宽0.3米，残高1米，底部为单砖南北摆放两行。

墓室开口距地表0.4米，东西长7.95米，墓口宽2.7米，墓底宽2.6米。墓底距地表2.4米，（不包括三层铺地砖），东西长7.95米，西宽2.7米，东宽2.6米，整体形状近似长方形。填土为塌土、淤土、五花土相杂。底部为三层铺地砖，高0.25米。由于破坏严重仅残存西南部和中部一条砖带。东部有一棺床，其上铺砖一层，破坏较为严重，仅存西南角一块，东西

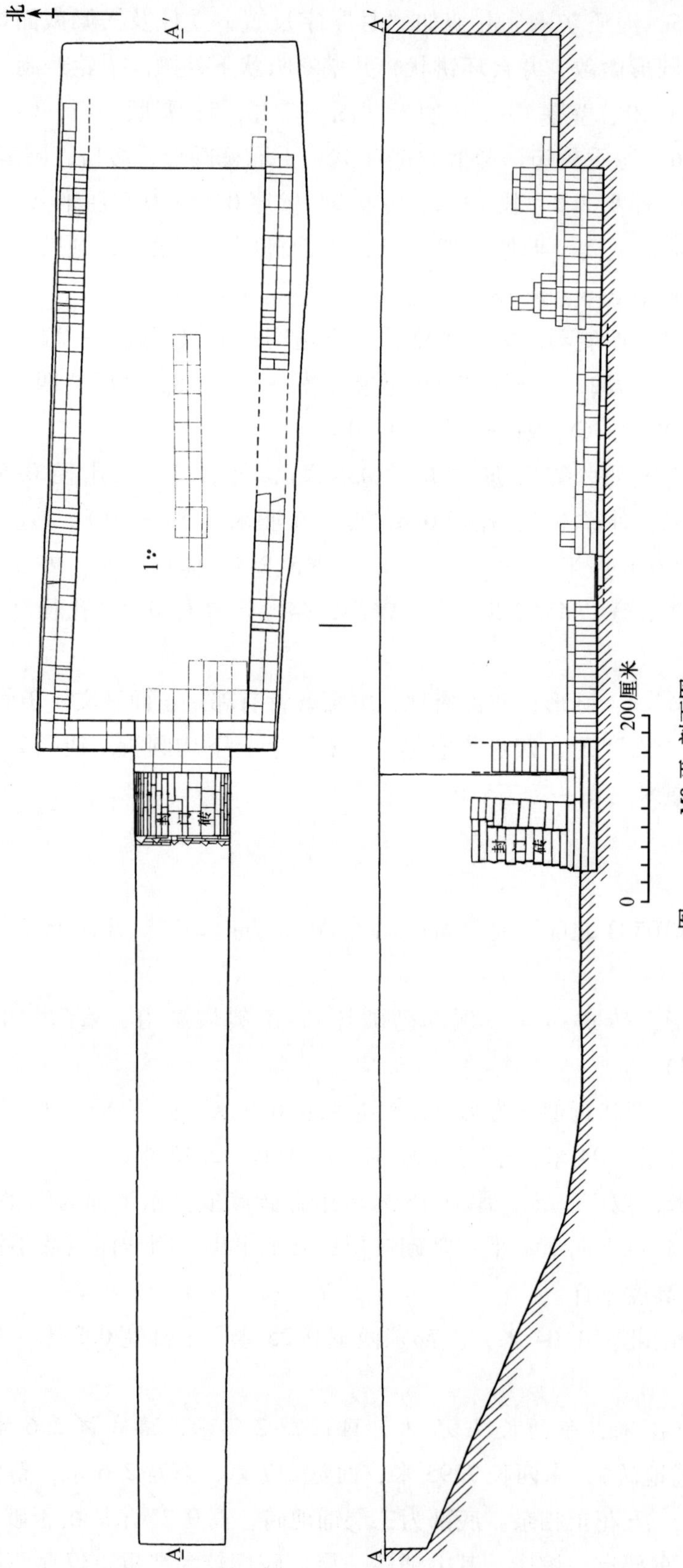

图一一一　M8 平、剖面图
1. 铜钱

摆放。棺床南北长1.95米，东西宽1.4米，高0.48米。墓底铺地砖和棺床铺砖均为东西摆放，由南向北依次排列。四周壁砖由于破坏已残存不等，壁厚宽0.32米，残高0.08～1.1米，采用一平一竖相互错缝平砌。由于扰乱严重，葬式、葬具不详。

随葬品有：

五铢铜钱　3枚。标本M8∶1，圆形，正反面有郭；方穿。正面篆文篆字“五铢”，“五”字交笔弯曲；“金”字上部“△”形，四点均竖笔，“朱”字上下均圆折。钱径2.57、穿径1.0、郭厚0.10、肉厚0.095厘米（图一○五，7）。

5. M9

位于Ⅱ区T0503、T0502、T0403，北邻M8，南邻M10。方向275°。开口于②层下，打破生土，墓口距地表0.5米。

该墓平面近似“刀把”形，由墓道、墓门、甬道、墓室几部分组成。由于早期盗扰，大部分墓砖已被揭走，仅存封门砖及墓室北壁、南壁底部残留墙体砖块（图一一二；图版五，1）。

墓道位于墓室西端，斜坡台阶式。形状呈长方形，口大底小，斜壁。开口距地表0.45～0.5米，东西口长6.2米，宽1.24～1.4米，底长6.13米，宽1～1.04米。台阶由墓道口端依次为：1台阶：长1、宽0.6、高0.14米；2台阶：长1.04、宽0.7、高0.16米；3台阶：长1.04、宽1.06、高0.2米；4台阶：长1.02、宽0.52、高0.24米；5台阶：长1.02、宽0.4、高0.1米；6台阶：长1.04、宽0.54、高0.32米；由六级台阶下为斜坡，至封门2.14米。

墓门位于墓道东端。门以墓砖交错竖砌而封，顶部残缺，剩少量砖块竖砌。封门整体长0.9米，东西宽0.4～0.5米，残高0.92米。券顶已塌落。

甬道由于扰乱其形制不清。

墓室为长方形，墓口距地表0.5米。上口长6.7米，宽3米，底部长6.86米，宽2.4米，深2.86米。北壁砖墙残高0.35～0.52米，南壁砖墙残高0.2～0.54米，砌砖方法为一平一竖。墓室口部东北角及北壁部分已被破坏。墓室前端上方壁面塌落，厚0.45～0.6米，范围长1.76米，宽0.5～1.3米。棺床位于墓室东端，长2.4米，宽1.3米，残高0.2米，为生土棺床面，仅残留棺床面上青砖一块，大多已被破坏。葬具因早期破坏，不详。墓底残留铺地砖为横向平铺。

随葬品有：

陶鸡　2件。M9∶1，泥质灰陶。尖喙高冠，眉目模糊，羽翎不清，尾翘，蹲卧状双爪微露。手制，做工粗糙。通高9.2、残长8.7、足宽4.1厘米（图一一三，1；图版二七，6）。M9∶2，泥质灰陶。尖喙高冠，眉目模糊，羽翎不清，尾翘，蹲卧状双爪微露。做工粗糙。手制。通高7.8、残长12.3、足宽3.2厘米（图一一三，2；图版二八，1）。

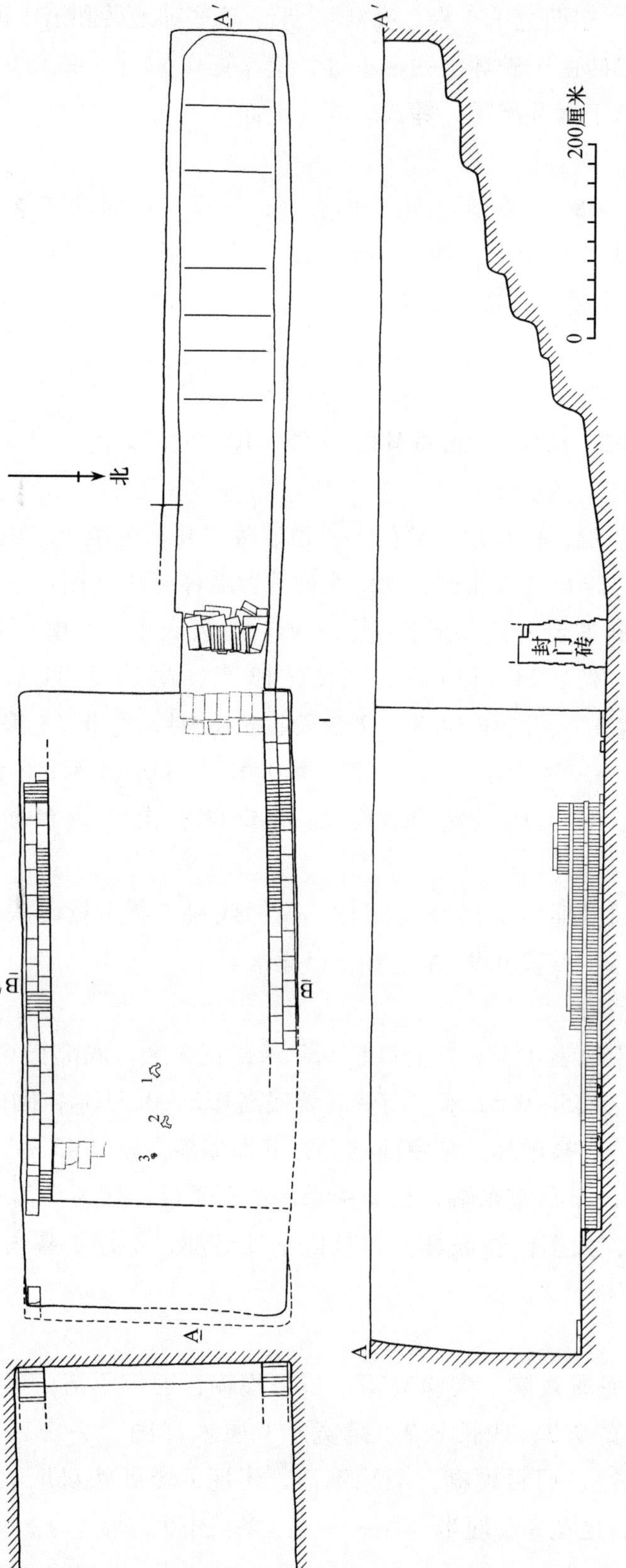

图一一二　M9平、剖面图
1、2. 陶鸡　3. 铜钱

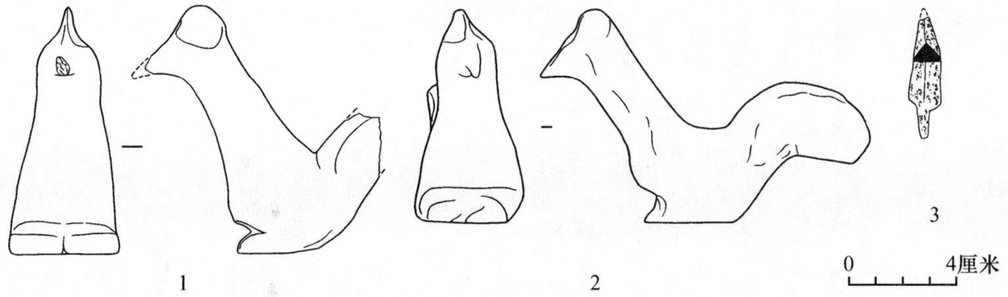

图一一三　M9随葬器物

1、2. 陶鸡（M9：1、M9：2）　3. 铁镞（M9：4）

铁镞　1件。M9：4，三棱锥形，三翼前聚成锋，截面三角形，挺残断。锈蚀较严重。残长4.5、宽1.2、铤长1厘米（图一一三，3）。

五铢铜钱　4枚。标本M9：3，圆形，正反面有郭；方穿。正面篆文“五铢”，“五”字交笔弯曲；“金”字上部“△”形，四点均竖笔，“朱”字上部直折，下部圆折。钱径2.56、穿径1.1、郭厚0.11、肉厚0.096厘米（图一〇五，8）。

6. M10

位于Ⅱ区T0302探方东部、T0402探方西部。北邻M9、南邻M11。方向272°。开口于②层下，墓口距地表0.36米，打破生土。

该墓整体呈甲字形，青砖拱券，顶部已残。东西长12.25米，南北宽3.05米。由墓道、墓门、墓室、棺床组成（图一一四；图版五，2；图版六，2）。

墓道位于墓室西侧。形状近似长方形，东西长5.9米，南北宽0.7~0.9米。墓道东端有一生土拱券，残高1.3米，南北宽0.8米。墓道底部为斜坡状，坡长6米，底距地表0.54~2.1米，内填花土。

墓门位于墓道东侧，墓室西侧。墓门南北宽0.9米，高1.3米。起券高度0.95米，砌法并列双券，拱顶，进深2.75米。以墓砖平砌错缝而封。高1.2米，宽0.9米。

墓室位于墓道东侧，形状为长方形。东西长5.76米，南北宽2.4米。南、北、东壁用青砖一平一竖砌成，上券已残，残留高度1.3~2.1米。为拱顶券，1.3米处起券，砌法为一平一竖。墓室西壁为平砖错缝所砌，墓底残留有双层铺地砖，错缝平铺。棺床在墓室东侧，为生土台，形状呈长方形。南北长2.4米，东西宽1米，高0.52米，上部残留铺地砖，砌法为二横二竖。生土台南边有包边砖，为竖砖。

该墓由于破坏严重，未发现棺椁痕迹，仅发现灰烬。在墓室西北角发现残骨，大部分已朽。

随葬品有陶器、石器、铜器三类。

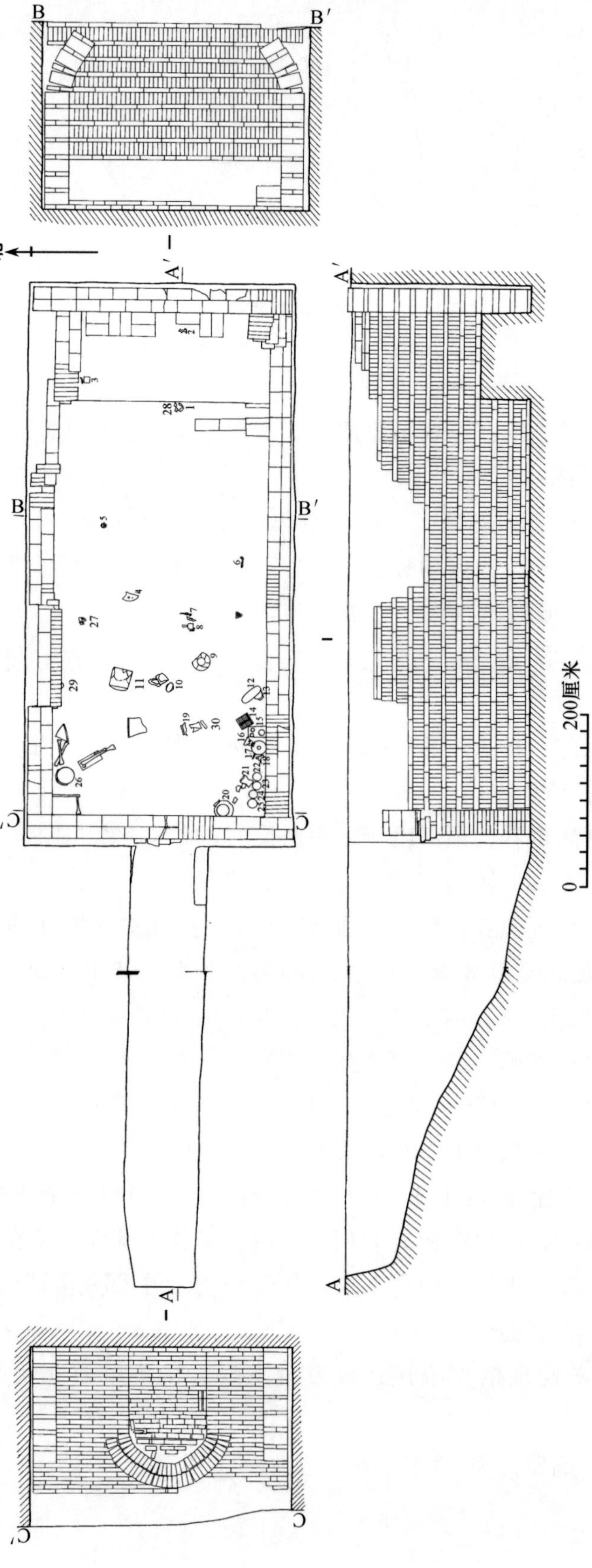

图一一四 M10平、剖面图

1、28. 陶猪 2. 陶狗 3、8. 砺石 4. 铜泡钉 5. 铜钱 6. 陶魁柄 7. 铜带钩 9、26. 陶盆 10. 陶耳杯 11. 陶奁 12. 石杵 13. 陶钵 14. 陶房 15. 陶灶 16. 陶俑 17. 陶井 18、27、29. 陶鸡 19. 陶勺 20. 陶壶 21～25. 陶仓 30. 铜刀

陶鸡　3 件。M10∶18，泥质灰陶。尖喙高冠，双目略凸，翅羽清晰，尾上翘，腹下方形底座。模制，做工较粗糙。通高 9、残长 9.3、座高 1.5、足宽 3.3 厘米（图一一五，1；图版二八，2）。M10∶27，泥质灰陶。尖喙高冠，双目略凸，翅羽、尾翎清晰，翘尾末端下垂，腹下方形底座。模制，做工较粗糙。通高 9.4、长 8.6、座高 2、座宽 3.1 厘米（图一一五，2；图版二八，3）。M10∶29，泥质灰陶。尖喙短尾，眉目模糊，翅羽清晰，腹下方形底座。模制，做工较粗糙。通高 9.2、残长 5.3、足高 1 厘米（图一一五，3；图版二八，4）。

陶狗　1 件。M10∶2，泥质灰陶。耳耸嘴阔，尾巴上卷搭于臀部，四肢矮短作站立状。耳、鼻残，手制，做工粗糙。通高 5.1、长 7.9、足宽 3.3 厘米（图一一五，4；图版三〇，1）。

陶猪　2 件。M10∶1，夹砂红陶含云母。双角乳头状凸起，两扁耳残，圆目内凹，宽嘴微张，尾巴残断，下有一圆便孔，身躯肥壮，四肢矮短。手制，做工粗糙。通高 6.2、长 12、足宽 5.2 厘米（图一一五，7；图版三一，2）。M10∶28，泥质灰陶。长嘴垂耳，鬃毛耸立，尾巴上卷搭于臀部，身躯肥壮作站立状，形象逼真。模制，做工较粗糙。通高 6.8、长 9.6、足宽 3.5 厘米（图一一五，6；彩版一九，5）。

陶俑　1 件。M10∶16，泥质灰陶。头戴帽，眉目清晰，小耳隆鼻，双唇紧闭，下颌略尖，面容清秀，神情专注。袍衣右衽，模制，双手拢袖抚于胸前。做工较细腻。模制。通高 13.8、宽 8.7 厘米（图一一五，5；彩版一五，3）。

陶房　1 件。M10∶14，泥质灰陶。悬山顶饰瓦棱，平脊，屋室平面方形圆角，直壁较高，正面近一侧辟一长方形门。手制，做工较细腻。通高 17.8、顶长 15、顶宽 13、壁高 14、壁宽 10 厘米（图一一六，1；图版三二，5）。

陶灶　1 件。M10∶15，泥质灰陶。灶体平面呈梯形，前宽后窄，上面后有方棱烟囱，灶面三釜呈“品”字形分布。其中一釜上放置泥质盆（?），盆敞口、平沿、方唇、斜腹、平底，前是矮挡烟墙。正面中部横长方形火门。无底内空。模制，做工较粗糙。通高 13.6、长 24.2、宽 13.5、壁厚 0.5～1 厘米（图一一六，4；图版三三，2）。

陶井　1 件。M10∶17，泥质灰陶。井口圆形微侈，井台环饼状，井壁喇叭状下外撇，饰数道凸弦纹。轮制。通高 9.8、台径 16.6、底径 15.4、壁厚 1～1.3 厘米（图一一六，2）。

陶仓　5 件。M10∶21，泥质灰陶。盘口，折沿下斜，斜方唇，筒腹微鼓，平底微上凹。轮制，腹部残留旋制痕，做工粗糙。通高 10.2、口径 10.6、底径 9.4 厘米（图一一七，1；图版三五，2）。M10∶22，泥质灰陶。盘口，折沿下斜，斜方唇，筒腹微鼓，平底微上凹。轮制，腹部残留旋制痕，做工粗糙。通高 19.6、口径 10.8、底径 9.3 厘米（图一一七，2）。M10∶23，泥质灰陶。盘口，折沿下斜，斜方唇，筒腹微鼓，平底微上凹。轮制，腹部残留旋制痕，做工粗糙。通高 19.5、口径 10.8、底径 9.3 厘米（图一一七，3）。M10∶24，泥质灰陶。盘口，折沿下斜，斜方唇，筒腹微鼓，平底微上凹。轮制，腹部残留旋制痕，做工粗糙。通高 19.3、口径 11、底径 10.4 厘米（图一一七，4）。M10∶25，泥质灰陶。盘口，折沿下斜，斜方唇，筒腹微鼓，平底微上凹。轮制，腹部残留旋制痕，做工粗糙。通高 20.3、口径 11.1、底径 10 厘米（图一一七，5）。

图一一五　M10 随葬器物

1 ~ 3. 陶鸡（M10:18、M10:27、M10:29）　4. 陶狗（M10:2）　5. 陶俑（M10:16）　6、7. 陶猪（M10:28、M10:1）

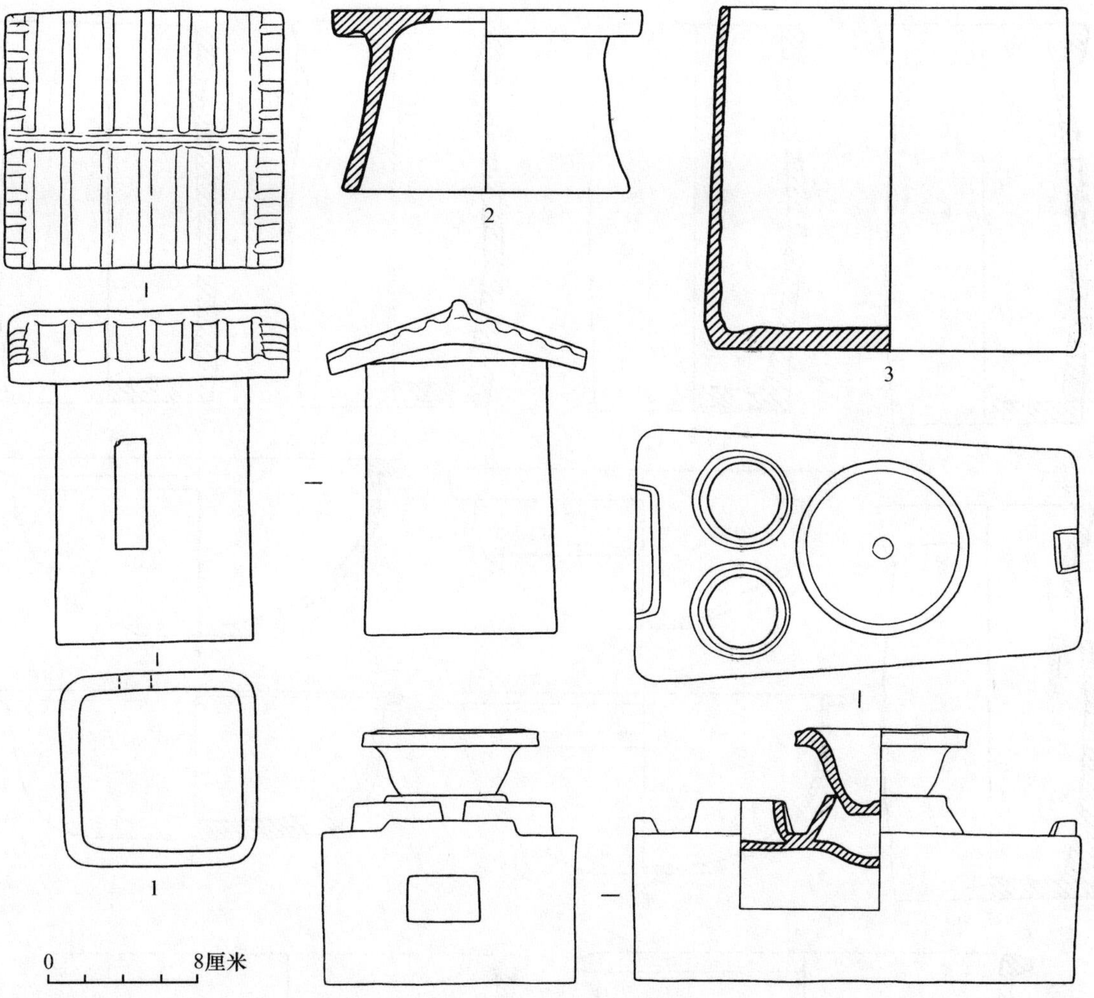

图一一六　M10随葬器物

1. 陶房（M10∶14）　2. 陶井（M10∶17）　3. 陶奁（M10∶11）　4. 陶灶（M10∶15）

陶盆　6件。M10∶9，夹云母红陶。盘口，折腹，平底。轮制。通高8、口径19.4、底径5.2厘米（图一一七，6；图版二〇，2）。M10∶26，夹云母红陶。敛口，折平沿，方唇，微弧腹下折斜收，平底。轮制，做工粗糙。通高9、口径20.7、底径0.6厘米（图一一七，7；图版二〇，5）。M10∶33，泥质灰陶。直口微侈，折沿上仰，方唇，斜腹下微弧收，平底。轮制，腹残留旋制痕。轮制。通高7.4、口径20.3厘米（图一一七，9；图版二〇，4）。M10∶34，夹云母红陶。直口微敛，折平沿，尖唇，弧腹，平底。壁、底残留烟炱痕。轮制。通高9、口径21、底径6.6厘米（图一一七，8）。M10∶35，夹云母红陶。直口微敛，下斜沿，尖圆唇，直腹下斜弧收，平底。轮制。通高5、口径11.4、底径4厘米（图一一七，10）。M10∶32，泥质灰陶。平面方形圆角，直口，平沿，直腹微斜收，平底。轮制，做工较粗糙。通高6、口径24～24.5厘米（图一一八，1；图版二〇，3）。

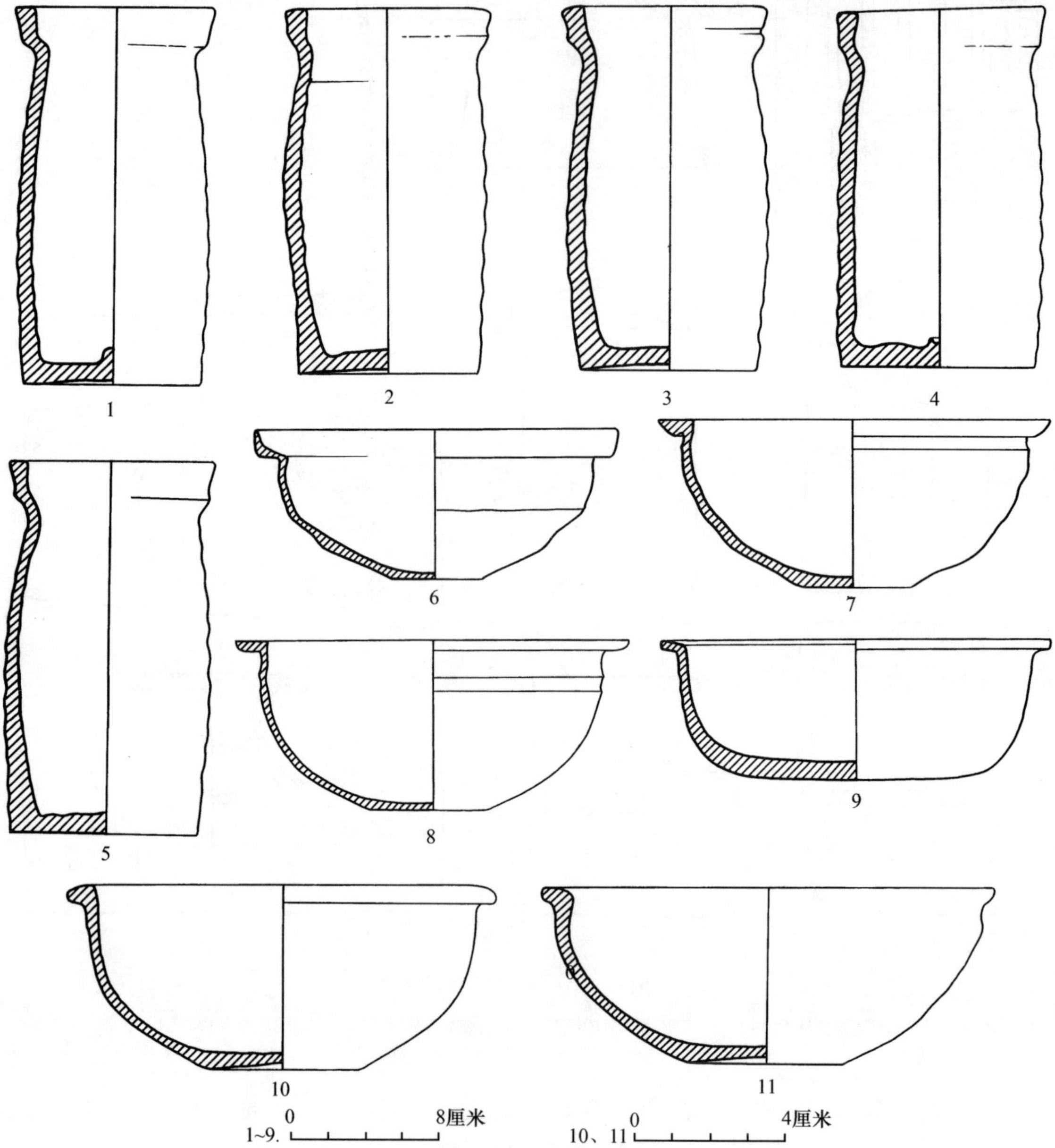

图一一七　M10随葬器物

1～5. 陶仓（M10:21、M10:22、M10:23、M10:24、M10:25）　6～10. 陶盆（M10:9、M10:26、M10:34、M10:33、M10:35）　11. 陶钵（M10:13）

陶耳杯　2件。M10:10，泥质灰陶。形似“船”状，平面椭圆形，敞口，折平沿，尖唇，浅腹，平底，两侧附残月形耳。模制。通高2.7、长11.8、宽8.2厘米（图一一八，3；图版二二，5）。M10:36，泥质灰陶。形似“船”状，平面椭圆形，敞口，尖唇，浅腹，平底，两侧附残月形耳。杯内残留硃红。模制。通高3.7、长12.9、宽8.8厘米（图一一八，4）。

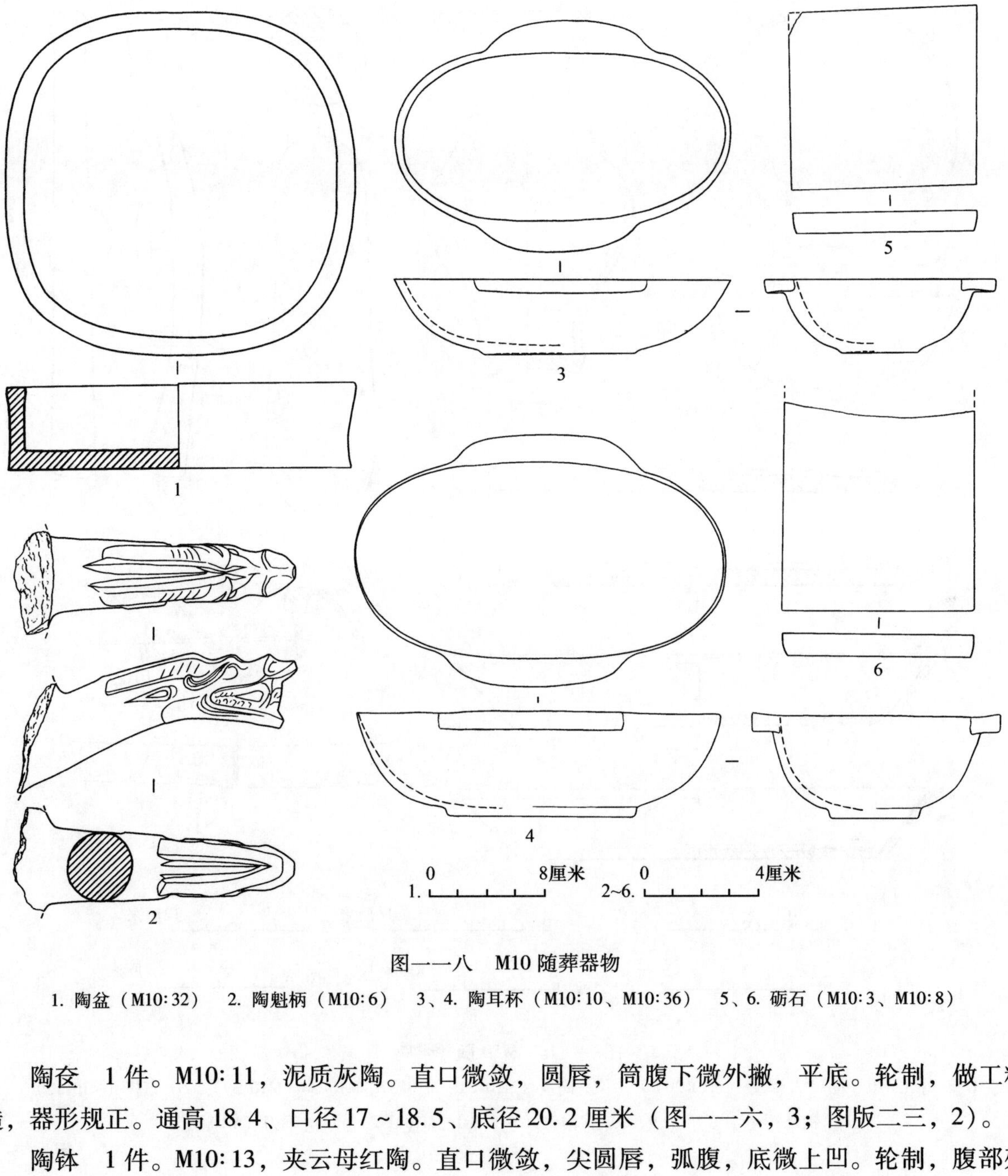

图一一八　M10随葬器物

1. 陶盆（M10:32）　2. 陶魁柄（M10:6）　3、4. 陶耳杯（M10:10、M10:36）　5、6. 砺石（M10:3、M10:8）

陶奁　1件。M10:11，泥质灰陶。直口微敛，圆唇，筒腹下微外撇，平底。轮制，做工粗糙，器形规正。通高18.4、口径17～18.5、底径20.2厘米（图一一六，3；图版二三，2）。

陶钵　1件。M10:13，夹云母红陶。直口微敛，尖圆唇，弧腹，底微上凹。轮制，腹部残留旋制痕，做工较粗糙。通高4.8、口径12、底径4厘米（图一一七，11；图版一八，6）。

陶勺　1件。M10:19，泥质灰陶。口部平面椭圆状，敞口，尖圆唇，斜弧腹，底尖圆。柄不存。模制。残长8.2厘米（图一一九，1）。

陶魁柄　1件。M10:6，泥质灰陶。为一陶器柄，一端与器皿相接，另一端龙头，扬颈仰头，扬发竖耳，双目圆鼓，张嘴露齿，神态威武。头部残留朱红。通长9.8、直径2.3～2.5厘米（图一一八，2）。

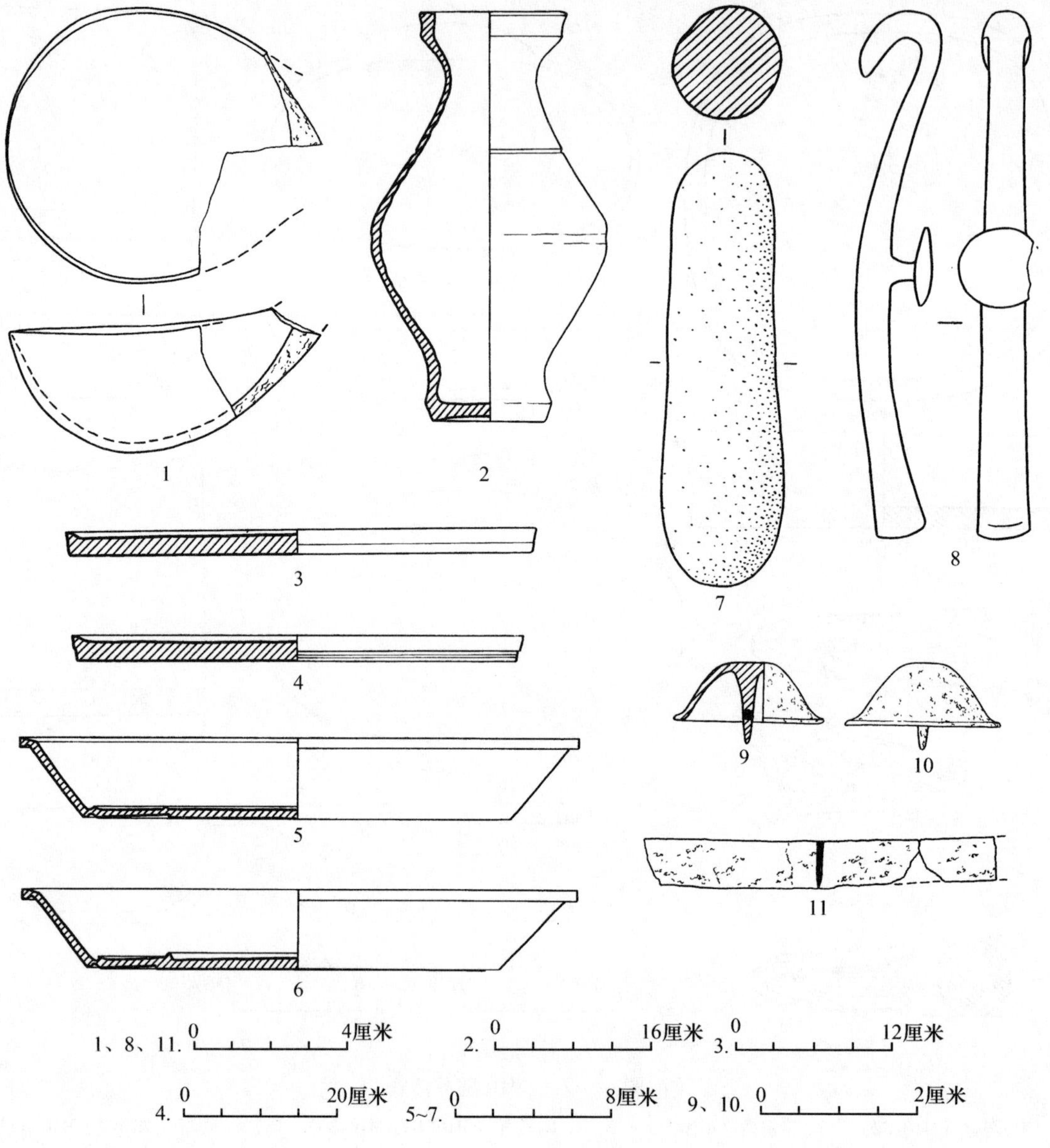

图一一九　M10随葬器物

1. 陶勺（M10:19）　2. 陶壶（M10:20）　3~6. 陶盘（M10:31、M10:37、M10:38、M10:39）　7. 石杵（M10:12）
8. 铜带钩（M10:7）　9、10. 铜泡钉（M10:4-1、M10:4-2）　11. 铜刀（M10:30）

陶壶　1件。M10:20，泥质灰陶。盘口，束颈，斜肩鼓腹下斜收，假圈足，足心微上凹。轮制。通高42.4、口径15.7、腹径24.4、底径11.8厘米（图一一九，2；图版二五，2）。

陶盘　4件。M10:31，灰陶。平面圆形，侈口，圆唇，浅腹，平底。直径37、高2、底厚1.6厘米（图一一九，3）。M10:37，泥质灰陶。平面圆形，侈口，圆唇，浅腹，平底。轮制。直径35.4、高2.1、底厚1.7厘米（图一一九，4）。M10:38，泥质红陶。敞口，折沿上仰，斜方唇，斜腹，外底近缘部饰一凹弦纹，心部微向下平凸，内底饰二凸弦纹残留硃红。轮制。通高4.2、口径27.4、底径22.4、底厚0.45厘米（图一一九，5）。M10:39，泥质灰陶。敞口，折沿上仰，斜方唇，斜腹，外底近缘部饰一凹弦纹，心部微弧下平凸，内底饰二凸弦纹残留硃红。轮制。通高4.2、口径29、底径21.6、底厚0.5厘米（图一一九，6）。

石杵　1件。M10:12，柱形截面近圆，两端略尖圆。器表有烟炱痕。保存较完好。通长22.4、直径5.6～6.4厘米（图一一九，7）。

砺石　2件。M10:3，灰白色，薄体方形，正面修磨光平有擦磨痕，表面残留黑褐色，可能为墨痕。长6.6、宽6.3、厚0.7厘米（图一一八，5）。M10:8，灰白色，薄体长方形，残断，正面修磨光平有擦磨痕，表面残留黑褐色，可能为墨痕。残长7.3、宽6.8、厚0.8厘米（图一一八，6）。

铜泡钉　2枚。M10:4-1、4-2，圆形"帽"状，缘沿折平，顶部略平，内一锥形钉。通高1.05、直径1.9厘米（图一一九，9、10）。

铜带钩　1件。M10:7，钩头兽首状，截面半圆形；钩身曲棒形稍扁，截面椭圆行，圆纽微残。通长13.4厘米（图一一九，8；彩版二三，2）。

铜刀　1件。M10:30，残存五小段刀身，背厚刃薄，截面三角形。通体锈迹斑斑。残长9厘米（图一一九，11）。

五铢铜钱　43枚。标本M10:5-1，圆形，正反面有郭。方穿。正面篆文"五铢"，"五"字交笔弯曲，上下横笔出头；"金"字上部"△"形，四点均竖笔，"朱"字上部直折，下部圆折。钱径2.6、穿径0.88、郭厚0.12、肉厚0.09厘米（图一二〇，1）。

剪轮五铢　8枚。依大小有两种：大者，无郭，余同"五铢"；小者，圆形无郭，方穿，背有郭。正面篆文"五铢"，"五"字交笔弯曲，缘部两角不存；"金"字仅存半部分，"朱"字上部直折，下部圆折。标本M10:5-2，钱径2.3、穿径0.84、肉厚0.11厘米（图一二〇，2）。

货泉铜钱　1枚。M10:5-3，圆形方穿，正反面钩有郭。正面篆文"货泉"，"泉"字竖画有断笔。钱径2.25、穿径0.65、郭厚0.16、肉厚0.1厘米（图一二〇，3）。

半两铜钱　1枚。M10:5-4，圆形方穿，背面素平，正面有郭较薄，铸文"半两"，"半"字两点及横笔直折，"两"字框内竖笔不出头。钱径2.3、穿径0.85、肉厚0.08厘米(图一二〇，4)。

7. M14

位于Ⅲ区T0804中部。墓向为190°。开口于②层下，距地表0.48米。

平面呈"刀把形"，砖式结构，由墓道、墓门、墓室组成（图一二一；彩版八，1）。

墓道位于墓室以南，平面呈长方形。墓道口距地表0.48米，墓道长3.1米，墓道口宽0.98米，底宽0.9米，墓道深1.85米。墓道内填土为五花土。

墓门单券起顶，高2.1米，宽1.55米，进深0.25米。墓门券顶上端为一平一竖错缝砌成，用砖竖砌封门。封门外堆砌石块。

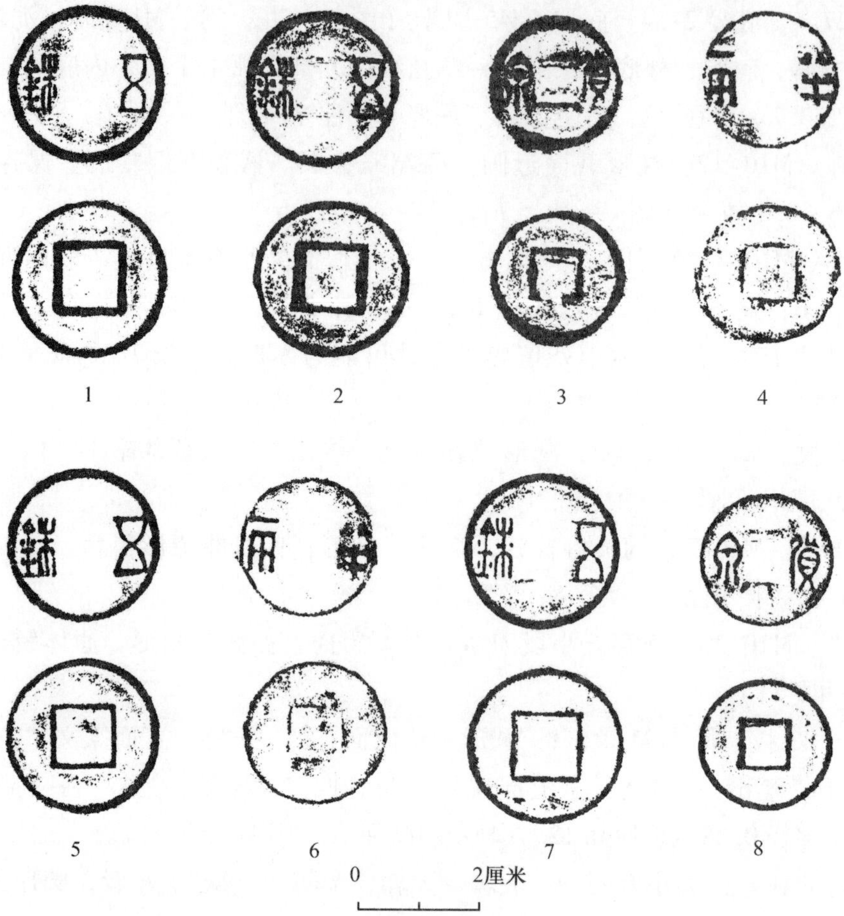

图一二〇　铜钱拓片

1、5、7. 五铢（M10∶5-1、M14∶14-1、M15∶1-1）　2. 剪轮五铢（M10∶5-2）　3. 货泉（M10∶5-3）
4、6. 半两（M10∶5-4、M14∶14-2）

墓室平面形状近似长方形。墓内填土为五花土，未见夯实迹象，由于坍塌严重墓室内残砖较多。墓室南北长 4.1 米，东西宽 2.2 米。墓底距墓口 1.9 米。墓室东壁和西壁采用砖块为一平一竖错缝平砌成。墓室北端置棺床，棺床南北宽 1 米，高 0.4 米。

墓室偏西南部，清理出头骨 1 个。墓室西壁中间，清理出部分残存下肢骨。墓室的北部偏东，清理出其他残存肢骨 2 根。由于扰乱坍陷严重，骨架分散凌乱，墓式不详。

从清理出的棺钉推断，葬具应为棺木。在墓室的中部有少量的棺灰和棺木的红色漆皮残留。由于棺木腐朽，无法提取。

随葬品有：

陶罐　5 件。M14∶1，夹云母红陶。直口微侈，浅盘状沿，凹唇，圆肩圆鼓腹，底微上凹。肩拍印一周篮纹，器表小部分泛黑褐色。轮制。通高 20.4、口径 12.9、腹径 25.6、底径 7.6 厘米（图一二二，1；图版一七，3）。M14∶2，夹云母红陶。直口微侈，浅盘状沿，凹唇，溜肩圆鼓腹，底微上凹。肩拍印一周篮纹，器表小部分泛黑褐色。轮制。通高 21.2、口径 12.3、腹径

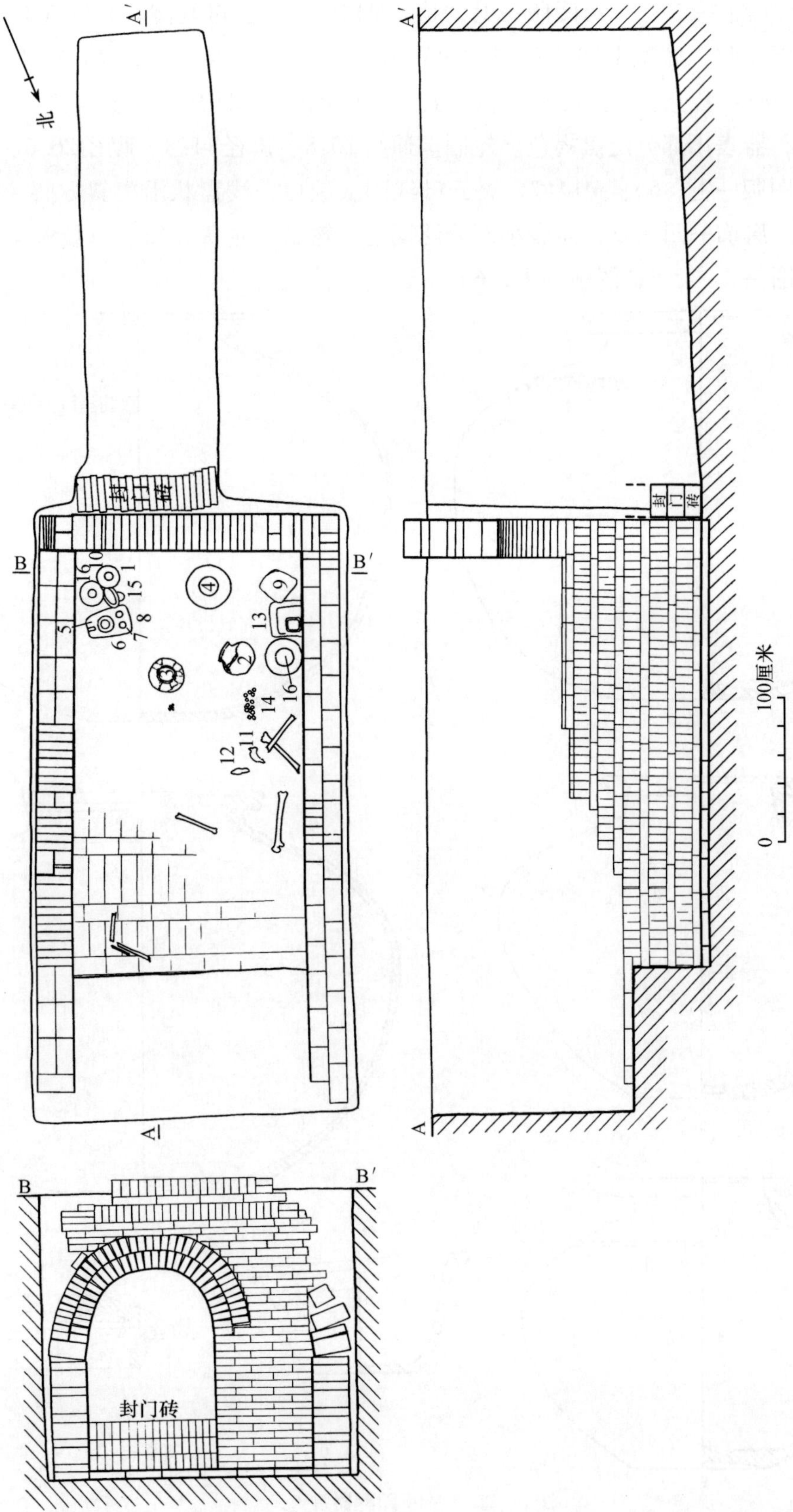

图一二一　M14平、剖面图

1～4、7. 陶罐　5. 陶灶　6. 陶博山式盖　8. 陶狗　9. 陶井　10. 陶器盖　11、12. 陶鸡　13. 陶厕所　14. 铜钱　15. 陶盆　16. 陶甑

2.5、底径6厘米（图一二二，2；图版一七，4）。M14∶3，夹云母红陶。直口微敛，浅盘状沿，凹唇，圆肩鼓腹下弧收，底微上凹。轮制。通高16.8、口径10.4、腹径20.9、底径6.8厘米（图一二二，3）。M14∶4，夹云母红陶。直口微侈，浅盘状沿，凹唇，溜肩圆鼓腹，底微上凹。肩拍印一周蓝纹，器表小部分泛黑褐色。轮制。通高20.8、口径11.8、腹径26.6、底径9厘米（图一二二，4；图版一七，5）。M14∶7，夹云母红陶。敛口，浅盘状沿，斜方唇，圆肩鼓腹下弧收，底微上凹。肩饰一凹弦纹，器表小部分泛褐色。轮制。通高15.3、口径9.5、腹径19.1、底径7.5厘米（图一二二，5；图版一七，6）。

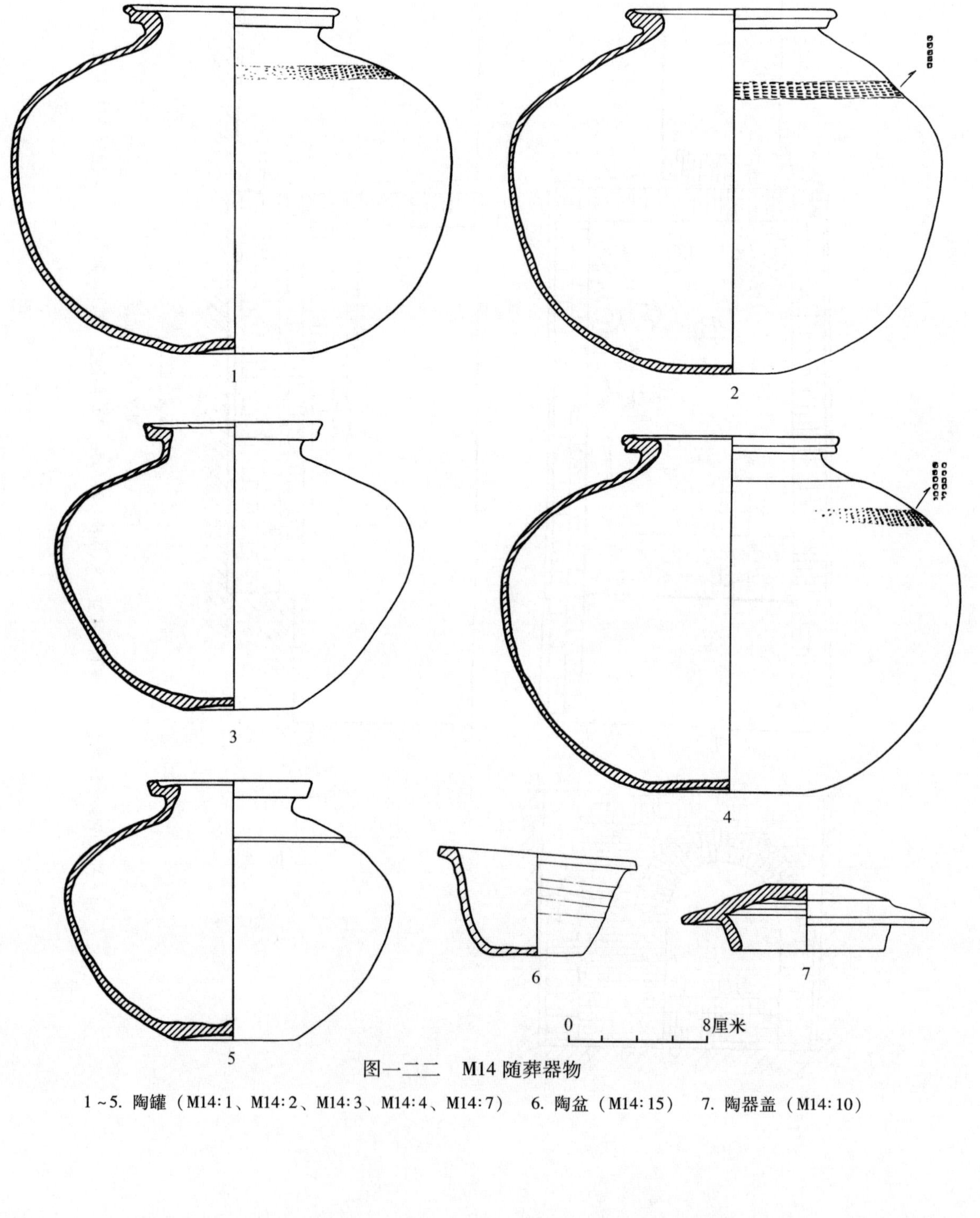

图一二二　M14随葬器物

1～5. 陶罐（M14∶1、M14∶2、M14∶3、M14∶4、M14∶7）　6. 陶盆（M14∶15）　7. 陶器盖（M14∶10）

陶盆　1件。M14∶15，泥质灰陶。敞口，宽平沿，斜方唇，斜腹，底微凹。器形不正，轮制，做工粗糙。通高6.25、口径11.45、底径5.4厘米（图一二一，6；图版一九，2）。

陶器盖　1件。M14∶10，夹云母红陶。平面呈圆形，蘑菇状平顶，中部有一周折突棱，子口。轮制。通高3.9、直径14.4、口径9厘米（图一二二，7；图版二三，6）。

陶灶　1件。M14∶5，泥质灰陶。灶体平面呈梯形，前宽后窄，灶面三釜呈“品”字形分布。后有棱锥状烟囱，前是矮挡烟墙。正面中部是横长方形火门，无底内空。模制，做工粗糙，保存完好。通高17.4、长27、宽12～17.2、台高7.4～8.2、壁厚1.3～1.6厘米（图一二三，3；图版三三，4）。

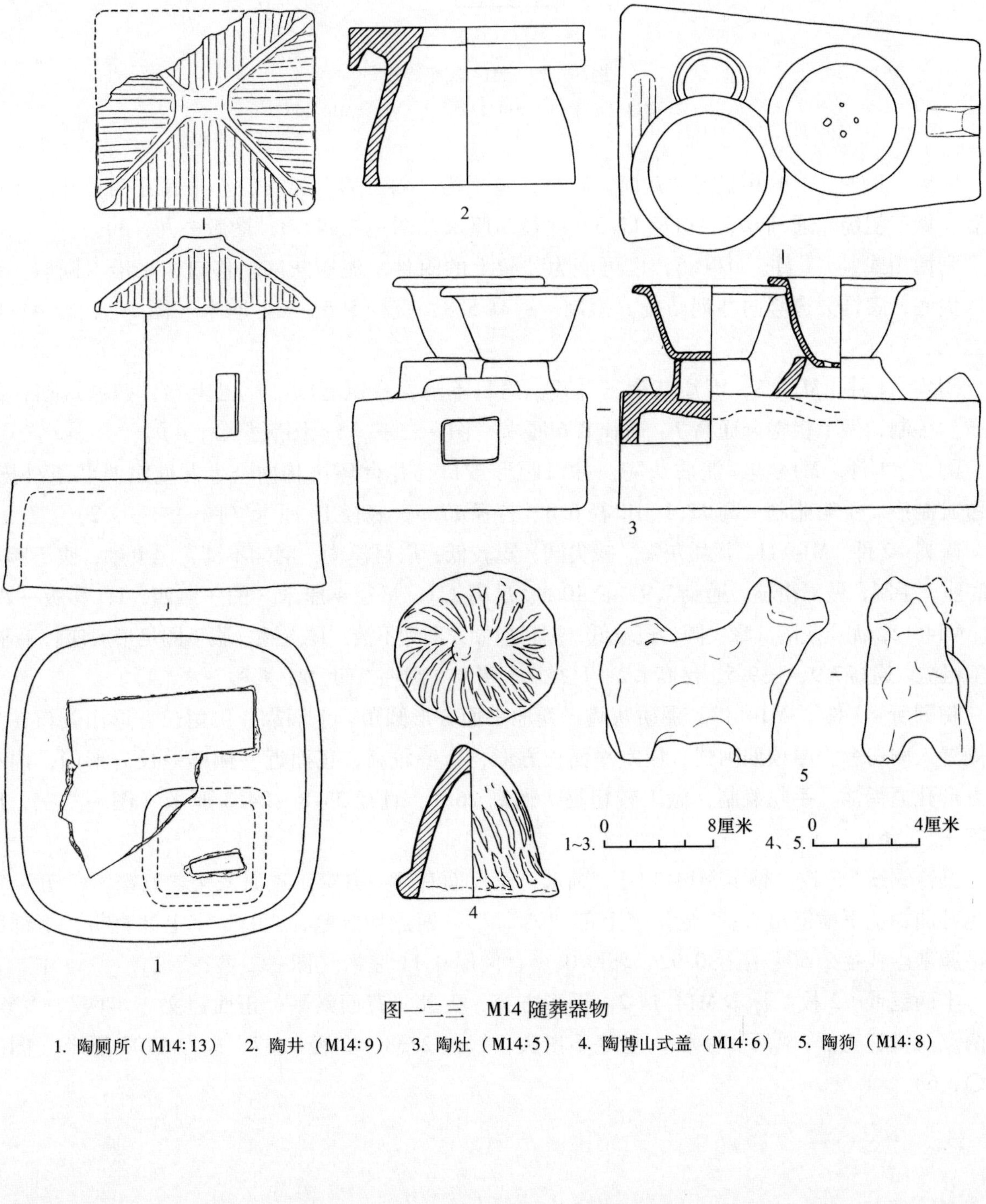

图一二三　M14随葬器物

1. 陶厕所（M14∶13）　2. 陶井（M14∶9）　3. 陶灶（M14∶5）　4. 陶博山式盖（M14∶6）　5. 陶狗（M14∶8）

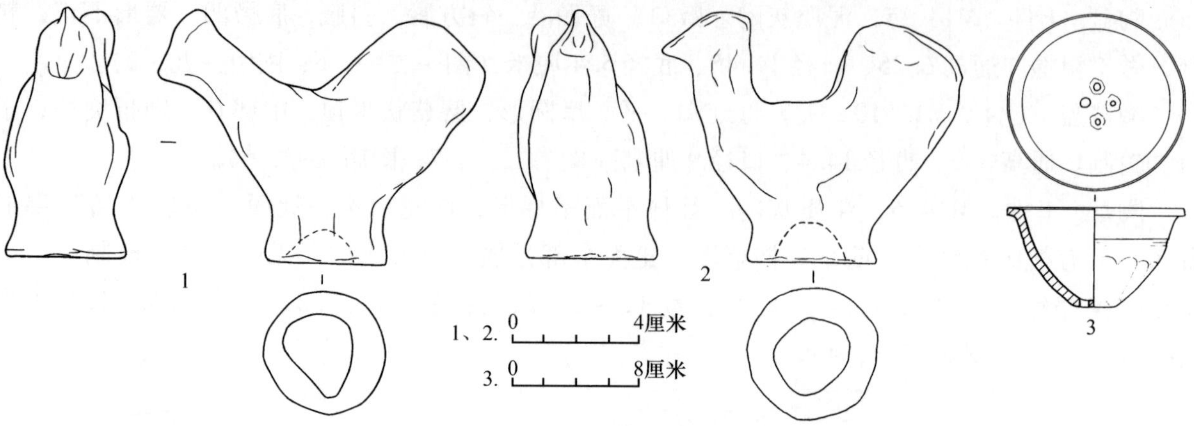

图一二四　M14 随葬器物

1、2. 陶鸡（M14∶11、M14∶12）　3. 陶甑（M14∶16）

陶甑　1件。M14∶16，泥质灰陶。敞口，宽平沿，斜方唇，弧腹，小平底穿四箅孔。手轮兼制，做工粗糙。通高6.3、口径11.3、底径3厘米（图一二四，3；图版一九，3）。

陶博山式盖　1件。M14∶6，也可能为井架上的附件。泥质灰陶。侈口，平沿，圆唇，斜腹，尖底，腹饰数道竖向并列凸棱。模制。通高5.8、直径5.6～6.1厘米（图一二三，4；图版二四，3）。

陶狗　1件。M14∶8，泥质灰陶，耳残，眉目不清，身躯肥壮，尾巴上卷，四肢矮粗作站立状。手制，做工粗糙。通高7、通长8.6厘米（图一二三，5；图版三〇，4）。

陶井　1件。M14∶9，泥质灰陶。井口圆形敛口，井台环饼状内空，井壁喇叭状下外撇，残留旋制痕。手轮兼制。高12.1、口径6.5、台径17.5、底径16厘米（图一二三，2）。

陶鸡　2件。M14∶11，泥质灰陶。喙尖圆，冠较低，眉目模糊，羽翎不清，尾上翘，腹下圈足形底座。手制，做工粗糙。通高7.9、长10.5、足高1.7、足径4厘米（图一二四，1；彩版一八，3）。M14∶12，泥质灰陶。喙尖圆，冠较低，眉目模糊，羽翎不清，尾上翘，腹下圈足形底座。手制，做工粗糙。通高7.9、长9.5、足高1.2、足径4.1厘米（图一二四，2；彩版一八，4）。

陶厕所　1件 。M14∶13，泥质灰陶。粪池平面方形圆角，上面靠一侧留长方形出粪口，另一侧置入厕房舍，屋顶四阿式，屋室平面长方形，直壁较高，正面近一侧辟一长方形门，内有长方形孔通粪池。手轮兼制，做工较粗糙。通高26.1、直径23.8～24.3厘米（图一二三，1；图版三二，6）。

五铢铜钱　7枚。标本M14∶14-1，圆形，正反面有郭。方穿。正面篆文“五铢”，“五”字交笔弯曲，上下横笔出头；“金”字上部“△”形，四点均竖笔，“朱”字上部直折，下部圆折。厘米。钱径2.56、穿径0.92、郭厚0.15、肉厚0.11厘米（图一二〇，5）。

半两铜钱　2枚。标本M14∶14-2。圆形方穿，无郭，背面素平；正面铸文“半两”，“半”字两点及横笔直折，“两”字框内竖笔不出头。钱径2.38、穿径0.87、肉厚0.08厘米（图一二〇，6）。

8. M15

位于Ⅲ区 T0803 东北角与 T0804 的东南角，方向为 190°。墓口距地表 0.6 米。

开口于②层下，打破③层及生土。该墓近中间的上部，被现代沟打破。

在现代沟的东北部发现盗洞 1 个，洞口开于①层下，打破②层及墓室的上部。盗洞东西 0.6 米，南北 1.2 米，洞内填灰花杂土，洞底生土距地表 0.8 米。

该墓平面近似“刀”把形，以红砖为主，其中夹砌青砖。由墓道、墓门、墓室组成，墓顶北部已坍塌（图一二五；彩版八，2）。

墓道位于墓门的南部，上部被坑打破。南北长 4 米，东西宽 1 ~ 1.4 米，底部长 4 米，宽 0.85 ~ 0.95 米。底为斜坡状，坡长 3.6 米，深 0.8 ~ 1.7 米。

墓门位于墓道的北侧，墓室的南侧。高 1.2 米，宽 0.95 ~ 1 米，厚 0.28 米，0.9 米处起券，券砖用红青砖。

门楼高 0.75 米，东西长 0.95 ~ 2.24 米。砌法用红砖外边二平二竖三平半头砖砌成花墙。

封门高 0.9 米，宽 0.95 ~ 1 米，用青红砖封砌。下部用砖一平一竖砌五层；其上竖砌，因残而层数不清。封门之外竖砌墓砖。

墓室位于墓门的北侧，长 5.9 米，宽 2.6 米。在东西两壁底部 1 米处起券，券砌法一平一竖，残高 0.38 米。东西两壁券下红砖二平二竖垒砌。券顶南部现残长 0.7 米，保存完整，砌法用竖砖及立砖错缝，缝内用瓦片、残砖块填充。

生土台靠近墓室的北壁，东西长 1.64 米，宽 0.44 ~ 0.6 米，高 0.68 米，上部用红砖错缝平铺一层。生土台用于放置随葬品。由于盗掘及墓室内进水使葬具无存，留有残骨数块，为女性，35 岁左右。

随葬品有：

陶罐　10 件。M15∶6，夹砂红陶含云母。直口微侈，折沿下斜，尖圆唇，矮直领，溜肩饰数道凸弦纹，微鼓腹下弧收，底微上凹。轮制，做工粗糙。通高 23.5、口径 13.5、腹径 25.3、底径 13 厘米（图一二六，1）。M15∶7，夹云母红陶。直口微侈，折沿下斜，尖圆唇，矮直领，溜肩饰数道凸弦纹，微鼓腹下弧收，底微上凹略残。轮制，做工粗糙。通高 23.8、口径 14.8、腹径 20.4、底径 12.4 厘米（图一二六，2；图版一五，3）。M15∶9，夹云母红陶。直口微侈，折沿下斜，尖圆唇，矮直领，溜肩饰数道凸弦纹，微鼓腹下弧收，底微上凹。轮制，做工粗糙。通高 23.6、口径 14.4、腹径 20.1、底径 12.8 厘米（图一二六，3）。M15∶10，夹云母红陶。直口微侈，折沿下斜，尖圆唇，矮直领，溜肩饰数道凸弦纹，微鼓腹下弧收，底微上凹。轮制，做工粗糙。通高 22.3、口径 12.8、腹径 20.4、底径 13.3 厘米（图一二六，4）。M15∶11，夹云母黄褐陶。直口微侈，浅盘状沿，方唇，束颈，溜肩鼓腹下弧收，平底。轮制。通高 17.4、口径 9.3、腹径 17.4、底径 9 厘米（图一二六，5；图版一八，1）。M15∶12，夹云母黄褐陶。直口微侈，浅盘状沿，方唇，束颈，溜肩鼓腹下弧收，平底。轮制。通高 17.4、口径 9.4、腹径 16.9、底径 10.2 厘米（图一二六，6）。M15∶14，夹砂红褐陶含云母。直口微侈，

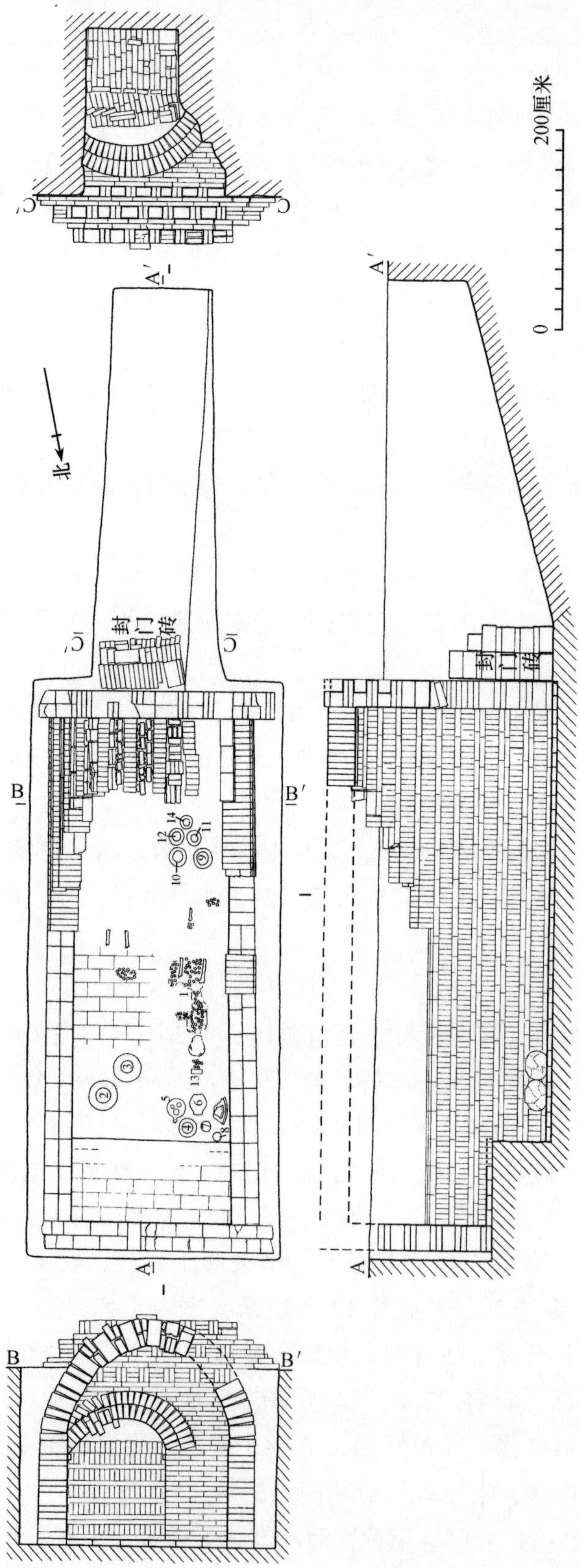

图一二五　M15 平、剖面图

1. 铜钱　2、3、11、12、14. 红陶罐　4. 陶井　5. 陶灶　6、7、9、10. 陶罐　8. 陶盏　13. 砺石

浅盘状沿，唇残，束颈，溜肩鼓腹下弧收，平底。轮制。通高 15.2、口径 9、腹径 17.9、底径 9 厘米（图一二六，7）。M15∶2，夹云母红陶。直口微敛，双圆唇，斜肩鼓腹下弧收，圜底。肩饰一周“王”字形、小方格形、小菱形相间的拍印纹。轮制。通高 32.2、口径 13.3、腹径 29.7 厘米（图一二六，9）。M15∶3，夹云母红陶。直口微敛，双圆唇，斜肩鼓腹下弧收，小平底。肩饰一周“王”字形、小方格形、小菱形相间的拍印纹。轮制。通高 23.2、口径 13.1、腹径 30.1、底径 7.6 厘米（图一二六，8）。M15∶17，夹云母灰陶。部分泛红。直口微侈，浅盘状沿，圆唇，圆肩饰一周斜线形、小方格形、小菱形相间的拍印纹。轮制。口径 11.8、残高 3.7 厘米（图一二六，11）。

陶盏　1 件。M15∶8，夹云母红陶。浅盘，敞口，折沿下斜，圆唇，底部与曲枝相连，曲枝另一端残断。手轮兼制。残高 5.2 厘米（图一二六，10）。

陶盆　1 件。M15∶15，夹云母红陶。敞口，折沿下斜，斜方唇，折腹，小底微上凹。内底外壁小部分泛黑褐色。轮制。通高 8.9、口径 25、腹径 16.8、底径 6 厘米（图一二七，1；图版二一，1）。

陶灯　1 件。M15∶16，夹云母红褐陶。浅盘，直口、折沿、方唇，柄筒状上渐收，中部饰一尖凸棱，座残。轮制。残高 33、口径 10.8 厘米（图一二七，4）。

陶井　1 件。M15∶4，夹云母红褐陶。侈口，宽折沿下斜，上拍印四“五铢”钱纹，斜方唇，筒腹中部微束，饰三角形镂孔四个，且相互对称。平底。轮制。通高 12.6、口径 22、沿宽 3.3、底径 13.8 厘米（图一二七，3）。

陶灶　1 件。M15∶5，夹云母红褐陶。灶体平面呈马蹄形，灶面三炊具呈“品”字形分布，三穴置一甑二盆，均敞口、斜腹、底不平，甑折沿下斜、方唇、底穿五箅孔；盆斜沿、圆唇。后面斜耸筒状烟囱，近末端一圆凸棱，棱外穿一周小圆孔。正面有横长方形火门。手制，做工粗糙。通高 15.4、长 27.2、宽 22.4 厘米（图一二七，2；图版三三，5）。

砺石　1 件。M15∶13，青灰色，薄体长方形，正背面修磨光平有擦磨痕。长 10.7、宽 5.9、厚 0.3 厘米（图一二七，5；图版三五，5）。

五铢铜钱　377 枚。标本 M15∶1-1，圆形，正反面有郭。方穿。正面篆文“五铢”，“五”字交笔弯曲，上下横笔出头；“金”字上部“△”形，四点均竖笔，“朱”字上部直折或圆折，下部均圆折；个别上部有“星”。钱径 2.55、穿径 0.96、郭厚 0.15、肉厚 0.11 厘米(图一二○，7)。

货泉铜钱　2 枚。标本 M15∶1-2，圆形方穿，正反面均有郭；正面篆文“货泉”，“泉”字竖画有断笔。钱径 2.2、穿径 0.67、郭厚 0.12、肉厚 0.094 厘米（图一二○，8）。

半两铜钱　1 枚。M15∶1-3，圆形方穿，无郭，背面素平；正面铸文“半两”，“半”字两点及横笔直折，“两”字框圆角，框内竖笔不出头。钱径 2.3、穿径 0.96、肉厚 0.09 厘米（图一二八，1）。

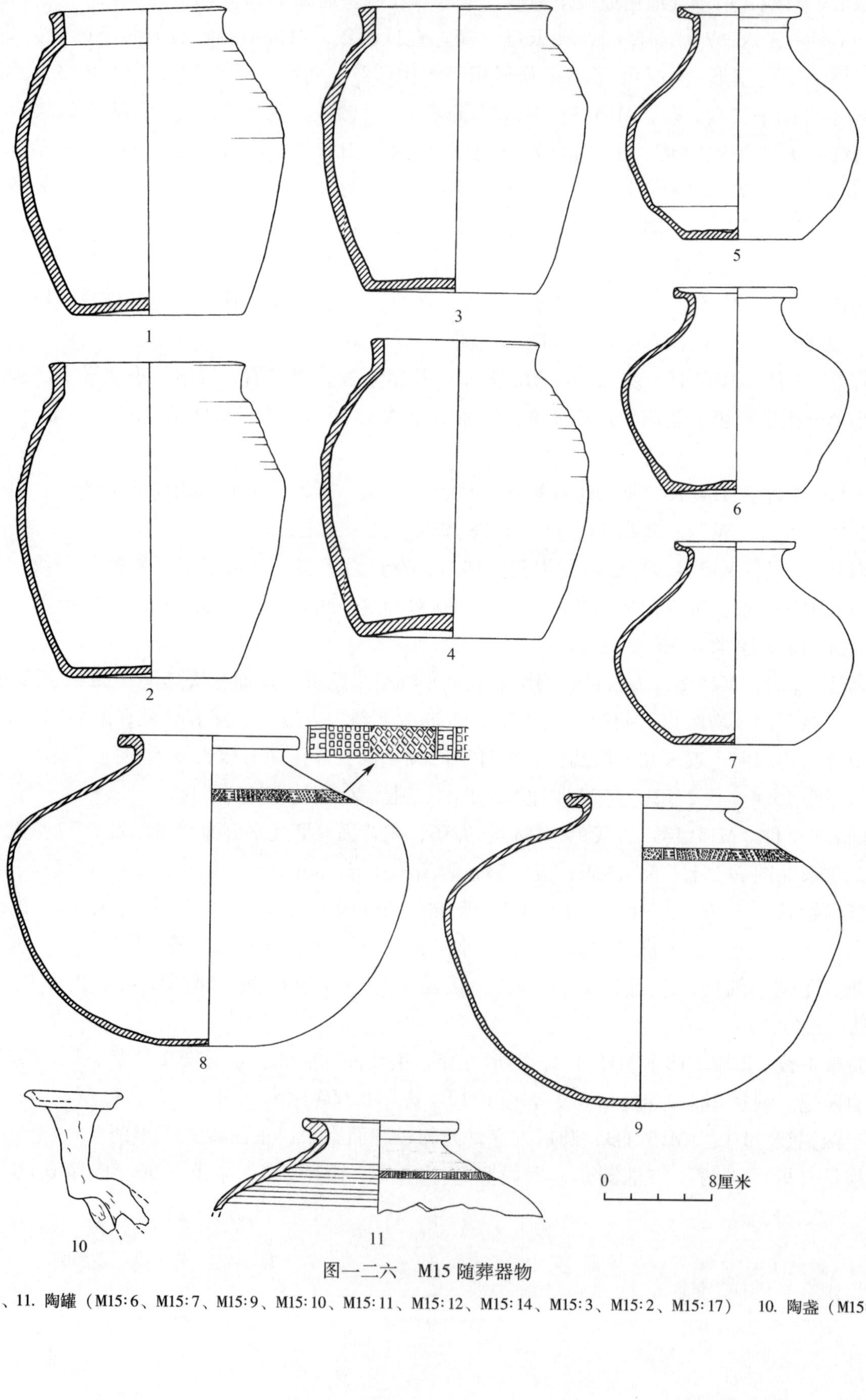

图一二六　M15 随葬器物

1～9、11. 陶罐（M15:6、M15:7、M15:9、M15:10、M15:11、M15:12、M15:14、M15:3、M15:2、M15:17）　10. 陶盏（M15:8）

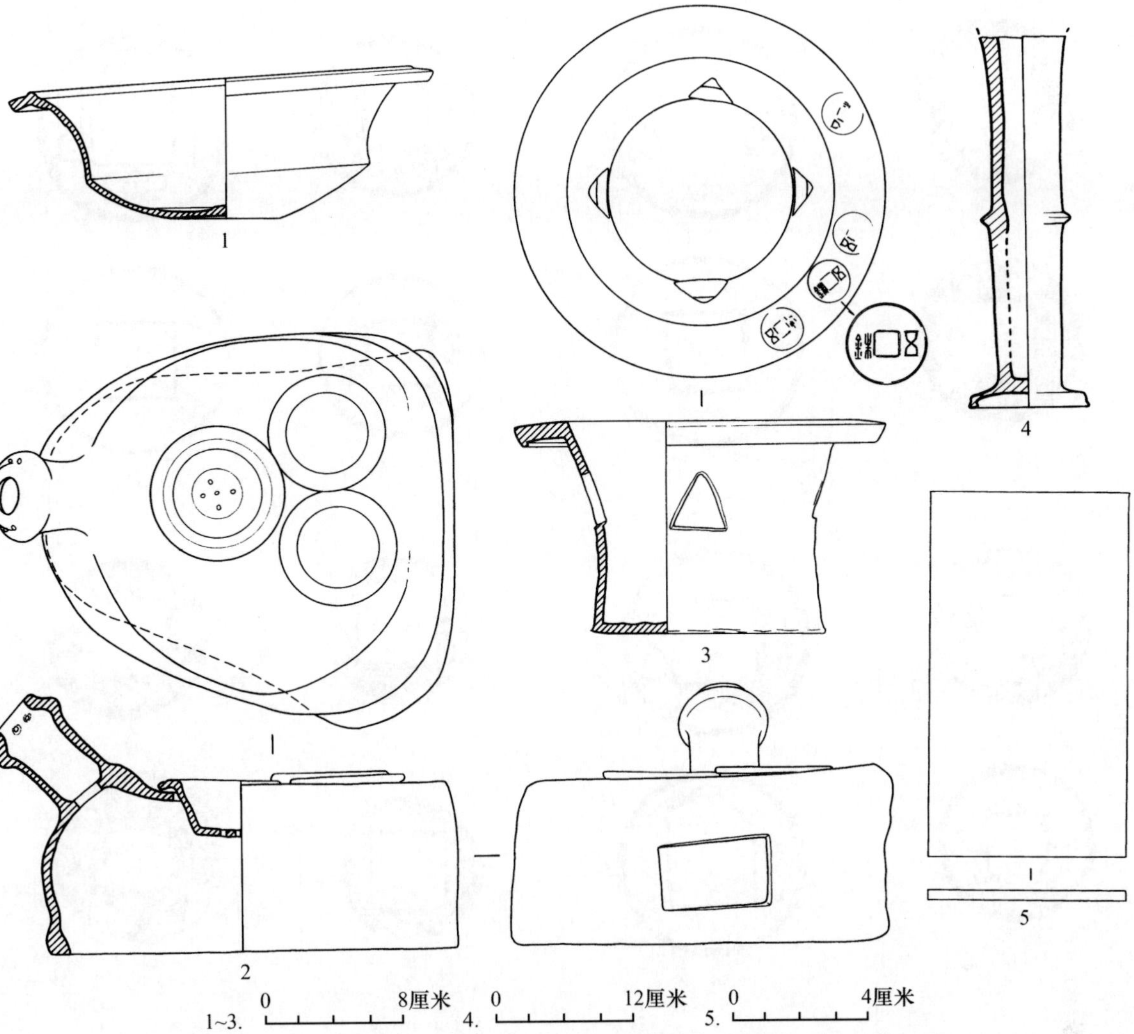

图一二七　M15 随葬器物

1. 陶盆（M15:15）　2. 陶灶（M15:5）　3. 陶井（M15:4）　4. 陶灯（M15:16）　5. 砺石（M15:13）

9. M17

位于Ⅲ区 T0702 和 T0602 内，北邻 M16、南邻 M19，被 M18 打破。方向为 270°。

该墓整体呈刀把形。由墓道、墓门、墓室三部分组成（图一二九；彩版八，4）。

墓道位于墓门西侧，长方形，斜坡状。长 4.64 米，口距地表 0.4 米。口宽 0.84～1.12 米，底宽 0.7～1.2 米，深 0.94～2.36 米。

墓门高 1.5 米，宽 0.92 米，进深 0.56 米，1 米起券。墓门下部用墓砖一平一竖砌四层，其上平砌九层。封门外堆砌平砖。

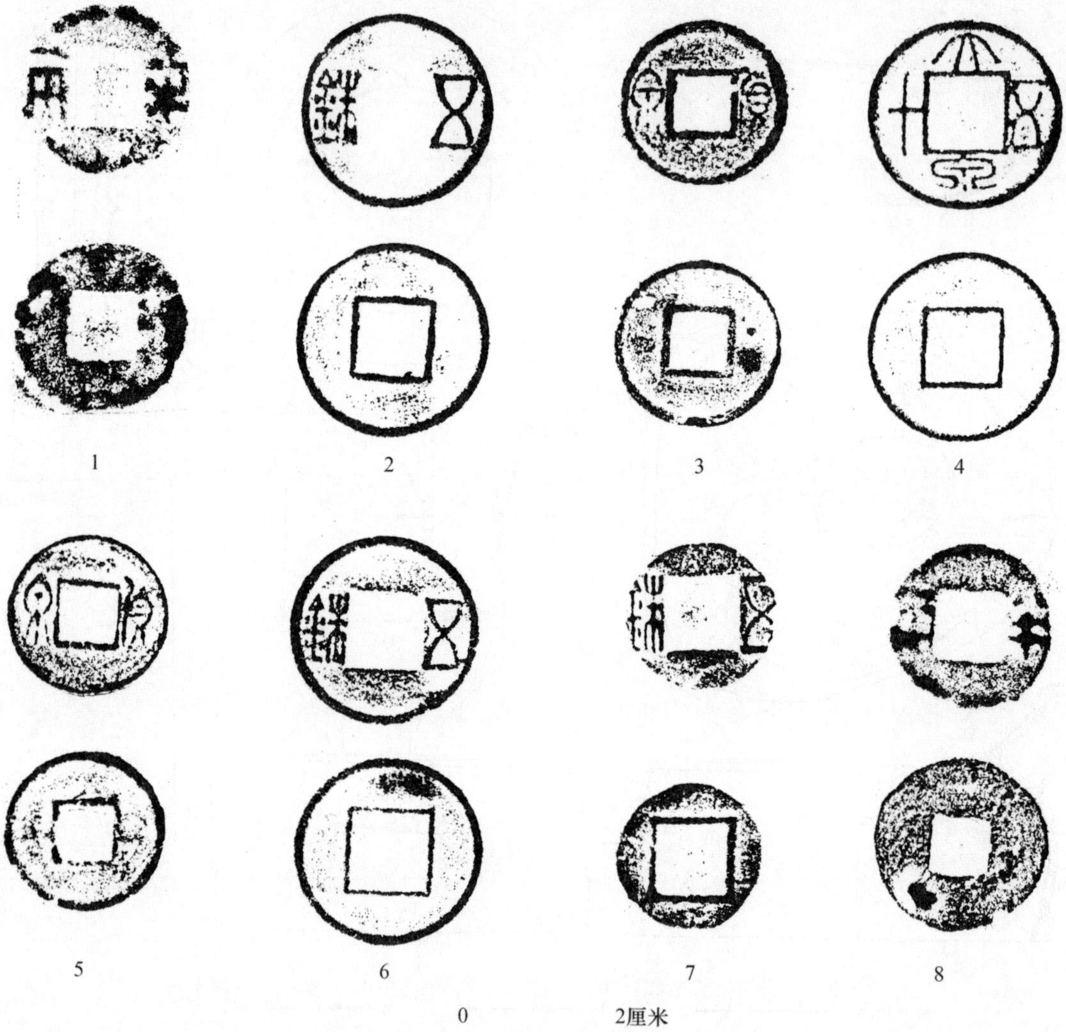

图一二八　铜钱拓片

1、8. 半两（M15∶1-3、M19∶1-4）　2、6. 五铢（M17∶1-1、M19∶1-1）　3、5. 货泉（M17∶1-3、M19∶1-2）
4. 大泉五十（M17∶1-4）　7. 剪轮五铢（M19∶1-3）

墓室口长 6.7 米，口宽 2.2～2.4 米。底长 6.1 米，底宽 1.76～1.84 米，高 2.6 米，1.02 米起券。室顶部存留两部分，靠墓门一部分为 1 米，靠后壁一部分为 2.2 米。墓室南壁残高 0.94 米，北壁高 0.6 米。靠后壁有生土台，宽 0.8 米，高 0.48 米。砖的砌法为一平一竖砖砌制，底为砖铺地，为三竖二横平铺，有的地方不太规律。因破坏严重未见葬具，残有零乱骨头、头骨、腿骨、骨盆，为女性，40 岁左右。

随葬品有：

陶罐　4 件。M17∶4，夹云母红陶。直口微敛，浅盘状沿，凹唇，圆肩鼓腹下弧收，小平底。轮制。通高 19.2、口径 11.9、腹径 23.7、底径 6.8 厘米（图一三〇，1）。M17∶5，夹云母

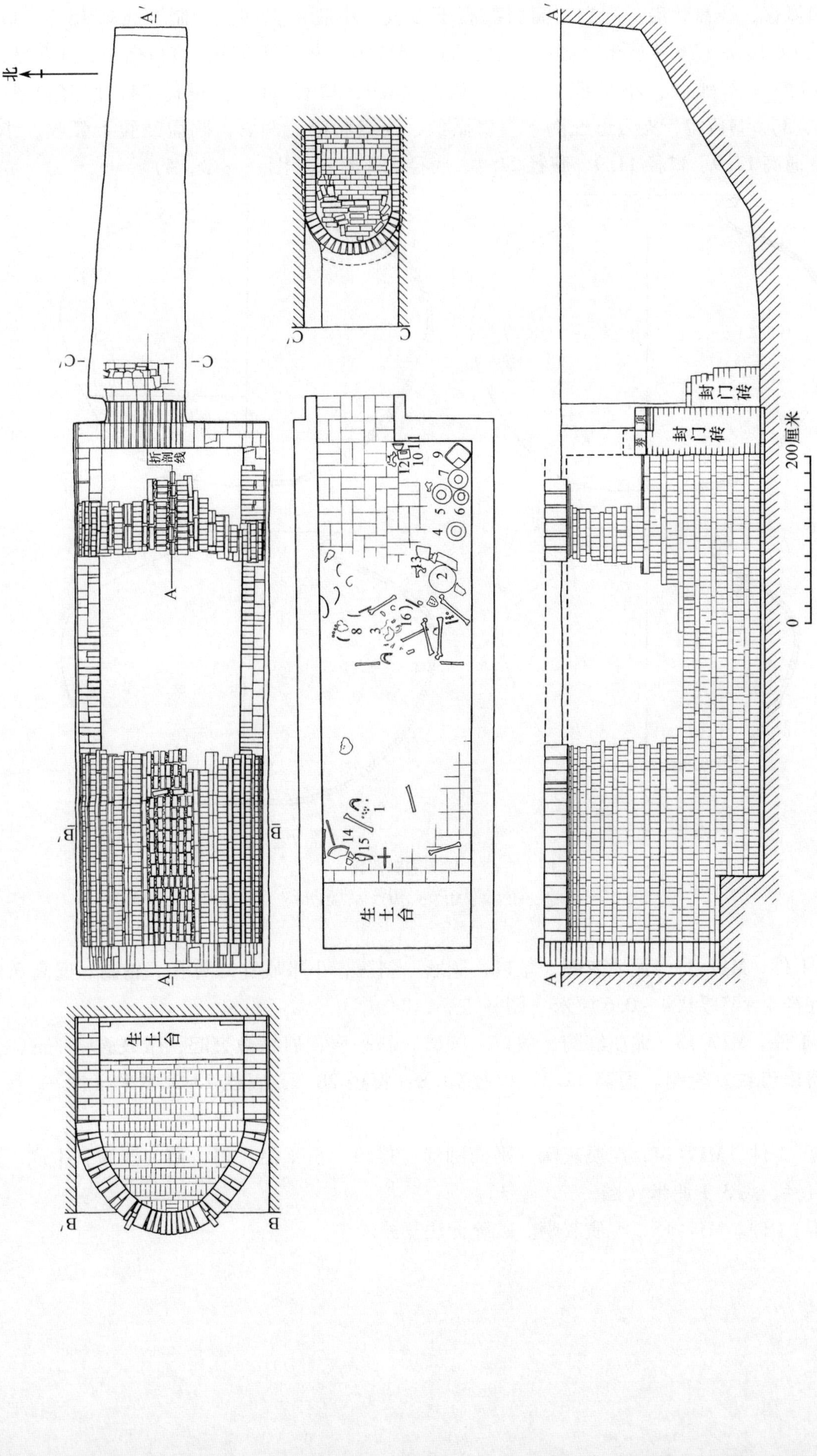

图一二九 M17 平、剖面图

1. 铜钱 2. 铜镜 3、8. 陶鸡 4~7. 陶罐 9. 陶猪圈 10. 陶楼 11. 陶甑 12. 陶狗 13. 陶仓 14. 陶盘 15. 陶耳杯残片 16. 铜带钩

红陶。直口微侈，浅盘状沿，圆唇，溜肩鼓腹下弧收，小底微上凹。轮制。通高 15.3、口径 10.8、腹径 19.4、底径 6.4 厘米（图一三〇，2）。M17:6，夹云母红陶。直口微敛，浅盘状沿，凹唇，圆肩鼓腹下弧收，小平底。轮制。通高 18.9、口径 11.6、腹径 24、底径 4 厘米（图一三〇，3）。M17:7，夹云母红陶。直口微敛，浅盘状沿，凹唇，圆肩鼓腹下弧收，小平底。轮制。通高 17.9、口径 11.9、腹径 24.4、底径 6.3 厘米（图一三〇，4）。

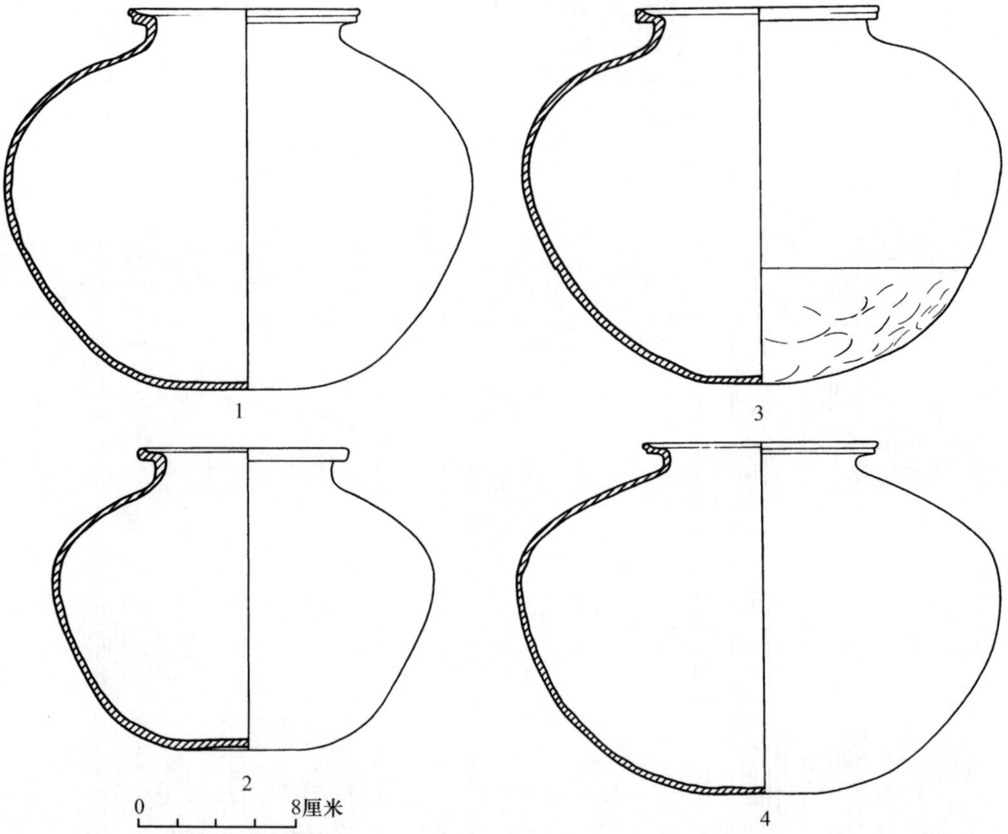

图一三〇　M17 随葬器物

1～4. 陶罐（M17:4、M17:5、M17:6、M17:7）

陶甑　1 件。M17:11，泥质灰陶。敞口，圆唇，斜腹，小平底穿六箅孔。轮制。通高 5.4、口径 12、底径 4、壁厚 0.4～0.6 厘米（图一三一，2）。

陶瓮　1 件。M17:13，泥质红陶，敛口，圆唇，斜平肩，肩缘微突起，微鼓腹，平底。腹上堆塑一周锯齿纹。轮制。通高 12.3、口径 21.8、腹径 28.8、底径 23.3 厘米（图一三一，1）。

大陶盘　1 件。M17:14，泥质灰陶。平面圆形，侈口，折平沿，斜方唇，浅腹，平底。轮制。直径 41.4、高 3.1 厘米（图一三一，3）。

陶耳杯　1 件。M17:15，泥质灰陶。破碎无法复原。

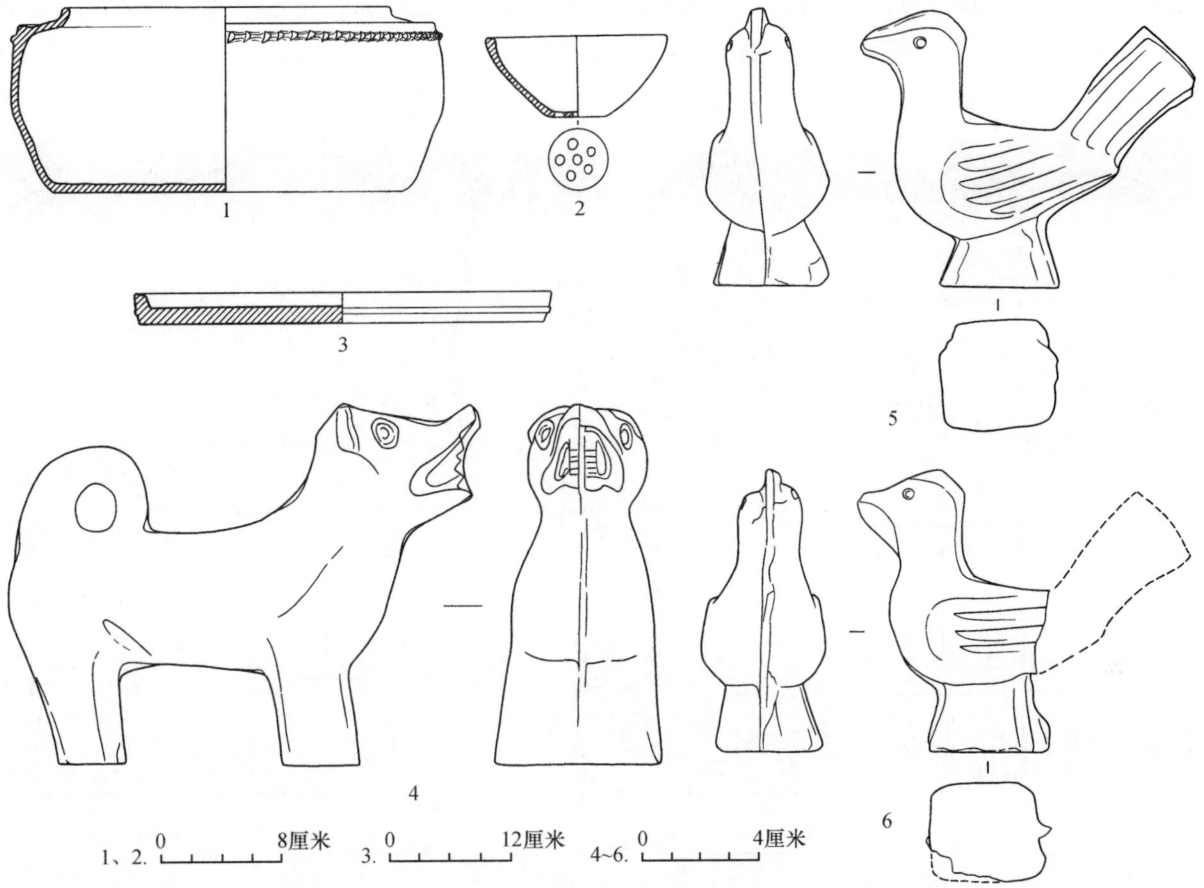

图一三一　M17随葬器物

1. 陶奁（M17:13）　2. 陶甑（M17:11）　3. 大陶盘（M17:14）　4. 陶狗（M17:12）　5、6. 陶鸡（M17:3、M17:8）

陶博山式盖　1件。M17:17，也可能为井架上的附件。泥质灰陶。侈口，平沿，尖唇，微弧腹，圜底略尖，腹、底饰数道竖向并列凸棱、唇下对穿孔。模制。通高4.4、口径5.6厘米（图一三二，1）。

陶鸡　2件。M17:3，陶色土黄泛白。尖喙，圆眼，翘尾，翅、尾羽翎清晰，腹下方形底座。模制，胸、背残留合模制痕。通高9.2、长11.1厘米（图一三一，5；彩版一九，1）。M17:8，泥质红褐色。尖喙，圆眼，翘尾，翅、尾羽翎清晰，腹下方形底座。胸、背残留合模制痕。模制。通高8.4、残长6.5厘米（图一三一，6，彩版一九，2）。

陶狗　1件。M17:12，泥质灰陶。圆目小圆耳，张嘴露齿，尾巴上卷，身躯清瘦，四肢粗壮作站立状。模制，背、腹残留合模制痕。通高12、长15.6、足高3、足宽4.8~5.7厘米（图一三一，4；图版三〇，6）。

陶猪圈　1件。M17:9，泥质灰陶。平面方形圆角，一侧墙外设坡道和护栏，依其可入猪舍上厕所，厕所四阿顶，屋室平面长方形，直壁较高，正面近一侧辟一长方形门；其余三面圈墙镂成棂窗形。圈内一猪，灰陶，长嘴圆耳，双目微突，鬃毛耸立，尾巴下垂，身躯肥壮作站立状。手模兼制，背、腹残留合模制痕，做工较粗糙，保存完好。通高25.6、长26.4、宽23.6厘米；猪高8.4、长17.5、足宽5.4~5.8厘米（图一三一，2、3；图版三二，2）。

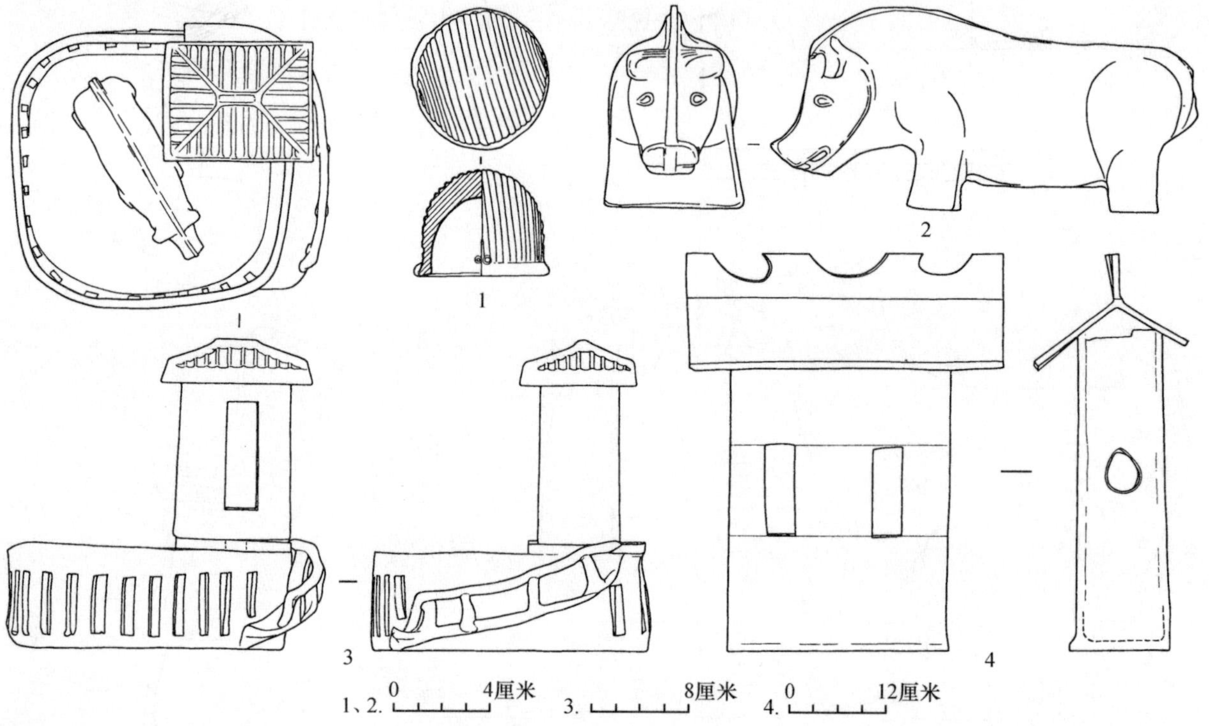

图一三二　M17随葬器物

1. 陶博山式盖（M17∶17）　2、3. 陶猪、陶猪圈（M17∶9）　4. 陶楼（M17∶10）

陶楼　1件。M17∶10，泥质灰陶。悬山顶，脊两角微翘中部略凸。流水坡素平，楼体平面长方形，直壁较高，背面素平，两侧中上部各开一圆孔，正面中部左右辟二立式长方形孔，平底。手制。高49.3、长27、宽11、顶长40.5、顶宽19.5厘米（图一三二，4；彩版一七，3）。

铜镜　2件。M17∶2，圆形连弧纹镜，镜面微凸，背面中部半球形纽，柿蒂形纽座出四蝠形叶有干，其间篆文“长宜子孙”，外为八内向连弧纹带和一凹弦纹带，近三角形缘。残长7.7厘米（图一三三，2）。M17∶18，圆形，镜面微凸，背面中部半球形纽，圆形纽座，座外四乳突与四个下“口”较长的反“吕”字相间而饰，“吕”字上下两口相切，其外为一周栉齿纹带和变形凤鸟纹带。近三角形缘。锈蚀严重。黏接完整。直径11厘米（图一三三，1）。

铜带钩　1件。M17∶16，钩头兽首状。钩身琵琶形曲背，颈部饰三弦纹，截面半圆形。圆纽。通长14.9厘米（图一三三，3；彩版二三，1）。

五铢铜钱　202枚。标本M17∶1-1，圆形，正反面有郭。方穿。正面篆文“五铢”，“五”字交笔弯曲；“金”字上部“△”形，四点均竖笔，“朱”字上部直折，下部圆折。钱径2.58、穿径0.96、郭厚0.15、肉厚0.11厘米（图一二八，2）。

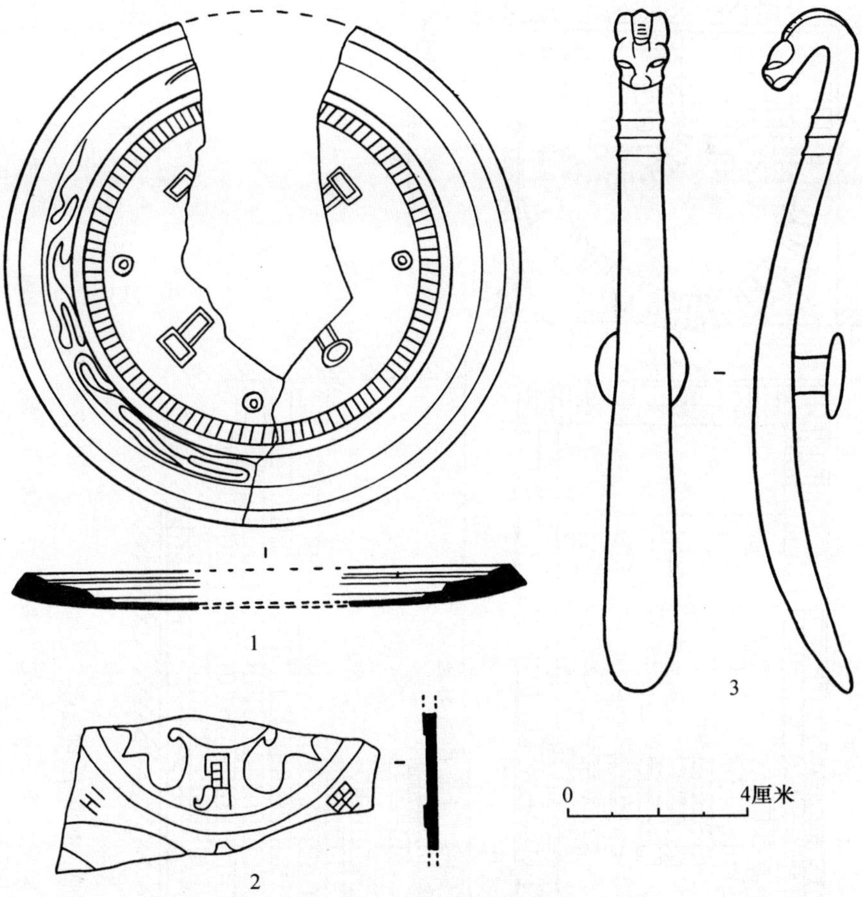

图一三三　M17 随葬器物

1、2. 铜镜（M17∶18、M17∶2）　3. 铜带钩（M17∶16）

剪轮五铢　17 枚。标本 M17∶1-2，正面无郭，方穿，背有郭。正面篆文“五铢”，“五”字交笔弯曲，缘部两角不存；“金”字仅存半部分，“朱”字上下均圆折，字文较模糊。钱径不等。钱径 2.23、穿径 0.96、肉厚 0.08 厘米。

货泉铜钱　1 枚。M17∶1-3，圆形方穿，正反面均有郭，正面篆文“货泉”，“泉”字竖画有断笔，字文较模糊。钱径 2.24、穿径 0.7、郭厚 0.14、肉厚 0.12 厘米（图一二八，3）。

大泉五十　7 枚。标本 M17∶1-4，圆形方穿，正反面有郭，正面篆体铸文对读“大泉五十”，“大”字横笔两端下弯，撇笔不出头；“泉”字竖画有断笔，“五”字交笔弯曲，“十”字横短竖长。钱径 2.5、穿径 0.86、郭厚 0.15、肉厚 0.13 厘米（图一二八，4）。

10. M19

位于Ⅲ区 T0702、T0701 及 T0601 方内，北邻 M17。方向为 270°。开口于②层下，打破生土，被 H34 打破。墓口距地表 0.38 米。

该墓整体呈‘刀把’形，青砖砌券的单室墓。墓东西长 9.1 米，南北宽 0.7～2.2 米，深 2.2 米。由墓道，墓门、墓室组成（图一三四；彩版九，1）。

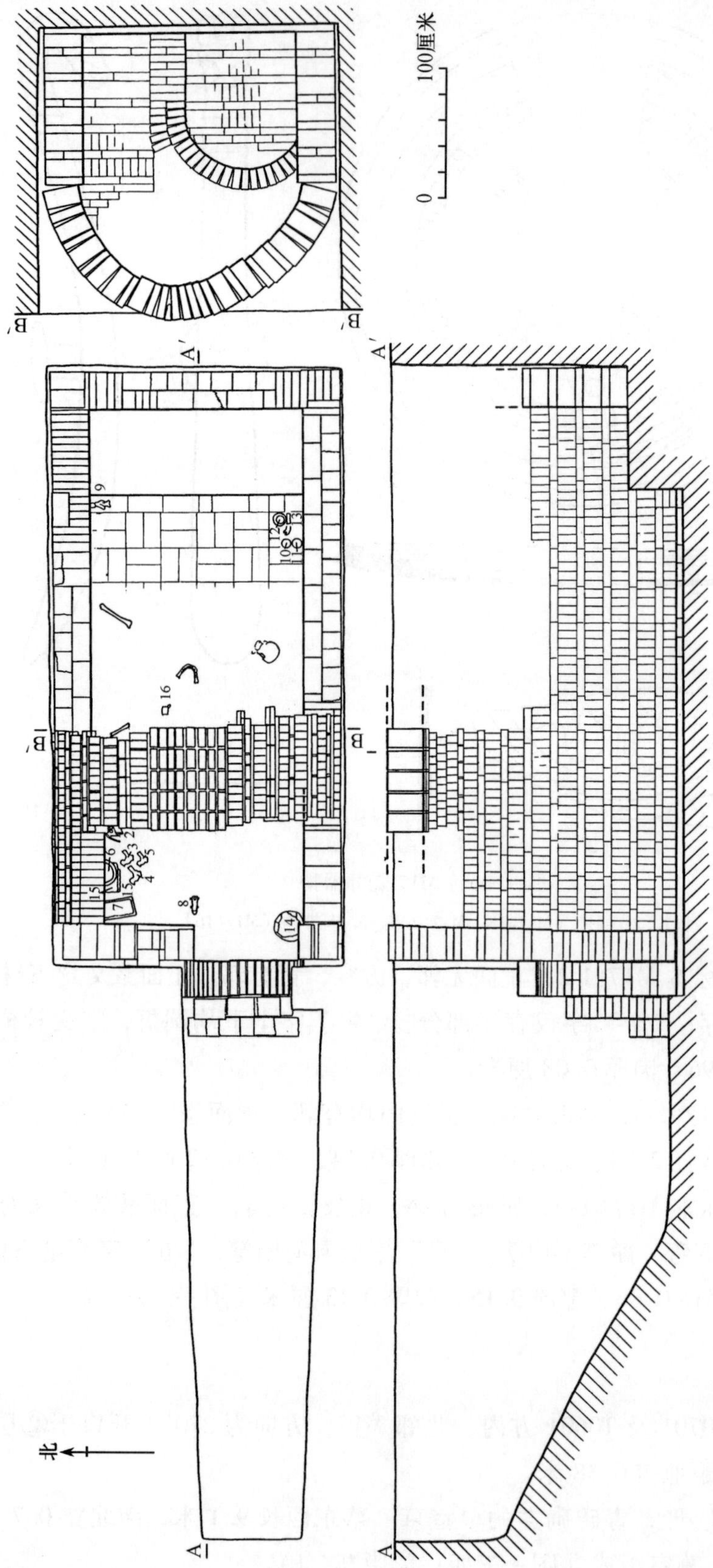

图一三四　M19平、剖面图

1. 铜钱　2. 砺石　3～5. 陶鸡　6. 陶盆　7. 陶楼　8. 陶狗　9. 陶瓮　10、11. 小陶釜　12. 陶甑　13. 陶井　14. 陶罐　15. 陶猪圈　16. 陶博山式盖

墓道位于墓门西侧。上口长4.2米，宽0.77~1.08米，底宽0.75~1.04米，深0.88~2.12米。坡长2.6米。

墓门位于墓室西侧，高1.2米，宽0.84米，进深0.56米。0.7米开始起券，顶为单砖砌制。墓门下部用青砖一平一竖砌四层而封，其上因残不清，封门外平砌墓砖。

墓室位于墓门东侧，口长4.66米，宽2.25米。底部长4.66米，宽1.65米。顶部券存留一部分，长0.8米，为单砖砌制。四壁砖的砌法为一竖一竖砖，壁的残存高度，为南壁0.76米，北壁0.96米，后壁1.16米。靠后壁有一生土台，台宽0.66米，高0.36米。生土台外有一单砖包边。铺地砖铺法为二竖二横交错平铺。因破坏严重，室内残存一些乱骨，为女性，25岁左右。未发现葬具痕迹。

随葬品有：

陶盆 1件。M19:6，夹砂红陶含云母。直口微敛，浅盘状沿，方唇，折腹，平底。轮制。通高9.5、口径20.7、底径5.8厘米（图一三五，5；图版二〇，6）。

陶盘 1件。M19:17，泥质灰陶。平面圆形，侈口，折平沿，斜方唇，浅腹，平底。轮制。直径37.5、高3.1厘米（图一三五，6；彩版二一，4）。

陶瓮 1件。M19:9，泥质灰陶。直口微敛，下斜沿，尖圆唇，矮颈折肩，弧腹微鼓，圜底，稍平。轮制。通高40、口径20.5、腹径44厘米（图一三五，4；图版一五，4）。

陶罐 1件。M19:14，夹云母红褐陶，部分泛褐色。敛口斜折沿呈浅盘状沿，圆唇，矮颈，圆肩弧腹。平底微凹，轮制。通高23.9、口径13.3、腹径31.4、底径9.8厘米(图一三五，2)。

陶甑 1件。M19:12，泥质灰陶。敞口，折沿上仰，斜方唇，斜腹，小平底穿六箅孔。手制。通高5.6、口径121.2、底径4.8厘米（图一三五，1）。

陶博山式盖 1件。也可能为井架上的附件。M19:16，泥质红陶。侈口，折平沿，斜方唇，微弧腹，圜底，腹、底饰数道竖向并列凸棱，唇下对穿孔。模制。通高4、口径5.3厘米（图一三五，3）。

小陶釜 2件。M19:10，泥质灰陶。斜腹，平底。轮制。残高3.1、腹径7.6、底径3.5厘米（图一三六，3）。M19:11，泥质灰陶。斜腹，平底。轮制。残高3.2、腹径7.7、底径3.7厘米（图一三六，4）。

陶鸡 3件。M19:3，泥质灰陶。尖喙，圆眼，翘尾，翅、尾羽翎清晰，腹下方形底座。模制，胸、背残留合模制痕。通高9、长10.9厘米（图一三五，7；图版二八，5）。M19:4，泥质灰陶。尖喙，圆眼，翘尾，翅、尾羽翎清晰，腹下方形底座。模制，胸、背残留合模制痕。通高9.4、长10.7厘米（图一三五，8；图版二八，6）。M19:5，泥质灰陶。喙略钝，目圆鼓一不存，翅羽、尾翎清晰，翘尾末端下垂，腹下方形底座。模制，做工较粗糙。通高10、长12.8、座高2.7厘米（图一三五，9；图版二九，1）。

陶狗 1件。M19:8，泥质黄褐色。圆目小圆耳，张嘴露齿，尾巴上卷，身躯清瘦，四肢粗壮作站立状。模制，背、腹残留合模制痕。通高12、长15.6厘米（图一三七，2；图版三〇，2）。

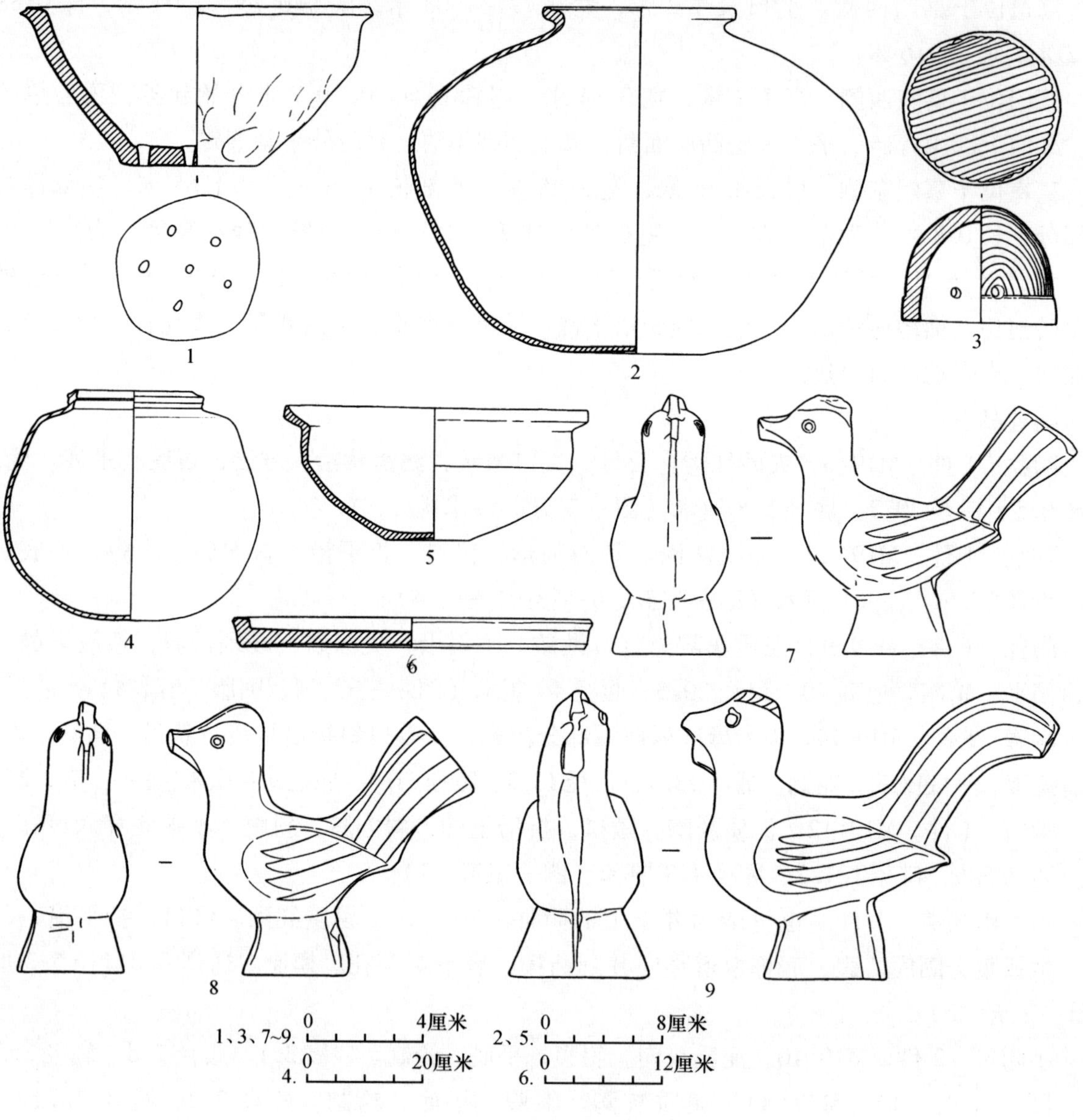

图一三五　M19 随葬器物

1. 陶甑（M19:12）　2. 陶罐（M19:14）　3. 陶博山式盖（M19:16）　4. 陶瓮（M19:9）　5. 陶盆（M19:6）　6. 陶盘（M19:17）　7~9. 陶鸡（M19:3、M19:4、M19:5）

陶俑　1件。M19:19，泥质红陶。头戴帽，眉目模糊。袍衣曳地，屈臂于腹两侧。模制，做工粗糙。通高12.8、宽5.5厘米（图一三七，1；彩版一六，2）。

陶猪圈　1件。M19:15，泥质灰陶。平面长方形，一侧墙外设坡道，依其可入猪舍上厕所，厕所悬山顶，脊两角微翘，流水坡素平，屋室平面长方形，直壁较高，正面近一侧辟一长方形门，门侧镂窗棂；圈墙镂成棂窗形，一墙五圆孔与棂孔相间；圈内一猪，灰陶，长嘴圆耳，双目微突，鬃毛耸立，尾巴下垂，身躯肥壮，四肢粗短作站立状，背、腹残留合模制痕，

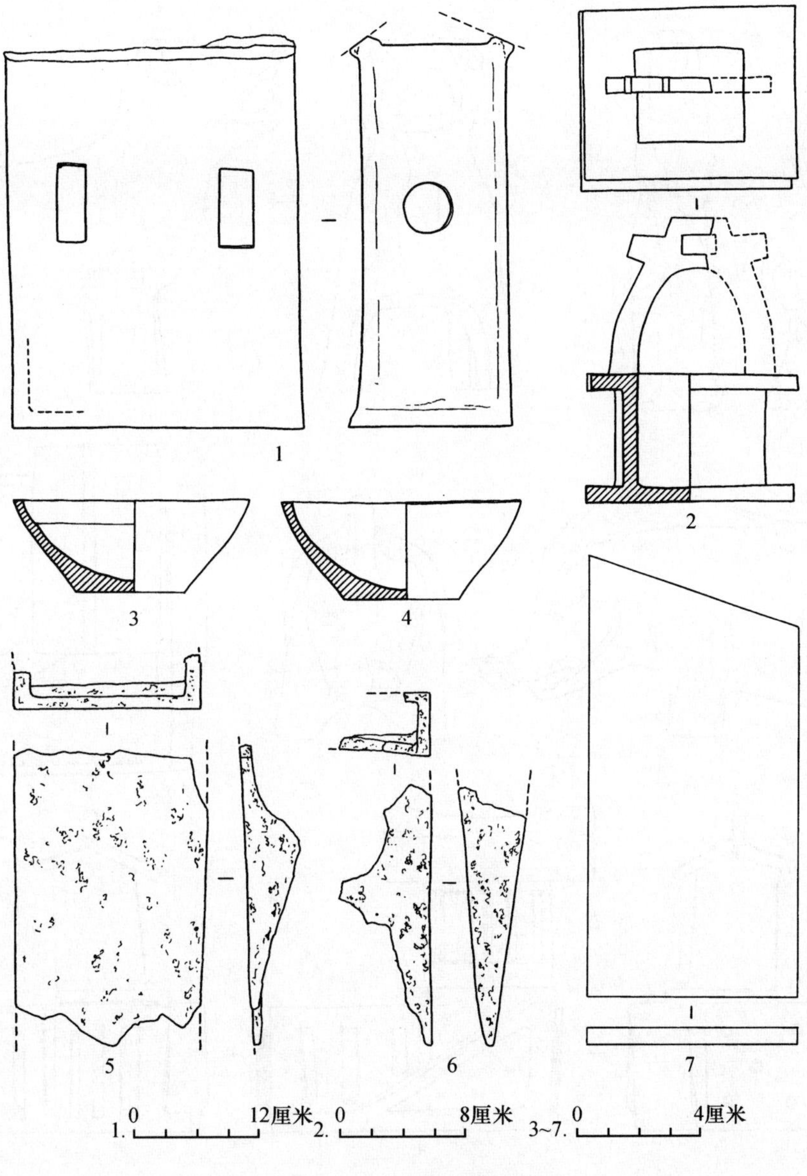

图一三六　M19 随葬器物

1. 陶楼（M19:7）　2. 陶井（M19:13）　3、4. 小陶釜（M19:10、M19:11）　5、6. 铁器（M19:18-1、M19:18-2）
7. 砺石（M19:2）

手模兼制，做工较粗糙。通高 21.7、长 25.6、宽 22.3、壁厚 0.6～1.2 厘米；猪高 8.2、长 17.8 厘米（图一三七，3、4；图版三一，6；图版三二，1）。

陶楼　1 件。M19:7，泥质灰陶。顶不存，楼体平面长方形，直壁较高，背面素平，两侧中部各开一圆孔，正面中部左右辟二立式长方形孔，平底。模制。残高 37.8、长 28、宽13.1～15.8、壁厚 1～1.3 厘米（图一三六，1）。

陶井　1 件。M19:13，泥质灰陶。井架呈"甘"字形倒置，立柱和横梁及井壁截面、井口、井台、底座均长方形，井直壁，台、座出檐，座平底。手模兼制。通高 18.4、口边长

图一三七　M19 随葬器物

1. 陶俑（M19∶19）　2. 陶狗（M19∶8）　3、4. 陶猪、陶猪圈（M19∶15）

6.1～7.1、台边长 11～13.5、底边长 11.5～13.5 厘米（图一三六，2；彩版二〇，4）。

铁器　1 件。M19∶18，残存近梯形，向一端渐薄，方棱内空。锈蚀严重。残长 9.6、宽 6 厘米（图一三六，5、6）。

砺石　1 件。M19∶2，青灰色，薄体梯形，正背面修磨光平有擦磨痕，正面四边残留黑褐色污痕。长 12～14.4、宽 6.9、厚 5.5 厘米（图一三六，7）。

五铢铜钱　150枚。标本M19∶1-1，圆形，正反面有郭。方穿。正面篆文“五铢”，“五”字交笔弯曲；“金”字上部“△”形，四点均竖笔，“朱”字上下均圆折。钱径2.55、穿径1、郭厚0.12、肉厚0.1厘米（图一二八，6）。

货泉铜钱　3枚。标本M19∶1-2，圆形方穿，正反面钧有郭，正面篆文“货泉”，“泉”字竖画有断笔。其中一枚钱径较小。钱径2.16、穿径0.82、郭厚0.14、肉厚0.12厘米（图一二八，5）。

剪轮五铢　13枚。标本M19∶1-3，正面无郭，方穿，背有郭。正面篆文“五铢”，“五”字交笔弯曲，缘部两角不存；“金”字仅存半部分，“朱”字上下均圆折。钱径不等。钱径2.11、穿径0.95、肉厚0.1厘米（图一二八，7）。

半两铜钱　1枚。标本M19∶1-4，圆形方穿，无郭，背面素平；正面铸文“半两”，“半”字两点及横笔直折，“两”字框方角，框内竖笔不出头。钱径2.29、穿径0.78、肉厚0.11厘米（图一二八，8）。

11. M20

位于Ⅲ区T0401之西北，邻M22。方向为283°。开口于②层下，打破生土。墓口距地表0.36米。

该墓平面略呈“刀把”形，青砖砌券，顶部券顶已被破坏。由墓道、墓门、墓室组成（图一三八；彩版九，2）。

墓道位于墓室西侧，墓道底距地表0.9～3.02米，形状长方形。东西长4.34米，南北宽0.84～0.94米，底部斜坡状，坡长4.8米。内填花土，土质较松。

墓门位于墓道东部北侧，形状长方形。南北宽0.84～0.92米，进深0.86米。0.74～0.9米起券。从墓室内向外正视，墓门上部弓形顶，双券，券厚0.27米。南壁用青砖错缝平砌，北壁和墓室一体，用青砖一平一竖所砌。用砖规格为长0.26～0.27米，宽0.13～0.135米，厚0.035～0.04米。

墓门以墓砖平砌而封。高1.18米。封门上部有东西宽0.56米，深1.4米的生土隔墙，从下面掏洞封门。外堆残砖。

墓室位于墓门东端，顶部已残。上口东西长4.94米，宽1.95～2.05米。残留四壁，残高0.18～1.4米，砌法同墓门北壁。

墓室底部东西长4.8米，宽1.95～2.05米。有铺地砖，铺法不太规则，有东西向错缝平铺，有东西向砖对缝和南北向错缝平铺的。

该墓由于破坏严重，未发现葬具和骨架。

残存随葬品有：

陶罐　2件。M20∶2，夹云母红陶。敛口，宽沿上仰，圆唇，颈饰三凹弦纹。轮制。残高17.6厘米。M20∶3，夹云母红陶。敛口上仰，圆唇，颈部饰三周凹弦纹，腹、底残，残高17.4厘米（图一三九，1）。

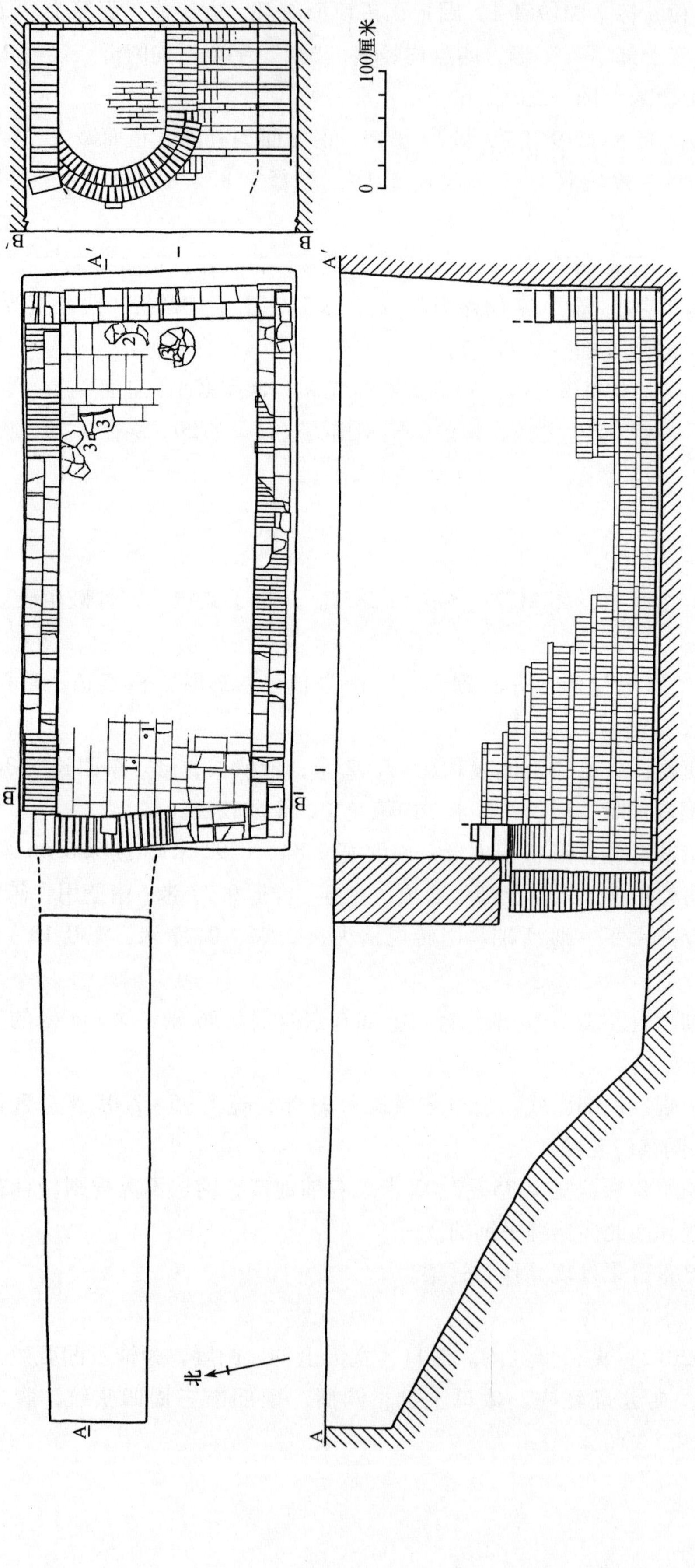

图一三八　M20平、剖面图
1. 铜钱　2、3. 陶罐

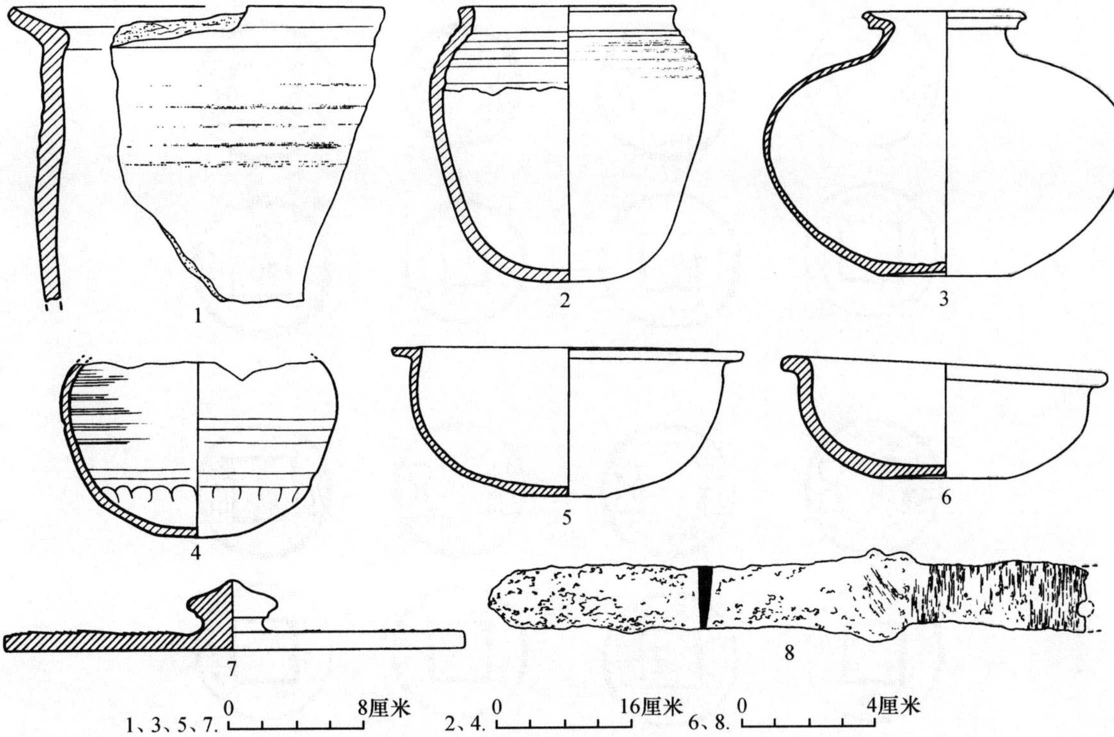

图一三九　M20、M23随葬器物

1～4. 陶罐（M20:3、M23:1、M23:5、M23:6）　5、6. 陶盆（M23:2、M23:4）　7. 陶器盖（M23:3）　8. 铁刀（M23:7）

五铢铜钱　2枚。标本M20:1，圆形，正反面有郭。方穿。正面篆文“五铢”，“五”字交笔弯曲；“金”字上部“△”形，四点均竖笔，“朱”字上下均圆折。钱径2.52、穿径1.11、郭厚0.14、肉厚0.12厘米（图一四〇，1）。

12. M23

位于Ⅲ区T0802与T0801的北隔梁内。方向为20°。开口于②层下，打破生土。

平面略呈刀把形，券顶砖式墓。由墓道、墓门、墓室组成（图一四一；彩版九，4）。

墓道位于墓室的北端，长3.2米，底长3.36米，为一台阶斜坡形。台阶位于墓道口，南北宽0.18米，东西长0.86米，高0.12米。

墓门长0.76米，宽0.26米，高1.24米，0.94米处起券。封门位于墓道口北边，长0.76，高1.08米，宽0.18～0.52米。下部用墓砖一平一竖砌六层，其上平砌，因残层数不清，外部用残砖堆砌。

墓室位于墓道南端。墓室长4.16米，宽1.9米。东西两壁均在0.9米处起券，券高0.86米。券顶采用平砖竖砌。内用楔形砖块及瓦片，砖块夹缝。墓室四壁用平砖砌成外，其余为一平一竖或二平一竖砌筑。由于早期扰乱及墓室内进水淤积使葬具无存。

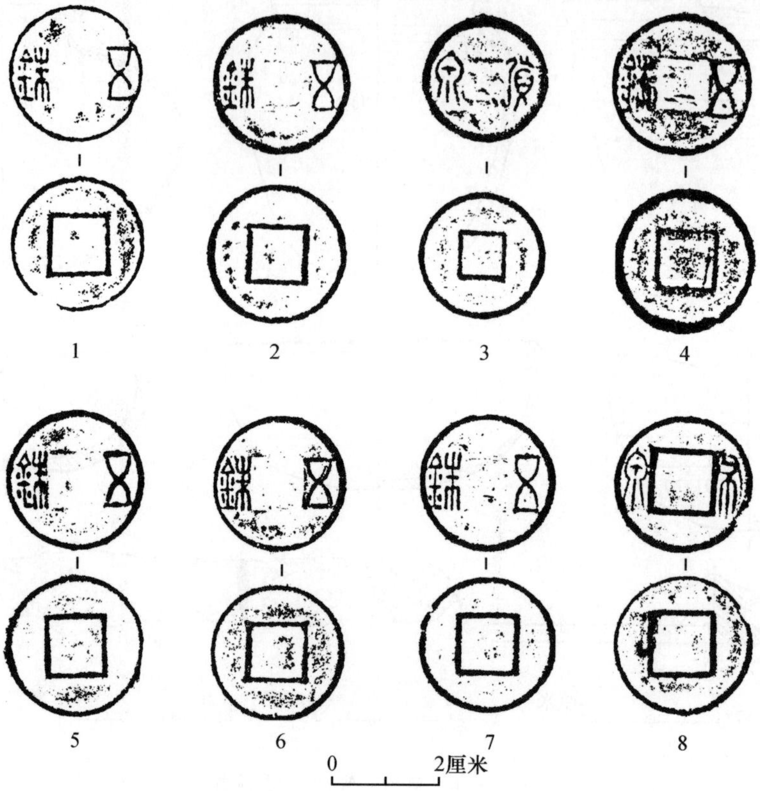

图一四〇　铜钱拓片

1、2、4～6. 五铢（M20:1、M26:22-1、M6:1、M7:27、M7:30）　3. 货泉（M26:22-2）　7. 剪轮五铢（M7:28）　8. 布泉（M7:29）

随葬品有：

陶罐　3件。M23:1，夹云母红陶。直口微敛，圆唇，矮直领，溜肩，微鼓腹下略斜收，圜底。轮制。通高32.7、口径25.8、腹径32.4厘米（图一三九，2；图版一五，1）。M23:5，夹云母红陶。直口微敛，浅盘状沿，尖唇，唇下残留旋刮棱，圆肩鼓腹下弧收，小底微上凹。器表部分有黑褐色。轮制。通高15.6、口径10.3、腹径21.4、底径7.2厘米（图一三九，3）。M23:6，夹云母红陶。口沿不存，鼓腹下弧收，小底略平。轮制。腹下部留有抹痕。残高20.8、腹径32.8、底径10厘米（图一三九，4）。

陶盆　2件。M23:2，夹云母红褐陶。直口微敛，折平沿，斜方唇，弧腹，小平底。器表有黑斑。轮制。通高8.8、口径21、沿宽1.8、底径6厘米（图一三九，5）。M23:4，夹云母红褐陶。直口微侈，平沿，圆唇，弧腹，小底微上凹。轮制。通高3.6、口径9.7、唇宽0.8、底径3.8厘米（图一三九，6；图版一九，5）。

陶器盖　1件。M23:3，夹砂红陶含云母。圆形饼状，上面残留数道旋制痕，中有顶部略尖突下部斜收的圆形握手，下面素平。轮制。盖径27.2、盖厚1.2、纽高3.2厘米（图一三九，7；图版二三，5）。

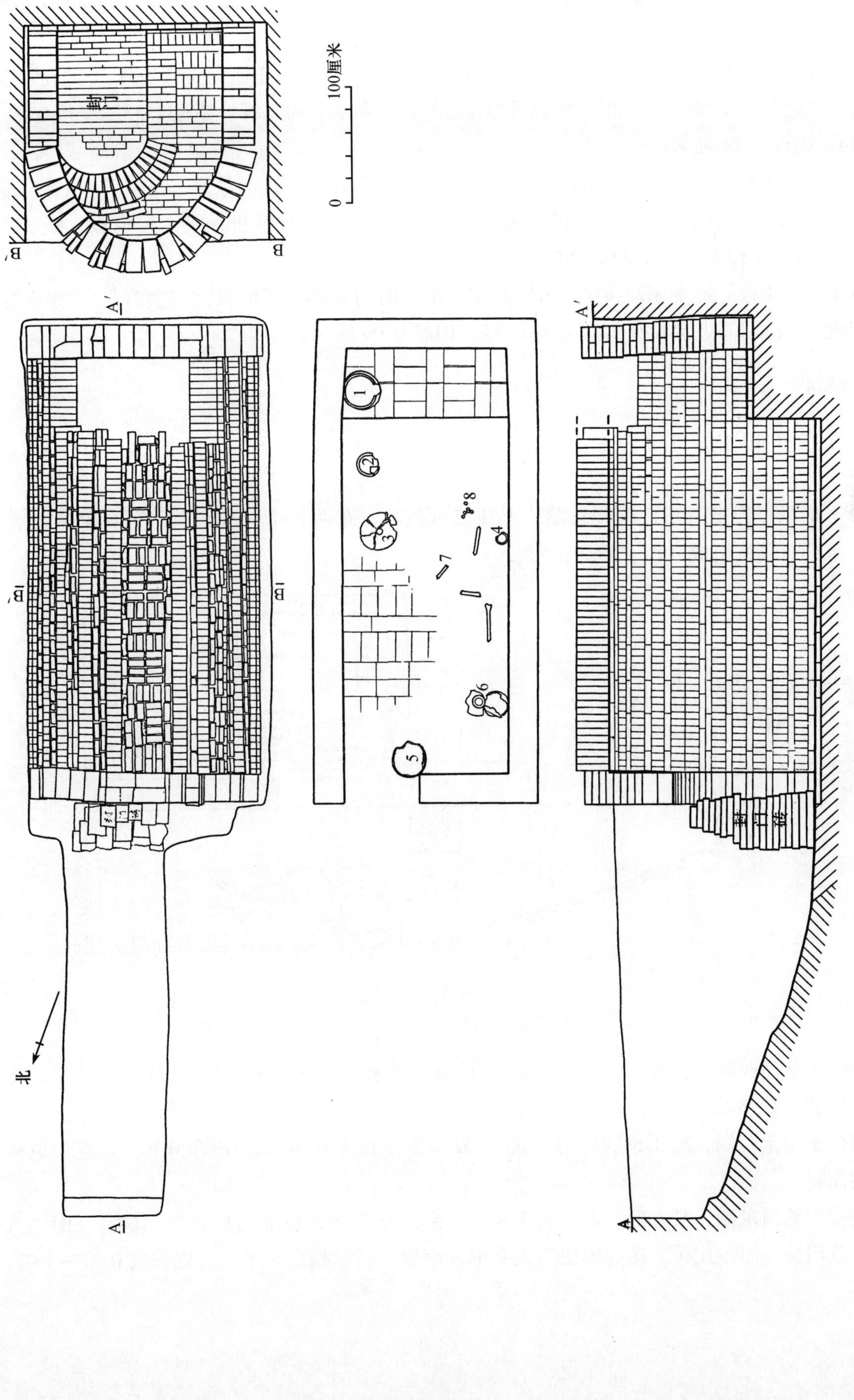

图一四一　M23 平、剖面图

1、5、6. 陶罐　2. 陶盆　3. 陶器盖　4. 陶盆　7. 铁刀　8. 铜钱

铁刀　1件。M23∶7，长条形，单面刃，一端有孔。残长17.8、残宽1.7～2.8、厚0.4厘米（图一三九，8）。

五铢铜钱　41枚。标本M23∶8-1，圆形，正反面有郭。方穿。正面篆文“五铢”，“五”字交笔弯曲；“金”字上部“△”形，四点均竖笔，“朱”字上下均圆折。钱径2.53、穿径0.91、郭厚0.14、肉厚0.11厘米。

剪轮五铢　5枚。标本M23∶8-2，正面无郭，方穿，背有郭。正面篆文“五铢”，“五”字交笔弯曲，缘部两角不存；“金”字仅存半部分，“朱”字上下均圆折，字文较模糊。钱径不等。钱径2.37、穿径1.1、肉厚0.99厘米。

货泉铜钱　1枚。标本M23∶8-3，圆形方穿，正反面均有郭，正面篆文“货泉”，“泉”字竖画有断笔。钱径2.3、穿径0.72、郭厚0.11、肉厚0.09厘米。

13. M24

位于Ⅲ区T0801内，东北邻M23。方向为270°。开口于②层下，打破生土，墓口距地表0.62米。

该墓平面呈“刀把”形，青砖砌制，上顶已被破坏。东西长7.4米，南北宽0.85～2米，由墓道、墓门、墓室组成（图一四二；彩版一〇，1）。

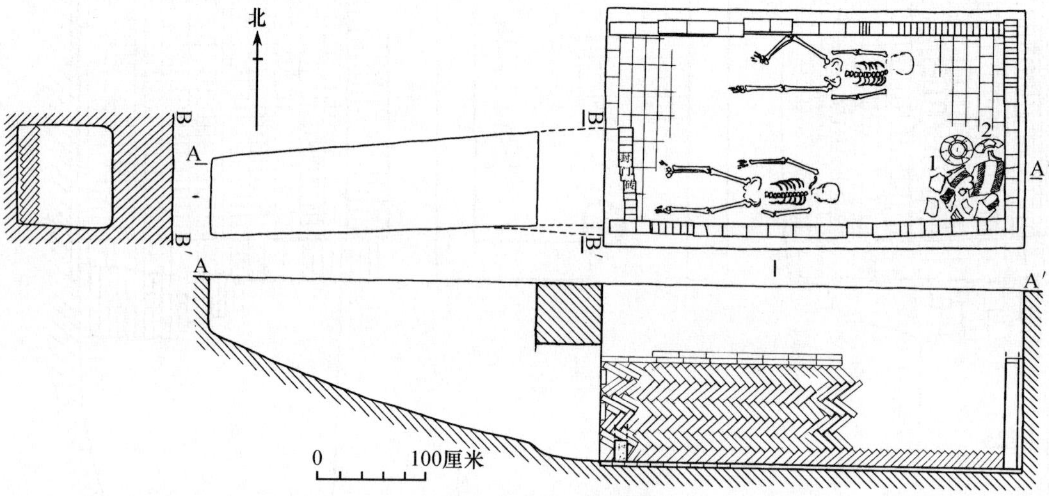

图一四二　M24平、剖面图

1. 陶罐　2. 陶盆　3. 陶瓮

墓道位于墓门西侧，长方形，口距地表0.62米，东西长3米，南北宽0.74～0.85米，深0.46～1.45米，斜坡状。

墓门位于墓室西侧，高0.84米，上顶宽0.92米，底部宽0.88米，进深0.6米。墓门以砖交错竖砌而封。

墓室位于墓门东侧，长方形。东西长3.8米，南北宽2米，顶部已被破坏。墓室三面用青砖砌制，墓门处一面没用砖，砖的砌法为人字形。南壁、后壁残高1米，北壁残高0.25～1米，墓室总高为1.6米。底部砖为横竖砖平铺，铺法不太规律，有对缝、有错缝。由于腐朽，在清理中没发现葬具的痕迹，在墓室东南处有一些随葬品已残。清理人骨架两具，北骨架在室中部，为仰身屈肢，成年男性；南骨架靠墓门处，为仰身直肢，成年女性。

残存随葬品有：

陶罐　1件。M24∶1，夹砂红陶含云母。直口微敛，浅盘状沿，凹唇，溜肩饰三凹弦纹。轮制。腹、底残。口径13.8、残高6.2厘米（图一四三，3）。

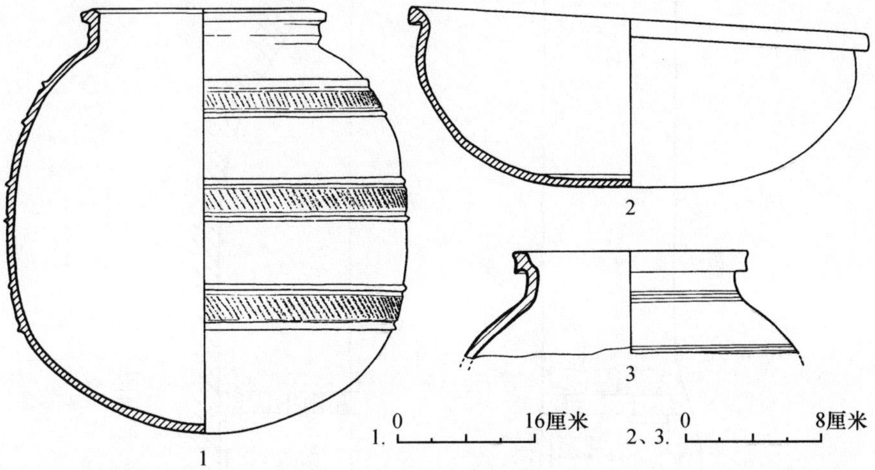

图一四三　M24随葬器物

1. 陶瓮（M24∶3）　2. 陶盆（M24∶2）　3. 陶罐（M24∶1）

陶盆　1件。M24∶2，夹砂陶。外灰内红。敛口，上斜沿，方唇，弧腹，圜底近平。器形不规整。轮制。通高10.7、口径25～27、唇厚1厘米（图一四三，2）。

陶瓮　1件。M24∶3，夹砂灰陶。侈口，宽沿下斜，方唇，矮领中部有一尖凸棱，溜肩，鼓腹，圜底。肩、腹等距饰二道一组的凸弦纹三组，每组内施粗绳纹。轮制。通高50.4、口径29、腹径47.8厘米（图一四三，1）。

14. M25

位于Ⅲ区T0803以东约0.4米（输水管线范围之外）。墓向为190°。开口于②层下，墓口距地表0.5米。

平面呈刀把形，由墓道、墓门、墓室组成（图一四四；彩版一〇，2）。

墓道平面呈长方形，位于墓室以南。墓道开口距地表0.5米，长4.2米，口宽0.85米，底宽0.8米。墓道呈坡形，内填五花土。北端深0.86米，中间深0.6米，南端深0.4米。

墓门高0.84米，宽0.9米，由于扰乱严重，残砖坍塌于墓道内。墓门以砖平砌而封，封门之外堆砌残砖块。

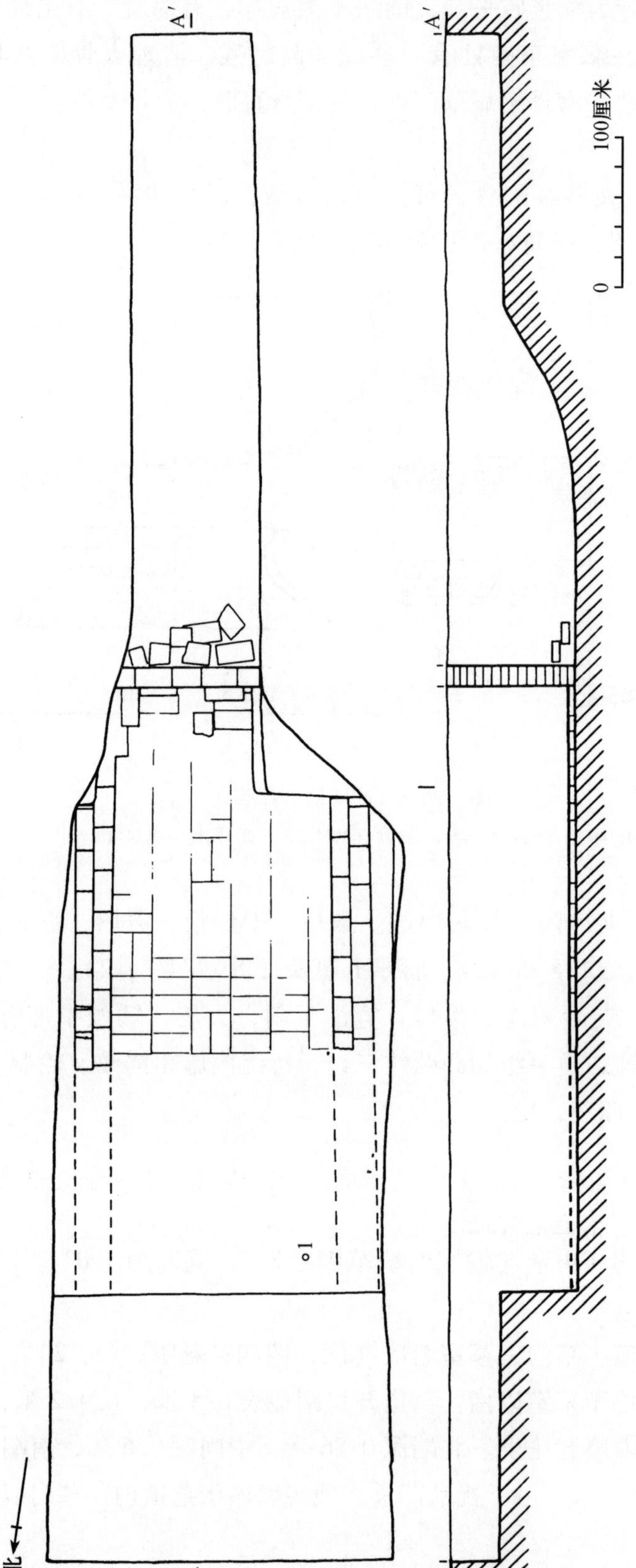

图一四四　M25 平、剖面图

1. 铜钱

墓室平面呈长方形，填土为五花土，未见夯实迹象。墓室破坏严重，淤土较厚。墓室南北长5.85米，东西宽2.2米，墓底距墓口0.86米。墓室北端为棺床，棺床宽1.8米，高0.5米。墓室四壁墙面未见砌砖迹象。

由于M25破坏严重，只有残留的一点骨头已腐朽成粉末状，无法保留和提取，葬式与葬具不详。

墓室内清理出有陶器的残片和1枚“五铢”铜钱，陶器的残片分布在墓室内四周。

随葬品有：

五铢铜钱　1枚。M25∶1，圆形，正反面有郭。方穿。正面篆文“五铢”，“五”字交笔弯曲；“金”字上部“△”形，四点均竖笔，“朱”字上下均圆折。钱径2.49、穿径0.88、郭厚0.16、肉厚0.13厘米。

15. M26

位于距Ⅲ区T0803以东约8米（输水管线范围之外），墓向为195°。开口于②层下，墓口据地表0.4米。平面呈“刀把形”，为砖式结构，由墓道、墓门、墓室组成（图一四五；彩版一〇，3；图版七，3）。

墓道平面呈长方形，位于墓室以南，呈坡形。墓道开口距地表0.4米，长6.1米，南部口宽0.9米，北宽1米，南部底宽0.8米，北宽0.9米。墓道南部深0.4米，中间深1.2米，北部深2米。

墓门为砖式结构，单券起顶。墓门高1.42米，宽0.95米，进深0.25米。墓门下边砖块全部为错缝平砌而成，券顶上边砖块全都破坏。墓门下部用砖竖砌六层，上部平砌而封，上部因残而层数不清。

墓室平面呈长方形，南北长6.5米，东西宽2.2米。墓底距墓口1.62米，墓内填土为五花土，由于扰乱严重墓室内残砖较多，淤土较厚。墓室内四壁用砖块为一平一竖错缝平砌而成，墓底面为砖块铺成。墓室北端为棺床，棺床已破坏，残宽0.74米，残高0.8米。

清理出棺钉，葬具为木棺。棺木腐朽，只残存少量棺灰。该墓为合葬墓，墓室内清理出头骨2个。1个头骨位于墓室东壁北部，1个位于墓室西壁南部。在墓室的中间和偏北部位清理出下肢骨3根，因扰乱严重，故葬式不详。

残存的随葬品有：

陶盆　12件。M26∶11，夹云母红褐陶。敛口，宽折沿微下斜，斜方唇，弧腹，平底微凹。腹残留旋制棱。轮制。通高9.2、口径22.1～22.4、底径6.9厘米（图一四六，1）。M26∶13，夹云母红陶。直口微敛，平沿，尖圆唇，弧腹，平底。轮制。通高9.1、口径22.8、底径6.8厘米（图一四六，2；图版二一，4）。M26∶27，夹云母红陶。敛口，宽折沿微下斜，斜方唇，弧腹，小平底。轮制。腹残留旋制棱。通高9.2、口径22.5～23、底径7.7厘米（图一四六，3）。M26∶31，夹云母红陶。直口微敛，折沿下斜，斜方唇，弧腹，小底微上凹。轮制。通高9.1、口径22.4、底径7.1厘米（图一四六，4）。M26∶32，夹云母红褐陶。敛口，折沿宽平，

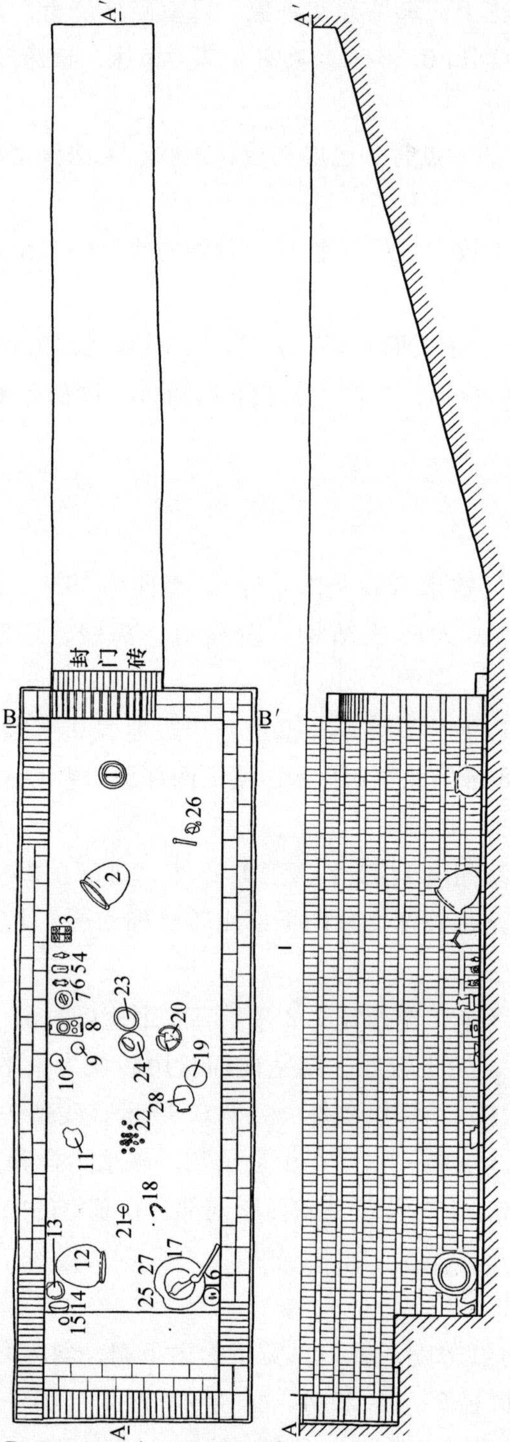

图一四五　M26 平、剖面图

1. 陶釜　2、12、16、24、28. 陶罐　3. 陶厕所　4. 陶鸡　5. 陶猪　6. 陶狗　7. 陶井　8. 陶灶　9. 陶甑　10、15. 陶碗　11、13、14、17、20、23、25、27. 陶盆　18. 陶碗　19. 陶器座　21. 铜镜　22. 铜钱　26. 陶博山式盖

圆唇，弧腹，小平底。轮制。通高9.45、口径22.3、底径6.8厘米（图一四六，5）。M26:14，夹云母红陶。敞口，宽沿上仰，圆唇，折腹，小平底。轮制。通高9.5、口径21、底径5.5厘米（图一四六，6）。M26:15，夹云母红陶。盘口，弧腹，小平底微上凹。腹残留旋制凸棱。轮制。通高7.8、口径20.2、底径6.8厘米（图一四六，7；图版一九，6）。M26:20，夹云母灰陶。敞口，弧腹，小平底微上凹。腹残留旋制凸棱。轮制。通高8.7、口径20.6、底径6.3厘米（图一四六，8；图版二一，5）。M26:23，夹云母红陶。敛口，宽沿上仰，方唇，折腹，小平底。轮制。通高8.4、口径21、底径6.4厘米（图一四六，9；图版二一，6）。M26:10，泥质灰陶。敞口，上斜沿，尖圆唇，斜腹，小平底。通高6、口径10.2、底径4.25厘米（图一四六，12）。M26:17，夹云母红陶。敞口，卷沿，凹唇，斜腹，平底。轮制，腹残留数道旋制痕。通高22、口径47.6、底径26厘米（图一四六，11）。M26:25，夹云母红褐陶。敞口，卷沿，凹唇，斜腹，平底微上凹。轮制，腹残留数道旋制痕。通高14.5、口径33.8、底径17.4厘米（图一四六，10）。

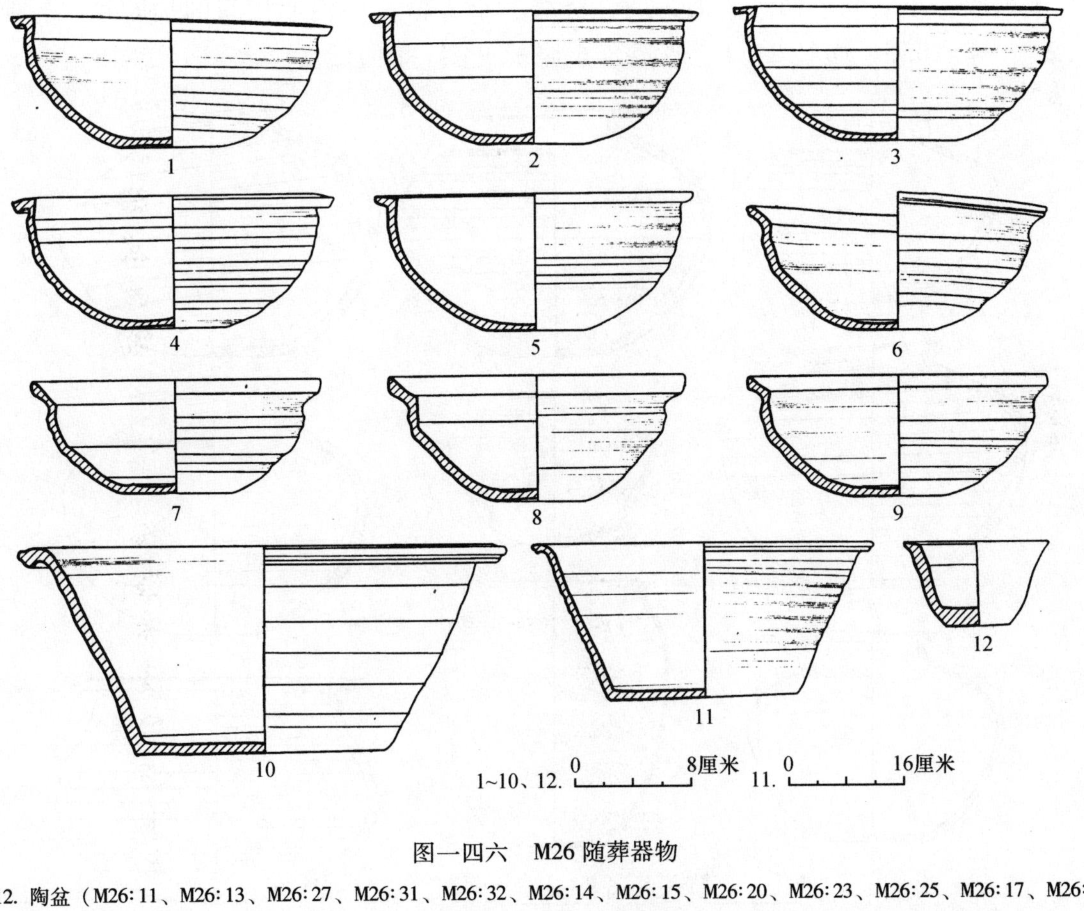

图一四六　M26随葬器物

1~12. 陶盆（M26:11、M26:13、M26:27、M26:31、M26:32、M26:14、M26:15、M26:20、M26:23、M26:25、M26:17、M26:10）

陶罐　7件。M26:2，夹云母红褐陶。直口微侈，浅盘状沿，凹唇，斜平肩鼓腹下弧收，小底微上凹。肩饰一周雪花形、小方格、小菱形相间的拍印纹。轮制。通高15.8、口径9.8、腹径21、底径6.7厘米（图一四七，1）。M26:12，夹云母灰陶。敛口，浅盘状沿，圆唇，圆肩鼓腹下弧收，小平底。肩饰一周三竖线与小方格相间的拍印纹，唇下残留旋刮棱。轮制。通高20.6、口径12.4、腹径25.8、底径7.6厘米（图一四七，2）。M26:16，夹云母灰陶。敛口，浅盘状沿，圆唇，溜肩鼓腹下弧收，小平底。唇下残留旋刮棱。轮制，做工粗糙。通高20.8、口径12.6、底径7.6厘米（图一四七，3）。M26:24，夹云母灰褐陶。直口微侈，浅盘状沿，凹唇，圆肩鼓腹下弧收，小平底。肩拍印一周竖线与竹叶相间纹饰。轮制。通高20.5、口径11.6、腹径25.5、底径7.8厘米（图一四七，4）。M26:28，红褐陶，夹砂含云母。直口微敛，双圆唇，圆肩鼓腹下弧收，小平底。轮制。通高25.8、口径15.2、腹径34.4、底径11.6厘米（图一四七，5）。M26:29，夹云母红褐陶。直口微侈，双圆唇，唇下残留旋刮棱，圆肩鼓腹下弧收，小平底。肩饰一周三竖线、小方格、小菱形相间的拍印纹。轮制。通高20.4、口径12.5、腹径25、底径6.7厘米（图一四七，6）。M26:30，夹云母红褐陶。直口微侈，双圆唇，圆肩鼓腹下弧收，小底微上凹。肩饰一周三竖线、小方格、小菱形相间的拍印纹。轮制。通高17.2、口径10.5、腹径21.1、底径8.5厘米（图一四七，7）。

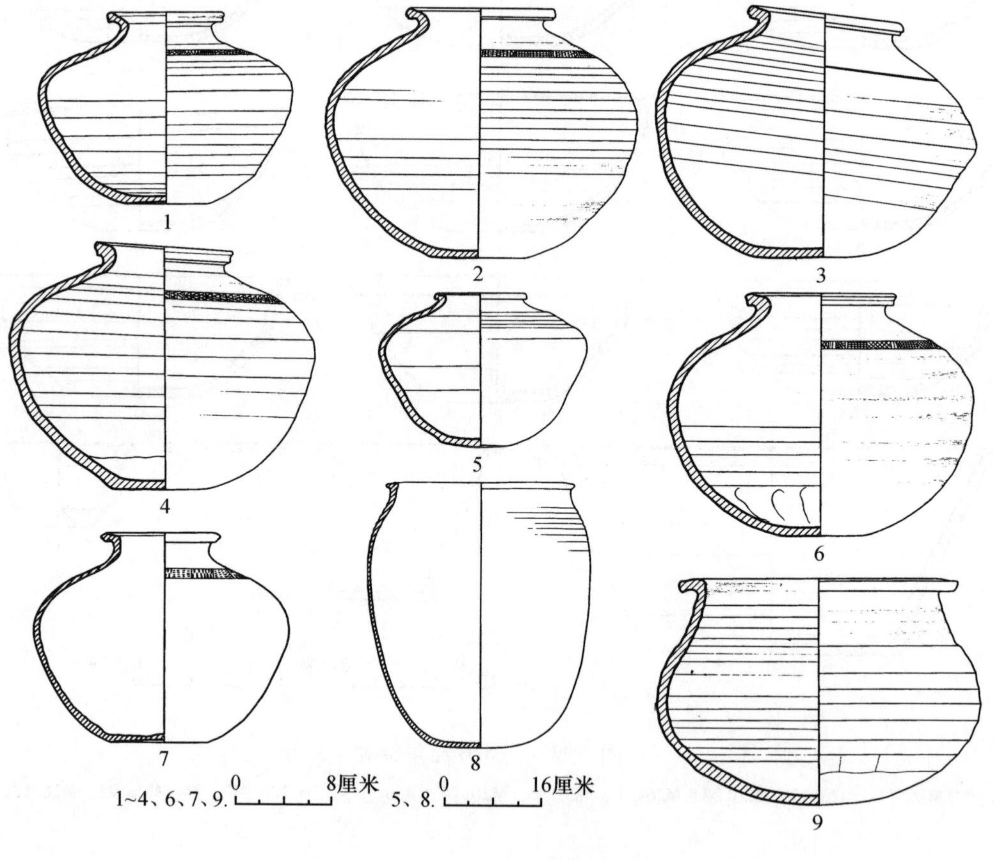

图一四七　M26随葬器物

1~7. 陶罐（M26:2、M26:12、M26:16、M26:24、M26:28、M26:29、M26:30）　8、9. 陶釜（M26:34、M26:1）

陶釜　2件。M26:34，夹云母红陶。直口微敛，宽沿下斜，尖圆唇，溜肩微鼓腹，圜底近平。轮制。通高44.3、口径32.3、腹径37.2厘米（图一四七，8）。M26:1，夹云母红陶。直口微侈，平沿，圆唇，溜肩圆鼓腹，圜底。轮制。通高18.8、口径22.8、腹径26.5厘米（图一四七，9；图版一五，2）。

陶甑　1件。M26:9，泥质灰陶。敞口，平沿，斜方唇，斜腹，小平底穿五箅孔。轮制。通高5.6、口径10、底径4.1厘米（图一四八，2）。

图一四八　M26随葬器物

1. 陶厕所（M26:3）　2. 陶甑（M26:9）　3. 陶博山式盖（M26:26）　4. 陶鸡（M26:4）　5. 陶猪（M26:5）　6. 陶狗（M26:6）　7. 陶碗（M26:18）　8. 陶钵（M26:33）

陶厕所　1件。M26:3，泥质灰陶。粪池圆形、无底、内空，上面靠一侧留“鞋底”形出粪口，另一侧置入厕房舍，屋顶悬山式，流水坡以瓦棱分区内饰菱形纹，屋室平面长方形，直壁较高，正面近一侧辟一长方形门，内有长方形孔通粪池。模制。通高22.1、池高6、上径24.6、下经24.4、房高16.4厘米（图一四八，1；图版三二，4）。

陶鸡　1件。M26:4，泥质灰陶。尖喙，翘尾末端下垂，腹下圈足形底座。手制，做工粗糙。通高7.6、长10.6厘米（图一四八，4；图版二九，2）。

陶猪　1件。M26:5，泥质灰陶。长嘴圆耳，鬃毛耸立，尾巴上卷搭于臀部，身躯扁瘦，四肢作站立状，模制，背、腹残留合模制痕。通高7.6、长10.2厘米（图一四八，5；彩版一九，6）。

陶狗　1件。M26:6，灰陶。尖嘴圆耳，小尾上卷，四肢矮短作前扑状。做工粗糙。手制。通高6.5、长10.4厘米（图一四八，6；图版三一，1）。

陶井　1件。M26:7，泥质灰陶。井架呈倒“甘”字形。中部有系绳之滑轮，立柱及横梁截面均近方形，井口圆形微敛，井台圆饼状，井壁喇叭状下外撇。模制。通高21.5、台径17.1、底径15.5厘米（图一四九，1）。

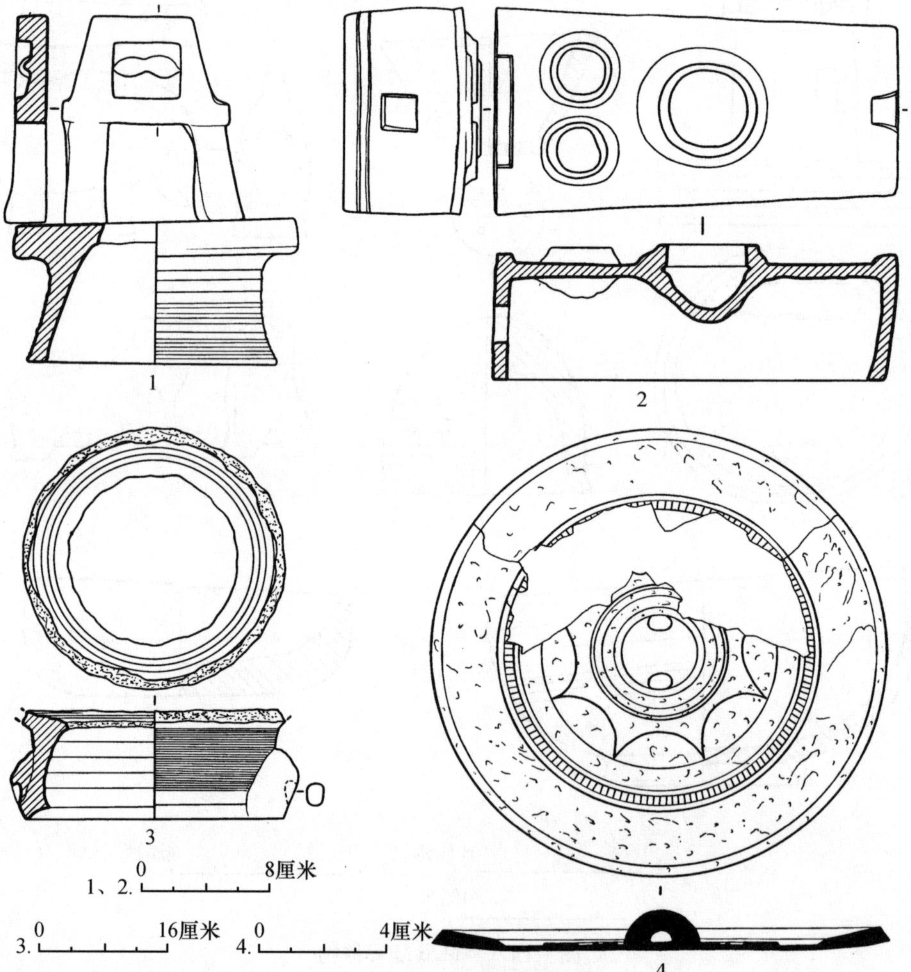

图一四九　M26随葬器物

1. 陶井（M26:7）　2. 陶灶（M26:8）　3. 陶器座（M26:19）　4. 铜镜（M26:21）

陶灶　1件。M26:8，泥质灰陶。灶体呈梯形，灶面三釜呈“品”字形分布。后有方棱斜耸烟囱，前有矮挡烟墙。正面中部方形火门。无底内空。模制。通高8.4、长24.5、宽10.4～12.8厘米（图一四九，2）。

陶碗　1件。M26:18，夹云母红陶。直口，圆唇，弧腹，圈足外撇。轮制，腹残留数道旋制痕。通高10.1、口径20.2、足径9.8厘米（图一四八，7；彩版二二，2）。

陶钵　1件。M26:33，夹云母红陶。直口微侈，尖圆唇，微鼓腹，平底。轮制。通高5、口径14.2、底径9.6厘米（图一四八，8）。

陶博山式盖　1件。M26:26，也可能为井架上的附件。泥质灰陶。侈口，平沿，尖唇，微弧腹，圜底略尖。手制。通高4.1、口径4.8厘米（图一四八，3）。

陶器座　1件。M26:19，泥质灰陶。底心部不存，近缘部可见二道凹弦纹。圈足微外撇，饰数道细凹弦纹，附二对称突起状握手，其中部指形下凹。手轮兼制，做工粗糙。高13.4、足径32.4厘米（图一四九，3）。

铜镜　1件。M26:21，圆形，镜面微凸，背面纽区为半球形纽，圆形纽座和一凸弦纹带；内区是内向连弧纹带；外区两栉齿纹带间饰四细凸弦纹；近三角形缘。锈蚀碎裂。直径13.8厘米，厚0.25～0.5厘米（图一四九，4）。

五铢铜钱　117枚。标本M26:22-1，圆形，正反面有郭。方穿。正面篆文“五铢”，“五”字交笔弯曲；“金”字上部“△”形，四点均竖笔，“朱”字上下均圆折。个别背穿下有星。钱径2.59、穿径0.93、郭厚0.13、肉厚0.11厘米（图一四〇，2）。

货泉铜钱　1枚。M26:22-2，圆形，正反面有郭。方穿。正面篆文“货泉”，“泉”字竖画断笔。钱径2.34、穿径0.73、郭厚0.14、肉厚0.12厘米（图一四〇，3）。

二、双室墓葬

共5座。

1. M6

位于Ⅱ区T0301探方的中部，北邻M11。方向为265°。开口于②层下，打破生土，墓口距地表0.35～0.4米。

该墓平面近似“刀把”形，东西总长9.8米，宽2.07～2.62米。由墓道、甬道、前室、后室组成（图一五〇；图版四，1）。

墓道位于墓室西侧，呈长方形，斜坡状。上口长2.8米，宽0.96～1.06米，下端宽0.78～0.84米，底距地表1.4～1.86米。内填五花土，较硬。坡长1.85米，墓门以西1.6米为平面，和墓道深度相同。

墓门和甬道已被破坏至底部，留有土圹。东西长0.64米，南北宽1.44～1.46米，高1.46米。

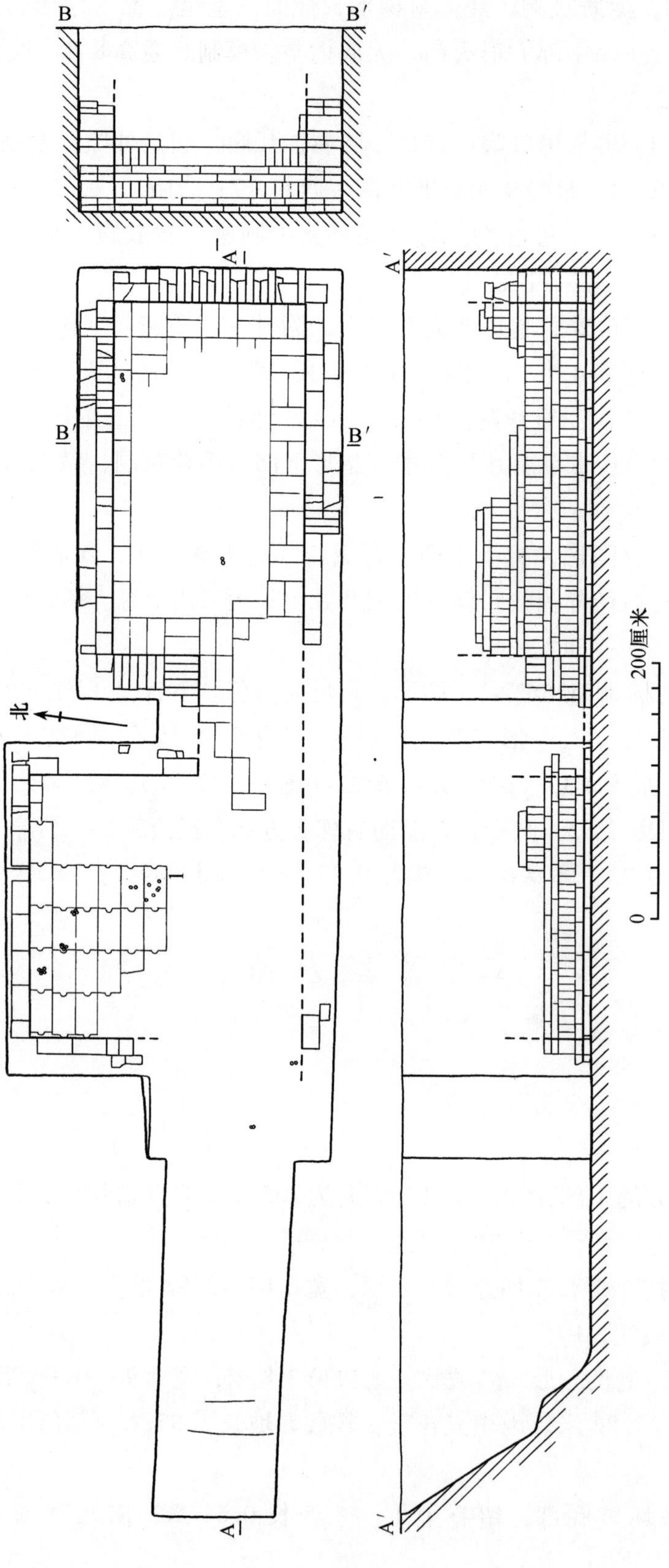

图一五〇　M6 平、剖面图
1. 铜钱

前室位于后室西侧，方形，南北长 2.12 米，东西宽 2.06 米。留北壁和西壁砖墙，宽 0.18～0.3 米，东壁和南壁基本破坏到底部，残高 0.055～0.5 米，砌砖方法为青砖两平一竖错缝平砌。铺地砖大部分被破坏，仅保留西北部，东西长 1.34 米，南北宽 0.56～1.34 米，为红子母砖东西向平铺，前室铺地砖上仅留铜钱和两块残骨。

后室位于前室东侧，长方形，东西长 2.76 米，南北宽 1.5 米。墓底距地表 1.8 米，内填坍塌乱砖、五花土、淤土。后室门宽 0.82 米，进深 0.96 米，残高 0.05～0.42 米。墓室四壁用青砖平砌，方法同前室，残高 0.46～0.84 米。铺地砖基本完好，用红砖和青砖两横两纵交替平铺，未发现骨架和随葬品，仅残留几枚铜钱。该墓由于破坏严重，未发现葬具。

随葬品有：

五铢铜钱　6 枚。标本 M6∶1，圆形，正反面有郭。方穿。正面篆文“五铢”，“五”字交笔弯曲；“金”字上部“△”形，四点均竖笔，“朱”字上部直折，下部圆折。钱径 2.60、穿径 0.94、郭厚 0.13、肉厚 0.11 厘米（图一四〇，4）。

2. M7

位于Ⅱ区 T0404 南部，南邻 M8，北邻 M4，方向为 273°。开口于②层下，打破生土，距地表 0.3 米。

该墓平面近似甲字形，砖式券顶结构。由墓道、墓门（封门）、甬道、前室、甬道和后室组成（图一五一；图版四，2；图版六，1；图版七，2）。

墓道位于前室以西，平面形状近似梯形，呈斜坡状。底坡残长 5.04 米，上口残长 4.75 米，西宽 1.1 米，东宽 0.91，深 1.94 米。下端西宽 1.1 米，东宽 0.91 米，西深 0.86 米，东深 1.94 米。

墓门宽 0.97、高 1.69 米，从 0.98 米处开始起券。墓门以单砖平砌 24 层，相互错缝而封，中上部为青砖单券。墓门下部宽 0.91 米，高 0.71 米，厚 0.23 米。

甬道残高 1.22 米，东西长 1.65 米，南北宽 2.25 米。墓底为一横两纵平铺，墙为一平一竖错缝平砌。接近墓门券顶垒有两块石头。

前室形状近似长方形，填土为五花土，填土中发现有大量青砖碎块。墓口距地表 0.3 米，墓底距地表 2.18 米。墓口西长 3.22 米，东长 3.29 米，南宽 2.23 米，北宽 2.41 米。墓底均略宽于墓口，墓底西长 3.29 米，东长 3.36 米，南宽 2.33 米，北宽 2.47 米。四周墙壁采用两平一竖错缝平砌的砌砖方法，部分已毁坏。壁厚 0.14～0.24 米，残高 1.02～1.2 米。棺床紧贴北壁，长 1.81 米，宽 0.7 米，高 0.24 米。在棺床上发现有黑色灰烬厚约 0.02 米，棺床的南部残有少量烧骨和骨块。其上青砖自西向东两横两竖平铺，侧面为两平一竖错缝平砌。铺底砖为两纵一横式由西向东依次排列，基本保存完好。前室东部发现有遭扰动的人骨和一些随葬品。

甬道东西长 1.19～1.23 米，南北宽 1.57～1.64 米，残高 0.91 米，顶部已无存。南北两壁部分已毁坏，两壁采用两平一竖错缝平砌方法，壁厚 0.2～0.61 米。铺底砖为两纵一横由西向

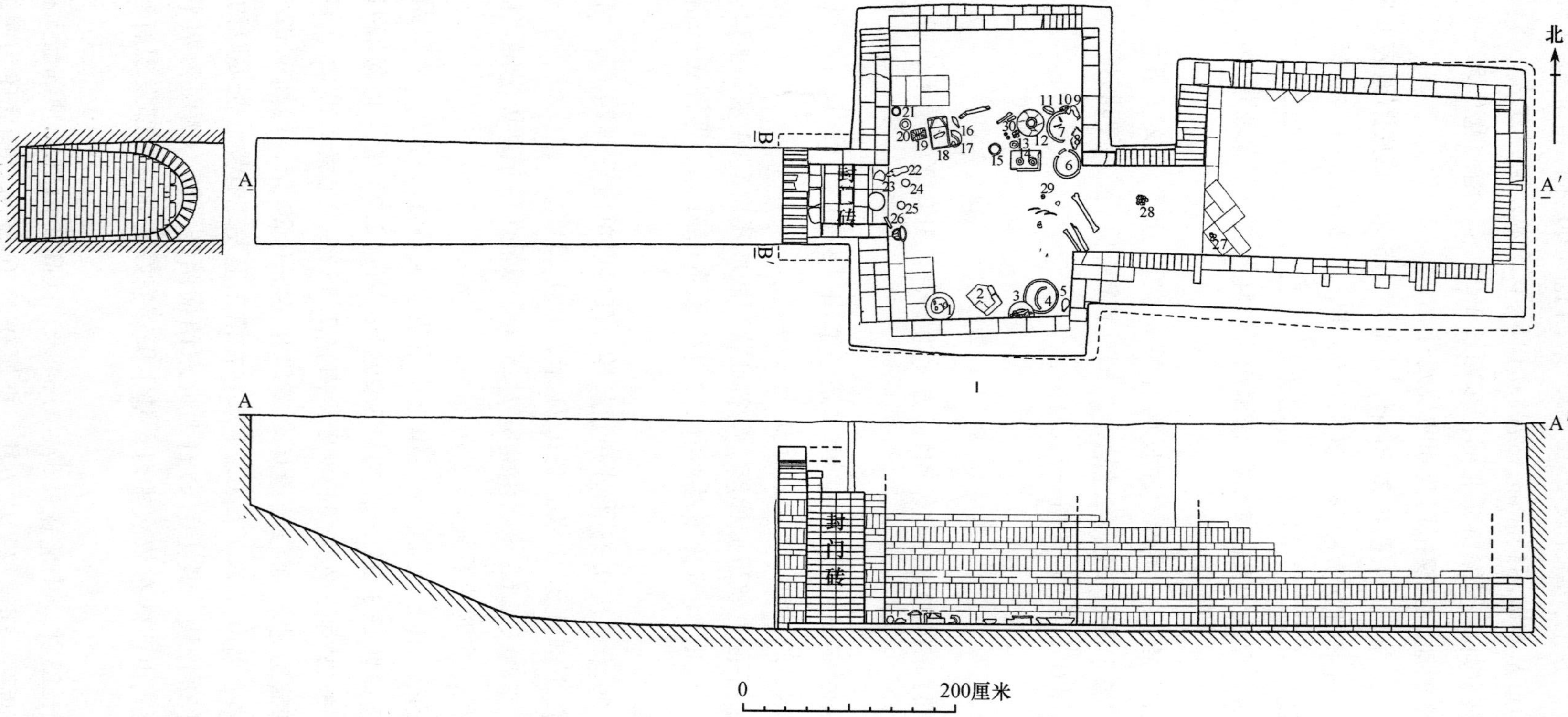

图一五一　M7平、剖面图

1. 陶壶　2. 陶楼　3. 陶井　4. 陶盆　5. 陶勺　6、8、25. 陶盘　7. 陶奁　9、16. 陶鸡　10、11、15、19. 陶钵　12、21、23. 陶罐　13. 陶俑　14. 陶灶　17. 陶碗　18. 陶猪圈　20. 陶磨　22. 陶狗　24. 陶圈足　26. 陶灯　27～30. 铜钱

东依次排列，基本保存完好。甬道北面有生土柱，南北长0.8米，东西宽0.64米，高1.59米。其上发现有一小堆铜钱。

后室形状近似长方形，填土为五花土，填土中发现有大量青砖碎块。墓口距地表0.3米，墓底距地表2.18米，墓口西长2.33米，东长2.35米，南宽3.07米，北宽3.02米。墓底均略宽于墓口，墓底西长2.45米，东长2.51米，南宽3.14米，北宽3.1米。四周墙壁采用两平一竖错缝平砌的砌砖方法，部分已毁坏。壁厚0.26～0.66米，残高0.51～1.02米。铺底砖为交错平铺，仅存后室西部和北部数块。后室地面普遍有红色烧土，留有少量碎头骨块和铺底砖砖印，疑原铺底砖被揭去，后遭火烧。仅在后室西南角发现有一小堆铜钱。前室在棺床南侧发现有少量骨块，因扰乱严重，骨架分布零散，故葬式、年龄、性别不详。

虽经盗掘，墓葬中仍出有一定数量的随葬品。

陶钵　5件。M7:10，夹云母红陶。直口微敛，上斜沿，尖圆唇，斜弧腹，平底微上凹。轮制。通高5.15、口径12.3、底径5.5厘米（图一五二，1；图版一八，4）。M7:11，夹云母红陶。直口微敛，圆唇，斜弧腹，平底。轮制。通高4.8、口径11.3、底径4.7厘米（图一五二，2）。M7:15，夹云母红陶。直口微侈，圆唇，弧腹，平底。轮制。通高4、口径11.4、底径5.4厘米（图一五二，3；图版一八，5）。M7:19，夹云母红陶。直口微敛，上斜沿，尖唇，弧腹，平底。轮制，做工较粗糙。轮制。通高4、口径11.8、底径5.0厘米（图一五二，4）。M7:37。夹云母红陶。直口微敛，上斜沿，尖唇，弧腹，底略平。轮制，做工较粗糙。通高4.1、口径11.3、底径4.3厘米（图一五二，5）。

陶罐　3件。M7:12，夹砂红陶。直口微侈，浅盘状沿，圆唇，圆肩鼓腹下弧收，平底微上凹。轮制，腹残留旋制痕。高16.2、口径11.2、腹径21.1、底径7厘米（图一五二，6；图版一六，4）。M7:21，泥质灰陶。侈口、尖圆唇，微颈束，饰一凸弦纹，腹略鼓下斜收，平底。轮制，腹残留旋制痕。高15.2、口径8.6、腹径10.2、底径7.4厘米（图一五三，1）。M7:23，夹云母红陶。直口微敛、浅盘状沿，凹唇，圆肩鼓腹下弧收，平底。轮制，腹残留旋制痕。高17.8、口径12.1、腹径23.6、底径6厘米（图一五二，7）。

陶碗　1件。M7:17，泥质灰陶。直口微侈，圆唇，唇下饰一凹弦纹，弧腹，矮假圈足，平底。轮制。高7.1、口径17、底径11厘米（图一五二，8）。

陶壶　1件。M7:1，泥质灰陶。盘状口，束颈，溜肩，圆鼓腹下弧收，高圈足。唇下、颈、肩、腹、足饰二道或三道凸弦纹。轮制。通高42、口径17.5、腹径24.2、足径18厘米（图一五三，2；图版二五，1）。

陶圈足　2件。M7:4，泥质灰陶。底微凹，对称穿二圆孔仅见半部分，近缘部可见四道凹弦纹。圈足微外撇，附二对称突起状握手，其中部指形下凹。足外壁残留旋制痕。手轮兼制，做工粗糙。高11.9、足径33.4厘米（图一五三，4）。M7:24，泥质灰陶。底微外凸，对称穿二圆孔，心部一圆孔未穿，近缘部可见六道凹弦纹。圈足微外撇，饰数道细凹弦纹，附二对称突起状握手，其中部指形下凹。手轮兼制，足外壁残留旋制痕，做工粗糙。高11.2、足径33.6厘米（图一五三，3）。

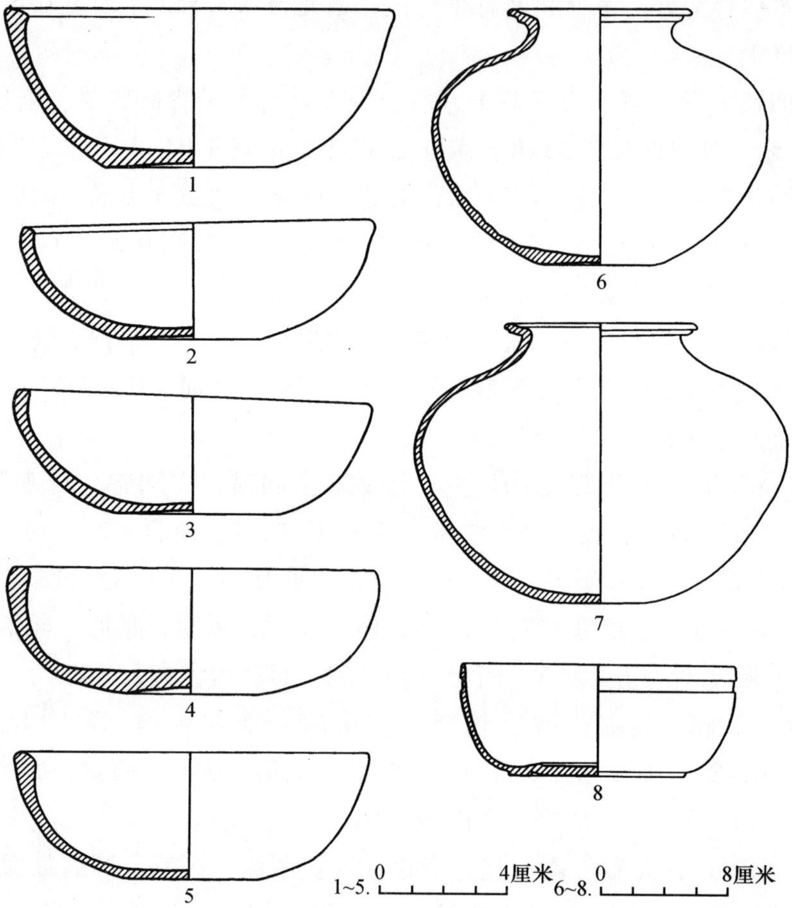

图一五二　M7 随葬器物

1～5. 陶钵（M7:10、M7:11、M7:15、M7:19、M7:37）　6、7. 陶罐（M7:12、M7:23）　8. 陶碗（M7:17）

陶勺　1件。M7:5，泥质灰陶。口部平面椭圆状，敞口，尖唇，斜弧腹，底尖圆。柄残。模制。残长10.5、宽6.9厘米（图一五四，5）。

陶耳杯　1件。M7:35，泥质灰陶。形似“船”状，平面椭圆形，敞口，尖圆唇，浅腹，平底，两侧附残月形耳。模制。通高3.55、长12.8、宽9厘米（图一五四，2）。

小陶釜　1件。M7:38，泥质灰陶。敞口，折平沿，方唇，微弧腹，平底略有假圈足。做工较粗糙。通高4.1、口径9、底径3.2厘米（图一五四，7）。

陶盘　3件。M7:8，泥质红陶泛灰。平面圆形，侈口，折平沿，斜方唇，浅腹，平底。轮制。直径37.3、高1.9、沿宽1.2、底厚1～1.2厘米（图一五三，5）。M7:25，泥质灰陶。平面圆形，侈口，折平沿，斜方唇，浅腹，平底。轮制。直径37.3、高2.1、沿宽1.2、底厚1.3～1.5厘米（图一五三，6）。M7:6，泥质灰陶泛红。敞口，折沿上仰，方唇，斜腹，平底心部微向外平凸。轮制，内外底残留旋制痕。高4.1、口径28、底径18.5厘米（图一五三，7）。

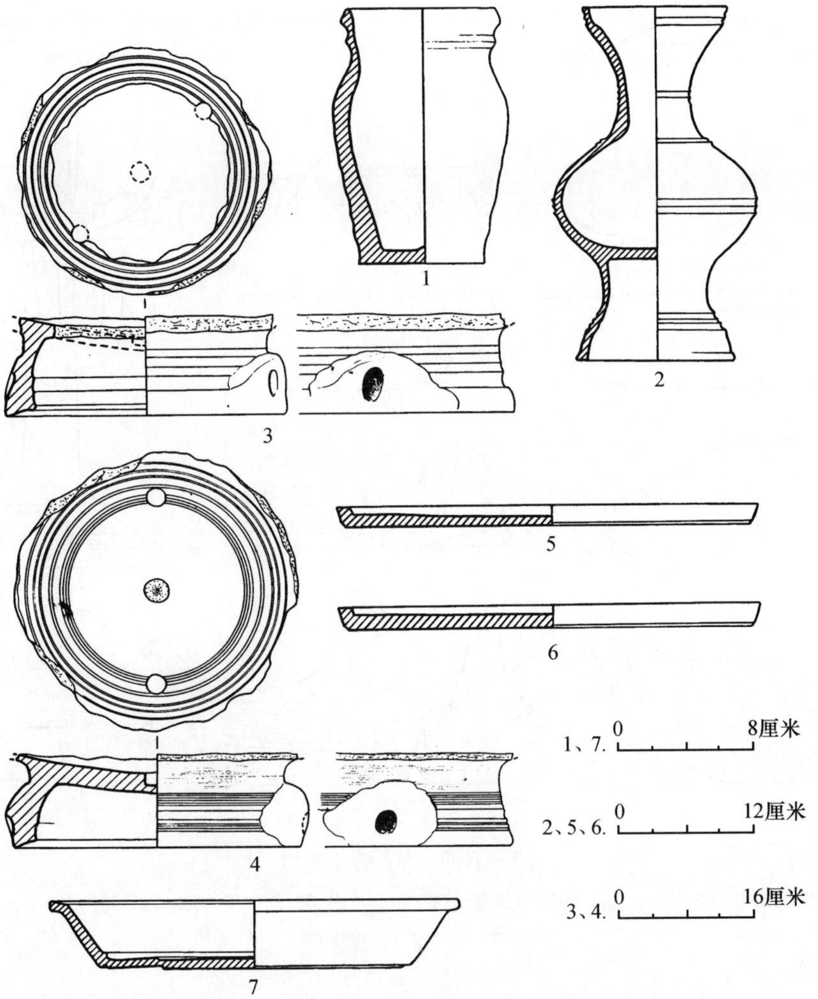

图一五三　M7随葬器物

1. 陶罐（M7∶21）　2. 陶壶（M7∶1）　3、4. 陶圈足（M7∶24、M7∶4）　5~7. 陶盘（M7∶8、M7∶25、M7∶6）

陶奁　1件。M7∶7，泥质灰陶。直口微侈，圆唇，筒腹，平底、马蹄形三足。手轮兼制。通高14.2、口径19.7、腹径18.4厘米（图一五四，1；图版二三，1）。

陶灯　1件。M7∶26，泥质灰陶。四枝灯，灯盘和灯盏均敞口，折沿上仰，尖唇，浅腹，平底。灯盘腹外饰一周凹弦纹，盘下三个曲形撑柱与三个曲枝灯盏同附于圆柱形灯柱上，撑柱与灯盏错落相致。灯座喇叭状内空，外饰五周凸弦纹。手模兼制。通高39、口径19.6、足径17.2厘米（图一五四，4；图版二四，5）。

陶博山式盖　1件。M7∶34，也可能为井架上的附件。泥质灰陶。斗柄截面呈椭圆状，侈口，折平沿，尖唇，斜腹，圜底，腹、底饰数道竖向并列凸棱。模制。通高3.7、底径4.3~5.7厘米（图一五四，3）。

陶楼　1件。M7∶2，泥质灰陶。悬山顶，脊两端微翘，中部略凸，流水坡背坡素平，前坡饰瓦棱和垂脊，垂脊末端上翘，楼体平面长方形，直壁较高，背面素平，两侧中部各开一圆

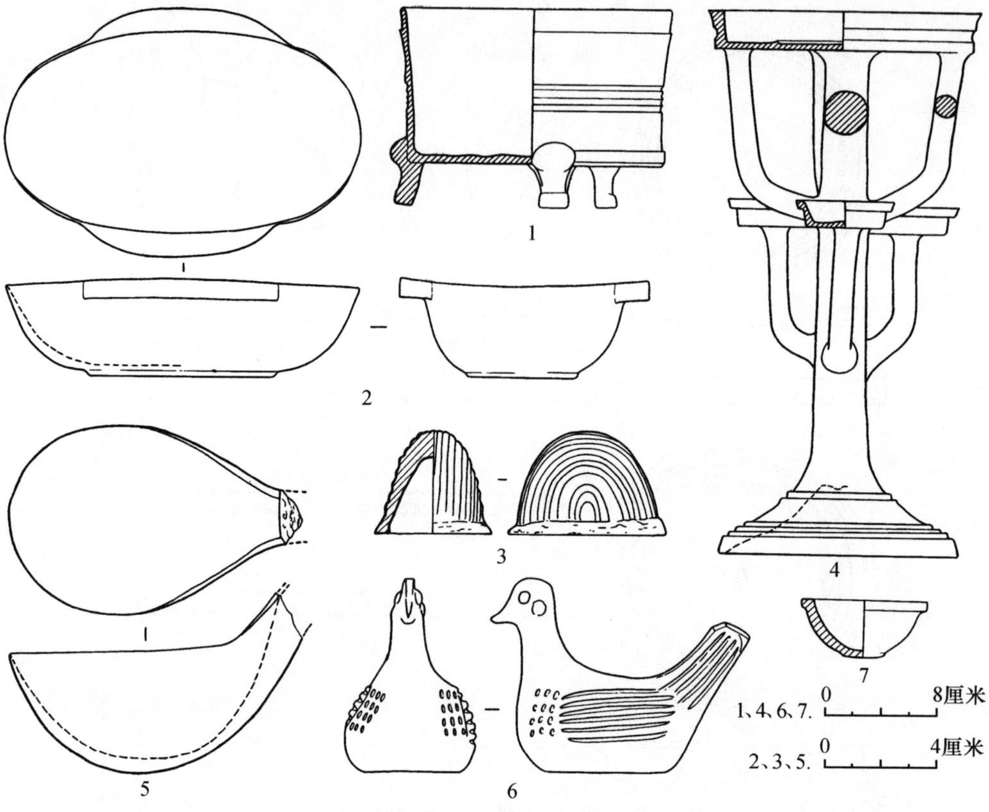

图一五四　M7 随葬器物

1. 陶奁（M7∶7）　2. 陶耳杯（M7∶35）　3. 陶博山式盖（M7∶34）　4. 陶灯（M7∶26）　5. 陶勺（M7∶5）　6. 陶鸡（M7∶9）　7. 小陶釜（M7∶38）

孔，正面上下辟三卧式长方形孔以示楼层，平底。手制。高 47.8、长 25.2、宽 12.1、顶长 35、顶宽 25.7 厘米（图一五五，3；彩版一七，1）。

陶井　1 件。M7∶3，泥质灰陶。井架呈“甘”字倒置，顶部四阿顶饰瓦棱，立柱及横梁截面均长方形，井口圆形微侈，井台圆饼状外有二道旋刮棱，井壁喇叭状，饰数道凸弦纹。轮模兼制。通高 37.3、口径 10.4、台径 23.3、底径 20 厘米（图一五五，1；彩版二〇，2）。

陶鸡　3 件。M7∶9，泥质灰陶。卧状，喙尖，双目圆凸，翅羽尾翎清晰，尾上翘，腹内空。模制，做工较细腻。通高 13.8、长 18.4、宽 9.7 厘米（图一五四，6；图版二七，1）。M7∶16，灰陶。喙尖，眉目模糊，羽翎不清，尾上翘，腹下方形底座。模制。做工较粗糙，背至头及腹残留合模制痕。通高 11.2、残长 11.4、足高 2 厘米（图一五五，4；图版二七，4）。M7∶36，泥质灰陶。喙略残，眉目模糊，羽翎不清，尾上翘，腹下方形底座。模制，做工较粗糙，背至头及腹残留合模制痕。通高 11.5、残长 11.5、足高 2.1 厘米（图一五五，5；图版二七，5）。

陶狗　1 件。M7∶22，泥质灰陶。站立状内空。两耳耸立，双目圆鼓，张嘴吐舌，身躯细瘦，尾巴上卷，四肢健壮，指爪清晰，颈、背系绳索。模制。通高 29.4、通长 32 厘米（图一五六，2；彩版一九，3）。

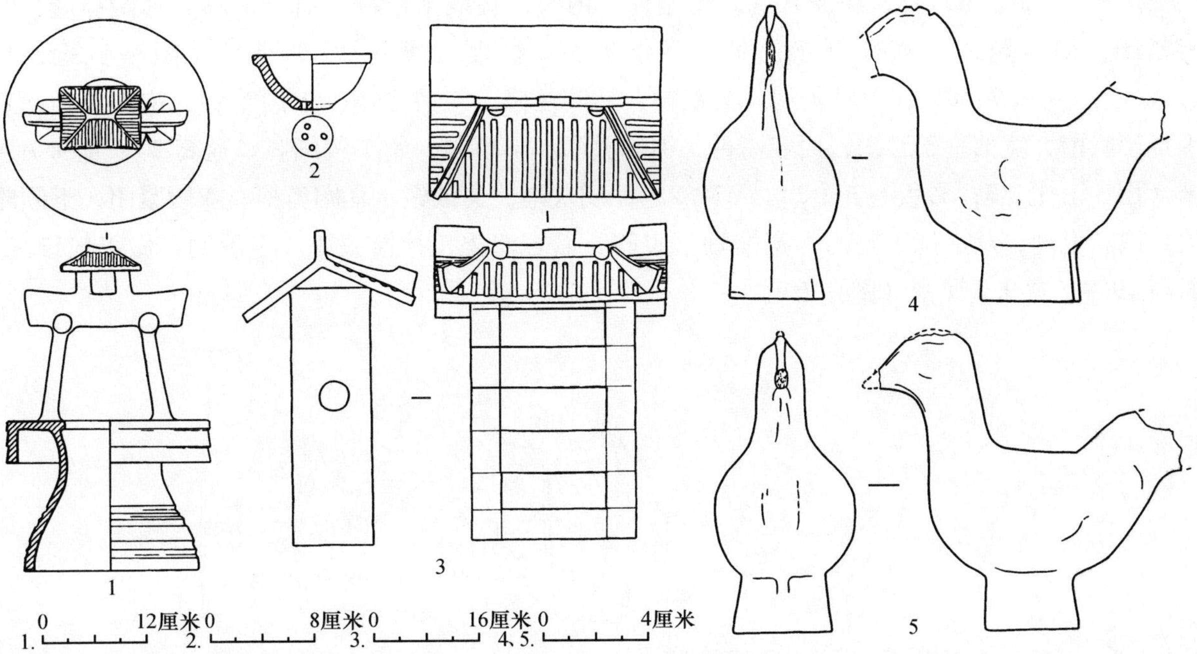

图一五五　M7随葬器物

1. 陶井（M7:3）　2. 陶甑（M7:39）　3. 陶楼（M7:2）　4、5. 陶鸡（M7:16、M7:36）

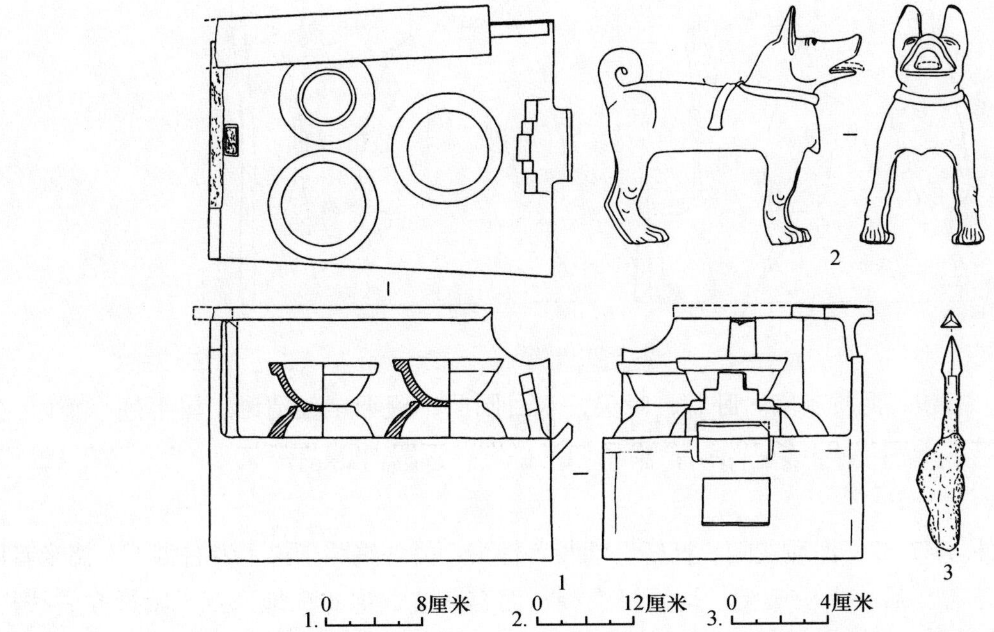

图一五六　M7随葬器物

1. 陶灶（M7:14）　2. 陶狗（M7:22）　3. 石镞（M7:40）

陶俑　3件。M7∶13，泥质灰陶。跽坐俑，内空，头戴平巾帻，眉目清晰，耳阔鼻隆，双唇紧闭，面容清秀，双臂自然前伸，手指平直。模制。通高26.3厘米（图一五七，1；彩版一五，1）。M7∶31，泥质灰陶。头戴帽，耳阔鼻隆，双唇紧闭，下颌略尖，袍衣曳地，双手抚于胸前，宽袖垂于腹间，面容清秀，神情敦厚。半模制，做工较细腻。通高20、宽9.7厘米（图一五七，3；彩版一五，2）。M7∶32，泥质灰陶。头戴帽，耳阔鼻瘪，双唇紧闭，下颌略尖，袍衣曳地，双手抚于胸前，宽袖垂于腹间，面容清秀，神情敦厚。半模制，做工较细腻。通高19.8、宽9.7厘米（图一五七，4）。

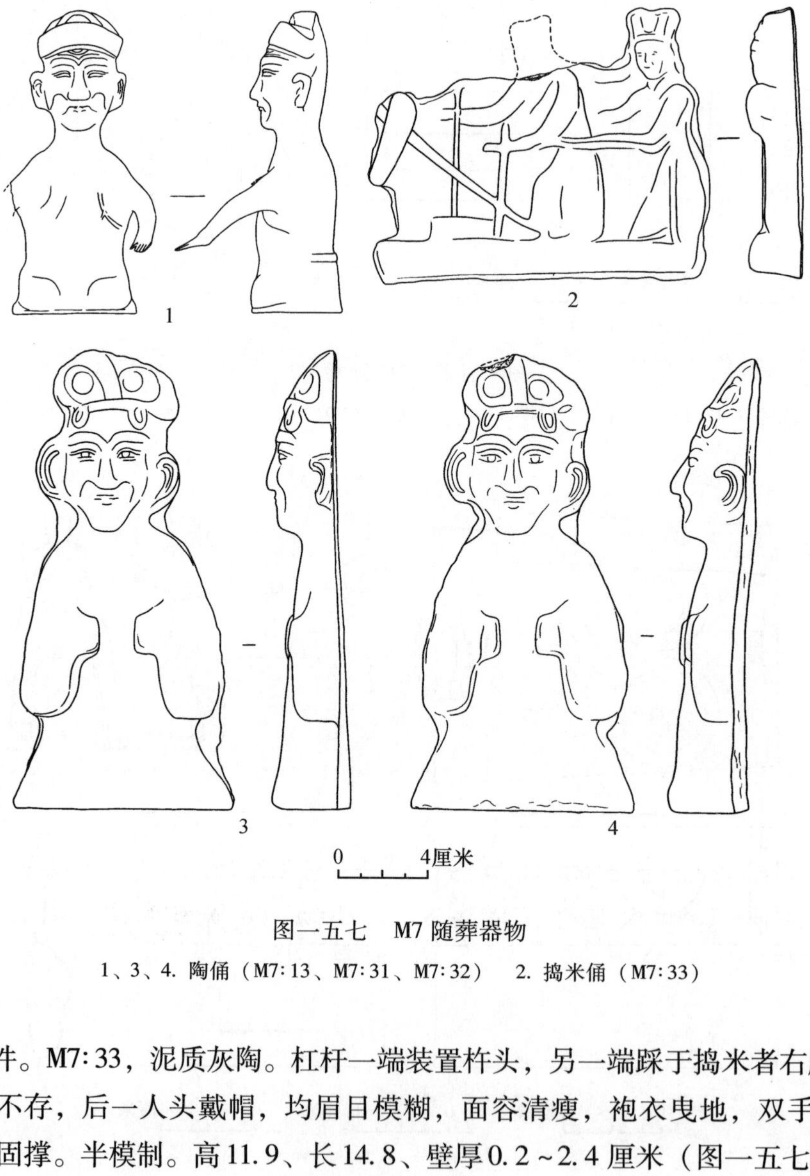

图一五七　M7随葬器物

1、3、4. 陶俑（M7∶13、M7∶31、M7∶32）　2. 捣米俑（M7∶33）

捣米俑　1件。M7∶33，泥质灰陶。杠杆一端装置杵头，另一端踩于捣米者右脚下。捣米者两人，前一人头部不存，后一人头戴帽，均眉目模糊，面容清瘦，袍衣曳地，双手紧握左右扶栏；扶栏两端设立柱固撑。半模制。高11.9、长14.8、壁厚0.2～2.4厘米（图一五七，2；图版二六，2）。

陶灶　1件。M7∶14，泥质灰陶。灶体平面呈梯形，前宽后窄，后有梯形烟囱，灶面三釜呈“品”字形分布，与灶体分离。前是对称直角渐收挡烟墙。正面中部方形火门，门上斜耸导烟墙。右、后壁耸立挡风墙，无底内空。烟囱残断。模制。通高20.6、长29.6、宽18～22.1、壁厚1～1.2厘米（图一五八，1；图版三三，1）。

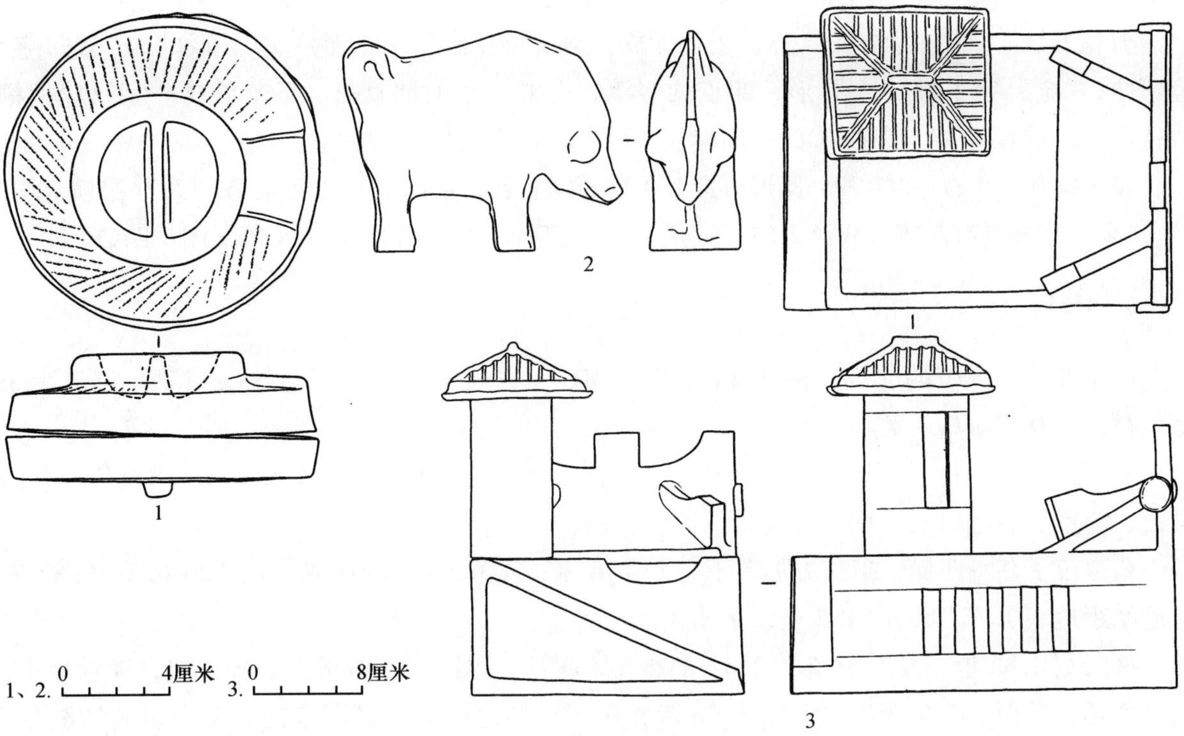

图一五八　M7随葬器物

1. 陶磨（M7:20）　2、3. 陶猪、陶猪圈（M7:18-2、M7:18-1）

陶甑　1件。M7:39，泥质灰陶，敞口，折平沿，方唇，微弧腹，平底穿四箅孔。模制，做工较粗糙。通高4.2、口径8.6～9、底径3.2厘米（图一五五，2）。

陶猪圈　1件。M7:18，泥质灰陶。平面长方形，两侧墙壁中部棂窗形。一端墙外设坡道，依其可入圈上厕所，厕所四阿顶，屋室平面长方形，直壁较高，正面一侧辟一长方形门；另一端搭设猪舍，猪舍单坡顶向圈内流水；圈内一猪低头卷尾作站立状。手模兼制。通高25.9、长28.8、宽22.8、壁厚1～1.2厘米；猪高8、长10.1、足宽3.4厘米（图一五八，2、3；图版三一，5；图版三二，3）。

陶磨　1件。M7:20，2片，泥质灰陶。均圆形饼状，上下相合，内面平。外面密布斜向凸棱，上片中部有圈足状握手，内有一横挡；下片中部一乳凸。模制，做工较粗糙。通高5.3、直径11.4～11.7厘米（图一五八，1；图版二四，1）

石镞　1件。M7:40，三棱锥形，三翼前聚成锋，截面三角形，后微出挺与锈残铁挺相接。残长8.9厘米（图一五六，3）。

五铢铜钱　160枚。标本M7:27，圆形，正反面有郭。方穿。正面篆文“五铢”，“五”字交笔弯曲；“金”字上部“△”形，四点均竖笔，“朱”字上部直折，下部圆折。钱径2.59、穿径0.99、郭厚0.15、肉厚0.13厘米（图一四○，5）。标本M7:30，圆形，正反面有郭。方穿。正面篆文“五铢”，“五”字交笔弯曲；“金”字上部“△”形，四点均竖笔，“朱”字上下均圆折。钱径2.54、穿径0.95、郭厚0.13、肉厚0.11厘米（图一四○，6）。

剪轮五铢 3枚。标本M7:28，正面无郭，方穿，背有郭。正面篆文“五铢”，“五”字交笔弯曲；“金”字上部“△”形，四点均竖笔，“朱”字上部直折，下部圆折。字纹较模糊。钱径不等。钱径2.37、穿径0.89、肉厚0.10厘米（图一四○，7）。

布泉铜钱 1枚。M7:29，圆形方穿，正反面均有郭，正面篆文“布泉”，“布”字横笔均曲笔，“泉”字竖画有断笔。钱径2.54、穿径1.11、郭厚0.99、肉厚0.94厘米（图一四○，8）。

3. M11

位于Ⅱ区T0301的北部，南邻M6，北距M10。方向为265°。开口于②层下，打破生土，墓口距地表0.35～0.4米。

平面近似“刀把”形，东西总长9.6米，宽2.06～2.5米，墓室长6.2米。由墓道、墓门、甬道、前室、后室组成（图一五九；图版四，1）。

墓道位于墓室西侧，呈长方形，上口长2.6米，宽0.94～1.08米。底部宽0.8～0.82米，墓道底距地表1.76米，内填花土，土质较硬。

墓门宽0.82米，高1.38米，0.82米处开始起券，拱顶，残留单券，较完整，仅券顶上砖面被破坏。券顶部向东倾斜，上宽1.06米，用青砖错缝砌成，高同墓门。墓门以砖错缝平砌20层而封，高1.38米，东西宽0.5米（西出墓门0.1～0.14米）。

甬道位于前室西壁南侧，长方形，东西长0.98米，宽0.82米。两壁砌法两平一竖交替所砌。

前室位于后室西侧，近似方形。土圹东西长2.7米，宽2.5米，室内东西长2.08米，南北宽2.02米，残高0.82～1.27米。在清理墓室内倒塌土中，出土有大量的残砖和完整砖块，可能是塌落的券砖，背面饰细绳纹，砖的规格同壁砖。在前室南部堆积有大量的残碎随葬品和残乱肢骨、盆骨和脊椎骨。铺地砖为两横两竖交替平铺，西至墓道内，东至后室。

后室位于M11最东端，呈长方形。土圹东西长3.16米，宽2.07～2.1米。墓底距地表1.7米。后室门宽0.8米，门洞长1米，两壁砌砖方法同前室墓壁。0.92米处开始起券，双券券顶已破坏，残高1.2～1.34米。后室内东西长2.66米，宽1.44～1.5米，顶部已塌，壁残高0.82～1.27米，砌法和用砖规格同上。北壁偏西有1～1.8米长，墓壁砖向室内和中部塌陷，原因不详。在后室南壁发现一头骨，头顶向南，面向下。性别、年龄不详。

该墓前室北部清出一棺痕，东西长1.6米，宽0.42米，棺内有少量残骨。后室北部清理出一棺痕，长1.96米，宽0.42米，棺内有零乱肢骨和趾骨。性别、年龄不详。

随葬品有：

陶罐 5件。M11:14，夹云母红陶。直口略侈，浅盘状沿，圆唇，圆肩鼓腹下弧收，平底。轮制，肩、腹残留旋制痕。通高15.9、口径10.8、腹径20.3、底径7.2厘米（图一六○，

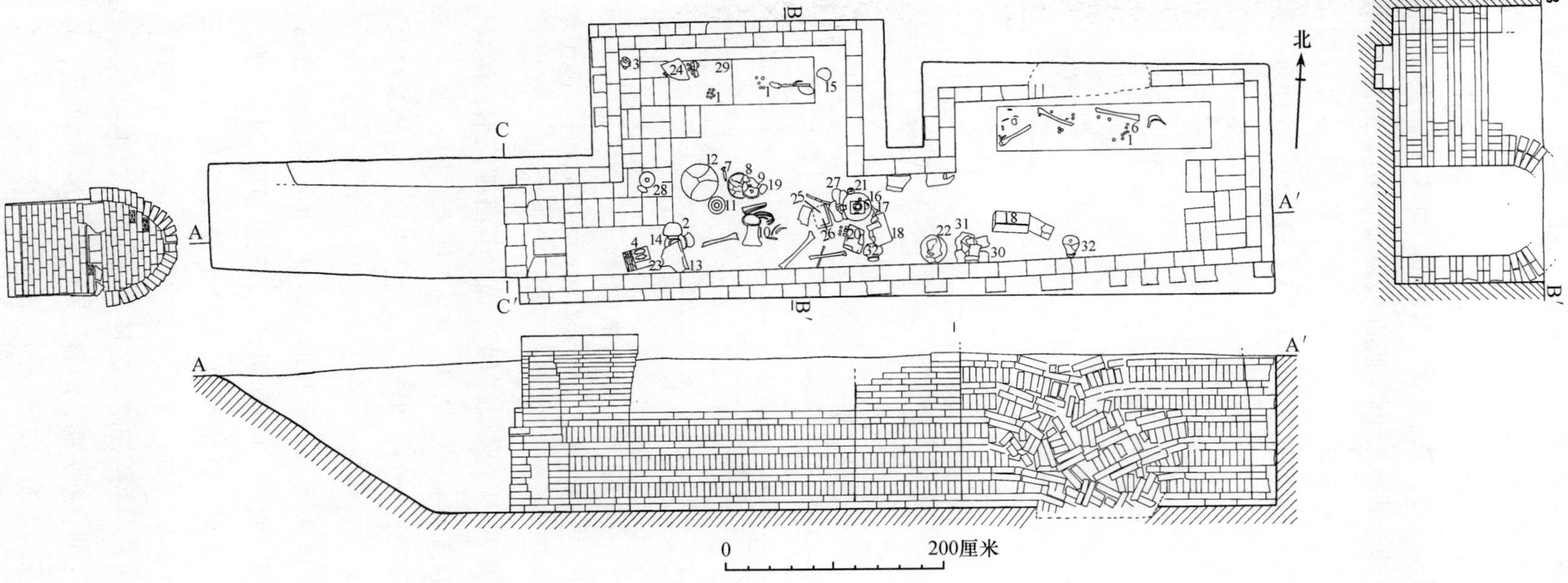

图一五九 M11 平、剖面图

1. 铜钱 2、14、22、32. 红陶罐 3、30. 陶耳杯 4. 带厕所猪圈 5、6. 钢顶针 7、21. 陶魁柄 8. 小陶盘 9. 陶鼎 10. 陶壶 11. 小陶盘 12. 大陶盘 13. 陶灯 15. 红陶钵 16. 陶井 17、27. 陶鸡 18. 陶罐 19. 陶狗 20. 陶灶1件(残) 23. 陶俑 24. 捣杵俑 25、26. 陶俑 28. 陶磨 29. 陶博山式盖 31. 陶奁

1；图版一六，6）。M11∶22，夹云母红陶。直口微侈，宽沿上仰，凹圆唇，圆肩鼓腹，圜底。轮制。通高21.2、口径13.2、腹径26.5厘米（图一六〇，2；图版一七，2）。M11∶2，夹云母红陶。直口，圆唇，矮直领，圆肩鼓腹下弧收，底微上凹。素面。轮制。通高13.9、口径8.5、腹径15.4、底径8.6厘米（图一六〇，3；图版一六，5）。M11∶18，夹云母红陶。直口，圆唇，矮直领，圆肩鼓腹下弧收，底微上凹。轮制。腹部残留旋制痕。通高14.8、口径8.6、底径7.8、腹径16.5厘米（图一六〇，4；图版一七，1）。M11∶32，夹云母红陶。敛口，宽沿上仰，方唇，微鼓腹。腹下及底残。轮制。残高23.6、口径33.5、腹径35厘米（图一六〇，5）。

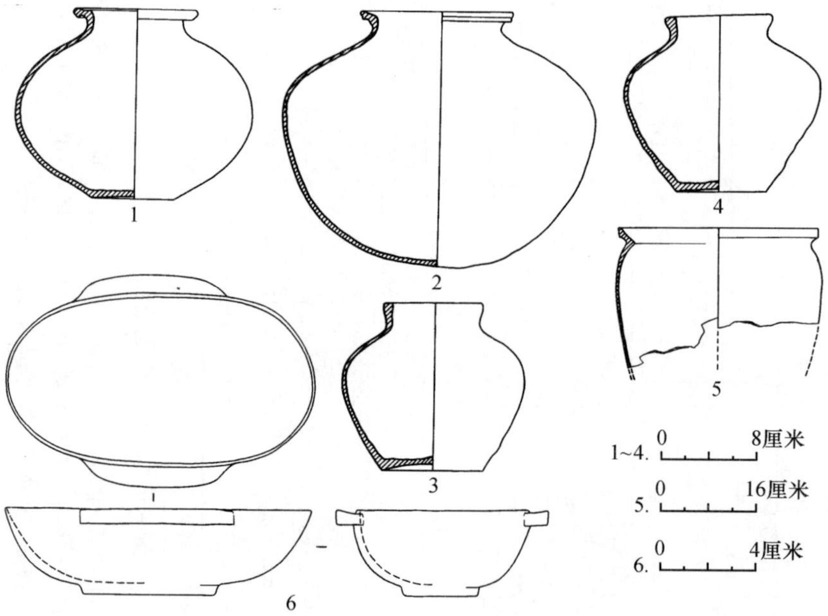

图一六〇 M11随葬器物

1～5. 陶罐（M11∶14、M11∶22、M11∶2、M11∶18、M11∶32） 6. 陶耳杯（M11∶30）

陶耳杯 2件。M11∶3，泥质灰陶。形似“船”状，平面椭圆形，敞口，尖唇，浅腹，平底，两侧附残月形耳。模制。通高3.4、长12.5、宽9.1厘米（图一六一，5）。M11∶30，泥质灰陶。形似“船”状，平面椭圆形，敞口，尖唇，浅腹，平底，两侧附残月形耳。模制。通高3.6、长13、宽8.8厘米（图一六〇，6）。

大陶盘 2件。M11∶12，泥质灰陶。平面圆形，侈口，折平沿，斜方唇，浅腹，平底。轮制。直径33.9、高1.6厘米（图一六一，1；彩版二一，3）。M11∶34，红陶。平面圆形，侈口，折平沿，斜方唇，浅腹，平底。轮制。直径37.7、高1.8厘米（图一六一，2）。

小陶盘 2件。M11∶8，泥质灰陶。敞口，折沿下斜，方唇，斜腹，平底略向外平凸，内底饰二凸弦纹残留硃红。轮制。通高3.5、口径23.2、底径16.2厘米（图一六一，3；图版二二，1）。M11∶11，泥质灰陶。敞口，折沿上仰，斜方唇，斜腹，外底缘部饰一凸弦纹，心部微向外平凸，内底饰二凸弦纹残留粉彩。轮制。通高2.25、口径14.9、底径11厘米（图一六一，4；图版二二，2）。

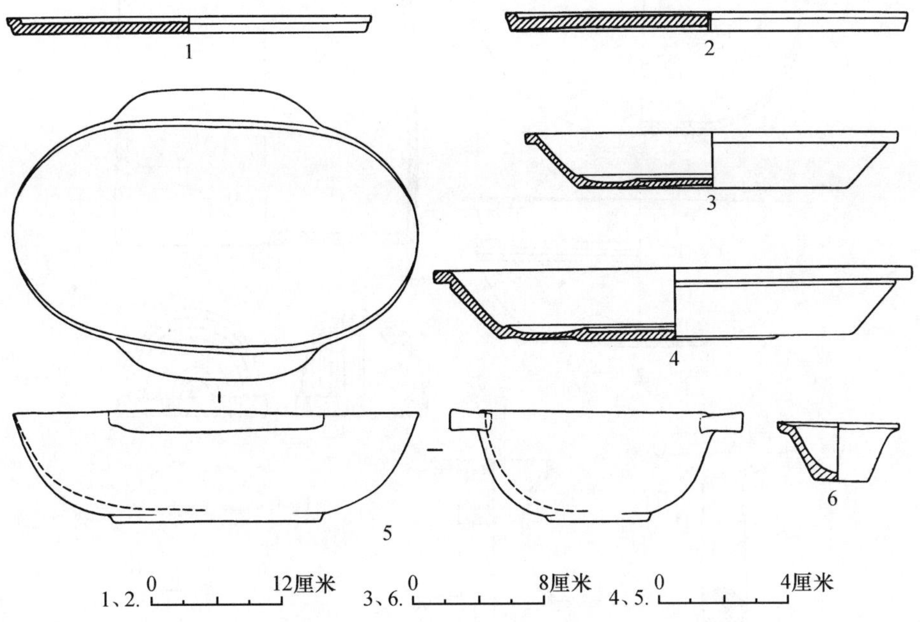

图一六一　M11随葬器物

1、2. 大陶盘（M11∶12、M11∶34）　3、4. 小陶盘（M11∶8、M11∶11）　5. 陶耳杯（M11∶3）　6. 小陶釜（M11∶36）

小陶釜　1件。M11∶36，泥质灰陶。敞口，折平沿，斜方唇，斜腹，平底。做工粗糙。模制。通高3.7、口径7.7、底径3.4厘米（图一六一，6）。

陶钵　1件。M11∶15，夹云母红陶。敛口，上斜沿，尖圆唇，弧腹，小底微上凹。轮制。通高5.2、口径12.2、底径3.8厘米（图一六二，1；图版一九，1）。

陶灯　1件。M11∶13，泥质灰陶。浅盘，敞口，方唇，圆柱状柄，喇叭形底座。手轮兼制。通高23.2、盘径9.5、座径12.3厘米（图一六二，5；图版二四，6）。

陶鼎　1件。M11∶9，泥质灰陶。敞口，撇沿，尖唇，微鼓腹饰三周凹弦纹，圜底略平，马蹄形足。内外壁残留硃红。轮制。通高12.7、口径25.3、足高2厘米（图一六二，2；图版二三，4）。

陶壶　1件。M11∶10，泥质灰陶。盘口外饰二周凹弦纹，高束颈，溜肩对称二铺首衔环，鼓腹下圜收，高圈足。颈、肩、腹、足饰一道或二道凸弦纹。轮制。通高42、口径17.4、腹径23.5、足径19.2、足高10.4厘米（图一六二，6；图版二五，3）。

陶博山式盖　1件。M11∶29，也可能为井架上的附件。泥质灰陶。直口微敛，折平沿，方唇，微弧腹，圜底，斗柄截面呈椭圆形，腹、底饰数道竖向并列凸棱，唇部饰三横竖相间的刻划纹。模手兼制。通高3.9、直径4.7~5.3厘米（图一六二，4）。

陶奁　1件。M11∶31，泥质灰陶。直口微敛，方唇，筒腹，平底。轮制。通高18.4、口径20.7、底径21.2厘米（图一六二，3；图版一五，6）。

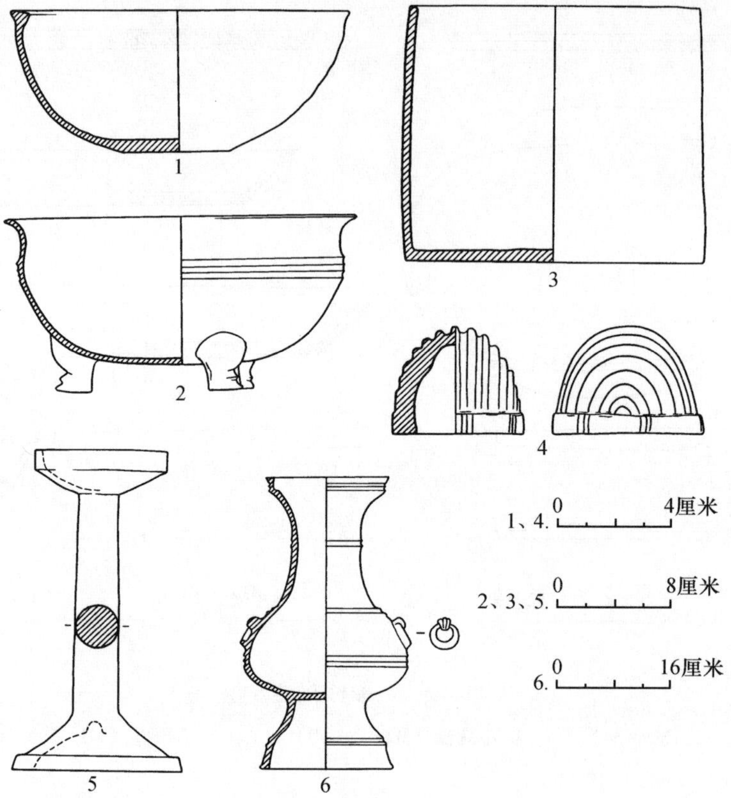

图一六二　M11随葬器物

1. 陶钵（M11∶15）　2. 陶鼎（M11∶9）　3. 陶奁（M11∶31）　4. 陶博山式盖（M11∶29）　5. 陶灯（M11∶13）　6. 陶壶（M11∶10）

陶鸡　2件。M11∶17，泥质灰陶。喙略钝，高冠，双目略凸，翅羽、尾翎清晰，翘尾末端下垂，腹下方形底座。模制，做工较粗糙。通高9.4、长8.7、座高2.1厘米（图一六三，1；彩版一八，1）。M11∶27，泥质灰陶。喙略钝，高冠，双目略凸，翅羽、尾翎清晰，翘尾末端下垂，腹下方形底座。模制，做工较粗糙。合模法内实。通高9.4、长8.5、座高2、座宽2.6厘米（图一六三，2；彩版一八，2）。

陶狗　1件。M11∶19，泥质灰陶。站立状内空。两耳尖耸，双目圆鼓，张嘴露齿，身躯肥硕，尾巴上卷，四肢健壮，指爪清晰，颈、背绳索系于颈后环中。合模而制，做工精细。通高24.2、通长21.2厘米（图一六三，3；图版三〇，3）。

陶俑　3件。M11∶23，泥质灰陶。头戴帽，面容圆润，双手叉腰，腹下部分不存。模制，做工粗糙。残高6.1厘米（图一六三，4；图版二六，5）。M11∶25，泥质灰陶。头戴巾帻，眉目模糊，耳、鼻微突，下颌略尖。袍衣曳地，双手持环首刀抱于胸前。半模制，做工粗糙。通高15.4、宽6、厚2.7厘米（图一六四，1；彩版一五，4）。M11∶26，泥质灰陶。头戴帽，眉目模糊，小耳微突。袍衣曳地，腰间束带，双手抚于胸前，宽袖垂于腰间。半模制，做工粗糙。半模制。通高14.7、宽6.2、厚3.4厘米（图一六四，2）。

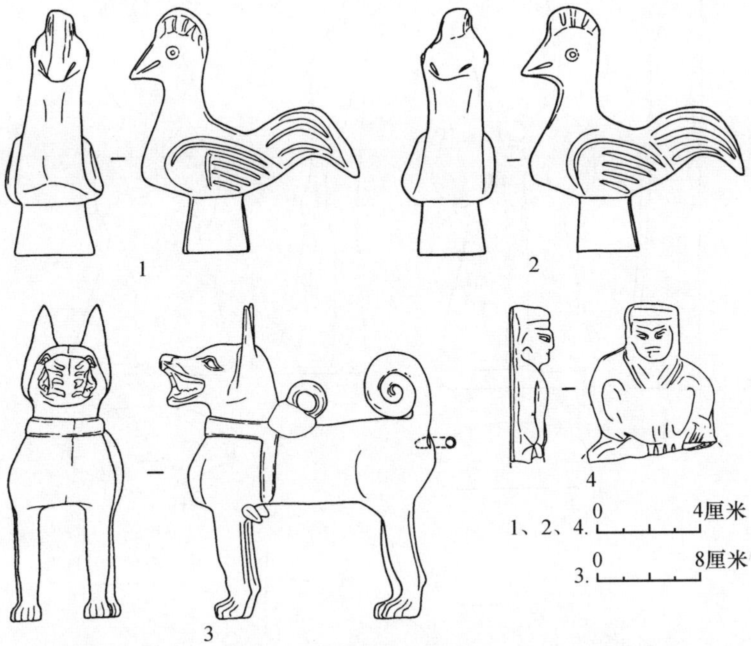

图一六三　M11随葬器物

1、2. 陶鸡（M11:17、M11:27）　3. 陶狗（M11:19）　4. 陶俑（M11:23）

捣杵俑　1件。M11:24，泥质灰陶。杠杆一端装置杵头，另一端踩于捣米者右脚下。捣米者两人，头戴帽，眉目模糊，面容清瘦，袍衣曳地，双手紧握左右扶栏；扶栏两端设立柱固撑。半模制。高11、长13.4、座厚1.8厘米（图一六四，3；图版二六，3）。

陶猪圈　1件。M11:4，泥质灰陶。平面长方形，一侧墙外设坡道，依其可入猪舍上厕所，厕所庑殿顶，屋室平面长方形，直壁较高，正面近一侧辟一长方形门；坡道护栏和猪舍及正面一端圈墙镂有横长方形或竖长方形孔，墙角上部为攒尖形屋顶饰。圈内有二猪，均灰陶，长嘴圆耳，双目圆鼓，尾巴上卷搭于臀部，四肢矮粗作站立状。乳猪鬃毛耸立，便孔清晰，腹下有二乳，形象逼真。手模兼制，做工较粗糙。通高20、长25.6、宽17厘米；猪高5.4、长9.1厘米；乳猪高5.8、长8.4厘米（图一六五，2、3、6；彩版二二，5、6）。

陶魁柄（勺柄）　2件。M11:7，灰陶。为一陶器柄，一端与器皿相接，另一端龙头，扬颈仰头，扬发竖耳，双目圆鼓，张嘴露齿。模制。通长11.6、直径2.6厘米（图一六五，4）。M11:21，泥质灰陶。为一陶器柄，一端残断，另一端龙头，曲颈仰头，鬃发后扬，张嘴露齿。模制。残长6.9厘米（图一六五，1）。

陶井　1件。M11:16，泥质灰陶。井架仅残存一立柱，井口圆形微敛，井台圆饼状上大下小，内空，上面及斜壁分饰一、二周凹弦纹，井壁呈喇叭状，轮模兼制，残留数道旋制纹。残高27.6、台径24.7、底径18.3厘米（图一六五，5）。

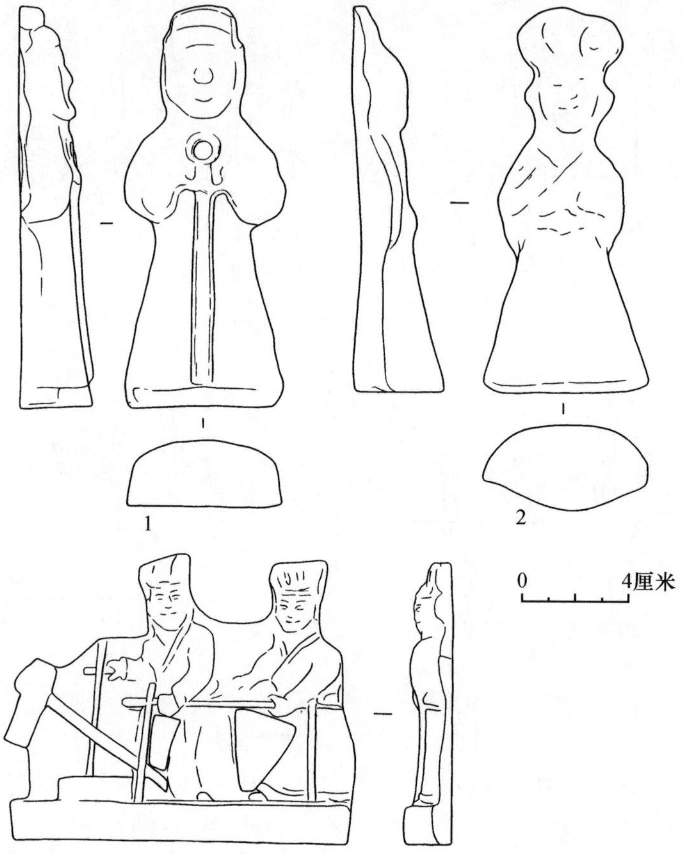

图一六四　M11 随葬器物

1、2. 陶俑（M11:25、M11:26）　3. 捣杵俑（M11:24）

陶灶　1件。M11:20，泥质灰陶。灶体梯形，上面“品”字形三穴置釜，右、后壁耸立挡风墙，前有对称直角渐收挡烟墙。正面中部是横长方形火门。模制。通高13.8、长25.6、宽18～19.6、壁厚1～1.2厘米（图一六六，3；图版三三，3）。

陶漏斗　1件。M11:35，灰陶。敞口、折平沿、斜方唇、弧腹、小平底穿一箅孔。模制。通高3.5、口径7、底径1.6厘米（图一六七，2）。

陶楼　1件。M11:33，泥质灰陶。悬山顶，脊两角残，一流水坡阴刻瓦棱，楼体平面长方形，直壁较高，背面素平，两侧中上部各开一圆孔，正面中部上下辟二立式长方形孔以示楼层，平底。手模兼制。高49.6～50.8、长23、宽12、顶长30.5、顶宽17.7厘米（图一六七，3；彩版一七，4）。

陶磨　1件。M11:28，2片。泥质灰陶，均圆形饼状，上下相合。上片上下面密布斜向凸棱，下片仅下面有而上面素平。上片中部有圈足状握手，内有一横挡，其两侧穿二孔，缘部有一乳突。模制，做工较粗糙。模制。通高4.7、直径12.2～11.4厘米（图一六七，1；图版二四，2）。

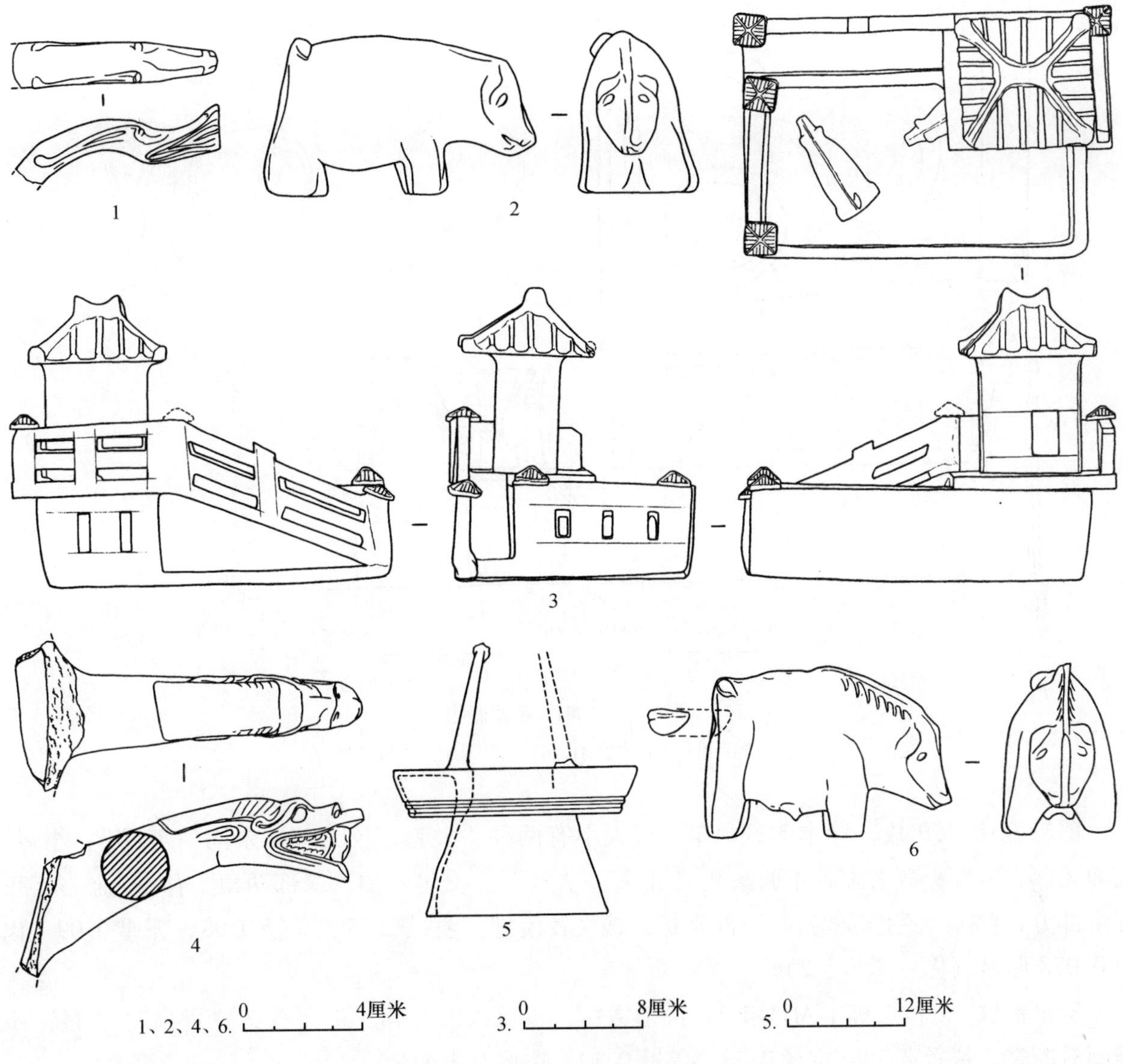

图一六五　M11随葬器物

1、4. 陶魁柄（M11:21、M11:7）　2、6. 陶猪（M11:4-2、M11:4-3）　3. 陶猪圈（M11:4-1）　5. 陶井（M11:16）

铜顶针　2件。M11:6，形如“戒指”，内素面，外较宽部分饰柳叶形凸线框，内密布小凹点。外径1.8、内径1.7、宽0.45～1.75厘米（图一六六，2；彩版二四，2）。M11:5，筒状，内素面，外以四凸弦纹和三周小凹点纹相间而饰。外径1.8、内径1.7、宽0.7厘米(图一六六，1)。

五铢铜钱　117枚。标本M11:1-1，圆形，正反面有郭。方穿。正面篆文“五铢”，“五”字交笔弯曲，上下横笔有出头和不出头两种；“金”字上部“△”形，四点均竖笔，“朱”字上部圆折或直折，下部均圆折。钱径2.61、穿径1、郭厚0.09、肉厚0.08厘米（图一六八，1）。

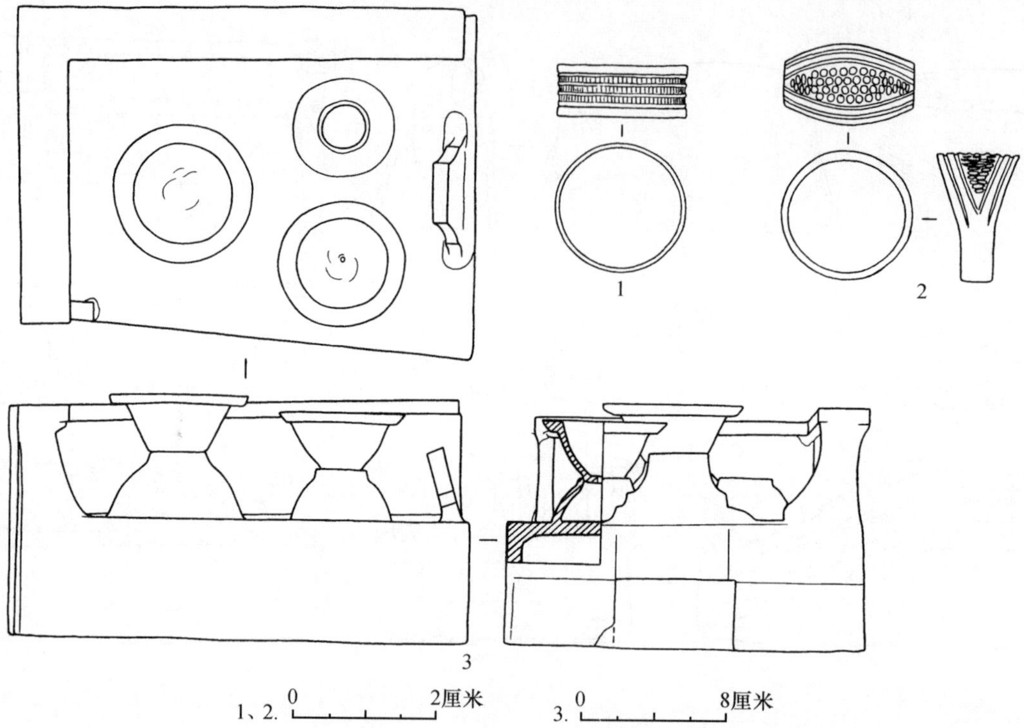

图一六六　M11 随葬器物

1、2. 铜顶针（M11:5、M11:6）　3. 陶灶（M11:20）

剪轮五铢　29 枚。标本 M11:1-2，依大小有两种：大者，仅无郭，余同“五铢”；小者，正面无郭，方穿，背有郭，正面篆文“五铢”，“五”字交笔弯曲，缘部两角不存；“金”字仅存半部分，“朱”字上部圆折，下部直折，钱文较模糊。钱径 2.25、穿径 0.98、郭厚 0.09、肉厚 0.078 厘米（图一六八，2）。

货泉铜钱　2 枚。标本 M11:1-3，圆形方穿，正反面钩有郭。正面篆文“货泉”，“泉”字竖画有断笔。钱径 2.24、穿径 0.73、郭厚 0.12、肉厚 0.1 厘米。

根据 M11 和 M6 平面的位置，两座墓大小形制构造相同，前室生土隔墙仅有 0.3 米，后室隔墙 0.8 米，由此推断，这两座墓为同一时期建造的夫妻异穴墓。

4. M16

位于Ⅲ区 T0603 和 T0703 内，南邻 M17 和 M18。

开口于②层下，打破③层、生土，自身被近代沟、近代坑和 H32 打破，墓口距地表 0.38～1.6 米。方向为 275°。

该墓平面呈甲字形，东西总长 11.2 米。由墓道、墓门、前室、甬道和后室五部分组成（图一六九；彩版八，3）。

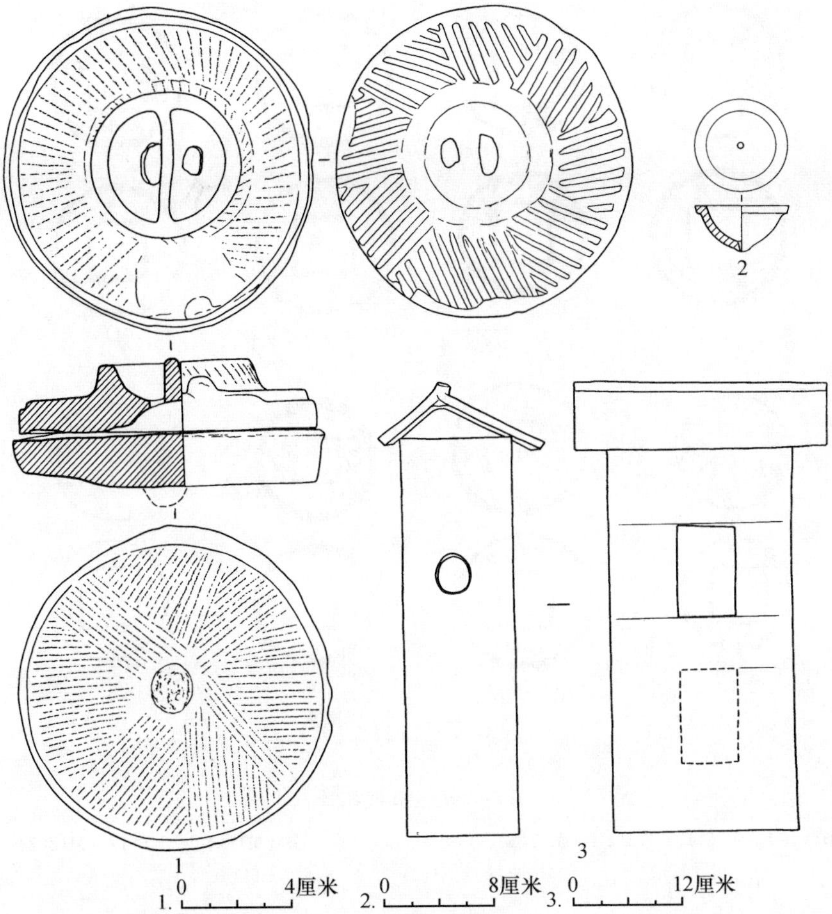

图一六七　M11 随葬器物

1. 陶磨（M11:28）　2. 陶漏斗（M11:35）　3. 陶楼（M11:33）

墓道位于墓门西侧，口距地表 1.7 米，长方形斜坡状。东西长 2.86 米，南北宽 0.86 米，深 1.7～2.7 米。内填花杂土，土质稍松。

墓门位于前室西侧，由于破坏严重，仅留底部痕迹，宽 0.86 米，进深 1.16 米。

前室位于墓门东侧，长方形状。东西长 2.86 米，宽 2.6 米，残高 0～1.44 米。四壁用青砖一平一竖、二平一竖所砌。铺地砖用青砖南北向错缝平铺。在前室北侧有一放器物台长方形，东西长 2.86 米，宽 1.08 米，高 0.06 米。青砖砌制。

甬道位于前室东南角，宽 0.87 米，向里进深 1.08 米。甬道西侧门残高 0.46 米，东侧门净高 1.42 米，从 0.78 米开始券起。砌法为青砖所券弓形双券。东西两壁砌法同前室四壁。

后室位于甬道东侧，长方形状。东西长 2.84 米，南北宽 2.2 米，残高 0.46～2.18 米，后室砌法同前室。

该墓破坏严重，前室填土中，出土陶器残片较多。在甬道中部发现一小片烧骨，前室内发现凌乱的肢骨。性别、年龄不清。未发现葬具。

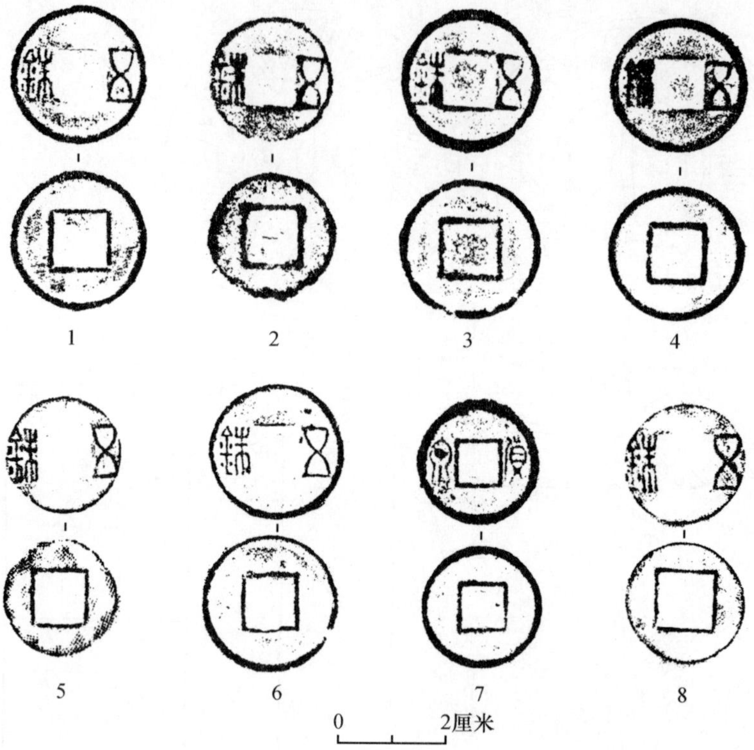

图一六八　铜钱拓片

1、3、4、6. 五铢（M11∶1-1、M16∶1、M22∶2-1、M12∶5）　2、5、8. 剪轮五铢（M11∶1-2、M3∶12、M12∶2）　7. 货泉（M12∶1）

随葬品有：

陶盘　2件。M16∶3，泥质灰陶。平面圆形，侈口，折沿上仰，斜方唇，浅腹，平底。轮制。直径32.6、高1.6厘米（图一七〇，7；彩版二一，5）。M16∶5，泥质灰陶。敞口，折沿上仰，方唇，斜腹，平底下有薄饼足，内底饰一凸弦纹，底部平凹。轮制。通高3.9、口径22.6、底径17厘米（图一七〇，1）。

陶耳杯　1件。M16∶4，泥质灰陶。平面呈椭圆形，敞口，尖圆唇，斜腹微弧，平底，两侧附残月形耳。模制。通高3.6、长12.2、宽10.1厘米（图一七〇，5）。

陶勺　1件。M16∶7，泥质灰陶。口部平面椭圆状，敞口，方唇，微弧腹，底尖圆。柄残。模制。残长12、宽7.3厘米（图一七〇，2）。

陶奁　1件。M16∶18，泥质灰陶。直口微侈，圆唇，筒腹，平底，马蹄形足。腹上、中、下分饰一凸弦纹和三、二道凹弦纹。器形不规整。手轮兼制。通高13.2、口径20.2、底径19.2、足高5.6厘米（图一七〇，3）。

小陶盆　2件。M16∶12，泥质灰陶。敞口，上斜沿，方唇，微弧腹，小平底。做工较粗糙。模制。通高4、口径9、底径3.4厘米（图一七〇，4）。M16∶11，泥质灰陶。敞口，平沿，方唇，微弧腹，小平底。模制。做工粗糙。通高4、口径9、底径3.25厘米（图一七〇，6）。

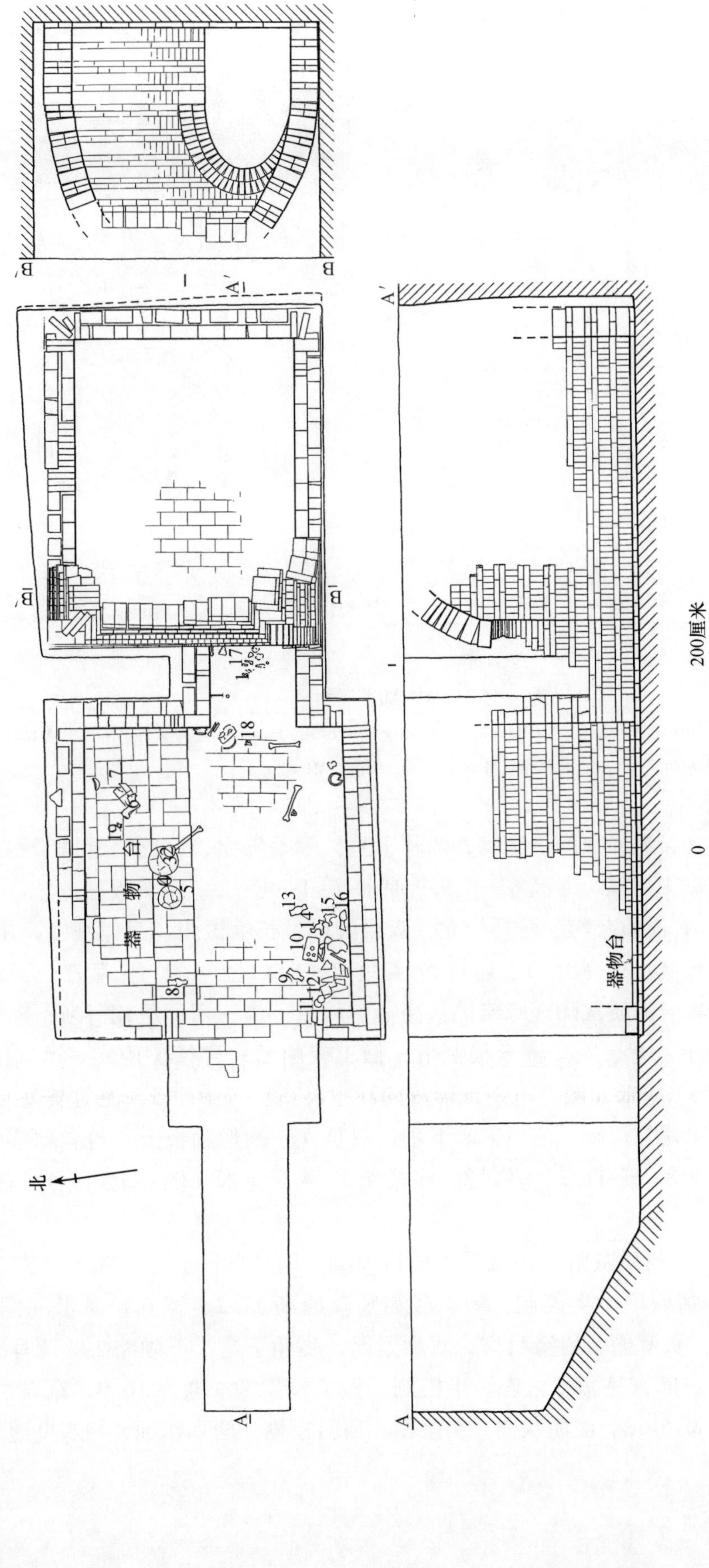

图一六九 M16平、剖面图

1. 铜钱 2. 铜镜 3. 陶盘 4. 陶耳杯 5. 陶盘 6. 陶狗 7. 陶勺 8、9、13、17. 俑 10. 陶灶 11、12. 陶盆 14、15. 陶鸡 16. 陶猪 18. 陶奁 19. 陶泡钉

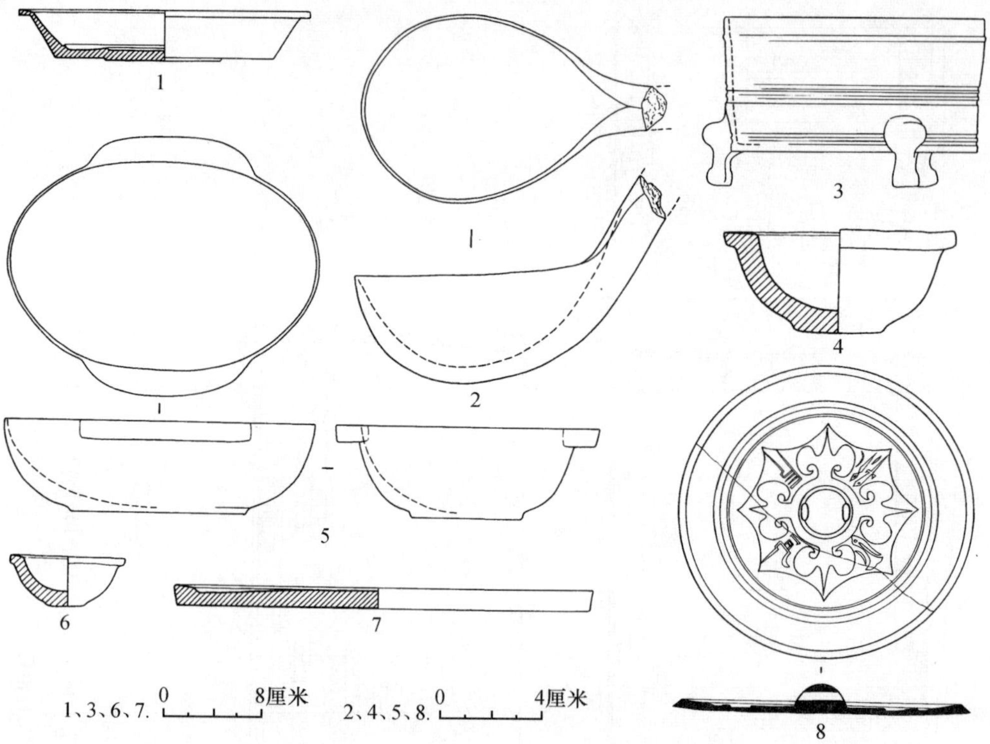

图一七〇 M16随葬器物

1、7. 陶盘（M16:5、M16:3） 2. 陶勺（M16:7） 3. 陶奁（M16:18） 4、6. 小陶盆（M16:12、M16:11） 5. 陶耳杯（M16:4） 8. 铜镜（M16:2）

陶猪 1件。M16:16，泥质灰陶。宽嘴，两耳下垂，鬃毛耸立，尾巴上卷搭于臀部，身躯清瘦作站立状。模制，做工粗糙。通高6、长9.9厘米（图一七一，1；图版三一，3）。

陶狗 1件。M16:6，泥质灰陶。两耳耸立，双目圆鼓，长嘴微张，身躯细瘦，尾巴上卷，四肢不存。神态威武。模制。残高15.2、通长27.4厘米（图一七一，2；图版三〇，5）。

陶鸡 2件。M16:14，泥质灰陶。喙略钝，高冠，眉目不清，翅、尾翎清晰，翘尾末端下垂，双足立于圆形踏板上。背、胸残留合模制痕，做工较粗糙。合模法内实。通高10.4、长11.5、座高2.3、座径5.1厘米（图一七一，3；彩版一八，5）。M16:15，泥质灰陶。喙略钝，高冠，眉目不清，翅羽、尾翎清晰，翘尾末端下垂，双足立于圆形踏板上。粉彩剥落殆尽，模制，做工较粗糙。通高9.8、长11.2、座高2、座径4.2～4.5厘米（图一七一，4；彩版一八，6）。

陶俑 4件。M16:8，泥质灰陶。头戴帽，眉目模糊，两耳阔圆，袍衣曳地，双手抚于胸前，宽袖垂于腹间，神情敦厚。半模制，做工较粗糙。通高17.2、宽6.8厘米（图一七二，1）。M16:9，泥质灰陶。头戴帽，眉清目秀，双唇紧闭，嘴角下弯，下颌略尖，两耳阔圆，双手抚于胸前，宽袖垂于腹间，显悲愁之态。半模制，做工较粗糙。通高16.9、宽6.8、厚2.7厘米（图一七二，2）。M16:13，泥质灰陶。头戴帽，眉目模糊，两耳阔圆，袍衣曳地，双手抚

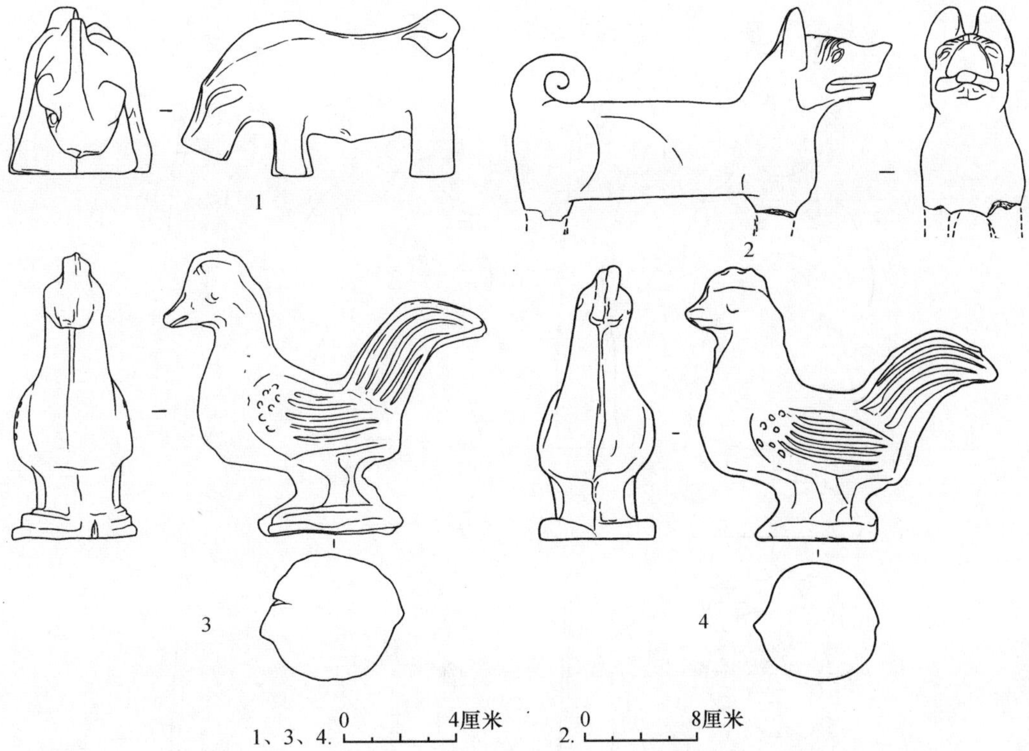

图一七一　M16随葬器物
1. 陶猪（M16∶16）　2. 陶狗（M16∶6）　3、4. 陶鸡（M16∶14、M16∶15）

于胸前，宽袖垂于腹间，神情敦厚。半模制，做工较粗糙。半模制。通高17.4、宽7、厚2.9厘米（图一七二，3）。M16∶17，灰陶。头戴帽，眉清目秀，鼻隆耳阔，双唇紧闭，下颌略尖，双手抚于胸前，宽袖垂于腹间，神情苍老。半模制，做工较粗糙。通高16.7、宽6.6、厚2.7厘米（图一七二，4；彩版一六，1）。

陶灶　1件。M16∶10，泥质灰陶。灶体平面呈梯形，上面三釜呈“品”字形分布，后面斜耸烟囱，前有矮挡烟墙。正面中部方形火门。手模兼制，做工较粗糙。通高8.7、长20.7、宽11.6～14厘米（图一七三，2；图版三四，1）。

铜镜　1件。M16∶2，圆形连弧纹镜，镜面光洁微凸，背面中部半球形纽，柿蒂形纽座出四蝠形叶有干，其间篆文“长宜子孙”，外为八内向连弧文和一凹弦纹带，近三角形缘。直径11.2厘米（图一七〇，8；彩版二三，3）。

铜泡钉　5枚。M16∶19-1～5，圆形“帽”状，缘沿折平，顶部尖圆，内一锥形钉。残高1.1～1.5、直径2.3厘米（图一七三，1；彩版二三，4）。

五铢铜钱　15枚。标本M16∶1，圆形，正反面有郭。方穿。正面篆文“五铢”，“五”字交笔弯曲“金”字上部“△”形，四点均竖笔，“朱”字上部圆折或直折，下部均圆折。钱径2.56、穿径0.92、郭厚0.09、肉厚0.082厘米（图一六八，3）。

图一七二　M16 随葬器物

1～4. 陶俑（M16:8、M16:9、M16:13、M16:17）

5. M22

位于Ⅲ区 T0302 的西南部，东邻 M20。方向为 285°。平面呈甲字形，开口于②层下，打破 Y6 和生土，自身被 G6 所压，墓口距地表 0.55～1.4 米。

该墓总长 10.5 米，由墓道、墓门、前室、甬道、后室组成（图一七四；彩版九，3）。

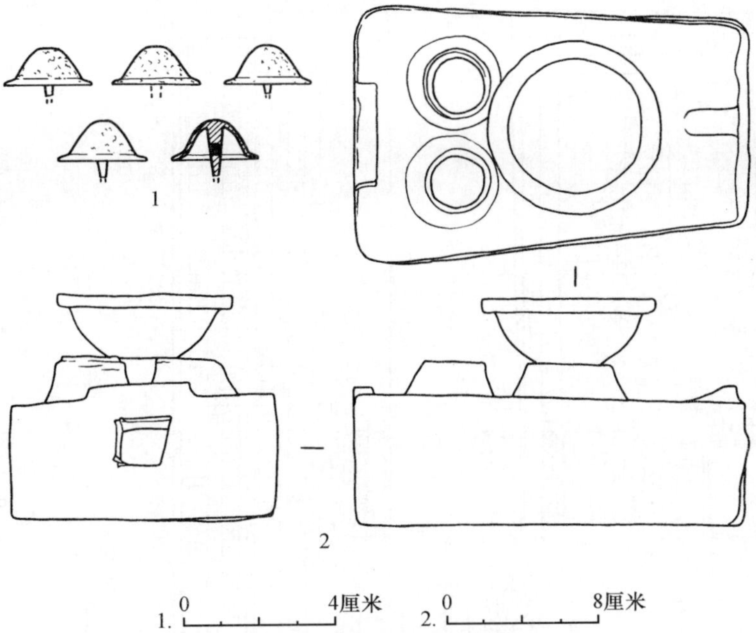

图一七三　M16随葬器物

1. 铜泡钉（M16:19-1～5）　2. 陶灶（M16:10）

墓道位于墓门西侧，形状长方形。东西残长3.5米，南北宽0.84～0.94米。墓门外圹与墓道连接处宽1.35米，墓口距地表1.4米，底距地表2.22～3米。内填花土，土质较松。

墓门位于西侧，中部偏南。形状长方形。拱形顶，单券券顶，保存基本完好。南北内宽0.82～0.84米，进深0.7米。两壁青砖所砌，砌法为二平一竖。墓门高1.46米，1.06米起券，券厚0.14米。封门砖东西长0.84米。墓门下部以砖一平一竖砌六层至1.17米，以上平砌五层至墓门内顶而封，高同墓门高度。墓门外用残砖平摆堆积门外。

前室位于甬道西侧，长方形，券顶已残。四壁用青砖所砌，砌法为二平一竖砖，残高1.33～1.4米。室南北内长2.4～2.56米，东西宽1.87～1.92米。墓口距地表1.4米，底距地表3米。在墓室北部有一器物台，东西向，东西长1.87～1.9米，南北宽0.62米，高0.2米。器物台南边用青砖包边，由底向上，一平砖一竖砖。台面上用青砖所铺，铺法为边沿东西向纵铺，内里纵横交替平铺。

甬道位于后室西侧，偏南，拱形顶。内宽0.84米，东西长1.28米。甬道券顶东西两边残，残长0.67～1.28米。两壁用青砖所砌，砌法同前室。

后室位于甬道东，形状长方形。东西内长2.6米，南北内宽1.5米。顶部已残，留四壁残高0.82～1.06米，砌法同前室。后室内铺地砖，大部为东西向纵铺和少量南北向横铺，不太规则，分布整个墓室底部。

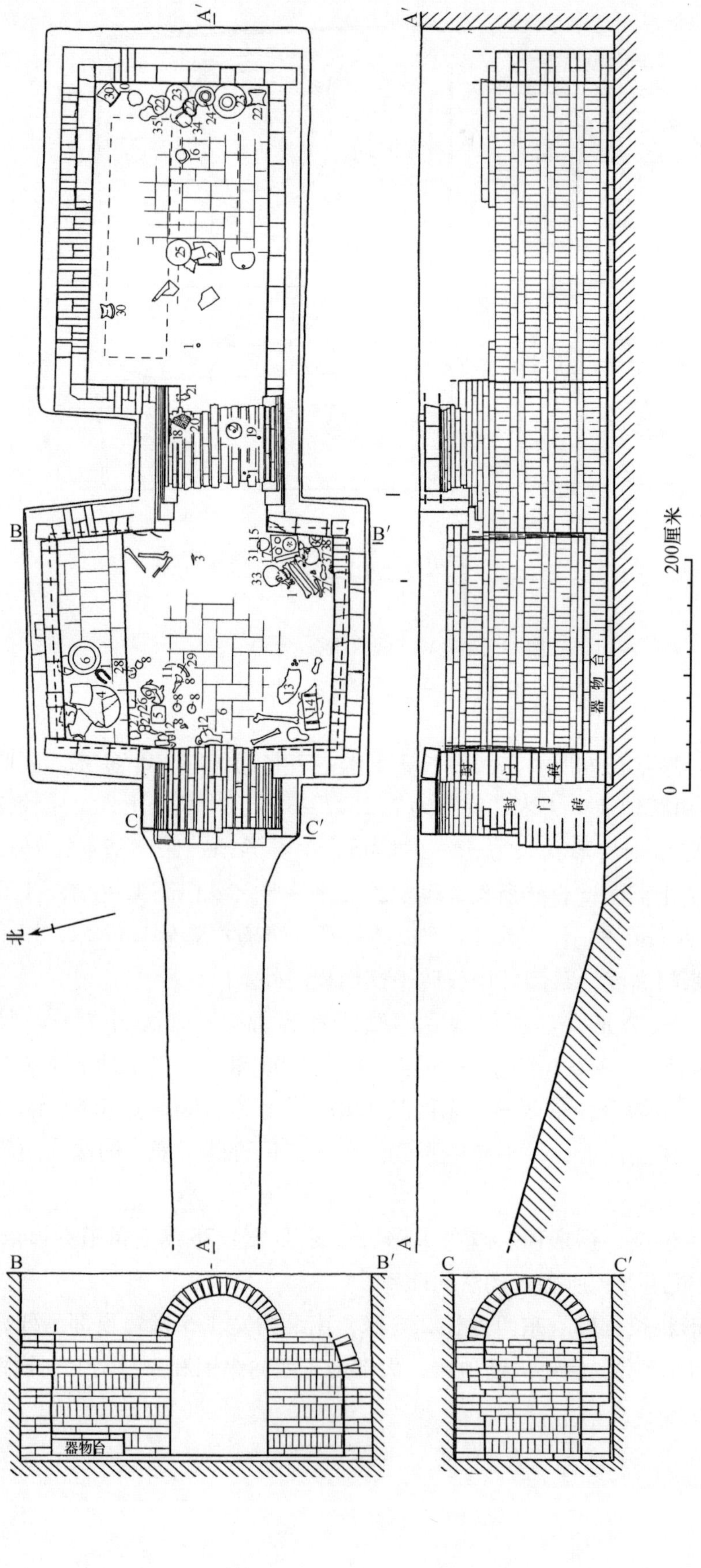

图一七四　M22 平、剖面图

1. 铜钱　2. 铜镜　3. 骨簪　4. 陶盘案　5、22、30. 陶壶　6. 陶炭炉箕　7. 灰陶盆　8. 陶灯盏　9. 陶熏炉　10. 陶器座　11. 陶鼎
12. 陶狗　13、23、24、34. 红陶罐　14. 陶房　15、28. 陶钵　16. 陶甑　17. 陶灶　18. 捣杵俑　19、32. 铜顶针　20. 陶房顶
21. 陶猪　25. 陶奁　26. 红陶案　27、35. 陶俑　28. 陶盘　29. 陶勺　31. 陶豆盘　33. 小陶盘　36. 陶井　37. 瓦当　38. 红陶钵

后室北部清出棺痕一具，长2.05米，南北宽0.5~0.6米。棺木厚0.05米，残高0.1米，南部棺痕不太明显。棺内无骨架，仅在前室的东南角发现2个头骨和凌乱骨架，其中一为女性，20岁左右。葬式不明；另一因破坏，不详。

随葬品有：

陶罐　4件。M22∶13，夹云母红褐陶，夹砂含云母。直口，圆唇，溜肩，鼓腹下弧收，小底微上凹。轮制。通高28.6、口径19、腹径36.2、底径11厘米（图一七五，1）。M22∶23，夹云母红陶。直口微敛，浅盘状沿，凹唇，溜肩鼓腹下弧收，小平底。轮制。通高21、口径12.5、腹径26.6、底径8.8厘米（图一七五，2）。M22∶24，夹云母红陶。直口微敛，浅盘状沿，圆唇，圆肩鼓腹下弧收，小底微上凹。轮制。通高15.9、口径11.1、腹径18.3、底径6.8厘米（图一七五，3；图版一八，2）。M22∶34，夹云母红陶。直口微侈，浅盘状沿，圆唇，溜肩鼓腹下弧收，小底微上凹。轮制。通高15.9、口径11.6、腹径18.7、底径7.2厘米（图一七五，4）。

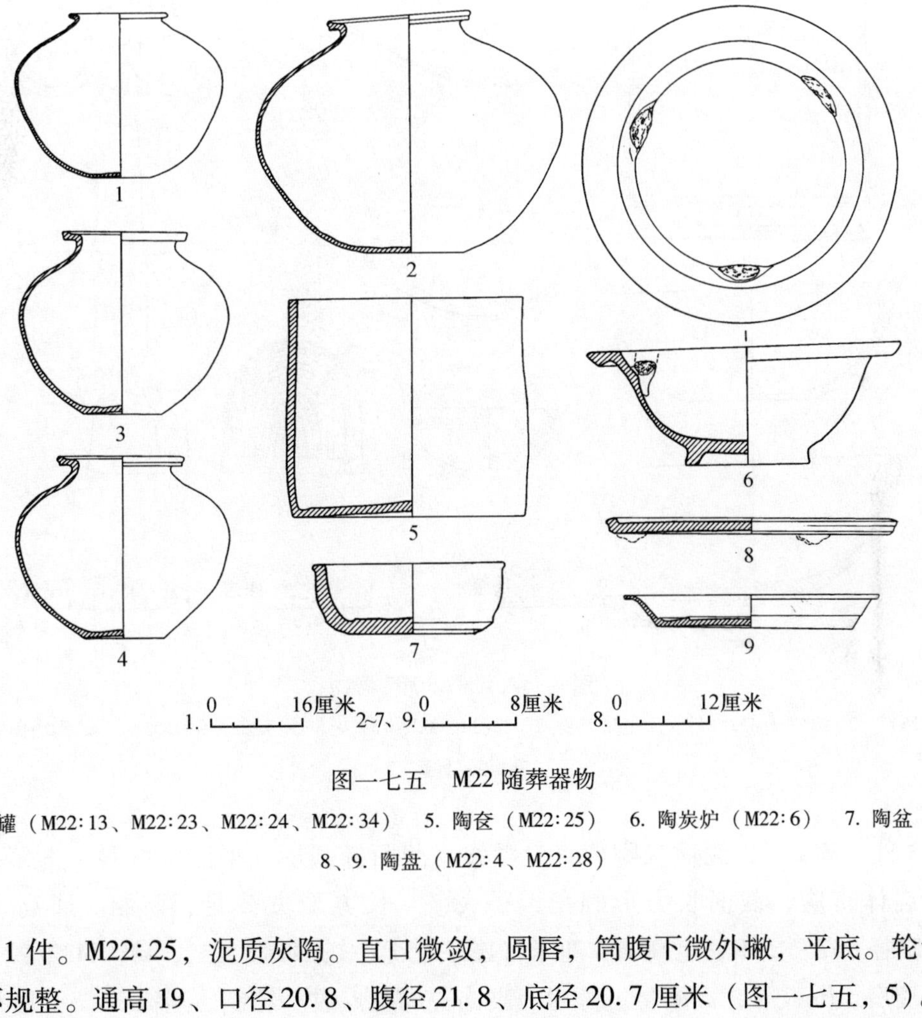

图一七五　M22随葬器物

1~4. 陶罐（M22∶13、M22∶23、M22∶24、M22∶34）　5. 陶奁（M22∶25）　6. 陶炭炉（M22∶6）　7. 陶盆（M22∶7）　8、9. 陶盘（M22∶4、M22∶28）

陶奁　1件。M22∶25，泥质灰陶。直口微敛，圆唇，筒腹下微外撇，平底。轮制，做工粗糙，器形不规整。通高19、口径20.8、腹径21.8、底径20.7厘米（图一七五，5）。

陶炭炉　1件。M22∶6，夹云母红陶。敞口，宽平沿，斜方唇，微弧腹，圈足。内壁三倒蹄形足残。手轮兼制。通高 10.5、口径 27.6、沿宽 3、足径 11、足高 1.3 厘米（图一七五，5；图版二一，2）。

陶盆　1 件。M22:7，泥质灰陶。直口微侈，平沿，尖圆唇，直腹微鼓，平底。器形不规整。轮制。高 6.2、口径 17.2、底径 11.2 厘米（图一七五，7；图版二一，3）。

陶盘　2 件。M22:4，泥质灰陶。平面圆形，侈口，折沿下斜，斜方唇，浅腹，平底，乳状三足。内底残留硃红，足残。轮手兼制。直径 38.3、高 2.1 厘米（图一七五，8）。M22:28，泥质灰陶。敞口，折平沿，卷圆唇，斜腹，平底微上凹。内底与腹间饰一凸弦纹，心部平凹，残留硃红。轮制。高 3.1、口径 22.3、底径 17.3 厘米（图一七五，9；图版二二，3）。

陶案　1 件。M22:26，陶色土灰。侈口，尖圆唇，浅腹，平底。内底残留硃红，残长 38.4、宽 37.6 厘米（图一七六，1）。

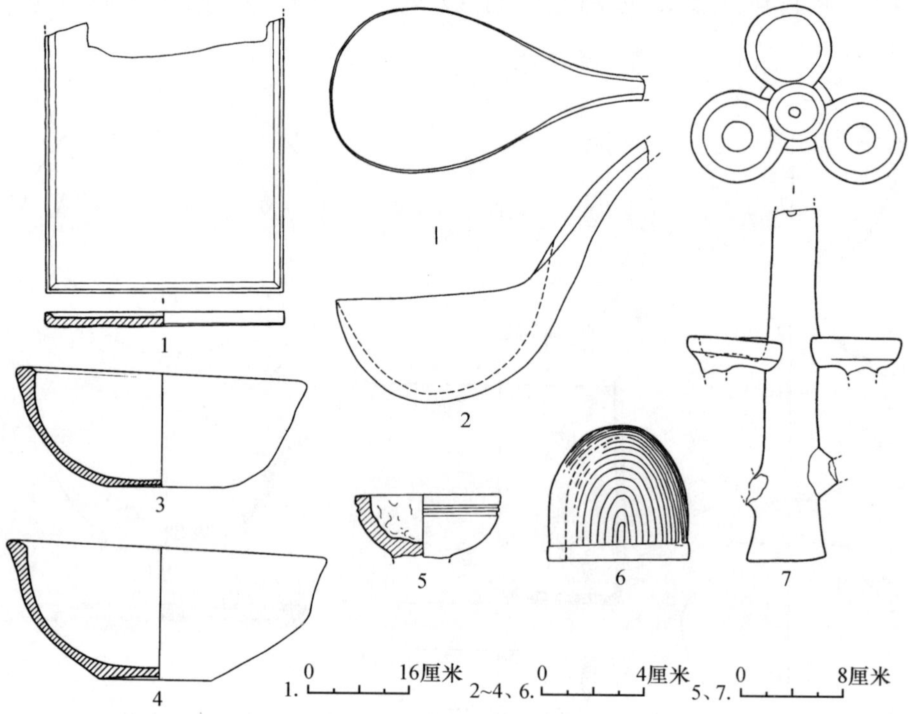

图一七六　M22 随葬器物

1. 陶案（M22:26）　2. 陶勺（M22:29）　3、4. 陶钵（M22:38、M22:15）　5. 陶豆盘（M22:31）　6. 陶博山式盖（M22:39）　7. 陶灯盏（M22:8）

陶壶　3 件。M22:5，泥质灰陶。直口微侈，截面椭圆形，平沿，方唇，直领，斜平肩对称饰盲鼻，扁体直腹，截面长方形圆角，平底，二长方形方棱足。模制。通高 18.1、口径 5.5～5.8、腹径 8.7～15.9、足高 1.4 厘米（图一七七，1；彩版二二，4）。M22:22，灰陶。盘口，束颈，溜肩，圆鼓腹，高圈足下外撇。腹饰一周麻点纹。轮制。通高 36.3、口径 17、腹径 23.4、胫径 11、足径 15.9、足高 10.4 厘米（图一七七，2；图版二五，4）。M22:30，泥质灰陶。盘口，束颈饰一凸弦纹，溜肩，圆鼓腹，高圈足下外撇。轮制，足上残留数道旋制痕。通高40.6、口径17.8、腹径24.1、胫径10.8、足径19.2、足高14.6厘米（图一七七，3）。

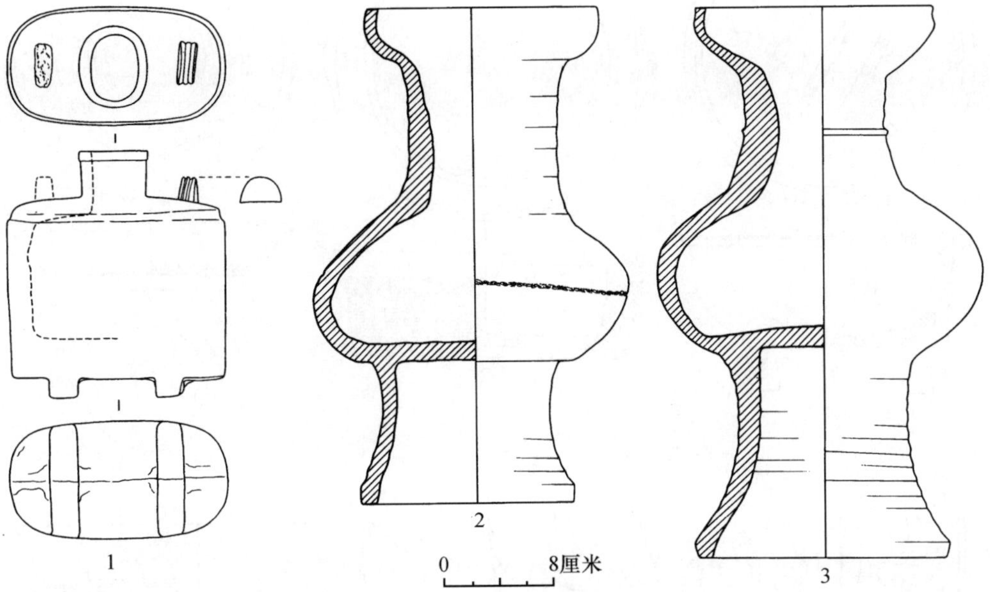

图一七七 M22随葬器物

1～3. 陶壶（M22:5、M22:22、M22:30）

陶灯盏 1件。M22:8，泥质灰陶。呈塔状。中部置对称三盏，盏下部均有断痕，盏下部原设有支架与灯柱下部相连。支架残，残高27.2、三盏口径6.6～7厘米（图一七六，7）。

陶博山式盖 1件。M22:39，也可能为井架上的附件。灰陶。直口微侈，折平沿，方唇，微弧腹，圜底，腹、底饰数道竖向并列凸棱。手模兼制。通高5.2、口径5.5厘米（图一七六，6；图版二四，4）。

陶勺 1件。M22:29，泥质灰陶。口部平面椭圆状，敞口，尖唇，斜弧腹，底尖圆。细柄残断。模制。残长12.3、宽6.4厘米（图一七六，2）。

陶豆盘 1件。M22:31，泥质灰陶。呈半球状，饰二凹弦纹。手轮兼制。残高5、口径11.5厘米（图一七六，5）。

小陶盘 1件。M22:33，泥质灰陶。侈口，折沿上仰，尖唇，斜腹。高4、口径21.8、底径14.2厘米（图一七八，3）。

陶钵 2件。M22:38，夹云母红陶。直口微敛，圆唇，微弧腹，小底微上凹。轮制。通高4.7、口径11.4、底径4.5厘米（图一七六，3）。M22:15，夹云母红陶。敛口，上斜沿，圆唇，弧腹，小底微上凹。轮制。通高5.3、口径12.6、底径4.7厘米（图一七六，4；图版一九，4）。

陶熏炉 1件。M22:9，泥质灰陶。子母口，方唇，弧腹，平底，三马蹄形足，内壁有三支点，腹、底各镂三长方形孔。手轮兼制。通高11.9、口径22.2、沿宽1.4厘米（图一七八，1；图版二三，3）。

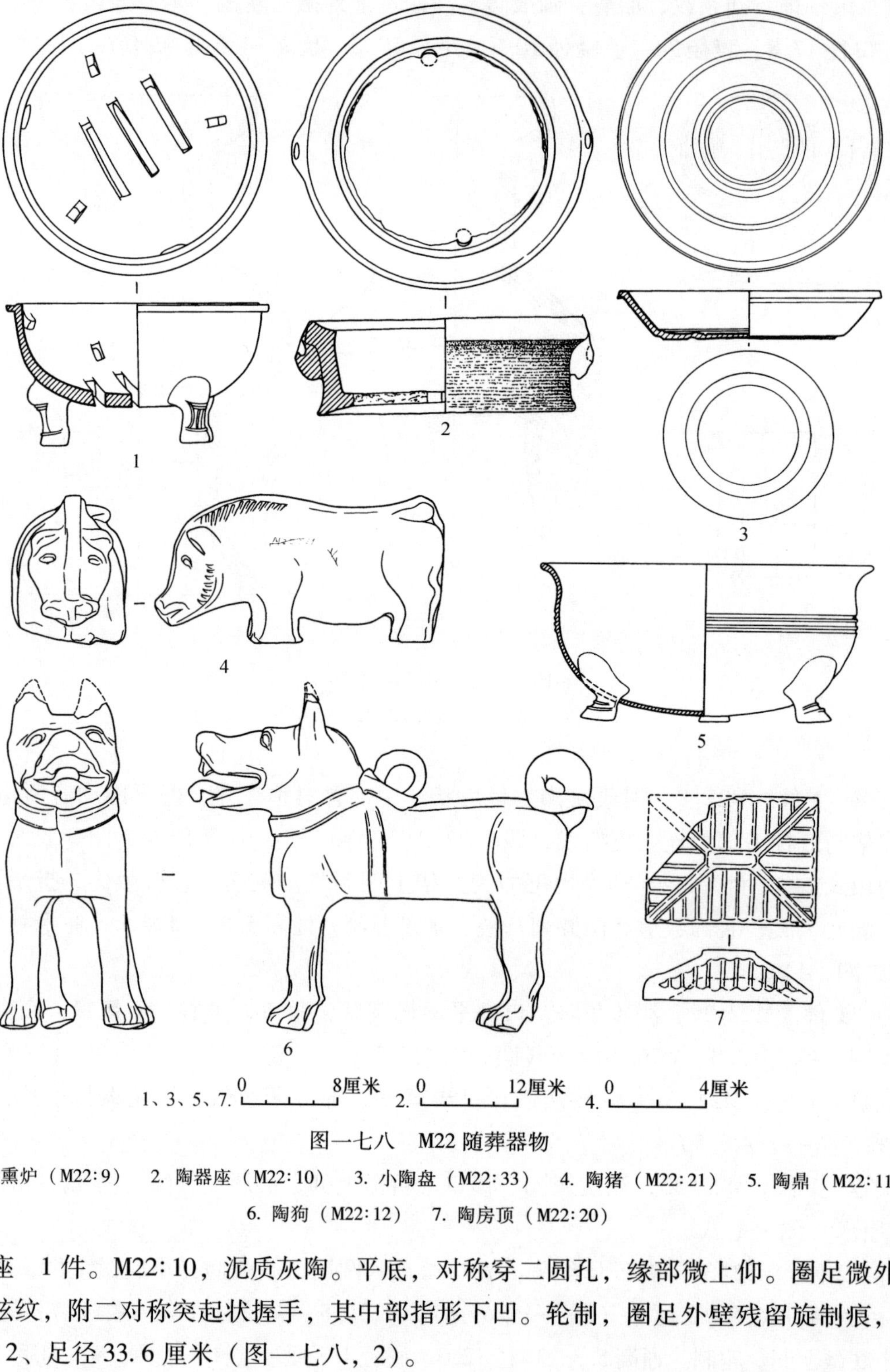

图一七八　M22随葬器物

1. 陶熏炉（M22∶9）　2. 陶器座（M22∶10）　3. 小陶盘（M22∶33）　4. 陶猪（M22∶21）　5. 陶鼎（M22∶11）　6. 陶狗（M22∶12）　7. 陶房顶（M22∶20）

陶器座　1件。M22∶10，泥质灰陶。平底，对称穿二圆孔，缘部微上仰。圈足微外撇，饰数道细凹弦纹，附二对称突起状握手，其中部指形下凹。轮制，圈足外壁残留旋制痕，做工粗糙。高11.2、足径33.6厘米（图一七八，2）。

陶鼎　1件。M22∶11，泥质灰陶。直口略侈，撇沿，尖圆唇，微鼓腹饰三周凹弦纹，圜底，马蹄形足。手轮兼制。通高13.2、口径27.6、腹径25.2厘米（图一七八，5）。

陶猪　1件。M22∶21，泥质灰陶。宽嘴圆耳，双目微突，鬃毛耸立，尾巴上卷搭于臀部，身躯肥壮，四肢粗短作站立状，模制，背、腹残留合模制痕。通高 6. 2、通长 12. 1、足宽 4. 5 厘米（图一七八，4；图版三一，4）。

陶狗　1 件。M22∶12，泥质灰陶。站立状。两耳尖耸，双目圆鼓，张嘴吐舌，身躯肥硕，尾巴上卷，四肢健壮，指爪清晰，颈、背绳索系于颈后环中。神态威武，栩栩如生。做工较精细。合模制内空。残高 28、通长 33. 6 厘米（图一七八，6；彩版一九，4）。

陶俑　2 件。M22∶27，泥质灰陶。跽坐状，头戴平巾帻，眉目清晰，耳阔鼻隆，双唇闭合，嘴角下弯，面容清秀，袍衣右衽，衣袖高卷，双臂及膝前托盘上器物不存。模制。高 27. 8、宽 13. 4 厘米（图一七九，1；彩版一六，3）。M22∶35，泥质灰陶。头戴儒巾，眉目模糊。袍衣曳地，屈臂于胸前。模制，做工粗糙。通高 14. 3、宽 5. 9 ~6. 3 厘米（图一七九，2；彩版一六，4）。

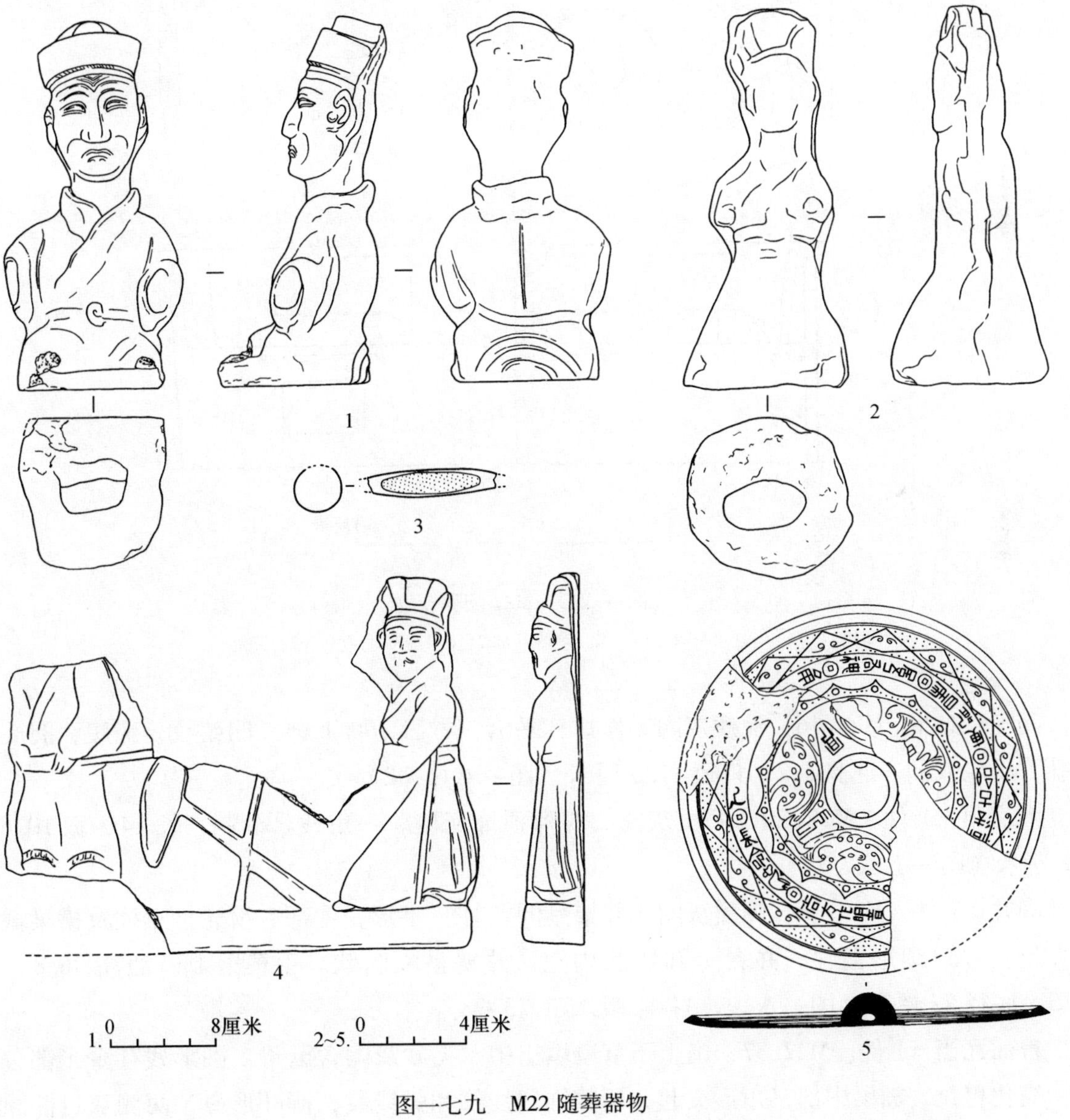

图一七九　M22 随葬器物

1、2. 陶俑（M22∶27、M22∶35）　3. 铜顶针（M22∶32）　4. 陶捣杵俑（M22∶18）　5. 铜镜（M22∶2）

捣杵俑　1件。M22:18，泥质灰陶。杠杆一端装置杵头，另一端踩于捣米者脚下。捣米者两人，一人位于杵头一端；一人头戴儒巾，眉目模糊，面容清瘦，袍衣曳地，脚踩杵柄，臂前伸。模制。高14、残长17.8、座厚2.3厘米（图一七九，4）。

陶灶　1件。M22:17，泥质灰陶。灶体平面呈梯形，上面无火眼，后有方棱梯形烟囱，二釜前后布置（即釜之上半）与灶体分离，前是对称直角渐收挡烟墙。正面中部横长方形火门，门上导烟墙残断。右、后壁耸立挡风墙，后墙中部设一圆孔，无底内空。模制。通高19、残长28.3、宽17～27厘米（图一八〇，1；图版三四，2）。

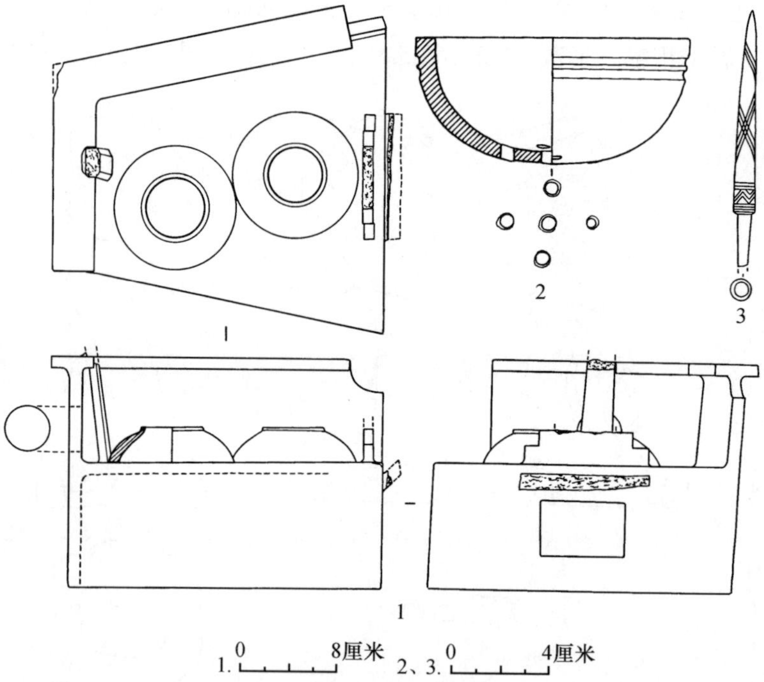

图一八〇　M22随葬器物

1. 陶灶（M22:17）　2. 陶甑（M22:16）　3. 骨簪（M22:3）

陶甑　1件。M22:16，泥质灰陶。侈口，平沿，方唇，唇下饰二凹弦纹，弧腹，圜底设五箅孔。手轮兼制。通高5.2、口径11.3厘米（图一八〇，2）。

陶房顶　1件。M22:20，泥质灰陶。四阿顶饰瓦棱。一角残。模制。长14、宽10.6、高4.2厘米（图一七八，7）。

陶井　1件。M22:36，泥质灰陶。井架呈倒“甘”字形，中部有滑轮，立柱及横梁截面均近方形，井口圆形微侈，井台呈圆饼状内空，井壁呈喇叭状。手模兼制。通高36.8、台径21.3、底径22厘米（图一八一，3；彩版二〇，3）。

兽面瓦当　1件。M22:37，出土于墓道填土中。夹砂灰陶含云母。圆形残存少半部分，当面为简化兽纹，额梁中部三角形突起，两侧饰斜线纹和弧线纹，柳叶形鼻，两侧双目椭圆状鼓凸，目外有凸线作眼眶，其两侧尖耳耸立，鼻下象形嘴巴的是有凸线框的两乳突，向左右三栏

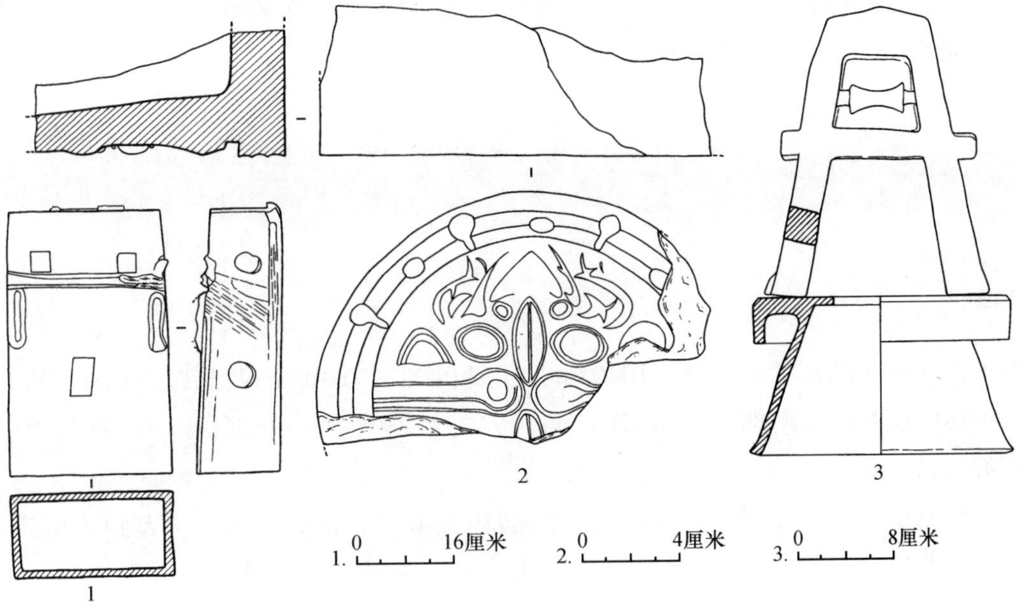

图一八一　M22随葬器物

1. 陶房（M22:14）　2. 兽面瓦当（M22:37）　3. 陶井（M22:36）

格界；边轮略宽，上饰两凸弦纹，其上等距饰乳钉。模制。残径16.5厘米（图一八一，2）。

陶房　1件。M22:14，泥质灰陶。顶残，楼体平面呈长方形，直壁较高，两侧开圆形山窗2个，手制。残高43.2、长27.2、宽13.6厘米（图一八一，1）。

骨簪　1件。M22:3，柄、身均圆锥形，柄较短且钝，素面，身粗于柄折凸向尖部渐细，较长且锐阴刻纹饰，粗部两组（每组三道）弦纹间饰三波折纹，弦纹外两组（每组三道）斜线相交缠绕至尖。磨制后手工修琢。残长10.5、0.9厘米（图一八〇，3；彩版二四，6）。

铜镜　1件。M22:2，圆形，镜面微凸。背面纽座区中部有半球形纽，纽座圆形，座外四凤纹与篆体铭文“长宜子孙”相间而饰，外饰一周凹弦纹；内区向里两凸弦纹间饰十六内向连弧纹和小圆圈，小圆圈间缀五小星点，向外两凸弦纹间铭文“尚方以□，□以记青，同去古□，□□□□，居□□□，□□□□，□□□□，长命”。以铜钱形纹饰断句；外区两凸弦纹间饰不规则菱形纹和上大下小的三角纹，菱形纹内为蝠纹，三角纹内密布小星点。缘部近三角形。锈蚀严重。直径13.6厘米（图一七九，5）。

铜顶针　2件。M22:19，形如“戒指”，内素面，外较宽部分饰柳叶形凸线框，内密布小凹点。朽残。M22:32，形如“戒指”，内素面，外较宽部分饰柳叶形凸线框，内密布小凹点。朽残，直径1.8、宽1厘米（图一七九，3）。

五铢铜钱　6枚。标本M22:1-1。圆形，正反面有郭。方穿。正面篆文“五铢”，“五”字交笔弯曲；“金”字上部“△”形，四点均竖笔，“朱”字上下均圆折或上部直折，下部圆折。钱径2.59、穿径0.88、郭厚0.14、肉厚0.13厘米（图一六八，4）。

剪轮五铢　4枚。标本M22:1-2，正面无郭，方穿，背有郭。正面篆文“五铢”，“五”字交笔弯曲；“金”字上部“△”形，四点均竖笔，“朱”字上下均圆折。钱径不等。钱径2.39、穿径0.99、郭厚0.1、肉厚0.09厘米。

三、多室墓葬

共3座。

1. M2

位于Ⅰ区T0304的东部和南部，T0404的西部和南部，T0403的西北部，T0303的北部，墓道西端在T0204探方的东南部。北邻M1、M3。方向为280°。开口于②层下，打破生土，墓口距地表0.46～0.5米。

该墓平面略呈“甲”字形，青砖砌券，已破坏至墓底，留有土圹。由墓道，甬道、前室、中室、后室及北侧室六部分组成（图一八二；彩版六，3；图版七，1）。

墓道位于甬道之西。形状近似长方形。东西长3.15米，宽0.8～0.85米。一级台阶宽0.3米，高0.3米，以下呈坡状。坡长3.25米，底距地表0.8～1.84米，墓道内填五花土。

墓门和甬道已破坏至底部，残存土圹，东西长1.25米，南北宽1.38～1.44米，高1.84米。

前室位于中室西侧，形状近方形，东西长2.88～3米，南北宽2.76～2.8米。砖已破坏至底部，仅存北壁一层，东西向平砌。前室中部留有铺地砖，为两竖两横，交替平铺，砖规格基本与壁砖同。

中室位于后室以西，北侧室南侧。形状近似长方形，南北残长2.8～4.2米，东西宽3.5米。该室破坏严重，内填大量碎砖块。中室门圹宽1.38米，进深0.82米，残高0.1～1.84米。

后室位于该墓最东端，形状近似长方形，开口距地表0.5米，墓底距地表1.76～1.82米。东西土圹长3.7米，墓室长2.9米；南北土圹宽2.15米，室内宽1.58米。该墓顶部及壁砖大部分已被破坏，仅残存北壁、东壁北半部，南壁东半部少量壁砖。残高0.055～0.5米，砌法为两平一竖。后室铺地砖仅残存西部少部分，铺法和前室类同，墓室底部留有大量木灰痕迹且未发现棺椁和骨架。

北侧室位于中室北侧，形状呈长方形。壁砖已被破坏，墓室门圹宽1.4米，进深0.6米，墓室南北长3.8米，东西宽2.8米。中部残留斜向铺地砖，砖上留有火烧过的痕迹。南北摆放一具骨架，葬式为仰身直肢，腐朽较甚，仅残留有一左下肢骨、盆骨，头骨乱放在骨架附近，面向不清。其骨骼均已被烧焦。

由于破坏严重，未发现葬具，根据后室和北侧室的黑炭灰，推断棺木已烧毁。

随葬品有：

陶盏　21件。M2∶3，夹云母红陶。敞口，折沿上斜，尖唇，浅腹，内外底不平。泥条盘筑经慢轮修整，做工粗糙，器形不规整。泥条盘筑。通高1.9、口径8.5～8.8、底径6.6厘米（图一八三，1）。M2∶5，夹云母红陶。敞口，圆唇，浅腹，内外底平。轮制，做工粗糙。通高

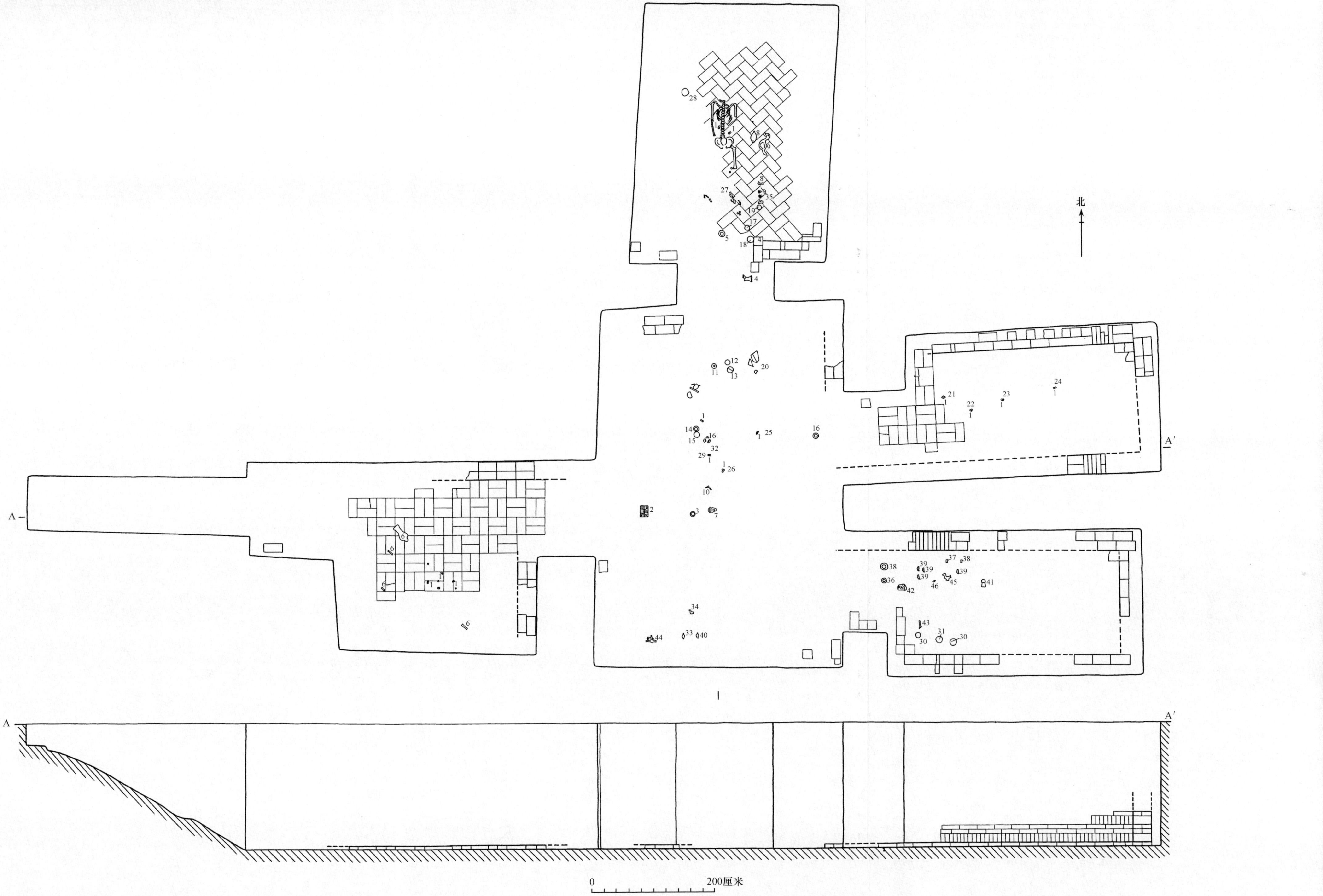

图一八二　M2 平、剖面图

1. 铜钱　2. 陶屋顶　3、5、12、28、30～32. 红陶盏　4. 陶豆　6. 陶狗　7. 陶俑头　8. 陶鸭　9、45. 陶鸡　10. 铜削　11. 陶灯盏
13～19. 小陶盏　20. 陶鸡头　21～26. 小红陶盏　27. 条形器　29. 陶盘　33、34、40. 陶鸟　35、36. 陶灶圈　37、38. 陶足
39. 陶灯支架　41. 陶俑　42. 捣杵俑　43. 陶魁柄　44. 陶井架　46. 陶盘

1.9、口径8.7、底径5.4厘米（图一八三，2）。M2:12，夹云母红陶。敞口，圆唇，浅腹，内外底不平。轮制，做工粗糙。轮制。通高2、口径7.3、底径1.1厘米（图一八三，3）。M2:13，夹云母红陶。敞口，平沿，圆唇，浅腹，内外底不平。轮制，做工粗糙。通高2.4、口径8.3、底径4.7厘米（图一八三，4）。M2:14，夹云母红陶。敞口，平沿，方唇，浅腹，内外底不平。轮制，做工粗糙。通高2、口径8.9、底径5.5厘米（图一八三，5）。M2:15，夹云母红陶。敞口，圆唇，浅腹，内外底不平。轮制，做工粗糙。通高2.1、口径9、底径4.8厘米（图一八三，6）。M2:16，夹云母红陶。敞口，圆唇，浅腹，内外底不平。轮制，做工粗糙。通高2、口径8.6、底径6.2厘米（图一八三，7）。M2:17，夹云母红陶。敞口，上斜沿，尖唇，浅腹，内外底不平。轮制，做工粗糙。通高2.7、口径9.9、底径6.2厘米（图一八三，8）。M2:18，夹云母红陶。敞口，上斜沿，尖唇，浅腹，内外底不平。轮制，做工粗糙。通高2.5、口径9.2、底径4.95厘米（图一八三，9）。M2:19，夹云母红陶。敞口，尖唇，浅腹，内外底不平。轮制，做工粗糙。通高2.25、口径8.05、底径4.65厘米（图一八三，10）。M2:20，夹云母红陶。敞口，尖圆唇，浅腹，内外底不平。轮制，做工粗糙。通高2.15、口径9.4、底径6.1厘米（图一八三，11）。M2:21，夹云母红陶。敞口，卷圆唇，浅腹，内外底不平。轮制，做工粗糙。通高2.3、口径9.6、底径5.6厘米（图一八三，12）。M2:22，夹云母红陶。敞口，圆唇，浅腹，内外底不平。轮制，做工粗糙。通高2.3、口径7.8、底径4.2厘米（图一八四，1）。M2:23，夹云母红陶。敞口，平沿，方唇，浅腹，内外底不平。轮制，做工粗糙。通高2.35、口径8、底径4.65厘米（图一八四，2）。M2:24，夹云母红陶。敞口，尖唇，浅腹，内外底不平。轮制，做工粗糙。通高2.2、口径8.8、底径5.8厘米（图一八四，3）。M2:25，夹云母红陶。敞口，圆唇，浅腹，内外底不平。轮制，做工粗糙。通高2.5、口径9、底径5.4厘米（图一八四，4）。M2:26，夹云母红陶。敞口，尖圆唇，浅腹，内外底不平。轮制，做工粗糙。通高1.7、口径8.3、底径5.4厘米（图一八四，5）。M2:28，夹云母红陶。敞口，圆唇，浅腹，内外底不平。轮制，做工粗糙。通高2.2、口径9.4、底径5.0厘米（图一八四，6）。M2:30，夹云母红陶。敞口，平沿，尖圆唇，浅腹，内外底不平。轮制，做工粗糙。通高2、口径8.85、底径5.5厘米（图一八四，7）。M2:31，夹云母红陶。敞口，上斜沿，尖唇，浅腹，内外底不平。轮制，做工粗糙。通高2.2、口径9.1、底径3.15厘米(图一八四，8)。M2:32，夹云母红陶。敞口，平沿，尖唇，浅腹，内外底不平。轮制，做工粗糙。通高2.4、口径8.6、底径4.4厘米（图一八四，9）。

陶灯盏　1件。M2:11，泥质灰陶。残。敞口，折平沿，方唇，浅腹，底心柱形柄残，腹侧残留与主灯的黏附痕。轮制。口径7.4~7.6、残高5厘米（图一八五，4）。

陶盘　3件。M2:51，泥质灰陶。平面圆形，侈口，折平沿，方唇，浅腹，平底。轮制。直径23.6、沿高1.7、沿宽1.5、底厚1.4厘米（图一八五，1）。M2:29，泥质灰陶。平面长方形，侈口，圆唇，浅腹，平底素面。内底残留硃红。模制。残长10、宽9.6、厚2.2厘米（图一八五,3）。M2:46，泥质灰陶。平面圆形，侈口，折平沿，方唇，浅腹，平底。残留部分硃红。轮制。直径37.9、沿高1.7、沿宽1.5、底厚1.5厘米（图一八五，2）。

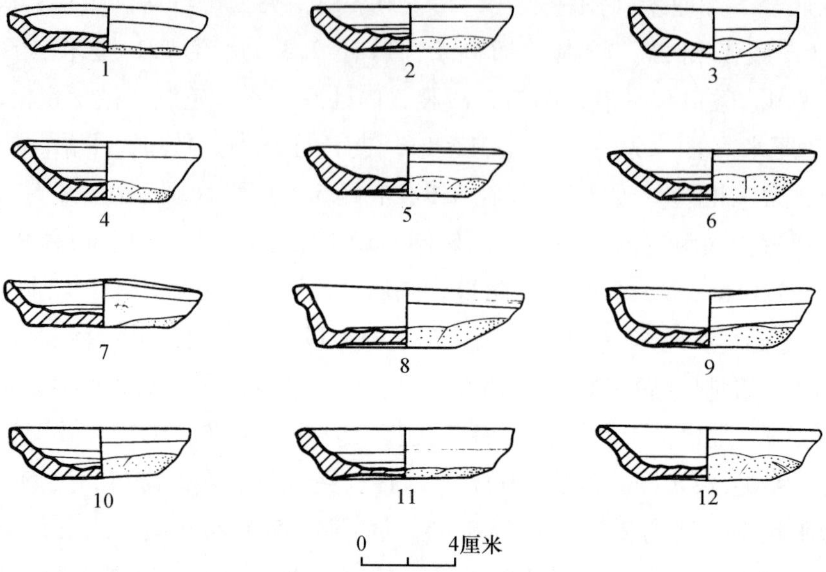

图一八三　M2 随葬陶盏

1. M2:3　2. M2:5　3. M2:12　4. M2:13　5. M2:14　6. M2:15　7. M2:16　8. M2:17　9. M2:18　10. M2:19　11. M2:20　12. M2:21

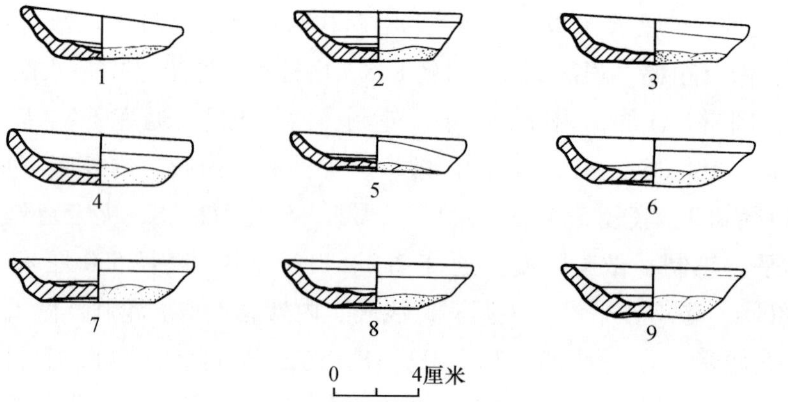

图一八四　M2 随葬陶盏

1. M2:22　2. M2:23　3. M2:24　4. M2:25　5. M2:26　6. M2:28　7. M2:30　8. M2:31　9. M2:32

陶钵　1件。M2:49，夹云母红陶。直口微敛，上斜沿，尖唇，弧腹，底微上凹。轮制，做工较粗糙。通高4.7、口径11.75、底径4.5厘米（图一八五，5；图版一八，3）。

陶豆　1件。M2:4，泥质灰陶。敞口，平沿，尖唇，斜腹收至细柄，喇叭状底座对穿两镂孔。轮制，器表残留旋制痕。通高13.9、口径12.4、底径10.5厘米（图一八五，7；图版一五，5）。

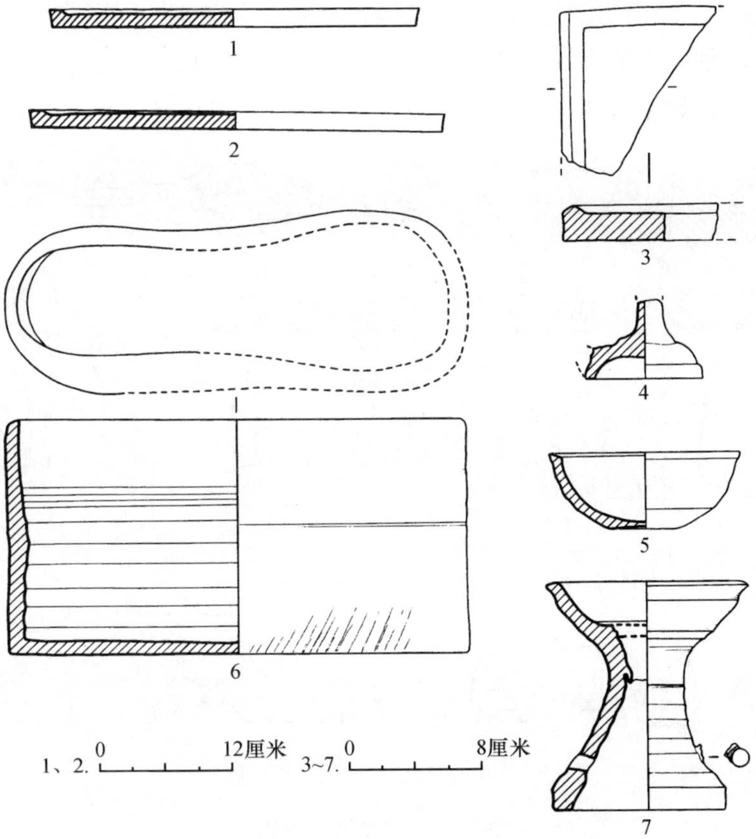

图一八五　M2 随葬器物

1～3. 陶盘（M2:51、M2:46、M2:29）　4. 陶灯盏（M2:11）　5. 陶钵（M2:49）
6. 陶条形容器（M2:27）　7. 陶豆（M2:4）

陶条形容器　1件。M2:27，泥质灰陶。敞口，直壁，平底。整体扁体，截面“鞋底”状。手制轮修，器表残留修琢痕。长28、宽11.2、高14.4厘米（图一八五，6；图版二二，4）。

陶器足　2件。M2:37，泥质灰陶。腿部正面浑圆肥满，背面略平。足如马蹄，前面刻一周阴线，其与足底间饰一周波折纹，足底略平。模制。通高4.8、宽4.3厘米（图一八六，1）。M2:38，泥质灰陶。足如马蹄，前面刻一周阴线，其与足底间饰一周波折纹，足底略平。模制。通高2.7厘米（图一八六，2）。

陶灯支架　1件。M2:39，泥质灰陶。形如虎头，两耳不存，双目圆鼓，胡须上扬，隆鼻阔嘴，下颌呈方形榫状以与外物承接。耳及下颌有残损。模制。残高4.4、宽6.8、厚0.8～1.5厘米（图一八六，3）。

陶狗　1件。M2:6，泥质灰陶。两耳耸立，双目圆鼓，嘴唇宽扁，自然闭合，颈、背系绳索，身躯细瘦，四肢作站立状。模制。通高23.8、通长27.4、宽9.2厘米（图一八六，4；图版二九，6）。

陶鸟　3件。M2∶33，泥质灰陶。仰头竖颈，翅毛尾翎清晰可辨，扁尾平伸，两翅作欲飞状。半模制，做工较细腻。通高5、长8、宽5.6厘米（图一八七，4；图版二九，3）。M2∶34，泥质灰陶。仰头竖颈，翅毛尾翎清晰可辨，扁尾平伸，两翅作欲飞状。半模制，做工较细腻。

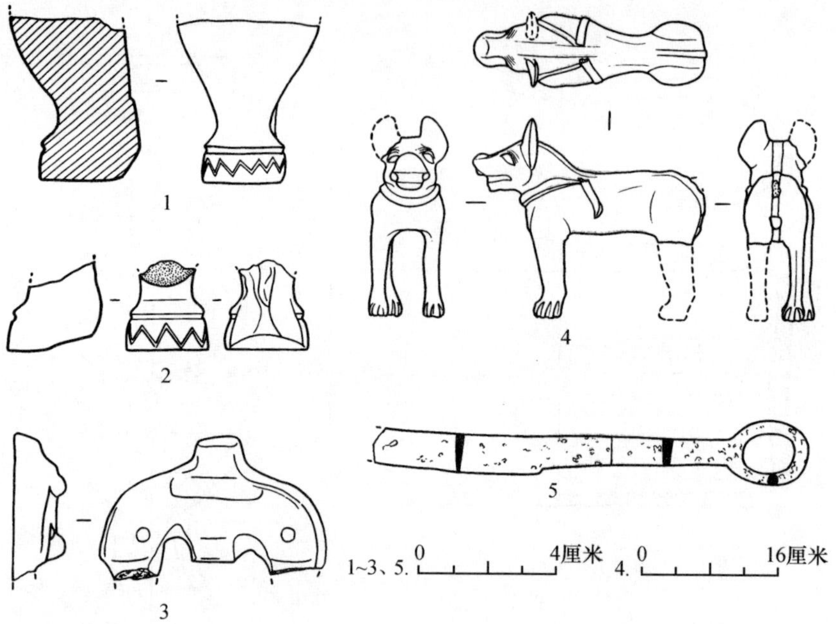

图一八六　M2随葬器物

1、2. 器足（M2∶37、M2∶38）　3. 陶灯支架（M2∶39）　4. 陶狗（M2∶6）　5. 铜削（M2∶10）

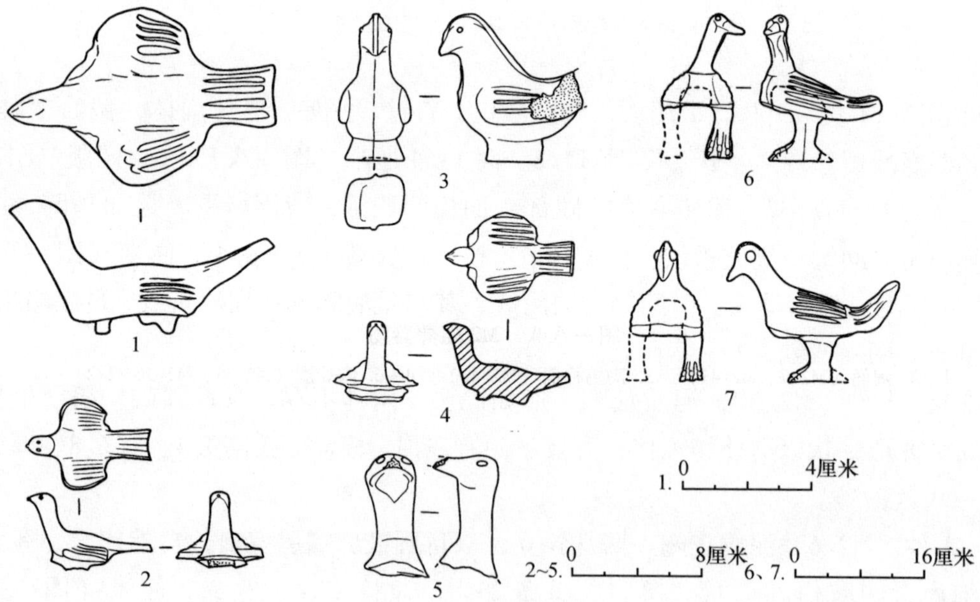

图一八七　M2随葬器物

1、2、4. 陶鸟（M2∶34、M2∶40、M2∶33）　3、7. 陶鸡（M2∶45、M2∶9）　5、6. 陶鸭（M2∶50、M2∶8）

通高5、长8、宽5.6厘米（图一八七，1；图版二九，4）。M2∶40，泥质灰陶。仰头竖颈，翅毛尾翎清晰可辨，扁尾平伸，两翅作欲飞状。半模制，做工较细腻。通高4.8、长7.8、宽5.6厘米（图一八七，2；图版二九，5）。

陶鸭　2件。M2∶8，泥质灰陶。竖颈拧头，喙扁平，背、尾羽毛清晰，尾宽扁，直立状，腹内空。合模而制，做工较粗糙。通高18、通长15.2厘米（图一八七，6；图版二六，6）。M2∶50，泥质灰陶。竖颈拧头，喙扁平，圆目微凹。合模制，做工较粗糙，喙微残。通高7.6厘米（图一八七，5）。

陶鸡　2件。M2∶9，泥质灰陶。尖喙高冠，双目圆鼓，背羽毛清晰，尾上翘，直立状，腹内空。合模而制，做工较粗糙。通高17.4、通长21.5厘米（图一八七，7；图版二七，2）。M2∶45，泥质灰陶。喙略钝，眉目模糊，翅羽清晰，尾不存，腹下方形底座。模制，做工较粗糙。通高9.2、残长8.9厘米（图一八七，3；图版二七，3）。

陶俑　2件。M2∶7，泥质灰陶。残。头戴平巾帻，浓眉大眼，鼻梁高挺，双唇闭合，下颌略尖，面容清秀。双耳及颈下不存。半模制。残高11.5、宽7.6厘米（图一八八，1；图版二六，4）。M2∶41，褐红色陶。残，仅存腹下部分，腰部束带，带头下垂与袍齐，袍衣曳地。半模制。残高10.4、宽7.4厘米（图一八八，2）。

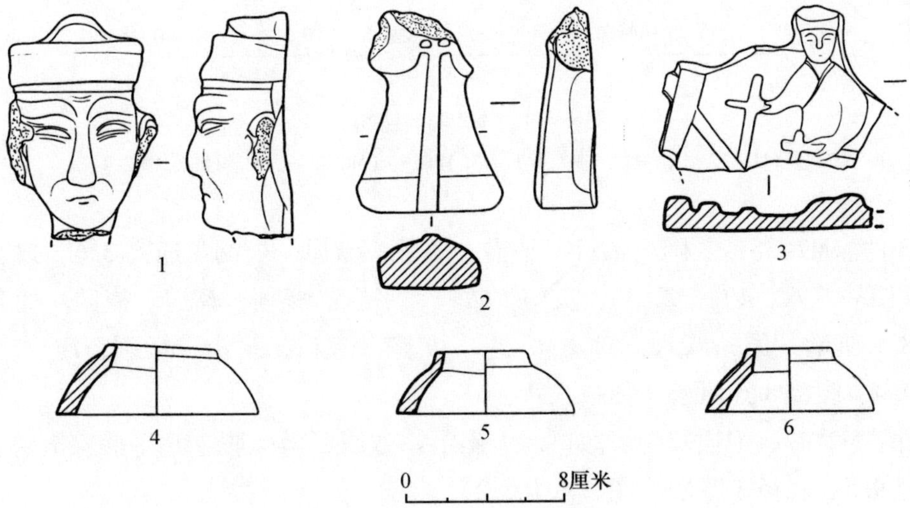

图一八八　M2随葬器物

1、2. 陶俑（M2∶7、M2∶41）　3. 陶捣杵俑（M2∶42）　4～6. 陶灶圈（M2∶35、M2∶36、M2∶48）

陶捣杵俑　1件。M2∶42，泥质灰陶。残存杠杆一端装置的杵头和捣米者上部及其所扶立柱的上端，捣米者眉目模糊，面容清瘦，袍衣右衽。半模制。残高8.4、宽11.7厘米（图一八八，3；图版二六，1）。

陶房顶　1件。M2∶2，泥质灰陶。四阿顶饰瓦棱。长15、宽10.8、高3厘米（图一八九，1）。

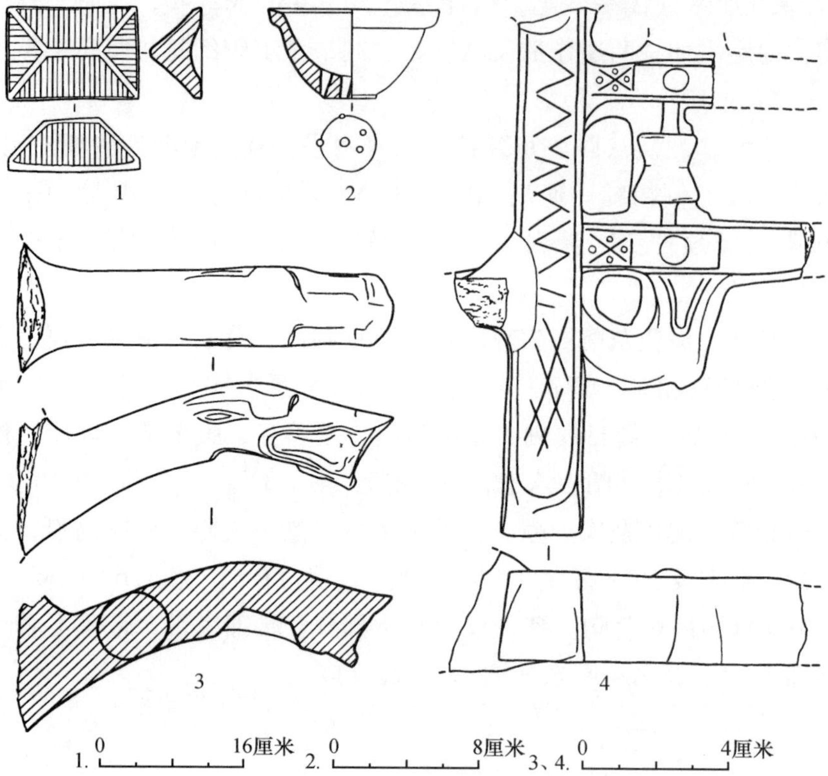

图一八九　M2随葬器物

1. 陶房顶（M2:2）　2. 陶甑（M2:47）　3. 陶魁柄（M2:43）　4. 陶井架（M2:44）

陶灶圈　3件。M2:35，灰陶。敛口、平沿、矮领，溜肩。模制。通高3.6、口径5.6、腹径10.3厘米（图一八八，4）。M2:36，灰陶。敛口，平沿，矮领，溜肩。模制。通高3.2、口径4.6、腹径8.9厘米（图一八八，5）。M2:48，灰陶。敛口，平沿，矮领，溜肩。模制。通高3.2、口径4.4、腹径8.6厘米（图一八八，6）。

陶甑　1件。M2:47，泥质灰陶。敞口，上斜沿，方唇，微弧腹，小平底穿五箅孔。模制。通高5.1、口径9.5、底径3厘米（图一八九，2）。

陶魁柄　1件。M2:43，泥质灰陶。为一陶器柄，柄一端与器皿相连接，另一端为龙头，鼓目露齿，神态威武雄健。头部残留朱红。模制。通长11、头宽2.3、颈径1.8～2厘米（图一八九，3）。

陶井架　1件。M2:44，泥质灰陶。残，仅存中部横梁及滑轮和其左右竖架，横梁及竖架截面方形，正面阴刻边框，内饰乳钉和三角形等纹。手模兼制。残宽14.9、高9.8、厚2～2.2厘米（图一八九，4）。

铜削　1件。M2:10，柄四棱扁体略窄，截面梯形，末端椭圆状环，截面圆形，削身宽于柄，截面三角形，直刃尖部残断。残长12.7、环外径1.9～2.4、环内径1.2～1.6厘米（图一八六，5；彩版二三，5）。

五铢铜钱　1枚。M2:1，圆形，正反面有郭。方穿。正面篆文“五铢”，“五”字交笔弯曲；“金”字上部“△”形，四点均竖笔，“朱”字上下均直折。钱径2.23、穿径0.91、郭厚0.15、肉厚0.13厘米。

2. M3

位于Ⅰ区T0305中北部，西邻M1，南邻M2。方向为275°。开口于②层下，打破生土，墓口距地表0.4米。

该墓形状近似“甲”字形，青砖砌券。由墓道、封门、墓室、甬道、前室、后室、北侧室组成（图一九〇；彩版七，1）。

墓道位于墓室西侧，墓口距地表0.4米，近似长方形。东西残长3.74米，南北宽0.8～1.2米。底部为坡状，坡长3.9米，底部距地表1～2米。

墓门在墓室西侧，高1.32米，宽0.78米。拱顶，单砖券制，用青砖所砌。砌法为一平一竖、二平一竖。墓门以砖平砌错缝而封，高1.28米。

前室位于后室前侧，近似方形。南北长2.96米，东西宽2.74米。室壁青砖一平一竖，二平一竖砌成，残高1.02～1.3米，墓底单层砖错缝平铺。

甬道长1.14米，砌法单砖错缝。

后室在前室东侧，有后室门，高1.28米，宽0.78米，向东进深1米。两壁为双重券，中部残存部分为单券。后室形状近长方形，东西长2.78米，南北宽2.2米。室壁用青砖一平一竖、二平一竖砌成。顶部坍塌，残存高度0.4～1.5米，墓底为南北向单砖错缝平铺。

北侧室位于前室北侧，有侧室门。高1.28米，宽0.76米，向北进深1米。拱顶为双重券，中部为单券，0.7米时开始起券。侧室形状为长方形，南北残长1.2～2.3米。室壁青砖为一平一竖、二平一竖砌成，残存高度1.2米。墓底单砖东西向错缝平铺。

该墓由于破坏严重，未发现葬具，仅在前室和后室内发现零散骨架，保存较差，大部分已朽。

随葬品有：

陶盏　8件。M3:4，与M3:3合号，夹云母红陶。敞口，折平沿，尖唇，斜腹，内底心部略凸，外底较平。轮制，做工粗糙。通高2.4、口径7.2、底径4.5厘米（图一九一，1）。M3:5，夹云母红陶。敞口，尖唇，浅腹，内底心部略凸，外底不平。轮制，做工粗糙。通高2.2、口径6.7、腹径7.1、底径5.5厘米（图一九一，2）。M3:6，夹云母红陶。敞口，折沿微上仰，尖圆唇，浅腹，内外底较平。轮制，做工粗糙。通高2.6、口径7.2、底径5.5厘米（图一九一，3）。M3:7，夹云母红陶。敞口，圆唇，浅腹，内底心部略凸，外底不平。轮制，做工粗糙。通高2.3、口径6.6、腹径6.9、底径4.8厘米（图一九一，4）。M3:8，夹云母红陶。敞口，尖圆唇，浅腹，内底心部略凸，外底不平。轮制，做工粗糙。通高2.7、口径6.9、底径6厘米(图一九一，5)。M3:9，夹云母红陶。敞口，尖圆唇，浅腹，内底心部略凸，外底上凹。轮制，做工粗糙。通高2.2、口径6.9、底径4.7厘米（图一九一，6）。M3:10，夹云母红陶。

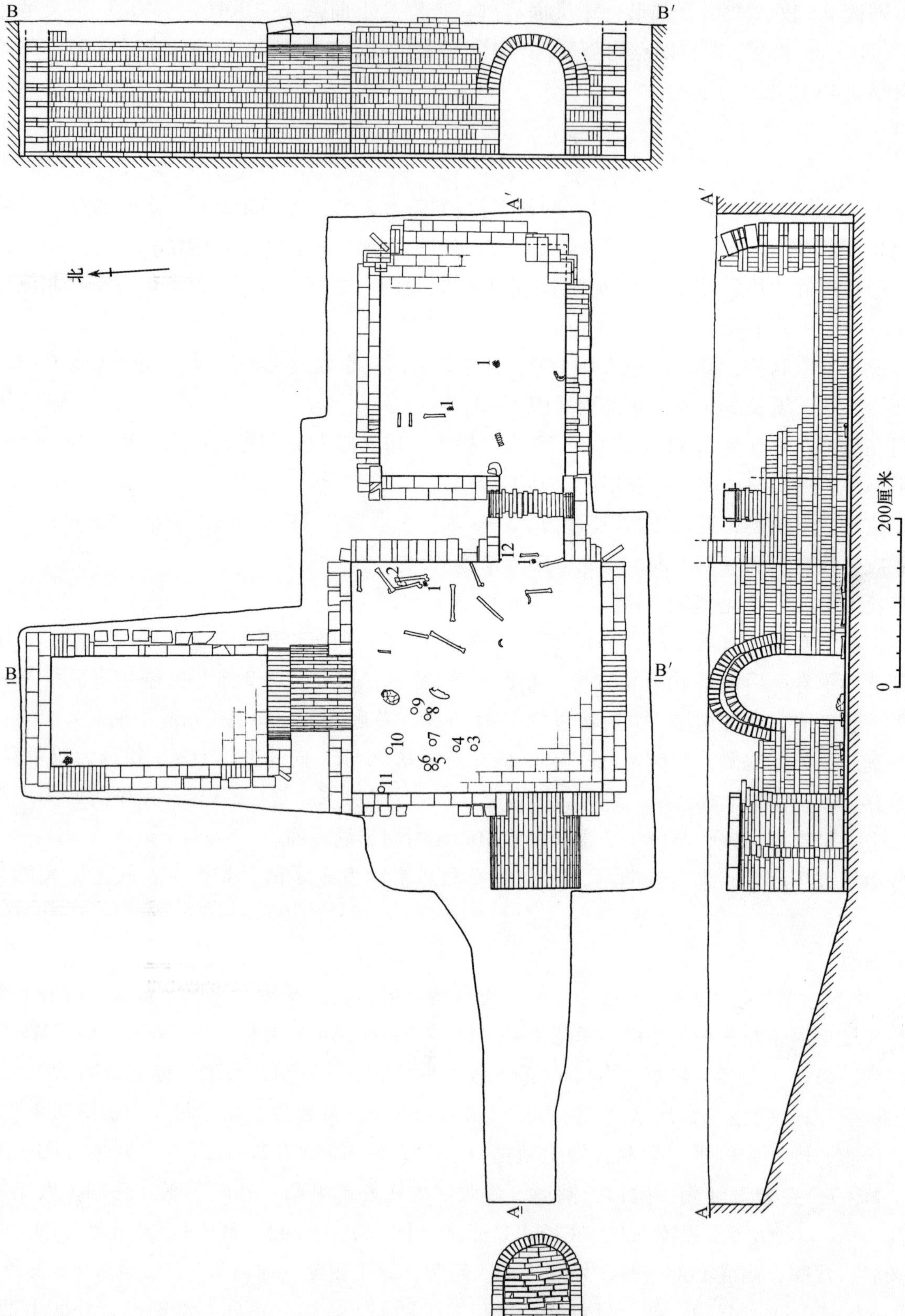

图一九〇　M3 平、剖面图

1. 铜钱　2. 铜镜　3～11. 陶盏　12. 铜钱

敞口，圆唇，浅腹，内底平，外底微上凹。轮制，做工粗糙。通高2.4、口径7.1、底径5.5厘米（图一九一，7）。M3:11，夹云母红陶。敞口，平沿，尖唇，浅腹，内底心部略凸，外底微上凹。轮制，做工粗糙。通高2.4、口径7.7、底径5.3厘米（图一九一，8）。

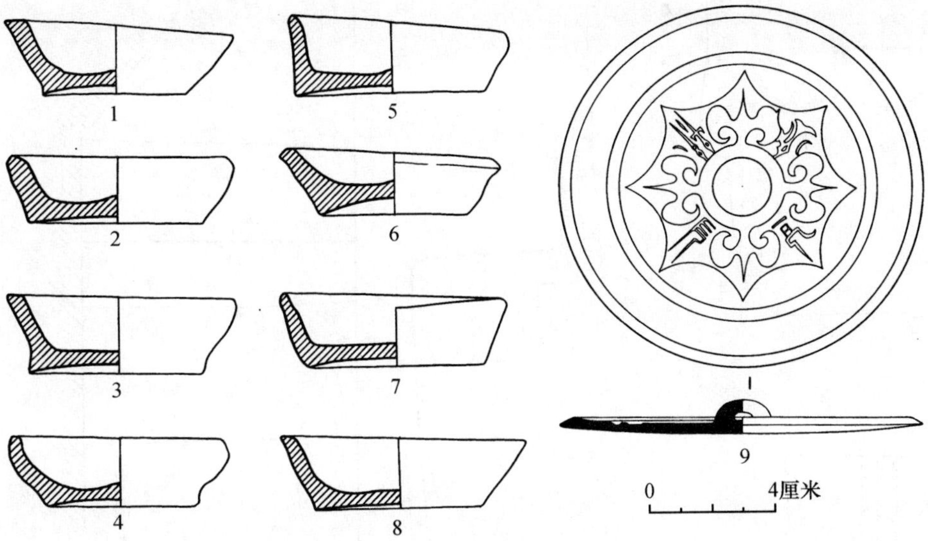

图一九一　M3随葬器物

1～8. 陶盏（M3:4、M3:5、M3:6、M3:7、M3:8、M3:9、M3:10、M3:11）　9. 铜镜（M3:2）

铜镜　1件。M3:2，圆形连弧纹镜，镜面光洁微凸，背面中部半球形纽，柿蒂形纽座出四蝠形叶有干，其间篆文“长宜子孙”，外为八内向连弧纹和一凹弦纹带，近三角形缘。直径10.1厘米（图一九一，9）。

五铢铜钱　180枚。标本M3:1，圆形，正反面有郭。方穿。正面篆文“五铢”，“五”字交笔弯曲；“金”字上部“△”形，四点均竖笔，“朱”字上部直折，下部圆折。钱径2.59、穿径0.94、郭厚0.1、肉厚0.09厘米。

剪轮五铢　5枚。M3:12，正面无郭，方穿，背有郭。正面篆文“五铢”，“五”字交笔弯曲；“金”字上部“△”形，四点均竖笔，“朱”字上下均圆折。钱径不等。钱径2.18、穿径0.96、肉厚0.08厘米（图一六八，5）。

3. M12

位于Ⅱ区T0102的北部、T0103南部。方向270°。该墓开口于②层下，打破生土，墓口距地表0.4～0.45米。

该墓平面近似“甲”字形，用青砖砌券。顶部已残，留有土圹。东西长11.3米，南北宽2.8～4.92米。由墓道、甬道、前室、南侧耳室、后室组成（图一九二；图版五，3）。

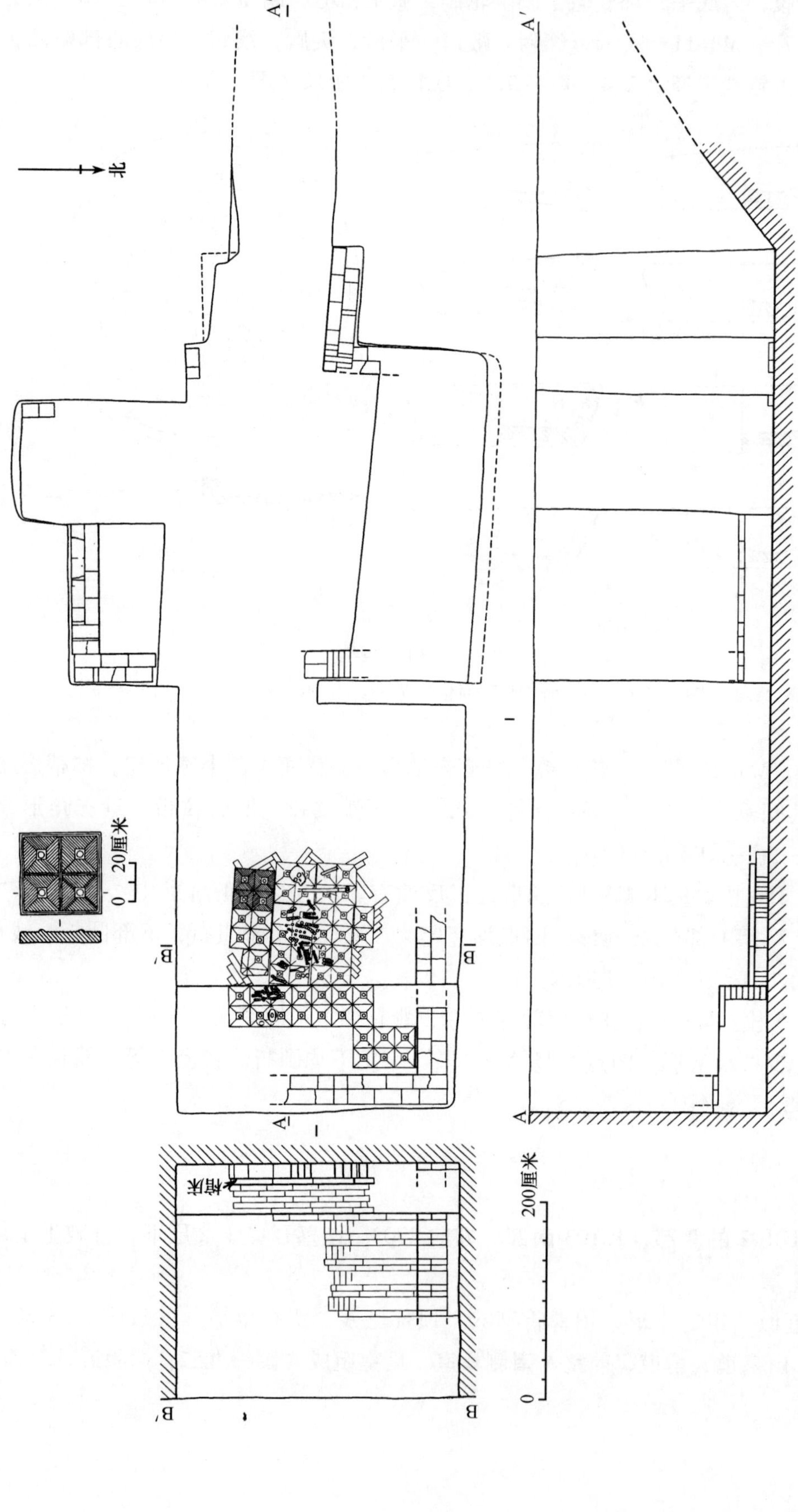

图一九二　M12平、剖面图

1、2. 铜钱（前室填土）　3. 陶耳杯残片（前室填土）　4. 陶楼（前室填土）　5. 铜钱（后室）　6. 陶盘（后室）　7. 铜刀（后室）　8. 陶勺（后室）

盗洞，位于耳室的东北部，直径0.78～0.8米，形状呈椭圆形。洞内填土为黄花杂土，含有红土块、乱砖残块、红陶片等。距地表1米，淤土，土质松软，含有大量的残砖块，直至墓底部。

墓道位于墓室西侧，方向为270°。形状近似为长方形，墓道填土为黄花杂土，含有红土块、红陶片、砖瓦片等杂物。墓道西部被破坏，残长2.48米，宽0.82～0.86米。墓道底呈斜坡状，坡长2.9米，底距地表1～2.6米。

墓门及甬道位于墓室西侧，已被破坏。甬道内填土为杂土，含有乱砖残块。甬道的北底部留有残砖墙，三平一竖，东西长1.26米，残高0.24米，错缝砌制。甬道残宽1.52米，残高1.32米，甬道底部距地表2.6米。

前室内有南耳室一个，生土台两个，分别为北A、南B。分述如下：前室东西宽2.82米，南北长3.96米，砖已被破坏。室内填土从墓口向下0.5米处发现草木灰痕迹，厚约0.3米。室下底部为黄花杂土，含有大量的残砖块、红陶片、灰陶案残片、花方砖残块。

南侧耳室位于甬道的东南角，生土台的西侧。耳室东西长1.08米，南北宽0.64米，残高1.55米。耳室顶部应为土圹椭圆券形。距墓口0.6～0.7米为生土，室内底部东南角留有残砖两块。东壁及南壁底部留有砖印痕迹，耳室的底部和前室底部相同，距地表2.6米。A生土台，在前室的北侧，甬道东北侧。土台东西长2.8米，南北宽0.95米，高0.3米。生土台的四周包砖已被破坏，留有印痕，宽0.3米，出有铜钱2枚，分布在生土台的东南角和北部，生土台上部距地表2.3米，推断生土台应为放置随葬器物所设置。B生土台，在前室的东南角，耳室的东侧，东西长1.4米，南北宽0.82～0.94米。生土台的南部及东端留有残砖一层，错缝平铺。在清理时于生土台的东部发现铜钱1枚。台高0.3米，上部距地表2.3米。隔墙位于前室的东侧，后室的西部。墙围砖已被破坏，残留南北长1.56米，宽0.22～0.24米，高2.2米。墙南端留有墓门，残宽1.12米，高度不详。

后室位于前室的东部，室内填土为黄花杂土，土质松软，含有乱砖残块、红陶片、灰陶器物残件、铜钱一串、漆皮、棺钉等。墓室四壁被破坏至底部，只留有东北角一部分残墙。残高1.04米，南北长1.66米，东西宽1米，砌法为两平一竖错缝砌成。在后室内有棺床2个，编号为A、B，东西为A，南北为B。A棺床位于后室中部、隔墙东侧、棺床B的下部西侧，该棺床破坏严重。残长1.25米，南北宽1.32米，高0.2米。棺床底部用青砖人字形竖砌，人字形砖上部用花方砖平铺，棺床残长1.25米，残宽0.7～0.8米，骨架残缺，只留有头骨。棺材B位于棺床A的东侧，后室的壁下，高出A棺床0.3米。棺床南北长2.16米，东西宽0.92米，棺床总高0.5米，在棺床的中部1.44米处，用青砖错缝平铺，上部用大方砖平铺。花砖纹饰和棺床A花砖纹饰相同，棺床破坏严重，未见棺灰及骨架，只残留一根碎骨压在铜钱下部。

该墓破坏严重，后室内无棺床，残留棺灰。长1.25米，宽0.7～0.8米。残存头骨1个，故葬式、性别、年龄等不详。

随葬品有：

陶耳杯　2件。M12∶3，泥质灰陶。形似“船”状，平面椭圆形，敞口，尖唇，浅腹，平底，两侧附残月形耳。内外壁残留硃红。模制。通高 3.4、长 12.3、宽 8.1、底长 6.7、宽 3.2 厘米（图一九三，1；图版二二，6）。M12:9，泥质红陶。形似“船”状，平面椭圆形，敞口，尖唇，浅腹，平底，两侧附残月形耳。模制。通高 3.7、长 12.3、宽 9.3 厘米（图一九三，2）。

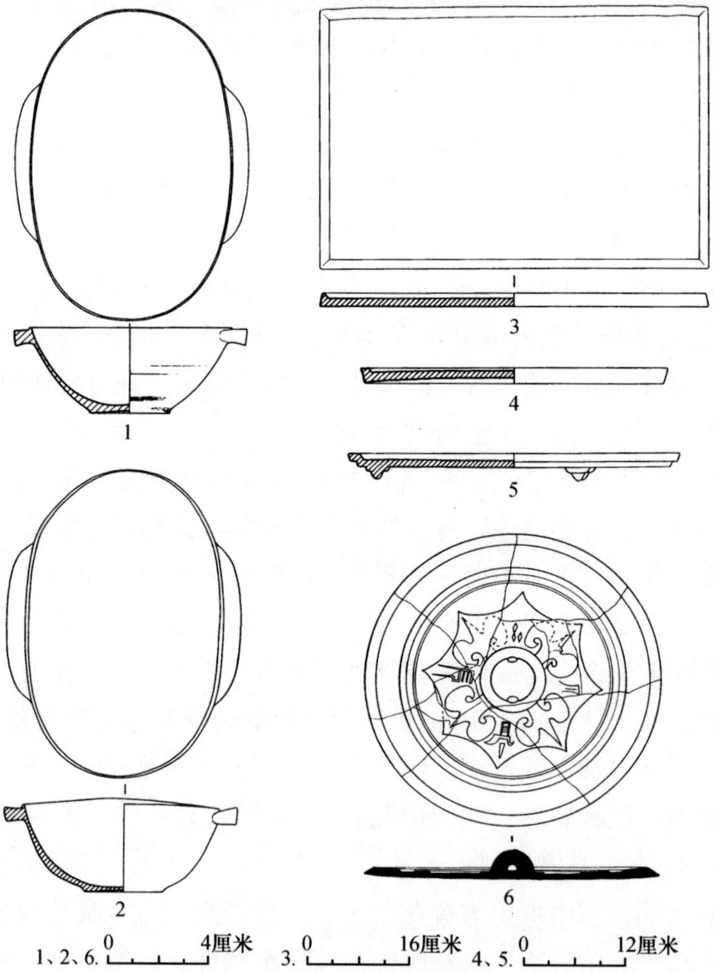

图一九三　M12 随葬器物

1、2. 陶耳杯（M12:3、M12:9）　3. 陶案（M12:10）　4、5. 陶盘（M12:6、M12:11）　6. 铜镜（M12:12）

陶案　1 件。M12:10，泥质灰陶。平面长方形，侈口，尖圆唇，浅腹，平底。盘底残留硃红。模制。长 60.4、宽 41.2～41.6、高 2.3 厘米（图一九三，3；彩版二一，1）。

陶盘　2 件。M12:6，泥质红陶，平面圆形，侈口，折平沿，斜方唇，浅腹，平底。轮制。直径 36、高 1.9 厘米（图一九三，4）。M12:11，泥质灰陶。平面圆形，侈口，折沿下斜，斜方唇，浅腹，平底，乳状三足。盘底残留硃红。手制兼制。直径 39、高 3.3、足高 1.55 厘米（图一九三，5；彩版二一，2）。

陶勺　1 件。M12:8，泥质灰陶。口部平面椭圆状，敞口，尖唇，斜弧腹，底尖圆。细柄龙头形，曲颈仰头，张嘴露齿，神态威武。勺内残留硃红。模制。通长 16.1、宽 6.0 厘米（图一九四，3；彩版二二，1）。

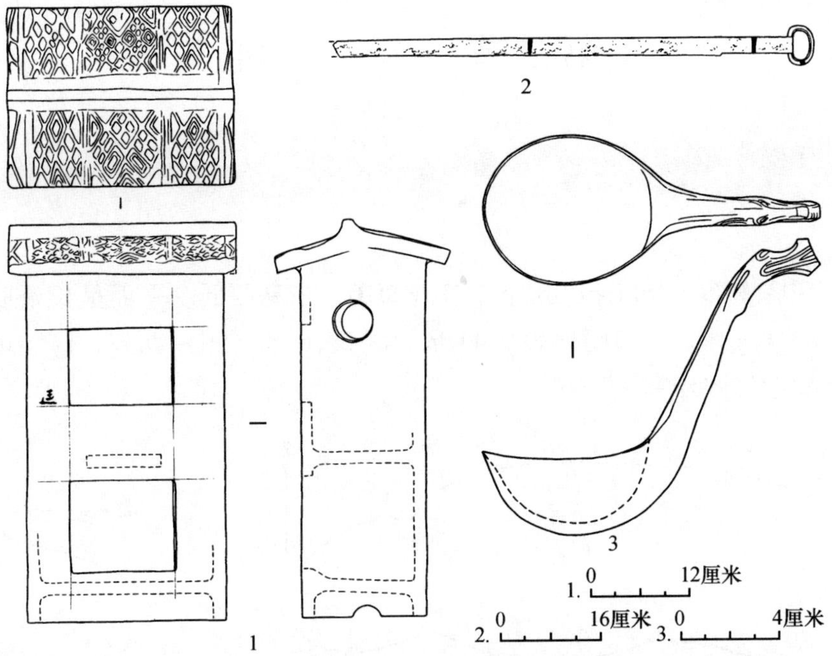

图一九四　M12随葬器物

1. 陶楼（M12:4）　2. 铜刀（M12:7）　3. 陶勺（M12:8）

陶楼　1件。M12:4，泥质灰陶。悬山顶，平脊，流水坡以两边覆置瓦棱和内部两仰置瓦棱分三区，区内阳饰菱形纹，楼体平面长方形，直壁较高，背面素平，两侧上部各开一圆孔，正面上下辟二横长方形孔以示楼层，中部左右有黑褐色“进”、“出”字样，内有隔板不及两侧，平底。手模兼制。高49.7、长24、宽14.7、顶长27.5、顶宽21.5、壁厚1.2厘米（图一九四，1；彩版一七，2）。

铜镜　1件。M12:12，残存三小片，镜面素面，背面可见蝠形叶和其间“宜”字，向外有凸弦纹带和内向连弧纹，近三角形缘（图一九三，6）。

铜刀　1件。M12:7，柄四棱扁体略窄，截面梯形，末端椭圆状环，截面半环形，刀身宽于柄，截面三角形，直刃，尖端弧向背部。通长77.2、环外径4.4～6.4、环内径2.8～4.8厘米（图一九四，2；彩版二四，3）。

五铢铜钱　240枚。标本M12:5，圆形，正反面有郭。方穿。篆字“五铢”，“五”字交笔弯曲；“金”字上部“△”形，四点均竖笔，“朱”字上部圆折或直折、下部均圆折。钱径2.56、穿径0.96、郭厚0.13、肉厚0.11厘米（图一六八，6）。

货泉铜钱　3枚。标本M12:1，圆形方穿，正反面均有郭，其中一枚正面穿无郭。正面篆文“货泉”，“泉”字竖画断笔。钱径2.28、穿径0.7、郭厚0.14、肉厚0.12厘米（图一六八，7）。

剪轮五铢　15枚。标本M12:2，正面无郭，方穿，背有郭。正面篆文“五铢”，“五”字交笔弯曲，缘部两角不存；“金”字上部“△”形，四点均竖笔，“朱”字上下均圆折。其中一枚有“五”无“铢”。钱径2.22、穿径0.99、肉厚0.10厘米（图一六八，8）。

第二节　灰　　坑

清理灰坑2座。

1. H32

位于Ⅲ区T0703中部。开口于②层下，打破M16。东高西低。平面呈长条形，坑口东西长4米，南北宽0.8～1.4米。坑口距地表0.43米，深0.36米（图一九五，1）。填土灰黄色，质硬。出土遗物为夹砂红陶片等。

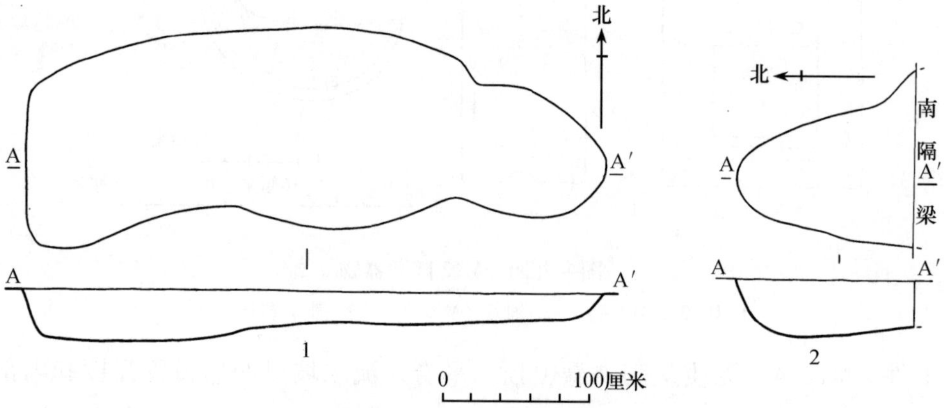

图一九五　H32、H34平、剖面图
1. H32平、剖面图　2. H34平、剖面图

2. H34

位于Ⅲ区T0602的南端，少部分位于T0601。东北邻H35，西北邻Z5、M19。开口于②层下，被近代沟打破，自身打破③层，打破M19。斜壁，圜底。坑口长1.2米，宽0.52～1.2米，深0.4米。坑口距地表0.34米，坑深0.4米（图一九五，2）。坑内填土黑灰色，土质松软。出土遗物有夹云母红陶片等。

第三节　灰　　沟

清理灰沟1条。

G6

位于Ⅲ区T0302的南部，西边和南边出探方。开口于②层下，距地表0.38～0.46米，打破

M22 和 Y6。G6 本方内呈东南—西北走向，东西长 8.44 米，宽 0.8～6.25 米，深 0.5～1.4 米，斜壁底不平（图一九六）。

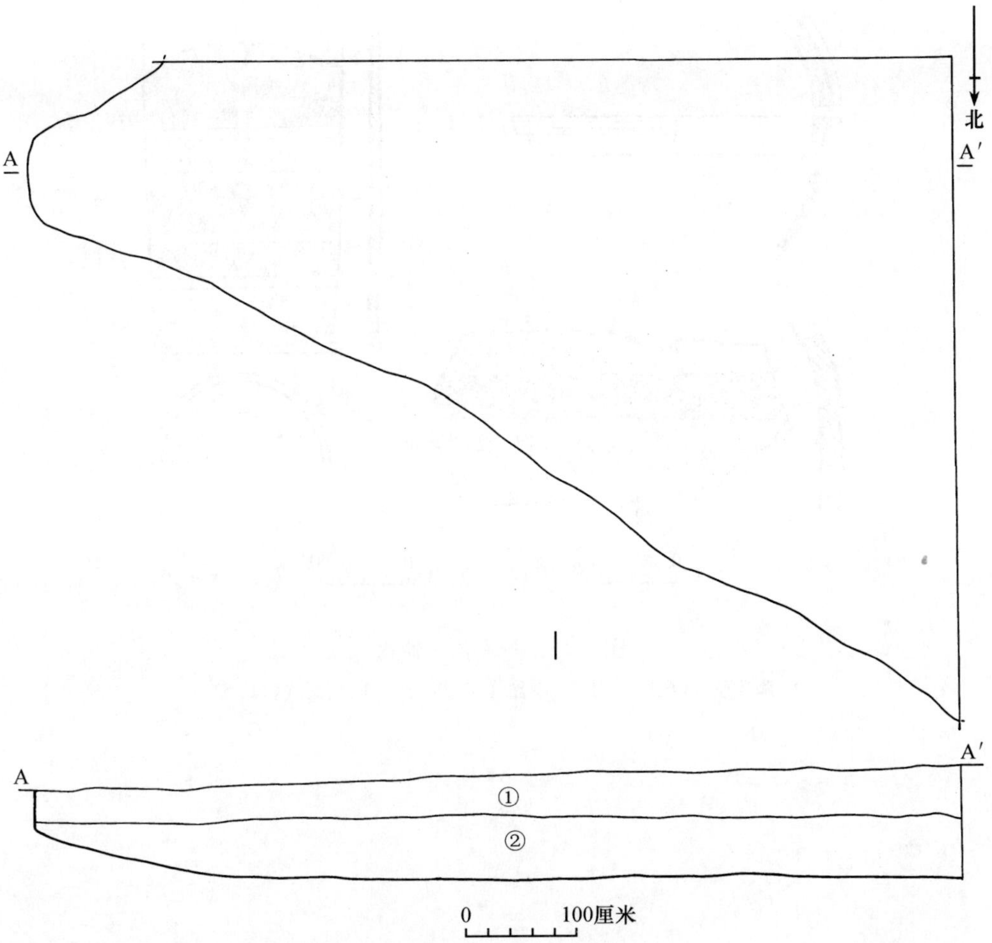

图一九六　G6 平、剖面图

G6 自上而下分两层：

第①层，灰黄色，土质松软，距地表 0.38～0.46 米，厚 0.3～0.48 米，内出夹云母红陶片等。

第②层，灰黄色，土质较硬，距地表 0.77～0.48 米，厚 0.2～0.6 米，内出夹云母红陶片等。

陶器座　G6②∶1，夹云母灰陶。内直壁，宽平沿，口沿下部内凹，圆弧唇。下部饰圆形镂孔，因该器物残破，故镂孔数量不详。高 6.8、口径 60、底径 52.8 厘米（图一九七，1）。

筒瓦　G6②∶2，夹云母灰陶。圆唇，外饰不规则细绳纹，有横向抹痕四道。残长 28、宽 16.4～18、厚 0.8 厘米（图一九七，3）。

陶瓮　G6②:3，夹云母灰褐陶。腹微弧，饰斜向细绳纹，中间间隔横向菱形纹纹带。残高16厘米（图一九七，2）。

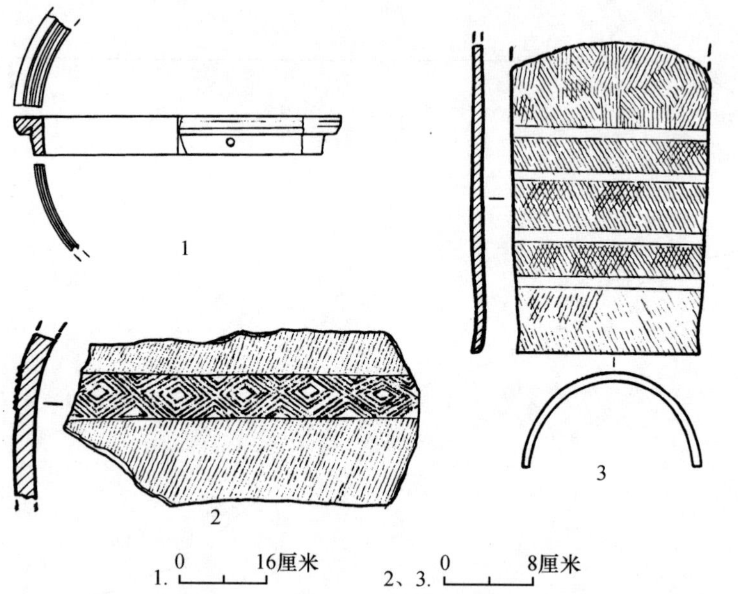

图一九七　G6出土器物

1. 陶器座（G6②:1）　2. 陶瓮（G6②:3）　3. 筒瓦（G6②:2）

第五章　唐辽以降时期遗存

清理唐辽时期墓葬3座，文化层中还出有宋、辽、元时期各类遗物。

第一节　唐辽墓葬

清理唐辽时期墓葬3座，出土有少量的随葬器物（附表四）。

1. M13

位于Ⅲ区东约200米处，北临南正水库闸门约20米，西临沟边（低凹地）。方向为165°。现存墓口位于垫土层下，打破生土，距地表0.2～1米。

平面呈“甲”字形，结构为青砖券制的单室墓。由墓道、墓门、墓室组成（图一九八；图版八,1）。墓道位于墓室南侧，形状长方形，上部已破坏。南北残长0.6米，东西宽0.52～0.6米。墓口距地表0.74米，底距地表深1.24米，内填花土和乱砖。

墓门未发现封门砖，底部呈斜坡状，坡长0.8米。位于墓道北侧，形状为椭圆形，青砖砌券，东西径长2.66米，南北径长2.4米。周壁用背面饰绳纹的青砖错缝平砌，券顶和上部已破坏，留底部4层砖，残高0～0.24米。在墓室西北角清理出三块立砖，竖砌的柱子（斗拱下的立柱）上部已残，高0.23米，和西北角对称。东北角也发现了立砖底部，已成残块，残高0.05米。在墓室东南和西南部发现立柱。在墓室西北部，有曲尺形棺床，生土台，东西长2.64米，南北宽2.3米，高0.2米。棺床上未发现铺地砖和包边砖。砖背面饰细绳纹。

该墓由于破坏严重，未发现葬具，只在棺床上、下发现头骨1个和零乱残骨，有腿骨、盆骨残碎块等，为男性，40～45岁。

残存及填土中的随葬品有：

陶罐　3件。M13∶4，夹云母红陶。敛口，圆唇，无领，圆鼓腹下弧收，底微上凹。轮制。通高10、口径8.7、腹径14.9、底径8.4厘米（图一九九，1；图版三六，3）。M13∶7，夹砂灰陶。直口微敛，凹唇，上尖下方，微鼓腹，平底微上凹。唇下拍印一周篮纹。通高18.1、口径13.5、腹径14.8、底径9.6厘米（图一九九，2；图版三六，4）。M13∶8，夹砂灰陶。直口微敛，凹唇，上圆下方，微鼓腹，平底微上凹。唇下拍印一周篮纹。轮制。通高20.2、口径13、腹径15.7、底径10.4厘米（图一九九，3）。

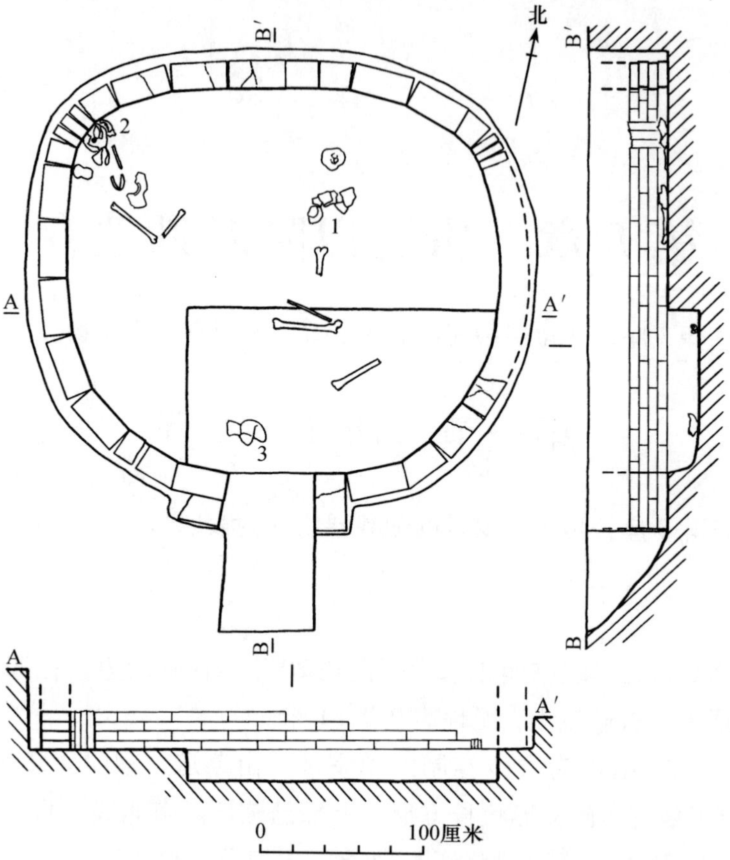

图一九八　M13 平、剖面图

1. 铜饰残片　2. 黑釉小瓷碗　3. 陶钵

瓷碗　1 件。M13∶2，粗瓷灰白胎，黑釉。敞口，圆唇，斜腹微弧，平底微凹，腹外仅上部施釉，有溜挂。通高 4.1、口径 11.7、底径 5 厘米（图一九九，4）。

陶钵　1 件。M13∶3，夹云母红陶。敞口，圆唇，弧腹，矮饼圈足。施紫褐色陶衣。轮制。通高 3.3、口径 12.2、足径 7、足高 0.35 厘米（图一九九，5；图版三六，2）。

小陶盘　1 件。M13∶5，泥质灰陶。敞口，圆唇，斜腹微弧，平底微上凹。轮制。通高 2.4、口径 16.6、底径 11.8 厘米（图一九九，6；图版三六，1）。

陶碗　1 件。M13∶6，泥质灰陶。敞口，圆唇，弧腹，矮圈足。轮制。通高 7、口径 21.3、足径 9.7、足高 0.6 厘米（图一九九，7）。

铜饰　4 件。标本 M13∶1-1，薄体，平面近椭圆状，一边齐直，近缘部穿三小圆孔，中部长方形孔。通长 2.8、宽 1.7 厘米（图一九九，8；图版三六，5）。标本 M13∶1-3，平面近长方形，两端稍圆，由上下两片两端以钉穿接构成。通长 2.1、宽 0.55 厘米（图一九九，10）。标本 M13∶1-4，薄体，残存近长方形，一端向一侧微有伸出，上穿三孔，两孔内残存铁钉朽迹。通长 2.7、宽 2.3、厚 0.15 厘米（图一九九，11）。

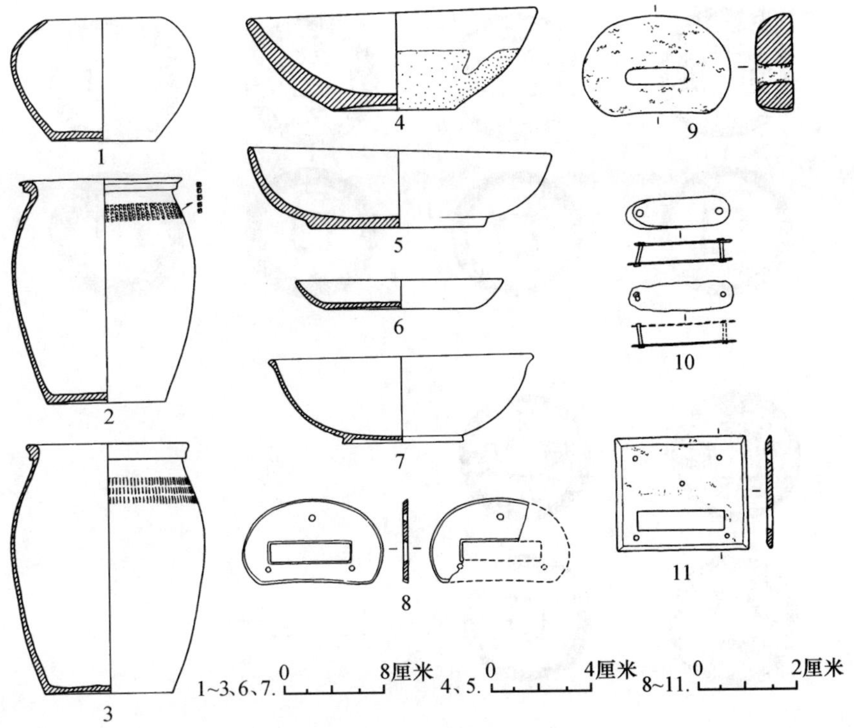

图一九九　M13 随葬器物

1~3. 陶罐（M13:4、M13:7、M13:8）　4. 瓷碗（M13:2）　5. 陶钵（M13:3）　6. 小陶盘（M13:5）　7. 陶碗（M13:6）　8、10、11. 铜饰件（M13:1-1、M13:1-3、M13:1-4）　9. 铁器（M13:1-2）

开元通宝　1枚。M13:9，圆形方穿，正背面均有郭，正面隶文"开元通宝"，对读，钱郭较宽。保存较完好。钱径2.51、穿径0.65、郭厚0.13、肉厚0.11厘米（图二〇〇，1）。

铁器　1件。M13:1-2，平面近椭圆状，一边齐直，上下面平，上面缘部弧圆，中部穿长方形孔。通体锈迹斑斑。通长3、宽2.45、厚0.75厘米（图一九九，9）。

根据墓葬形制和出土物，初步推断为唐末、辽初之际。以辽代早期的可能性较大。

2. M18

位于Ⅲ区T0702的西南角，北邻M16。方向为186°。

开口于①层下，打破M17和生土，墓口距地表0.4米。

该墓平面呈圆形，青砖券制，单室墓。已被破坏至底部。墓圹直径3.84米，由墓道、墓门、墓室和棺床四部分组成（图二〇一；彩版一〇，4）。

墓道位于墓门南侧，口距地表0.48米，长方形斜坡状，南部被破坏。南北残长0.56米，宽0.74米，残深0.48~0.88米。内填杂花土。墓门位于墓室南侧，东西宽0.75米，向里进深0.76米，残高0.24米。

墓室位于墓门北侧，圆形，直径2.86米。周壁砌法，从残存情况看，是用大青砖一平一竖所砌。无见铺地砖，残高0~0.48米。有的砖面上有勾纹8道，也有无纹饰的。

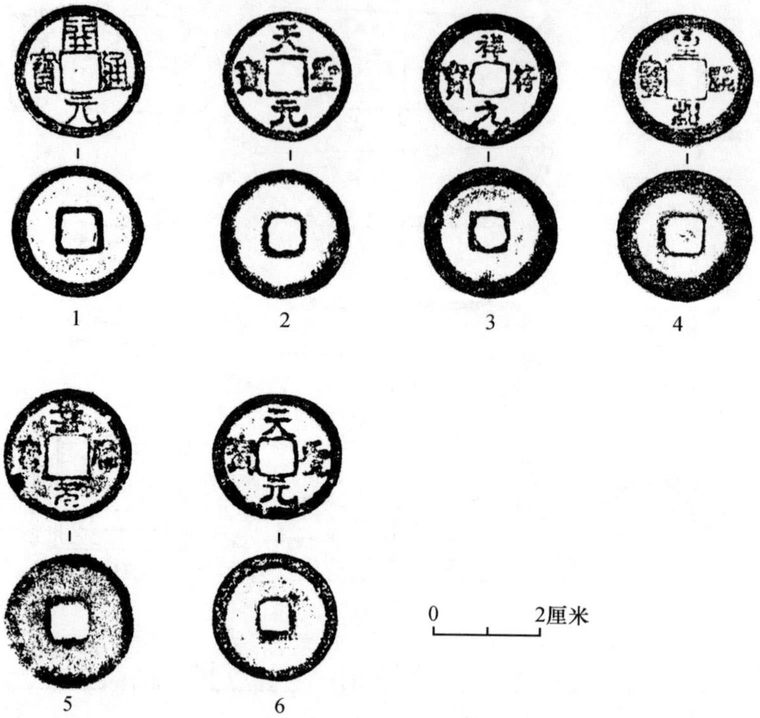

图二〇〇　铜钱拓片

1. 开元通宝（M13∶9）　2、5. 天圣元宝（M18∶3-1、ⅢT0606①∶1）　3. 祥符元宝（M18∶3-2）　4. 至和誦（通）宝（M18∶3-3）　6. 嘉祐元宝（ⅢT0505②∶1）

棺床位于墓室中部北边，长方形，东西长 1.6 米，南北宽 0.96 米，高 0.2 米。青砖夹土泥所砌。在棺床上下无发现骨架和葬具。

墓室底部未发现随葬品，填土中整理出的随葬品有：

青瓷碗　1 件。M18∶1，青釉灰白胎，敞口，尖唇，微弧腹，矮圈足。内底残留五支架痕。轮制。高 3.7、口径 12.8、足高 0.4、足径 4.5、壁厚 0.1 厘米（图二〇二，1；图版三六，6）。

铁簪　1 件。M18∶2，扁体，形似“带鱼”，一端尖锐，一端略钝呈三角状。通体锈迹斑斑。长 12 厘米（图二〇二，2）。

天圣元宝　1 枚。M18∶3-1，圆形方穿，背面素平，正面隶体铸文对读“天元圣宝”，钱郭较宽。保存较完好。钱径 2.5、穿径 0.69、郭厚 0.1、肉厚 0.09 厘米（图二〇〇，2）。

祥符元宝　1 枚。M18∶3-2，圆形方穿，正背面均有郭，正面铸文顺时针读“祥符元宝”，钱郭较宽。保存较完好。钱径 2.49、穿径 0.61、郭厚 0.12、肉厚 0.10 厘米（图二〇〇，3）。

至和誦（通）宝　1 枚。M18∶3-3，圆形方穿，背面仅穿有郭，正面铸文对读“至和誦（通）宝”，钱郭较宽。保存较完好。钱径 2.5、穿径 0.68、郭厚 0.1、肉厚 0.092 厘米（图二〇〇，4）。

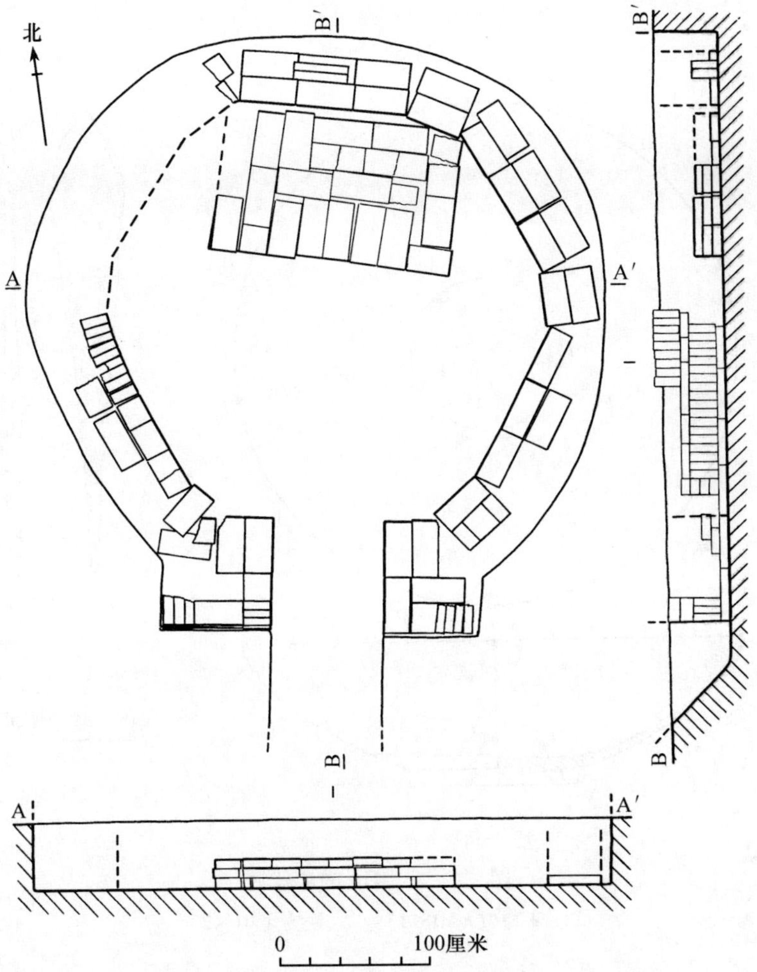

图二〇一　M18 平、剖面图

根据墓葬形制和出土物，初步推断为辽代。

3. M21

位于Ⅲ区 T0501 东南角与 T0601 西南角。方向为185°。开口于①层下，打破生土。

该墓为砖式圆形墓，长方形墓道位于墓室南端。该墓上口长 5.4 米（上口直径），下口直径4.2 米。墓口距地表 0.5 米，墓底距地表深 2.36 米。因早期破坏上底，剩残砖块。墓底周壁二层台宽 0.32～0.48 米，熟土台残高 0.48 米。墓室底部中间有一生土台，残长 1.04～1.14 米。残高 0.12～0.14 米。由于破坏，台面凸凹不平，推测可能为棺床残余部分（图二〇三；图版八，2）。

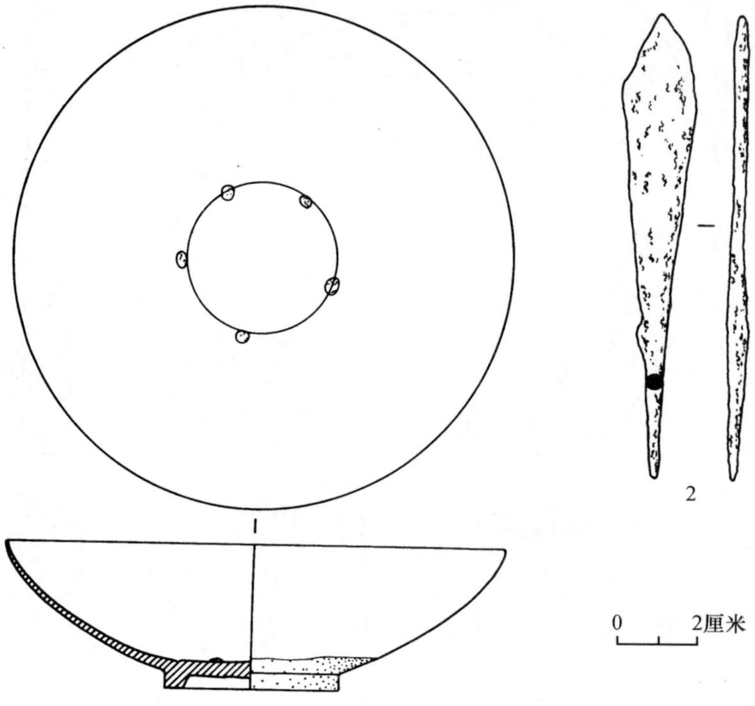

图二〇二　M18 随葬器物

1. 青瓷碗（M18:1）　2. 铁簪（M18:2）

葬具由于早期扰乱不清。

填土中整理出的随葬品有：

陶碗　1件。M21:1，泥质灰陶。敞口，圆唇，微弧腹，假圈足，足心微上凹。轮制。通高6.3、口径14.9、足高0.5、足径7厘米（图二〇四，2）。

兽面瓦当　1件。M21:2，夹砂灰陶含云母。残存圆之四分之一，当面为简化兽纹，额梁中部三角形突起，左侧饰斜线纹和弧线纹，柳叶形鼻，左侧一目椭圆状鼓凸，目外有凸线作眼眶，其左侧尖耳耸立，鼻下象形嘴巴的是有凸线框的乳突，向左三栏格界；边轮略宽，上饰两凸弦纹，其上等距饰乳钉。残径11厘米（图二〇四，3）。

瓷碗　1件。M21:3，上部残，斜弧腹，高圈足。内饰花草刻划纹。残高6、足外径8.1、足内径7.3厘米（图二〇四，1）。

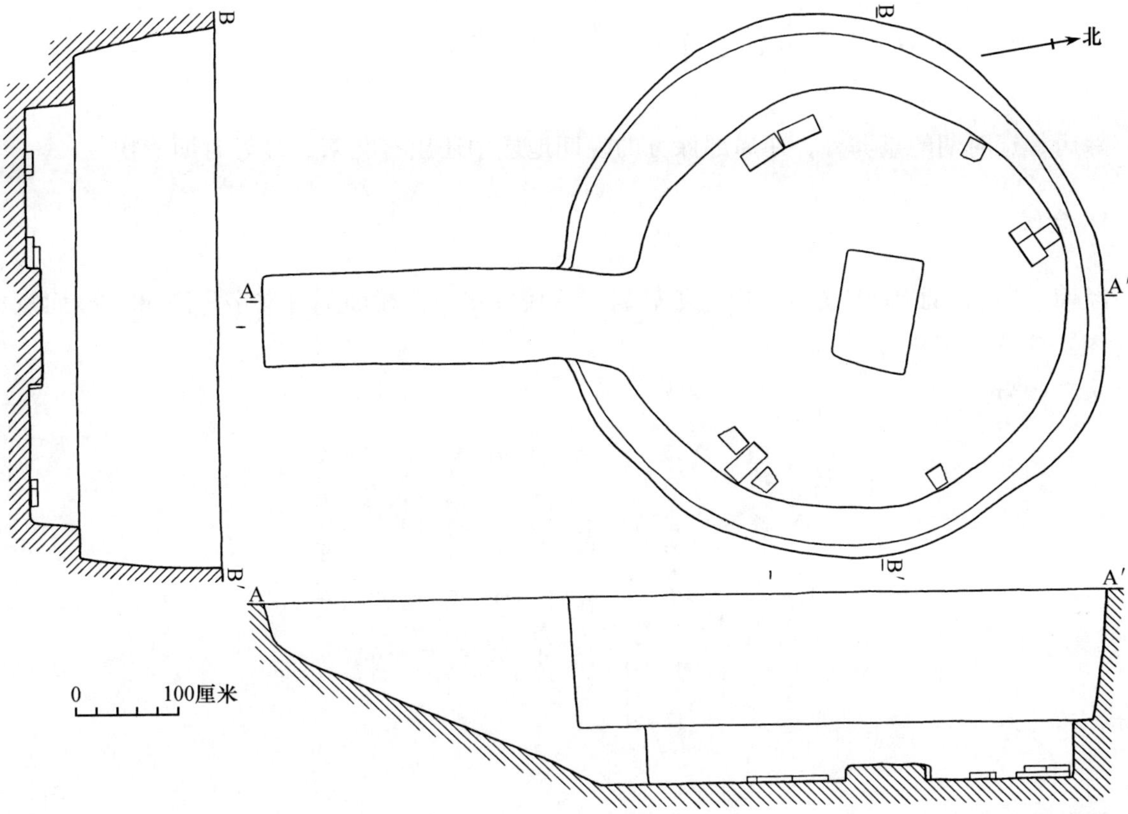

图二○三　M21 平、剖面图

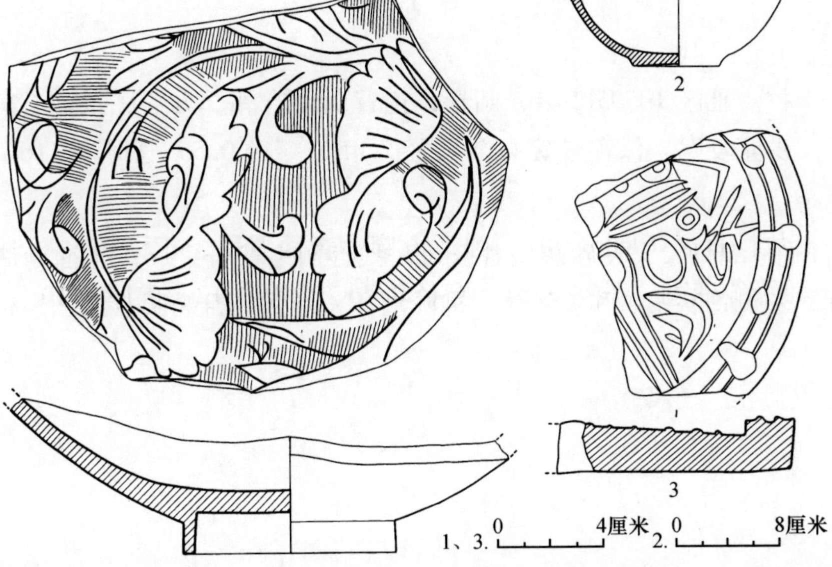

图二○四　M21 随葬器物

1. 瓷碗（M21:3）　2. 陶碗（M21:1）　3. 瓦当（M21:2）

第二节　其他时期遗物

除唐、辽时期的墓葬外，在局部探方的晚期地层中还出有北宋、金等时期遗物。

1. 金代

经幢　1件。ⅢT0501①:1，白色细砂岩。八棱柱状，各棱面刻有文字。高58、棱面宽9厘米（图二〇五）。

文字释为：

大金中都涿州奉□
户孙贵 □□□
父母时□□顶憶記
父讳国瓊母贾氏 □
内公生二子一女 長男
□□□男孙□妻任氏
孙子一名通奴 孙女三人
次孙女观 幼孙女
承安五年岁次庚申三月丙辰
初五日乙时長男孙
□地 箕日

承安是金章宗完颜璄（1168～1208年）的年号，承安五年为1200年。据此而断，此经幢建于金代中期。

2. 北宋

天圣元宝　1枚。Ⅲ区T0505②:1，圆形，正背面均有郭，方穿，正面有郭，隶体铸文对读“天元圣宝”，钱郭较宽。保存较完好。钱径2.45、穿径0.55、郭厚0.16、肉厚0.1厘米（图二〇〇，5）。

嘉祐元宝　1枚。Ⅲ区T0606①:1，圆形方穿，背面素平，正面铸文顺时针读“嘉祐元宝”，钱郭较宽。保存较完好。钱径2.51、穿径0.76、郭厚0.12、肉厚0.10厘米（图二〇四，5）。

图二〇五　石经幢拓片

第六章　结　　语

第一节　分期与年代

南正遗址经历了战国、汉代、唐辽时期以后三个大的发展时期。不同时期，遗址所体现出的性质乃之与周邻地区的关系是不尽相同的。对于这样一个大面积的遗址，可以粗浅地刻画其变迁的过程。

遗址的第一期遗存为战国晚期至西汉早期。

瓦当 H8∶5、8、9 等与燕下都老爷庙台 29 号建筑遗址 T24③∶3 等相似，筒瓦 H8∶12 等与燕下都武阳台村 21 号作坊遗址所出者一致。陶豆与郎井村 10 号作坊遗址所出者相似。据此，遗址第一期遗存的年代上限当定为战国晚期，个别遗物的年代可能早到战国中期。

南正遗址东距长沟汉故城约 3 公里。陶钵ⅢT0804③∶1、ⅢT0803③∶2 与北正 H1∶2、H2∶1 相近[①]，陶盆与南尚乐镇镇西，陶釜、陶钵与南尚乐镇北的同类器一致[②]，都体现了西汉早期的风格。因此，将南正遗址第一期遗址的年代下限归为西汉早期当大致不误。

南正遗址属北京地区战国晚期至西汉早期遗址中面积较大者。但奇怪的是，遗物的数量虽不少种类却非常单一，不外乎罐、豆、瓮、釜、器座等几类，似非寻常民间遗留，反映出遗址居民的生活习俗似乎受一定的约束。另外一点值得关注的是遗址出土的瓦及瓦当数量较多，特别是在第一段遗存中，瓦及瓦当占陶器数量的 26.2%，是仅次于釜的第二大器类。显见当时在此地应存在较为频繁且大量的定居行为。但各类遗物（包括瓦当），均没有等级极高者，皆为日常实用之器。7 座陶窑除 Y2 之外，规模均较小，也不能生产等级较高、做工精美的陶器，所能被使用的时间也相对有限。

上述种种现象表明，遗址的性质不应是民间村落，而是某种受管理的集中型特定场所。

遗址所出的红色夹云母土是一种烧制陶器的极好料土。拒马河流域的战国—汉代遗址陶器中多夹云母。虽然南正及与之相邻的岩上墓地陶器原料的对比研究（附录一）不能断定岩上的陶器产自南正，但岩上墓地与南正遗址陶土的选料是一致的、陶器具有很强的相似性是显而易见的。两个地点距离如此之近，在当时必然有着紧密的联系。

---

① 北京市文物研究所：《北正遗址发掘报告》，《南水北调工程（北京段）考古发掘报告》（上），科学出版社，2008 年。

② 北京市文物研究所：《北京市拒马河流域考古调查》，《考古》1989 年第 3 期。

这些情况至少显示了遗址在第一期的两点功能。一是遗址中的陶窑表明烧制陶器是当时的功能之一。M17 以东所出的一排陶釜，形态相同，倒置并排紧密码放，处于一个平面，说明这里在当时是存放陶器的仓库一类的场所。二是南正是长沟汉城附近面积最大的遗址，面积大意味着人口也更多。比城中居民更多的人口置于城外，显然不仅仅为分流城中的人口压力，更可能是分兵于此，保卫城的安全。

第二期遗存的墓葬中虽没有明确的纪年器物，但其墓葬形制与随葬器物，许多与北京、河北等周边地区众多东汉时期墓葬的同类器物相同相近。墓的形制与昌平半截塔村的东汉墓相同①。随葬器物中陶耳杯 M11:3 与朝阳三台山 M2:20 相同，捣米俑 M11:24 与三台山 M2:17 相近，陶壶与三台山 M2:23 相同②。长宜子孙铜镜与顺义临河汉墓出土的同类器相同③。圆头陶灶与怀柔城北东汉墓的相同④。因此，这批墓葬的年代当定为东汉中期至晚期。

第二期的墓葬和第一期的灰坑、第二期的墓葬相互之间是没有打破关系的。反映出该阶段居民对此处是有过规划的，此地主要用于营建墓地。

第三期遗存为辽金以降时期，仅在此地发现了三座墓葬和少量遗物，反映出该遗址在这一时期相当萧条。可能与这时期这一地区错综复杂的民族关系有关。据有关文献记载，拒马河流域是宋辽政权往来交错的地带。战事频繁，想必人烟稀少。因而没有大型繁荣的聚落建于此地也就不足为怪了。

第二节　东汉墓葬的形制与主要随葬品组合

南正遗址共清理汉代墓葬 23 座，这些墓葬的形制、随葬器物的组合上有着不同的特点，这不啻于为研究拒马河流域东汉时期葬俗的研究提供了新的资料。

汉代墓葬据墓室数量可分为三种类型。单室墓 15 座（M1、M4、M5、M8 ~ M10、M14、M15、M17、M19、M20、M23 ~ M26），占 65.2%；双室墓 5 座（M6、M7、M11、M16、M22），占 21.7%；多室墓 3 座（M2、M3、M12），占 13%。

平面形状除 M2、M3、M12 形制特殊外，余下的 20 座墓葬中，甲字形的有 6 座（M5、M8、M10、M16、M17、M22），占 26.1%；平面形制呈刀把形的有 14 座，占 60.9%。

依墓向则有东西向与南北向之分。东西方向的占大多数，有 18 座，占 78.2%；南北方向的有 5 座（M14、M15、M23、M25、M26），占 21.8%。

墓道，除 M9 为台阶式墓道，M4、M5 为竖穴式墓道外，其余 20 座均为斜坡式墓道。

除 M2、M4、M6、M8、M9、M12、M16、M23 ~ M25 因被破坏，墓门券顶结构不清外，券顶结构可分为单、双两类。墓门为双券并列的有 M1、M5、M10、M14、M15、M20、M23；单

① 北京市文物工作队：《北京昌平半截塔村东周和两汉墓》，《考古》1963 年第 3 期。
② 北京市文物工作队：《北京东南郊三台山东汉墓发掘简报》，《北京文物与考古》（第一辑），1983 年。
③ 北京市文物管理处：《北京顺义临河村东汉墓发掘简报》，《考古》1977 年第 6 期。
④ 北京市文物工作队：《北京怀柔城北东周两汉墓葬》，《考古》1962 年第 5 期。

券结构的有 M3、M7、M11、M17、M19、M26。

墓门封砖的摆放情况也可分为几种类型。除了 M2、M6、M12、M16 因墓门被破坏而不清外，其余 19 座墓葬的封门形式可分为五类。第一种为墓门下部用墓砖一平一竖砌，上部平砌或竖砌；封门外堆砌石块或砖块，属这种情形的有 M1、M8、M15、M17、M19、M22、M23。占墓葬总数的 30.43%。第二种为墓砖竖砌封门，属这类的有 M4、M14、M26，占 13.04%。第三种为墓砖平砌封门，属这类的有 M3、M7、M10、M11、M20、M25，占 23%。第四种为墓砖交错竖砌，即人字形。属这类的有 M9、M24，占 8.7%。第五种为石块平铺封门，属这类的有 M5，占 4.4%。

除 M4、M9、M12 的墓底铺地砖被破坏殆尽外，其余 20 座墓葬的墓室铺地砖有种排列方式。第一种为一纵一横，属此类的有 M1、M3、M14，占墓葬总数的 13.04%。第二种为二纵二横，属此类的有 M2、M6、M10、M11、M17、M19、M25，占墓葬总数的 30.43%。第三种为平砖错缝，属此类的有 M5、M8、M16，占墓葬总数的 13.04%。第四种为平砖平铺，属这类有的 M15、M24、M26，占 13.04%。第五种为复合型，即两种形式结合使用。如 M23 为二纵一横加二纵二横，M7 为二纵一横加平砖错缝，占 8.7%。第六种为无规则形，M21、M22 属此类，占 8.7%。

残留棺床有 M5、M7、M8、M10、M12、M16、M17、M19、M25、M26。

多数墓的骨架因朽蚀盗扰，迹象无存。但从 M5、M24 等残有骨架的墓葬分析，推测这些墓的葬式，以仰身直肢为主，头向与墓门相对。

随葬器物组合以陶罐、盆、盏、盘、俑为主。随葬品中陶罐的数量是最多的，总计 50 件，占汉墓出土器物总数的 12.8%。陶盆次之，占 8%。陶盏也不少，占 7.7%。其他数量较多的还有盘、鸡、人俑等（附表三）。

随葬陶器纹饰以素面居多，有的陶罐在肩、腹部饰以戳印纹。一些器物，如陶奁、陶鼎、陶器盖等，则部分饰凹弦纹。陶器的制法以轮制为主，采用模制的主要是俑、狗、鸡等。另有一些器物为直接捏制而成，有猪、狗等。

除 M4、M24 外，余 21 座墓中出有铜钱。21 座墓葬中，都出有五铢铜钱；出有货泉铜钱的有 8 座，占 38.1%；出有剪轮五铢铜钱的有 10 座，占 47.6%；出有半两铜钱的有 3 座，占 14.3%；其他还出有布泉、大泉五十。

这些墓葬中，M15、M26 不出剪轮五铢，且兼出货泉及五铢铜钱；考虑到这两墓都为单室墓，且均为南北方向，形制相同，这两座墓葬的年代或许相对较早。M2、M5、M6、M8、M9、M14、M16、M20、M25 只出有五铢铜钱；M3、M22 兼出五铢铜钱和剪轮五铢；M1、M10、M11、M12、M17、M19、M23 兼出货泉、五铢、剪轮五铢铜钱。

第三节　拒马河流域考古学文化变迁的初步观察

拒马河干流长 254 公里。发轫于山西省北部，河床宽 200～1000 米。东流横断于太行山脉，流经涞源、涞水、易县、房山等地。

战国时称伦水。秦代，其上游及南支称涞水，北支称桃水。东汉时，上游改巨马水，有水大流急如巨马奔腾之意。十六国北魏时复称涞水。其北支自辽起改称范水。至金代，其上游仍称涞水。

拒马河在房山区张坊镇分为北拒马河和南拒马河；后又在河北省白沟村境汇为一源，合入大清河。白沟村以上流域面积1000平方公里，它与永定河、滹沱河等同属海河水系。

在它的作用之下，形成了太行山东侧的局部扇形冲积平原。这座小平原东隔永定河，北邻燕山南麓，南向华北平原敞开门户，形成了一种相对独立的地理格局。在这片区域内，分布着自新石器时代以来各时期的众多遗址（图二〇六）。了解这种地理格局及遗址的内涵情况，就成为把握区域考古学文化面貌变化的关键。

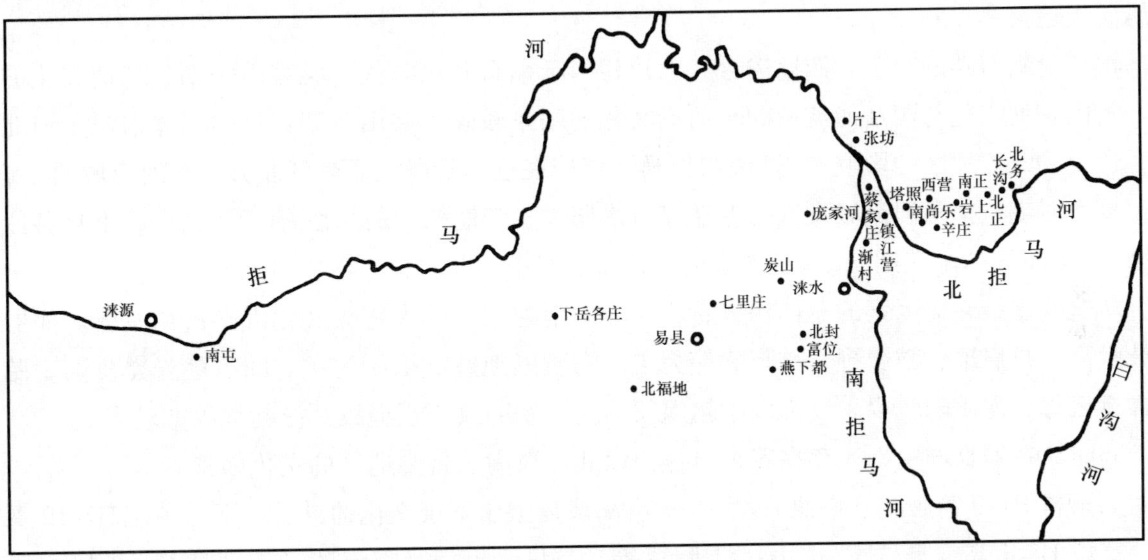

图二〇六　拒马河流域主要遗址分布图

需要说明的是，北、南拒马河流域开展工作的程度不同，因而尚不具备同等对比讨论的基础。相比之下，北拒马河的基础性工作较多，条件稍好。本刊中所谓的拒马河流域，若无指明，皆指北拒马河流域。南拒马河的工作本较少，但从已发表资料看，其支流易水河流域的一些主要遗址如北福地、燕下都等都较为重要，对了解整个拒马河流域的文化面貌不无裨益。因而这些遗址点可以在此置于一个大的文化范畴讨论①。

1959年，北京市文物工作队在拒马河流域进行过初步的文物调查，发现了镇江营西周遗址、蔡家庄战国城址、南尚乐镇西的汉代遗址等。囿于当时的认识水平，尚不能在整体性研究方面有所突破。1986年夏，北京市文物研究所组成调查小组，对这一地区再次进行考古调查②。新发现了相当于新石器中期、商时期的遗存，从而大大完善了该地区考古学文化序列与谱系。特别是1986～1990年，北京市文物研究所发掘了镇江营及塔照遗址，梳理了先秦时期九种文

① 据介绍，在涞源县拒马源北侧台地，有距今约9000年的新石器时代早期遗址。在涞源县拒马河南岸有南屯新石器时代遗址，面貌与仰韶中期相近。但上述情形均未见正式报道。因而不在此进行讨论。

② 北京市文物研究所：《北京市拒马河流域考古调查》，《考古》1989年第3期。

化，相当于给拒马河流域建立了年代标尺[①]。

在新石器时代，镇江营的第一、二期遗存属新石器时代中、晚期。被发掘者称之为“镇江营一期文化”的，实际上相当于仰韶文化后岗类型的初始阶段[②]，与鲁西地区的后李、北辛文化，豫北地区的后岗一期文化，冀南的磁山文化关系密切[③]。显见拒马河流域在这一阶段属于黄河流域的文化系统。

北福地遗址位于易县县城西南12.5公里中易水河北岸的台地。前三期属于新石器时代，据报告编写者的文化分期，第一期遗存的文化面貌与磁山文化接近。第二期文化遗存与镇江营一期属同类遗存[④]。

镇江营新石器的第三、四期遗存，大致相当于铜石并用时代，属雪山一期、二期文化的范畴。雪山一期文化与西辽河流域的小河沿文化的联系较强，雪山二期文化的主体来源于河北平原，也受到北方地区的影响[⑤]。这说明拒马河流域在这一阶段先后受到北方、黄河流域的影响。

夏商时期，拒马河流域发现的古遗存有塔照一、二期[⑥]，易县北福地第四期[⑦]、下岳各庄第一期[⑧]、七里庄二至三期[⑨]，涞水庞家河、富位、炭山、北封村二期[⑩]、渐村[⑪]等。

从这些遗址文化因素的总体构成看，属燕山南麓地区的大坨头文化因素占据主体。如器型以鼓腹鬲、折肩罐、鼓腹罐、鼓腹盆等为主。陶质以细砂红褐胎为主，间有磨光黑皮陶，胎质中掺有云母，泥质陶较少。纹饰以中粗绳纹为主，细绳纹、粗绳纹、弦断绳纹亦较多。

同时，在器物群中，还存在着来自燕山以北、冀南、晋中地区的文化因素。

如渐村H1:9筒腹鬲、塔照H92:15折肩鬲属夏家店下层文化的谱系。下岳各庄H7:12深腹盆，富位H8:1高锥足鼓腹鬲、H14:1陶豆等，都显示出拒马河流域（特别是南缘地区）受到商文化的影响。庞家河H1:12、下岳各庄H23:1陶瓮与太行山以西太谷白燕出土的蛋形瓮相似，表明晋中地区的影响。

这些文化交汇的迹象反映在该阶段，拒马河流域作为燕山南麓文化圈中的边缘——但却是重要的组成部分，起到与更远范围的文化圈传播、过渡、交流的作用。因为处于南、北、西几个强势文化的交汇地带，这一地区为各种文化提供了交流与融合的平台。但也由于这所造成的

---

① 北京市文物研究所：《镇江营与塔照》，中国大百科全书出版社，1999年。

② 原调查报告中将相当于镇江营一期的遗存归为新石器早期阶段。而实际上，此类遗址通过类比可知该遗存相当于后岗一期文化早期。

③ 戴向明：《黄河流域新石器时代文化格局之演变》，《考古学报》1998年第4期。

④ 河北省文物研究所：《北福地——易水流域史前遗址》，文物出版社，2007年。

⑤ 韩建业：《试论北京地区的新石器时代文化》，《文物春秋》2007年第5期。

⑥ 北京市文物研究所：《镇江营与塔照》，中国大百科全书出版社，1999年。

⑦ 河北省文物研究所：《北福地——易水流域史前遗址》，文物出版社，2007年。

⑧ 拒马河考古队：《河北易县涞水古遗址试掘报告》，《考古学报》1988年第4期。

⑨ 段宏振等：《河北易县七里庄遗址发现大量夏商时期文化遗存》，《中国文物报》2006年12月8日第2版。

⑩ 河北省文物研究所等：《河北涞水北封村遗址试掘简报》，《考古》1992年第10期。

⑪ 河北省文物研究所：《河北涞水渐村遗址发掘报告》，《文物春秋》1992年增刊。

文化面貌的复杂局面使然，该地区的大坨头文化远不如永定河以东地区单纯[①]。因而，在大坨头文化的势力范围中，拒马河流域并不是中心。这一地区与永定河以东地区的文化差异性，也为大坨头文化地方类型的划分提供了依据。

西周时代，主要的遗存有镇江营塔照商周的三期[②]、涞水炭山二期[③]、燕下都故城等[④]。总体上的文化特征是陶质以夹细砂为主，掺少量云母。陶色以黑褐、灰褐为主。陶器器型以袋足鬲、折肩罐、簋、深腹盆等为主。绳饰以竖绳纹为主。这些特征都显示出西周燕文化以土著因素为主、周文化因素次之、少量的张家园上层文化及北方其他文化因素的存在。

春秋时期，拒马河流域除镇江营商周第四期第4组属春秋早期外，其他遗址较少发现。寓示着这一阶段该区域可能是相当萧条的。

战国时代，拒马河流域除南正外，还有镇江营塔照商周第五期[⑤]、易县燕下都[⑥]，房山岩上[⑦]、片上、张坊、镇江营、北务村[⑧]等。《战国策·燕策》云："燕东有朝鲜、辽东，北有林胡、楼烦，西有云中九原，南有呼沱、易水，地方二千里。"拒马河流域南不过易水，处于燕国的控制范围内，其文化面貌印有燕文化铬印实属正常。这些遗址出土的兽面瓦当、夹砂红陶鬲、夹砂红陶釜、灰砂陶豆等都体现出典型燕文化的风格。因而在该阶段，拒马河流域属燕文化范畴。这一时期，遗址的数量不仅有了较多的增加，而且遗址的性质也可能发生了变化。

这些遗址有两个特点，一是各遗址文化堆积薄弱，内涵较为单纯，年代跨度小。二是遗址沿拒马河呈半月状分布，相当密集，形成南拒马河南岸的蔡家庄古城的北面屏障。因而调查者推断，这些遗址很可能是一些屯兵点。这是有一定道理的。若果真如此，表明战国以来古人对拒马河的重新开发、加大开发是出于军事考虑的。

这种聚落分布格局和赤峰地区的半支箭河、阴河流域的情形极为相近。阴河—英金河流域的夏家店下层文化石城址沿河可分为三群，每群中都有一个至少一座石城址处于本群的中心地位。被控制的地域，有当今几个县的面积之大，规划非常缜密。一般认为这类城址的布局，是出于防御的目的，一定是受一个统一组织的控制和管理[⑨]。

在拒马河流域发现战国—汉代时期城址2座。长沟古城在1962年调查时，城的南、北、西三面土城墙尚存一定高度，东墙已平。城南宽北窄，平面呈刀把形。东墙原长500米，西墙北段长290、南段长210米，南墙长360米，北墙东段长320、西段长40米，周长约1720米。城墙保存最

---

① 杨建华：《试论夏商时期燕山以南地区的文化格局》，《北方文物》1999年第3期；盛立双：《燕山南麓夏商时期考古遗存研究》，《边疆考古研究》（第6辑），科学出版社，2007年。

② 北京市文物研究所：《镇江营与塔照》，中国大百科全书出版社，1999年。

③ 拒马河考古队：《河北易县涞水古遗址试掘报告》，《考古学报》1988年第4期。

④ 河北省文物研究所：《燕下都》，文物出版社，1996年。

⑤ 北京市文物研究所：《镇江营与塔照》，中国大百科全书出版社，1999年。

⑥ 河北省文物研究所：《燕下都》，文物出版社，1996年。

⑦ 北京市文物研究所：《岩上遗址发掘报告》，《南水北调工程（北京段）考古发掘报告》（上），科学出版社，2008年。

⑧ 2006年8月，笔者从南正往琉璃河的路上，经涿长路北务村界，路北的断崖剖面中发现大量属西汉早期（相当于南正一期晚段）的红陶釜、灰陶豆、板瓦等残件，分布甚为密集。据初步踏查，此处应为西汉早期遗址，个别采集的红陶釜年代较早，可到战国晚期。遗址被蚕食严重，残余面积不足1万平方米。

⑨ 赤峰中美联合考古队：《内蒙古东部（赤峰）区域考古调查阶段性报告》，科学出版社，2003年。

高处约5米。发掘者据采集的遗物及《水经注》的记载，推断这里应为汉代西乡县故城①。

蔡家庄古城②据早年调查时，呈正方形，边长约300米。现东、西、南三墙尚存，北墙于早年毁于洪水，东南、西南两城角尚保存完整，残高3.5米，南、西两墙中部似各有一突出的城门。城墙版筑痕迹清晰，墙内混杂大量残陶片。采集物有兽面瓦当、夹砂红陶鬲足、汉五铢等。其沿用年代可能从战国到汉代③。

从上述情况看，长沟城、蔡家庄城的面积都不是很大，这样的城址受面积所限，能承载的居民人口和日常活动能力有限，军事堡垒的性质可能更强于定居聚落。

西汉时期，该区域发现的遗址有南正、南尚乐镇西、北正④等。这些地点尚没有墓葬的发现，因而对葬俗的了解不很明确。仅从上述地点出土的陶釜、瓮、豆、炭炉等遗物看，拒马河流域仍保留有大量燕文化的孑遗，特别是燕式釜的型式多样、序列较为完整。这种器物是燕文化的标识物之一，代表着该文化的核心精髓⑤。具有强烈的内固性和延续性，并不随着政权的改变而消失。这表明汉王朝对此地的政治统治没有造成本地的物质文化发生大的改变。

到了东汉时期，岩上、南正两地出土的墓葬，无论从墓葬的形制还是随葬器物的形态、组合上都与北京、河北乃至河南、陕西等中原地区有着较多的相似性。显见在这一阶段，随着汉置郡县于此，汉对此地的控制加强，汉文化圈在拒马河流域的辐射影响力加大。

在北宋，拒马河是宋辽两国的西部界线。

历经上述新石器、夏商、西周、战国、汉代等不同时期，拒马河流域聚落变迁的情况可以归纳出若干特点。

一是从时间角度考察，从夏商时期开始，遗址数量不断增加，这反映了夏商时期以来人口的不断增长。人口的增长体现着古人对于这一地区开发程度的不断提高。

二是从空间角度考察。遗址以拒马河南北分流地带最为集中。这一地段必定有着得天独厚的生存条件，可能是这一地段资源的相对集中，也可能是方便的交通与有利的防御有关所致。

三是战国—汉代的遗址大多数不与夏商、西周时期的遗址重合。不同时期人们选择不同居住环境位置的变化，一定有某种原因在其内，或许是自然环境的变迁所致，也有可能是社会强制力量在其中起了很重要的作用。只是这一原因，现在还不得而知。

四是聚落在不同时期有向拒马河下游方向扩张游移的趋势，这一运动过程在进入夏商时期后表现尤为明显。聚落的分布取决于河流的走向及河流两侧资源的容量。拒马河流域主要聚落沿河分布的情况可能与其狭长的河谷要冲地势有关：一是拒马河河谷局限了聚落的扩散分布，新增的聚落则当然以最有利于生存的沿河地带作为首选位置。二是这种地理格局有利于抵御外来侵略。

---

① 冯秉其等：《房山县古城址调查》，《文物》1959年第1期；北京市文物工作队：《北京房山县考古调查简报》，《考古》1963年第3期。

② 原来的调查记录皆称其为蔡庄古城，现地名作蔡家庄，本报告以现地名为准。

③ 王汉彦：《周口店区蔡庄古城遗址》，《文物》1959年第5期；苏天钧：《十年来北京市所发现的重要古代墓葬和遗址》，《考古》1959年第3期。

④ 北京市文物研究所：《北正遗址发掘报告》，《南水北调工程（北京段）考古发掘报告》（上），科学出版社，2008年。

⑤ 李维明：《燕文化陶釜浅识》，《北京平谷与华夏文明：国际学术研讨会论文集（2005）》，社会科学文献出版社，2006年。

附　　表

附表一　遗迹登记表

单位：厘米

编号	所在探方	层位	形　状	口径		深	坑底		厚度	期（段）别	典型包含物	备　注
				长径	短径		长径	短径				
H1	Ⅰ T0501	④	近长方形	186	138	75	170	90	60～70	一期早		H1→Y1
H2	Ⅲ T0605	③	长方形	230	47	35	195		80	一期晚		
H3	Ⅰ T0501	G1②	不规则形	200	166	175	180		30	一期早		G1→H3→Z1
H4	Ⅲ T0406	③	不规则形	290	123	45		80	30	一期早		
H5	Ⅲ T0605	③	近长方形	270	55	42	220		58	一期早		
H6	Ⅲ T0605	③	近长方形	420	250～310	60	400		35	一期早	陶豆Ⅰ式，陶釜 AⅠ、AⅡ、AⅢ式	
H7	Ⅲ T0606	③	近长方形	125	70	60	120	70	130	一期晚		
H8	Ⅲ T0304	③	不规则形	445	130～245	52	450	200	90	一期早	陶釜 AⅡ、AⅢ、AⅣ、CⅠ式，陶罐 Ab 型Ⅱ、Ⅲ式，陶盆Ⅲ式	H8→Y7、G5
H9	Ⅲ T0703	③	椭圆形	90	77	35		66	26	一期晚		
H10	Ⅲ T0606	③	近长方形	168	108	55	168		100	一期晚	陶豆Ⅱ式，陶釜 AⅡ、AⅢ式	
H11	Ⅲ T0604	③	不规则形	410	60～145	50	240		80	一期晚		
H12	Ⅲ T0503	③	圆形	222	96	47	160		40～46	一期晚	陶盆Ⅳ式，陶钵Ⅴ式	H17→H12
H13	Ⅲ T0604	③	不规则形	436	90～170	30	200		40	一期晚		
H14	Ⅲ T0705	③	椭圆形	119	136	44	99	96	194	一期晚	陶罐 AⅠ式，陶瓮Ⅱ式，器座Ⅴ式	
H15	Ⅲ T0503	③	椭圆形	71	52	65		40	40	一期早	陶罐 AⅡ式，陶豆Ⅰ式，陶瓮Ⅰ式，陶釜 AⅠ式	H15→H29
H16	Ⅲ T0604	③	近长方形	125	20～36	40	120		10	一期晚		
H17	Ⅲ T0503	H12	圆形	160	86～106	42	160		60	一期晚		H17→H12
H18	Ⅲ T0503	③	圆形	100	100	37		85	20	一期晚		H18→Y4
H19	Ⅲ T0503	③	圆形	150～160	150	40	160	150	30	一期早	陶钵Ⅰ式	
H20	Ⅲ T0403	③	椭圆形	158	146	62	158	146	26	一期晚		
H21	Ⅲ T0403	③	圆形	158	150	52	186	178	78	一期晚		
H22	Ⅲ T0403											晚期灰坑

续表

编号	所在探方	层位	形状	口径		深	坑底		厚度	期（段）别	典型包含物	备注
				长径	短径		长径	短径				
H23	Ⅱ T0404	③	近长方形	278	120	45	214	40	34	一期晚		
H24	Ⅲ T0204											晚期灰坑
H25	Ⅲ T0602	③	近长方形	130	65	60	130	65	15	一期早		
H26	Ⅲ T0205											晚期灰坑
H27	Ⅲ T0503	③	近长方形	190	72	80	180	60	76～86	一期晚		
H28	Ⅲ T0803	③	椭圆形	86	70	42	74	65	25	一期晚	陶豆Ⅱ式	
H29	Ⅲ T0503	③	圆形	184	166	75	208	208	84～90	一期早	陶豆Ⅰ式，陶罐AaⅠ、AaⅡ、AbⅠ、AbⅢ式	H15、H27→H29
H30	Ⅲ T0704	③	圆形	100	80	35			100	一期晚		
H31	Ⅲ T0103	③	椭圆形	315	268	62	240		18～50	一期晚		
H32	Ⅲ T0703	②	不规则形	400	140	43	360		36	二期		H32→M16
H33	Ⅲ T0402	③	圆形	180	70	55	180	70	22	一期晚		
H34	Ⅲ T0602	②	椭圆形	120	120	34	100		40	二期		H34→M19
H35	Ⅲ T0602	③	近长方形	152	80～90	50	150	90	25	一期早		
H36	Ⅲ T0502	③	圆形	110	105	65	40		40	一期晚		
H37	Ⅲ T0502	③	椭圆形	266	69～84	83	230	60	48	一期晚		H37→H41
H38	Ⅲ T0502	③	圆形	162	146	60	140		52	一期晚	陶罐Ab型Ⅰ式	
H39	Ⅲ T0502	③	椭圆形	116	110	63	80		30～40	一期晚		H39→H40、H43
H40	Ⅲ T0502	H39	椭圆形	376	150	65	290		70	一期晚		H40→H43
H41	Ⅲ T0502	③	椭圆形	350	268	63	200		52	一期晚		
H42	Ⅲ T0801	③	不规则形	260	170	32	120	90	90	一期晚	陶釜BⅣ式	
H43	Ⅲ T0502	H40	圆形	186	180	80～90	180		90	一期晚		H40→H43
G1	Ⅰ T0501	③	不规则带状	690	255～325	65～75			128	一期早	陶瓮Ⅰ式，陶釜BⅡ、BⅢ、AⅣ式，陶器座Ⅱ式	G1→Y1、H3
G2	Ⅲ T0504	③	不规则长方形	850	120～250	40～65	850		48～100	一期晚		
G3	Ⅲ T0404	③	不规则长方形	740	86	55	695	125	100	一期晚	陶釜AⅢ、BⅡ式	

续表

编号	所在探方	层位	形 状	口径		深	坑底		厚度	期（段）别	典型包含物	备 注
				长径	短径		长径	短径				
G4	Ⅰ T0103	③	不规则长方形	600	366～390	130	480		44～110	一期早	陶釜BⅡ式	Y2→G4
G5	Ⅲ T0204	③	不规则带状	3300	1640	70			430	一期早	陶钵Ⅰ、Ⅱ式，陶豆Ⅰ、Ⅱ式，陶釜AⅠ、AⅢ、CⅡ式，陶器座Ⅳ式，陶盆Ⅱ式，陶瓮Ⅰ、Ⅱ式	开口西部未发掘，个别数据不详
G6	Ⅲ T0302	②	近三角形	844	625	46	700	400	140	二期		G6→M22、Y6
Y1	Ⅰ T0501	④	锁形	585	485	123			90	一期早	陶瓮AⅠ式，陶釜BⅢ式，陶盆Ⅰ式，陶器座Ⅰ式	H1、G1→Y1
Y2	Ⅰ T0103	③	葫芦形	606	310	120	420	300	122	一期早	陶釜BⅠ、BⅡ式	Y2→G4
Y3	Ⅱ T0305	③	葫芦形	645	485	30	430	290	150	一期晚	陶釜AⅢ式	
Y4	Ⅲ T0503	H17	近葫芦形	320	260	43			40	一期晚	陶釜AⅢ式，陶钵Ⅲ式	H17→Y4→H18
Y5	Ⅲ T0103	③	葫芦形	566	375	100	520	320	110	一期早	陶釜AⅠ、AⅢ式	H31→Y5
Y6	Ⅲ T0302	③	近陶斗形	600	360	158	590	360	160	一期早	陶釜AⅢ、BⅡ式，陶瓮Ⅰ式，陶器座Ⅲ式	M22→Y6
Y7	Ⅲ T0304	③	半葫芦形	492	420	82	414	60	94	一期早	陶釜AⅢ式，陶罐AbⅡ式	H8→Y7→Y6、G5
Z1	Ⅰ T0501	Y1	椭圆形	104	50		40		10	一期早		Y1→Z1
Z2	Ⅲ T0503	③	椭圆形	100	30	40	90		16	一期晚		
Z3	Ⅲ T0604	③	近椭圆形	180	40	30		40	64	一期晚		
Z4	Ⅲ T0402	③	瓢形	92	40	38	40	33	24	一期晚		
Z5	Ⅲ T0602	③B	近椭圆形	100	28	65	90	22	16	一期晚		
C1	Ⅲ T0405	③	不规则带状	500	68	40	500	59	30	一期晚		
D1	Ⅲ T0604	③	椭圆形	35	30	10				一期晚		
D2	Ⅲ T0604	③	圆角长方形	40	30	12				一期晚		
D3	Ⅲ T0604	③	圆角方形	30	26	15				一期晚		

注：①一处遗迹跨两个探方以上，只登记其中面积较大者；②层位为遗迹的开口层位或叠压或打破的遗迹单位；③未发掘之遗迹单位的部分口、底径及深度，数据依发掘部分，空白为不详者；④期别栏中，未标明期别的单位为出土遗物较少、无分期的典型器物，且缺乏据以分期的层位关系，期属不详。

附表二　墓葬登记表

单位：厘米

墓号	所在探方	层位	方向	墓口 长×宽－深	墓底 长×宽－深	深度	葬式	人骨保存情况	头向及面向	性别及年龄	随葬品	时代	备注
M1	Ⅰ T0205	②	275°	300×213－50	295×206－223	173	不详	差	一为面向上、头向东；另一不详	不详	陶罐、陶炭炉、铜钱	东汉	
M2	Ⅰ T0304	②	280°	1640×970－50	1200×970－233	183	一为仰身直肢	差	不清	不详	陶钵、陶甑、陶豆、陶盏、陶盘、陶条形容器、陶器足、陶灶、陶鸡、陶狗、陶鸭、陶鸟、陶魁柄、陶房、陶井、陶俑、陶灯、铜削、铜饰、铜钱	东汉	
M3	Ⅰ T0305	②	275°	1176×750－40	801×750－200	160	不详	差	不详	不详	陶盏、铜镜、铜钱	东汉	
M4	Ⅱ T0305	②	267°	770×194－40	430×194－120	80	不详	差	不详	不详	铜钱	东汉	
M5	Ⅱ T0306	②	275°	440×260－30	360×170－205	175	北：仰身直肢；南：屈肢	较好	向上、向东	一男（壮年）、另一女（不清）	陶罐、陶盆、陶仓、陶耳杯、陶奁、陶灶、陶井、铜钱、玻璃耳珰、玉珠	东汉	双棺
M6	Ⅱ T0301	②	265°	980×262－45	634×262－225	180	不详	差	不详	不详	铜钱	东汉	
M7	Ⅱ T0404	②	273°	1182×492－30	648×494－194	164	不详	差	不详	不详	陶罐、陶盆、陶钵、陶小釜、陶甑、陶碗、陶耳杯、陶壶、陶奁、陶盘、陶小盘、陶博山式盖、陶圈足、陶灶、陶勺、陶鸡、陶狗、陶鸽、陶楼、陶井、陶俑、陶灯、陶漏斗、陶磨、石杵、铜钱	东汉	
M8	Ⅱ T0403	②	270°	1585×270－40	795×260－240	200	不详	差	不详	不详	铜钱	东汉	

续表

墓号	所在探方	层位	方向	墓口 长×宽－深	墓底 长×宽－深	深度	葬式	人骨保存情况	头向及面向	性别及年龄	随葬品	时代	备注
M9	Ⅱ T0503	②	275°	1380×3－50	686×240－286	236	不详	差	不详	不详	陶鸡、铜钱	东汉	
M10	Ⅱ T0302	②	272°	1225×305－36	576×240－210	174	不详	差	不详	不详	陶盆、陶钵、陶仓、陶耳杯、陶壶、陶奁、陶盘、陶小盘、陶灶、陶勺、陶鸡、陶狗、陶猪、陶魁柄、陶房、陶井、陶俑、石杵、砺石、铜带钩、铜刀、铜泡钉、铜钱	东汉	
M11	Ⅱ T0301	②	265°	960×250－40	620×250－170	130	不详	差	不详	不详	陶罐、陶盆、陶钵、陶小釜、陶鼎、陶豆、陶耳杯、陶壶、陶奁、陶盘、陶博山式盖、陶灶、陶鸡、陶狗、陶魁柄、陶楼、陶井、陶俑、陶漏斗、陶磨、陶猪圈、铜顶针、铜钱	东汉	
M12	Ⅱ T0103	②	270°	1130×396－45	780×492－260	215	不详	差	不详	不详	陶耳杯、陶盘、陶勺、陶楼、铜镜、铜刀、铜钱	东汉	
M13	Ⅲ区东200米	①	165°	365×315－100	263×315－170	70	不详	差	不详	男、40～45	陶罐、陶钵、陶碗、陶小盘、陶瓦当、瓷碗、铜饰、铜钱、铁器	辽	
M14	Ⅲ T0804	②	190°	745×220－48	410×220－185	137	不详	差	不详	不详	陶罐、陶盆、陶甑、陶器盖、陶博山式盖、陶灶、陶鸡、陶狗、陶井、陶厕所、铜钱	东汉	
M15	Ⅲ T0803	②	190°	980×260－60	590×260－240	180	不详	差	不详	女、约35岁	陶罐、陶盆、陶盏、陶灶、陶井、陶灯、砺石、铜钱	东汉	

续表

墓号	所在探方	层位	方向	墓口 长×宽－深	墓底 长×宽－深	深度	葬式	人骨保存情况	头向及面向	性别及年龄	随葬品	时代	备注
M16	ⅢT0603	②	275°	1120×330－170	740×330－275	105	不详	差	不详	不详	陶盆、陶耳杯、陶奁、陶盘、陶小盘、陶灶、陶勺、陶炭炉、陶鸡、陶狗、陶俑、铜镜、铜泡钉、铜钱	东汉	H32→M16
M17	ⅢT0702	②	270°	1160×240－40	670×240－282	242	不详	差	不详	女，约40岁	陶罐、陶甑、陶耳杯、陶奁、陶盘、陶博山式盖、陶炭炉、陶鸡、陶楼、陶猪圈、铜镜、铜带钩、铜钱	东汉	M18→M17
M18	ⅢT0602	①	186°	470×396－40	370×396－85	45	不详	不详	不详	不详	瓷碗、铜钱、铁簪	辽	M18→M17
M19	ⅢT0702	②	270°	466×225－38	466×225－222	184	不详	差	不详	女、约25岁	陶罐、陶盆、陶小釜、陶瓮、陶甑、陶盘、陶博山式盖、陶鸡、陶狗、陶楼、陶井、陶俑、陶猪圈、砺石、铜钱、铁器	东汉	H34→M19
M20	ⅢT0401	②	283°	494×205－36	480×205－302	266	不详	不详	不详	不详	陶罐、铜钱	东汉	
M21	ⅢT0501	②	185°	820×540－50	480×415－235	185	不详	不详	不详	不详	陶碗、陶瓦当、瓷碗	辽	
M22	ⅢT0302	②	285°	1050×300－140	660×300－308	168	不详	差	不详	一女，约20岁；另一不详	陶罐、陶盆、陶钵、陶甑、陶鼎、陶豆、陶壶、陶奁、陶盘、陶小盘、陶博山式盖、陶器座、陶灶、陶勺、陶炭炉、陶狗、陶猪、陶案、陶熏炉、陶房、陶井、陶俑、陶瓦当、铜镜、铜顶针、铜钱、骨簪	东汉	头骨两个。M22→Y6
M23	ⅢT0802	②	20°	775×215－60	416×190－225	165	不详	不详	不详	不详	陶罐、陶盆、陶器盖、铜钱	东汉	

续表

墓号	所在探方	层位	方向	墓口 长×宽-深	墓底 长×宽-深	深度	葬式	人骨保存情况	头向及面向	性别及年龄	随葬品	时代	备注
M24	ⅢT0801	②	270°	740×200-62	380×200-220	160	北：仰身屈肢；南：仰身直肢	较好	向东、向上	一男、一女，成年	陶罐、陶盆、陶瓮、	东汉	双棺
M25	ⅢT0803	②	190°	1020×220-50	585×220-136	86	不详	差	不详	不详	铜钱	东汉	
M26	ⅢT0803东7.8米	②	195°	1280×220-40	650×220-202	162	不详	差	不详	不详	陶罐、陶盆、陶钵、陶釜、陶甑、陶碗、陶博山式盖、陶器座、陶灶、陶鸡、陶狗、陶猪、陶井、陶猪圈、铜钱	东汉	

附表三　墓砖统计表

单位：厘米

墓号	长	宽	厚	纹饰	颜色	位置
M 1	26. 5	12. 5	5. 5	素面	青色	墓壁
M 2	27	13. 5	5. 5	素面	青色	墓壁
	26	13	5. 5	素面	青色	墓底
M 3	27. 5	13. 5	5. 5	素面	青色	墓门
M 4	25	14	4	素面	青色	墓壁
M 5	26	12	4	素面	青色	墓壁
	25	12	3 ~ 3. 5	素面	青色	券顶
M 6	27	13. 5	0. 55	绳纹	青色	墓壁
	32 ~ 33	18 ~ 18. 5	5. 5 ~ 6	素面	红色	前室墓底
M 7	27	14	6	素面	青色	墓底
M 8	32	16	8	素面	青色	墓底
M 9	26	13	4	素面	青色	墓壁
M 10	26	14	6	素面	青色	墓壁
	27. 5	13. 5	4. 5 ~ 5	素面	青色	墓底
M11	27	13. 5	5. 5	素面	青色	墓壁
M 12	28	14	6	素面	青色	墓壁
	27. 5	13. 5	6	素面	青色	墓壁
	42	42	6	乳钉斜线纹	青色	墓底
M13	35 ~ 36	18	5	细绳纹	青色	墓壁
M14	24	12	7	素面	青色	墓壁
M15	28	14	5	素面	青色	墓壁
M16	27	13	6	素面	青色	墓壁
M17	28	14	6	素面	青色	墓壁
M 18	40	18	7	勾纹（8 道）	青色	墓壁
	39	19	7		青色	墓壁
	37	17	6		青色	墓壁
M19	28	14	6	素面	青色	墓壁
M 20	26	13	3. 5	素面	青色	墓壁
	27	13. 5	4	素面	青色	墓壁
M21	40	18	6	素面	青色	墓壁
M 22	27	13. 5	6	素面	青色	墓壁
	28	14	6	素面	青色	墓壁
M 23	28	14	5	素面	青色	墓壁
	27	13	5	素面	青色	墓壁
M24	24	12	4	素面	青色	墓壁
M25	24	14	6	素面	青色	墓壁
M26	28	13	6	素面	青色、红色	墓壁

附　　录

附录一　南正、岩上遗址出土器物的初步分析

崔剑锋　吴小红

（北京大学考古文博学院）

郭京宁　孙　勐

（北京市文物研究所）

2005～2006年，为配合南水北调工程基本建设，北京市文物研究所在房山区南正村、岩上村①进行了考古发掘，出土了一批包括金属器、玻璃器、陶瓷器等在内的文物。北京大学考古文博学院和北京文物研究所通力合作，对上述遗址出土的部分遗物进行了初步的科学分析，得出了一些有意义的结论。以下按照青铜器、玻璃器、陶瓷器等分项介绍分析结果。

一、金　属　器

1. 样品描述及分析方法

此次共分析金属器样品10件，器物年代以东汉为主，另有1件战国时期的铜印和1件清代出土的发簪。样品清单及检验项目参见表一。

表一　样品清单及检验项目表

实验室编号	样品名称	原始编号	所属时代	出土地点	检验项目
FShB-01	铜印	06FYSHM14：1	战国	岩上	LA-ICP-AES分析
FShB-02	铜镜	06FNIIIM17：18	东汉	南正	LA-ICP-AES分析，金相检查
FShB-03	铜镜	06FNIIIM26：21	东汉	南正	LA-ICP-AES分析，金相检查

① 北京市文物研究所：《岩上墓葬区考古发掘报告》，《南水北调（北京段）考古发掘报告集》，科学出版社，2008年。

续表

实验室编号	样品名称	原始编号	所属时代	出土地点	检验项目
FShB-04	带钩	06FYSHM19∶1	东汉	岩上	LA-ICP-AES 分析，金相检查
FShB-05	五铢钱	06FNIIIM15	东汉	南正	LA-ICP-AES 分析，金相检查
FShB-06	五铢钱	06FNIIIM15	东汉	南正	LA-ICP-AES 分析
FShB-07	五铢钱	06FNIIIM15	东汉	南正	LA-ICP-AES 分析
FShB-08	剪轮五铢	06FNIIIM3	东汉	南正	LA-ICP-AES 分析，金相检查
FShB-09	剪轮五铢	06FNIIIM3	东汉	南正	LA-ICP-AES 分析
FShB-10	发簪		清代	岩上	LA-ICP-AES 分析

使用激光剥蚀电感耦合等离子体发射光谱（LA-ICP-AES）分析了以上 10 件金属样品的主、微量元素组成。该分析系统采用激光剥蚀系统代替传统的酸溶解法，可以达到近无损分析的效果。同时，由于 ICP-AES 具有高灵敏度、低检出限的优点，使得在实现无损分析的同时又能够精确定量样品的主、微量元素含量，这一点对于珍贵的文物样品尤其适用。

本实验的设备和校正方法：

ICP-AES：北京大学考古文博学院科技考古实验室的 Leeman Labs. 公司的 Prodigy 全谱直读 ICP-AES。

激光剥蚀系统：北京大学考古文博学院科技考古实验室 NEW-WAVE 公司的 UP-266 MARCO 型激光剥蚀系统。

数据校正方法：根据 Richard 等描述的使用溶液标准建立激光进样系统工作曲线的校正策略①，利用市售国家单元素标准配置青铜样品混合标样，建立标准曲线，测量样品，对测量结果进行归一化处理后计算样品各元素的组成。

金相分析为传统的金属器检测手段，通过对器物的金相检验，可以判断该器物的成型方式、大体了解器物的合金组成，目前已经成为冶金考古研究必不可少的手段②。

我们共观察了 5 件器物的金相组织（参见表三），分析步骤为：取小样品，酚醛树脂镶嵌，金相砂纸打磨至 1000#，金相抛光机抛光，金相显微镜观察并拍照（观察时使用三氯化铁盐酸酒精溶液浸湿）。

2. 实验结果

成分分析结果见表二。

① Richard, E., Mao, X., Liu, H., *et. al.* Laser ablation in analytical chemistry-a review. *Talanta* 2002, 57, 425～451.

② 韩汝玢、孙淑云、李秀辉、潜伟：《中国古代铜器的显微组织》，《北京科技大学学报》2002 年第 2 期。

表二　金属器成分分析结果（金属器成分分析结果）

实验室编号	器物名称	Cu（%）	Sn（%）	Pb（%）	Fe（%）	Co（%）	Ag（%）	Ni（%）	Zn（%）
FShB-01	铜印	66.29	17.65	14.04	0.09	0.04	0.39	0.26	0.22
FShB-02	铜镜	69.24	25.11	3.59	0.13	0.01	0.07	0.04	0.24
FShB-03	铜镜	68.98	24.85	3.90	0.13	0.02	0.14	0.06	0.23
FShB-04	带钩	53.20	3.24	42.38	0.20	0.05	0.13	0.08	0.18
FShB-05	五铢钱	55.23	6.65	33.77	1.18	0.01	0.41	0.03	0.19
FShB-06	五铢钱	35.70	1.82	59.31	0.89	0.10	0.30	0.05	0.19
FShB-07	五铢钱	45.40	3.73	48.16	1.04	0.00	0.16	0.02	0.15
FShB-08	剪轮五铢	94.54	1.63	0.18	2.28	0.05	0.02	0.82	0.32
FShB-09	剪轮五铢	69.83	7.63	20.04	0.03	0.01	0.19	0.05	0.23
FShB-10	发簪	7.45	0.08	0.35	0.01	0.00	91.87	0.02	0.08

金相组织及描述见表三。

表三　青铜器金相组织及描述

实验室编号	器物名称	金相组织	成型方式
FShB-02	铜镜	晶粒细小，（α+δ）共析体为基体，α固溶体成针状、片状，有少量铅颗粒弥散分布，高锡青铜的铸造组织。腐蚀严重，组织中出现较多自由铜沉积，形态为条带状、球状、颗粒状（图一，1）	铸造
FShB-03	铜镜	晶粒细小，（α+δ）共析体为基体，α固溶体成块状、针状、片状，有少量铅颗粒弥散分布，高锡青铜的铸造组织（图一，2）	铸造
FShB-04	带钩	α固溶体树枝晶，大量铅呈树枝状分布晶间，有硫化物夹杂，高铅青铜铸造组织。组织有变形为埋藏挤压所致（图一，3）	铸造
FShB-05	五铢钱	α固溶体树枝晶，大量铅呈树枝状、球状分布晶间，大量蓝灰色硫化物夹杂，根据成分分析结果，这些蓝灰色夹杂应为硫化铜铁夹杂，高铅青铜铸造组织（图一，4）	铸造
FShB-08	剪轮五铢	α固溶体树枝晶，由锡、铅及其他杂质元素引起的枝晶偏析明显，大量球状蓝灰色硫化物夹杂，根据成分分析结果，这些蓝灰色夹杂应为硫化铜铁夹杂，含铁铜合金铸造组织（图一，5）	铸造

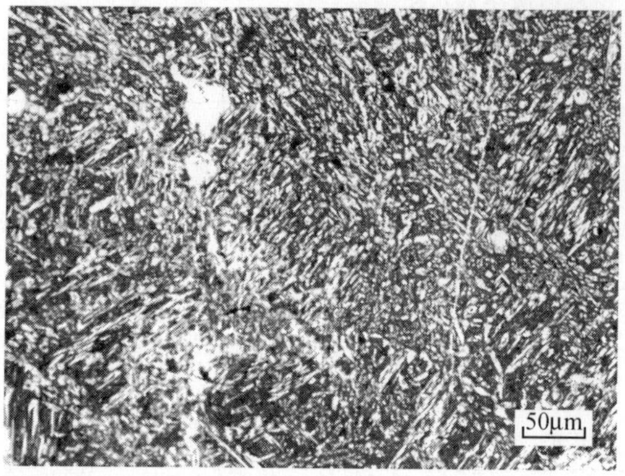

1. FShB- 02 铜镜 ×200

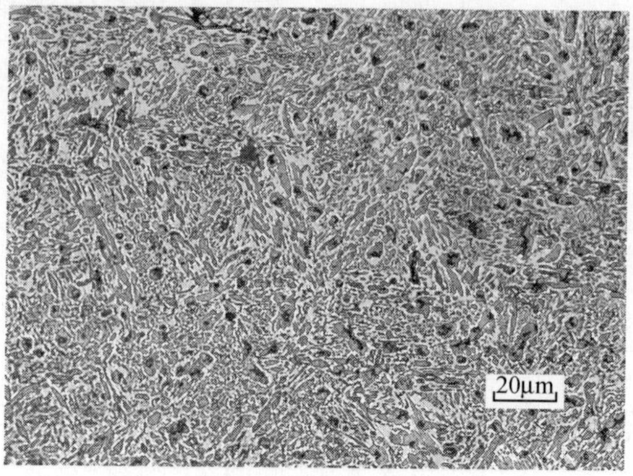

2. FShB- 03 铜镜 ×500

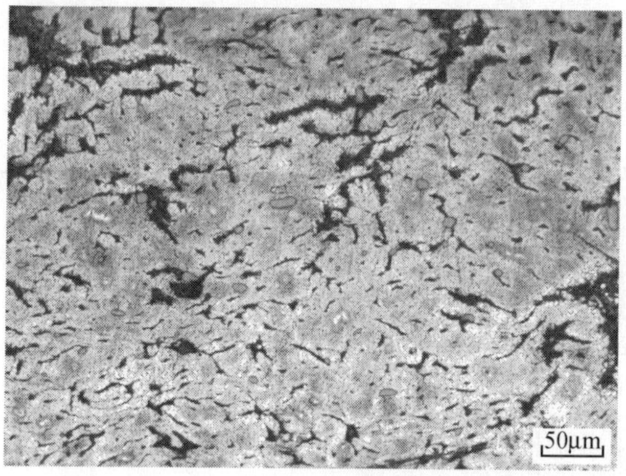

3. FShB- 04 带钩 ×200

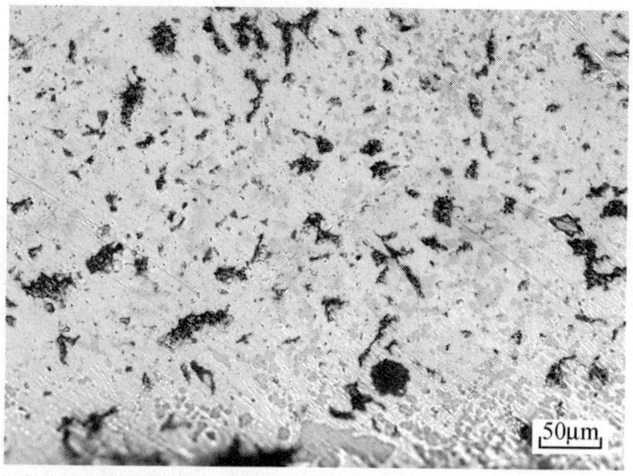

4. FShB- 05 五铢 ×500

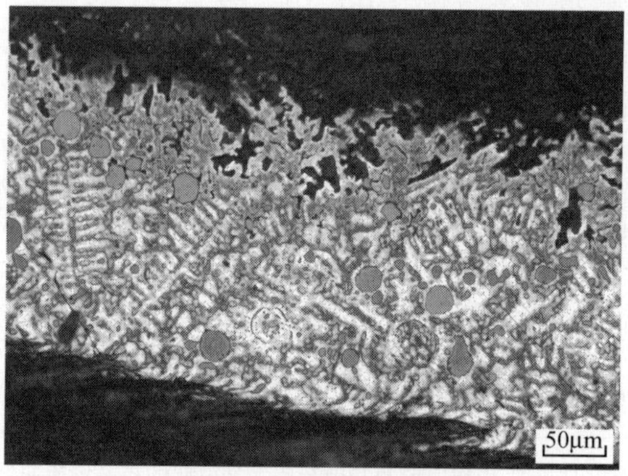

5. FShB- 08 剪轮五铢 ×200

图一　部分青铜器的金相组织（1、2、3、5 为 $FeCl_3$ 盐酸酒精浸蚀后照片，4 为未浸蚀照片）

3. 讨论

（1）铜印

由成分分析可知，房山岩上出土的铜印为铅锡青铜制成，其铅、锡含量都较高。类似合金组成的青铜器在新铸出时，呈现亮黄色，这种色泽的青铜非常适宜用来制作象征身份的印章。根据一些学者对已经分析的先秦青铜器合金组成的统计，高锡铅的合金材质是铸造战国青铜器的主流材质[①]，表现了当时工匠对于铅锡青铜各种性能的纯熟了解。

古代铜印特别是先秦时期的铜印的成分分析结果少见报道，与之可比拟的是国家博物馆的潘路、姚青芳对于战国至汉、晋的几件兵符——虎符的分析[②]。根据他们的分析，这些虎符的材质都为铅锡青铜，本次分析也验证了战国至汉，类似印章之类代表身份的青铜器可能使用锡铅青铜来制作这一结论。

（2）铜镜

由成分分析可知，南正出土的两面铜镜都为含量25%的高锡青铜铸造，这种高锡青铜的金相显微组织相对于合金组成非常敏感，锡含量每变化1%，组织就会发生非常明显的变化。关于铜镜的显微组织我国学术界多有讨论[③]。争论焦点是古代青铜镜的显微结构究竟是铸造结果还是淬火结果。从本次分析结果来看，南正出土的两面东汉铜镜为铸造成型的。

两面铜镜的主、微量元素含量基本相同，金相显微组织亦非常近似，表明这两面铜镜的制作技术和矿料选择完全一致。由此说明二者应该都来自同一铸造地。反应了东汉时，房山地区的铜镜可能都来自某一个相同的铸镜中心。这似乎可以和当时的“盐铁官营”政策相对应。日本的一些学者曾经分析过日本出土的东汉铜镜的铅同位素比值，结果表明绝大多数日本出土的东汉铜镜其矿料都来自中国南方[④]。关于房山两面铜镜的确切矿料来源，还需要分析其铅同位素比值才能最终确定。但矿源和铸造技术的一致性反映出东汉手工业已经有较高程度的专门化。

（3）带钩

无论成分分析还是金相显微结构分析的结果都表明带钩为铅含量很高的铅青铜。使用铅含量如此之高的铅青铜制作的铜器如铜短剑等在北京延庆属于春秋战国时期的山戎墓地中曾出土过[⑤]。此外战国时燕国的钱币也多使用高铅青铜合金制作[⑥]。说明当时北京地区锡资源可能较为缺乏，因此才出现用铅代替锡来作为铜的合金元素配制铅青铜，制作带钩、钱币等日常消耗品。

（4）钱币

此次共分析了5枚东汉时期的货币——五铢钱，包括两枚所谓的“剪轮五铢”。除1枚剪轮五铢FShB-08外，其余4枚都为锡含量较低、铅含量很高的铅青铜材质，其中的2枚铅含量甚至超过了铜。如前所述，类似的合金材质多用来制作钱币、带钩以及铜短剑等日常用品。

FShB-05和FShB-08的成分分析结果表明，两者都含有较多的铁，其中剪轮五铢FShB-08的铁含量超过2%。两者的金相组织中都出现了大量的蓝灰色夹杂，特别是剪轮五铢，其中有

---

① 苏荣誉、华觉明等：《中国上古金属技术》，山东科学技术出版社，1995年。

② 潘路、姚青芳：《阳陵虎符的科学研究》，《科技考古论丛》（第三辑），中国科技大学出版社，2003年。

③ 孙淑云、N. F. Kennon：《中国古代铜镜显微组织的研究》，《中国冶金史论文集》（二），北京科技大学出版社，1994年。

④ Mabushi, H. Y. Hirao and M. Nishida, Lead isotope approach to the understanding of early Japanese bronze culture, *Archaeometry* 27 (2), 1985.

⑤ 韩汝玢、孙淑云、李秀辉、潜伟：《中国古代铜器的显微组织》，《北京科技大学学报》2002年第2期。

⑥ 周卫荣：《中国古代钱币合金成分研究》，中华书局，2004年。

直径十数微米的球状夹杂。这些夹杂都是冰铜（Cu-Fe-S）颗粒夹杂。这表明当时已经广泛使用了硫化铜矿造锍的冰铜冶炼技术，这种冶炼技术是较为先进的炼铜技术，是当代火法炼铜的基础，说明东汉时我国炼铜技术已经有相当高的水平。

周卫荣统计了20余枚属于东汉时期五铢钱的合金组成①，结果表明大部分铜钱的铅、锡含量都较低而铜含量则较高。剪轮五铢FShB-08的合金组成符合其统计规律。在周卫荣的统计中，亦有铅含量超过30%的。这和本次分析的其他几枚五铢的情况类似，表明铅青铜在当时可能主要被作为铸币材质使用。

综上所述，南水北调考古工地出土的这些铜器制品，其合金组成完全符合其他同时代青铜遗物的合金组成表现出的战国—东汉时期用于制作同类器物的合金材质的规律，这在某种程度上可以视为青铜时代晚期至铁器时代早期，我国在制作铜器制品时很可能已经形成了较为统一的标准。

二、玻　璃　器

分析玻璃器3件，均为蓝色半透明玻璃耳珰。1件出土自岩上，原始编号为06FYSHM48∶2，实验室编号为FShG-01。另外两件出土自南正的同一墓中，原始编号为06FNM5∶1，实验室编号分别为FShG-02和FShG-03，3件器物的时代相同，都为东汉时期。

使用LA-ICP-AES分析了该器物的主要成分，此次分析校正策略为单一固体标样校正，数据归一化处理，使用标样为美国康宁博物馆的Corning-C玻璃标准。

分析结果参见表四：

表四　玻璃分析结果

Sample ID	Na_2O	MgO	Al_2O_3	SiO_2	K_2O	CaO	Fe_2O_3	BaO	PbO	CuO	CoO
FShG-01	7.91	1.41	2.02	56.32	1.14	3.58	1.10	8.36	17.80	0.04	0.03
FShG-02	5.14	0.66	0.99	52.97	2.71	2.45	0.65	10.26	23.59	0.02	0.012
FShG-03	5.45	0.69	1.20	54.74	2.58	2.87	0.75	9.64	21.58	0.02	0.013

（均为%含量）

根据表中分析结果，该玻璃属于铅-钡-硅系玻璃。这种玻璃是战国—汉代流行于中国大部以及朝鲜半岛和日本的一种玻璃。目前学术界普遍认为这种玻璃是我国独立发明的，和西方的主流玻璃体系钠-钙-硅系玻璃完全不同②。有学者认为我国先民之所以使用这种玻璃，是由于其不透明而有玉质感，是用来仿玉的③。需要指出的是，这3件玻璃都是相对透明的玻璃，因此单纯认为铅钡玻璃的制作是用来仿玉的观点有待商榷。值得注意的是，岩上的玻璃耳珰的成分

① 周卫荣：《中国古代钱币合金成分研究》，中华书局，2004年。

② 干福熹：《中国古代玻璃的化学成分演变及制作技术的起源》，《中国古代玻璃技术的发展》，上海科学技术出版社，2005年。

③ 林梅村：《丝绸之路考古十五讲》，北京大学出版社，2006年。

和美国康宁博物馆收藏的一件中国古玻璃器的成分几近相同，说明两件玻璃来源相同。该玻璃含有0.03%的Co（钴），这种含量的Co完全可以使得玻璃呈现蓝色，因此该玻璃的着色剂为Co。而南正的两件玻璃耳珰同出一个墓中，显然为墓主人同时拥有，这从其基本相同的成分组成上亦可以看出，表明这两件玻璃应该是同时使用一块玻璃料制成的。这两件耳珰的颜色较岩上的为浅，其Co含量也较岩上耳珰为低，仅有0.013%，但这种Co含量仍足以使得玻璃显现蓝色。由此可知，这3件蓝色玻璃耳珰都为钴着色，其中所含的钴含量又相对较低，这表明当时的古人应该掌握了Co蓝玻璃的制作技术，只需引入极少量的Co，即可使得玻璃显现蓝色。此外，3件玻璃的Pb/Ba比都在2左右，而Na/Ca比也都在2左右，说明三者的来源和工艺应该是基本相同的。

需要指出的是，同类器物在北京的大兴亦庄等地的东汉墓葬中亦有出土，其产源和制作工艺的比较研究有待于今后的进一步工作。

三、陶　　器

1. 样品描述及分析方法

共分析陶器11件，都为东汉时期，样品清单以及检验项目参见表五。

表五　样品清单及检验项目统计表

实验室编号	样品名称	原始编号	所属时代	出土地点	检验项目
FShP-01	绿釉陶碗	05FNM13:2	辽	南正	LA-ICP-AES
FShP-02	陶片	06FNY3	战国	南正	LA-ICP-AES
FShP-03	陶片	06FNY3	战国	南正	LA-ICP-AES
FShP-04	陶片	06FNY3	战国	南正	LA-ICP-AES
FShP-05	陶片	06FNY3	战国	南正	LA-ICP-AES
FShP-06	陶片	06FNY3	战国	南正	LA-ICP-AES
FShP-07	陶片	06FYW12	战国	岩上	LA-ICP-AES
FShP-08	陶片	06FYW12	战国	岩上	LA-ICP-AES
FShP-09	陶片	06FYW12	战国	岩上	LA-ICP-AES
FShP-10	陶片	06FYW12	战国	岩上	LA-ICP-AES
FShP-11	陶片	06FYW12	战国	岩上	LA-ICP-AES

对于绿釉陶碗，使用LA-ICP-AES分别分析了其釉和胎的主要成分，分析校正策略为单一固体标样校正，数据归一化处理，使用标样为美国康宁博物馆的Corning-C玻璃标准。

对于其他陶片，使用Si作为内标元素，采用国家土壤标准GSS-2、GSS-4、GSS-6、GSS-7、GSS-8建立标准曲线，分析样品获得数据。

2. 绿釉陶碗

使用 LA-ICP-AES 分别分析了绿釉陶碗残片的釉和胎的成分（表六）。

表六　绿釉陶碗的釉和胎的主要元素含量

实验室编号	Na_2O	MgO	Al_2O_3	SiO_2	K_2O	CaO	Fe_2O_3	BaO	PbO	CuO	SnO_2
FShP-01-釉	0.22	0.43	2.76	32.40	0.43	0.32	1.35	0.012	58.76	1.94	1.08
实验室编号	Na_2O	MgO	Al_2O_3	SiO_2	K_2O	CaO	Fe_2O_3	BaO	TiO_2	P_2O_5	
FShP-01 胎	1.44	3.21	22.12	60.62	3.43	1.19	6.82	0.09	0.79	0.32	

注：数据经过归一化处理，但未测烧失量，所有含量均为%。

从表六可以看出，这件陶碗为一件低温铅釉陶器。这种釉陶的釉是一种以铅作为助熔剂、铜或者铁作为发色元素、在 900 ~ 1000℃烧成的一种低温色釉①。南正出土的这件陶碗，CuO 含量为 1.94%，是釉的发色元素，在氧化气氛中显绿色。根据分析，釉中还含有一定的二氧化锡，这表明在配制铅釉时，也许使用了少量的青铜合金废料或者炼渣碎屑添加到釉块中作为发色剂，而不是加入氧化铜矿或者铜的其他矿物。对以铜作为着色剂的陶瓷釉，铜是以何种状态加入的，一直以来存在争议。但经过分析的铜着色釉其中很多都含有少量但可测到的锡，如经过分析的汉代铅釉②以及长沙窑铜绿釉、钧窑铜红釉③等，这说明类似的色釉很有可能是窑工们受到炼铜或者铸造青铜时造渣颜色的启发，使用合金废料或者炼渣作为釉的添加剂来配釉。

南正陶碗的胎为含有一定 CaO、MgO、K_2O 和 Na_2O 等助熔剂的陶土，Fe_2O_3 的含量较高，氧化气氛中烧成后胎呈现砖红色。由于其烧制温度并不高，胎的核心部分仍为黑色，烧制温度大约在 950 ~ 1000℃。

以铅的氧化物作为助熔剂制作低温色釉的技术在我国兴起于西汉早期。这种技术被广泛应用到低温色釉瓷器的烧制、琉璃器和琉璃瓦的烧制技术以及三彩陶釉烧制技术当中，“为我国陶瓷的发展做出了重大贡献”④。辽代的主要低温铅釉陶器种类为辽三彩，本次分析的这件绿釉陶釉中各种主要元素的含量和以前学者分析的辽三彩绿釉的含量极为接近⑤，说明二者施釉技术的同源性。目前对于辽代釉陶研究较少，南正出土的这件釉陶具有相当的研究价值，应在以后对其开展更深入的研究。

3. 南正及岩上出土的一些陶片

南正和岩上两个村相距约 1 公里，在南正村清理了数个陶窑，这些陶窑主要烧制一种红陶瓮。这种陶瓮的胎中羼了很多具有贝壳光泽的白色的类云母质的羼和料。这种羼和料的种类需要利用 X 射线衍射（XRD）进一步深入的分析。值得注意的是，在岩上村发掘的战国墓葬中也

① 李家治：《中国科学技术史 · 陶瓷卷》，科学出版社，1998 年。
② 李家治：《中国科学技术史 · 陶瓷卷》，科学出版社，1998 年。
③ 张福康：《中国古陶瓷的科学》，上海人民美术出版社，2000 年。
④ 李家治：《中国科学技术史 · 陶瓷卷》，科学出版社，1998 年。
⑤ 张福康：《中国古陶瓷的科学》，上海人民美术出版社，2000 年。

出现了这类陶瓮，是作为瓮棺葬的葬具使用的。因此考古工作者认为这些瓮棺的源产地与南正村的陶窑之间可能存在着一定的联系。为此我们在两处各取了数片陶片，分别进行了 X 射线衍射（XRD）物相鉴定以及主量、微量元素成分分析，希望通过物相组成以及元素含量的对比研究来搞清楚两者的关系。

我们选择分别从两个遗址各选择了一片陶片，送至北京大学微构分析测试中心使用 X 射线衍射仪进行了陶片的主要物相鉴定。结果见表七及图二、图三。

表七　红陶瓮物相鉴定结果

样品名	出土地点	滑石	石英	钾长石	云母	蒙脱石	赤铁矿
FN01	南正	大量	大量	—	少量	微量	微量
FY01	岩上	大量	大量	微量	少量	微量	微量

根据 X 射线衍射的分析结果，可以看到南正和岩上的陶片所使用的羼和料并非以云母为主，实际上应该为滑石[$Mg_3Si_4O_{10}(OH)_2$]。X 射线衍射鉴定后含有的少量云母，当为滑石或者云母伴生的。同时，X 射线衍射结果中没有发现莫来石相，这表明陶片的烧成温度比较低，远未达到1000℃。

陶器中羼滑石，在北京地区有着悠久的历史。根据考古发现，远在新石器中期的上宅文化就有类似的羼有滑石的陶器。南正村发现的这些陶瓮说明到了战国晚期，类似的制陶工艺似乎还保留了下来。

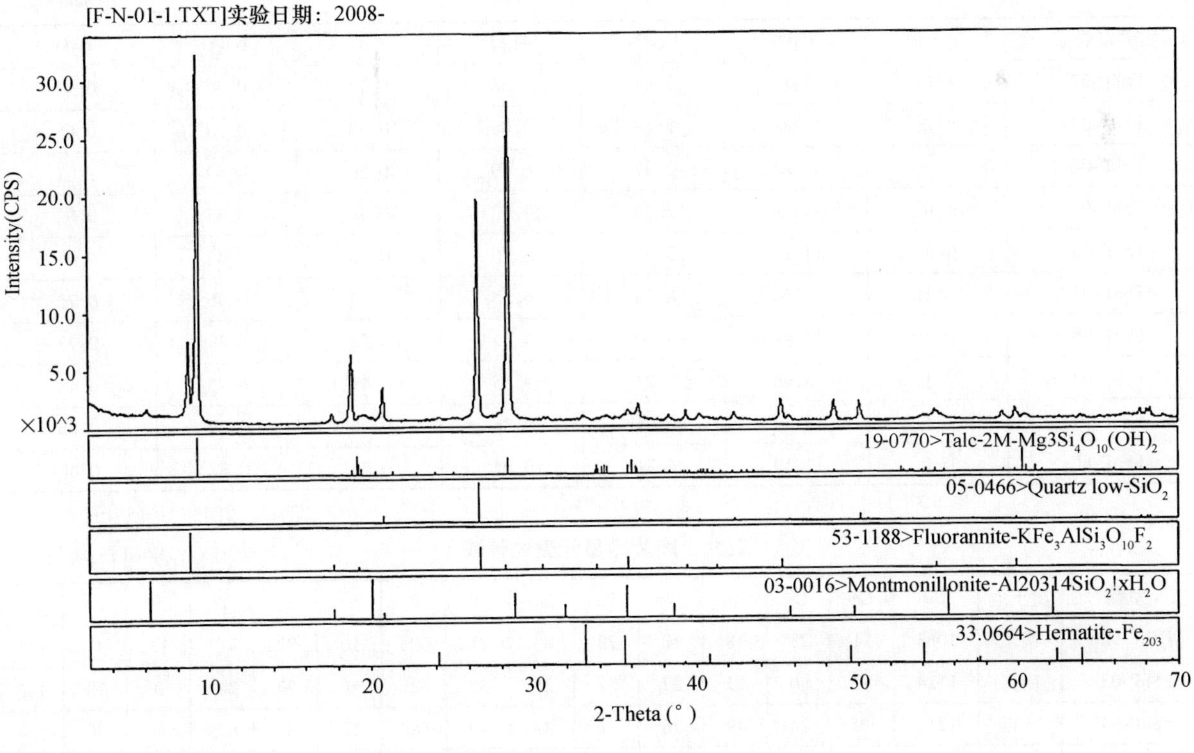

图二　南正出土陶瓮的 XRD 物相分析结果

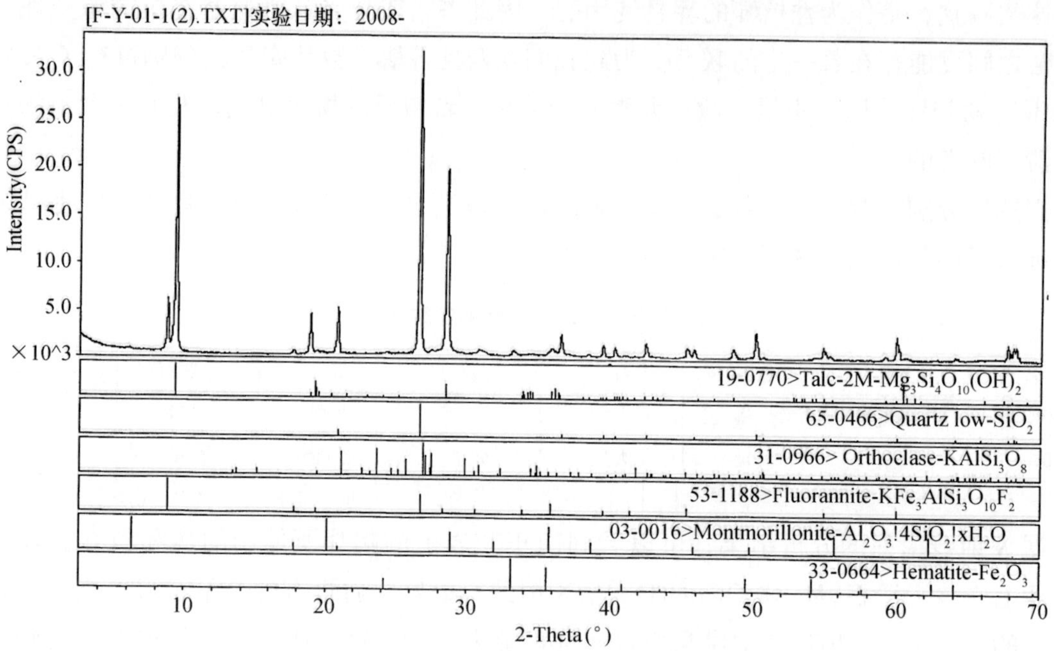

图三　岩上出土陶瓷的 XRD 物相分析结果

两地陶片的主、微量元素的分析结果见表八、表九：

表八　陶片主量元素统计表　　单位:%

实验室编号	出土地	Al_2O_3	Fe_2O_3	MgO	CaO	Na_2O	K_2O
FShP-02	南正	7.09	2.61	6.78	0.73	0.49	0.82
FShP-03	南正	7.90	2.69	7.08	0.53	0.35	0.65
FShP-04	南正	8.36	2.77	6.99	0.56	0.49	1.07
FShP-05	南正	6.88	2.29	7.82	0.48	0.33	0.62
FShP-06	南正	11.12	3.96	8.70	0.38	0.42	0.95
FShP-07	岩上	16.62	8.15	6.35	1.12	0.46	0.72
FShP-08	岩上	11.46	4.30	9.51	0.53	0.49	0.73
FShP-09	岩上	15.68	7.23	9.55	0.49	0.25	0.48
FShP-10	岩上	13.34	6.05	9.36	0.55	0.29	0.80
FShP-11	岩上	11.19	4.31	9.07	0.36	0.32	0.46

表九　陶片微量元素统计表　　单位：μg/g

实验室编号	出土地	Ba	Ce	Cr	Cu	Ga	La	Mn	Ni	P	Sc	Sr	Ti	Y	Zn	Zr
FShP-02	南正	1063	54	23	18	18	23	89	21	523	10	32	417	13	41	141
FShP-03	南正	1524	57	80	22	27	22	28	32	523	9	27	249	0	53	145
FShP-04	南正	1214	40	24	19	26	21	33	40	589	10	32	475	8	40	154
FShP-05	南正	1647	147	76	20	24	21	188	19	466	6	23	414	6	57	320

续表

实验室编号	出土地	Ba	Ce	Cr	Cu	Ga	La	Mn	Ni	P	Sc	Sr	Ti	Y	Zn	Zr
FShP-06	南正	1366	50	23	25	32	34	183	46	231	12	14	1218	20	116	155
FShP-07	岩上	895	66	106	39	38	41	420	96	773	17	64	3761	36	128	197
FShP-08	岩上	1654	37	53	50	19	29	104	24	814	9	19	1065	22	127	228
FShP-09	岩上	1535	30	66	28	34	34	213	78	383	13	20	2005	1	116	182
FShP-10	岩上	2328	67	70	25	28	31	107	40	547	11	21	1685	12	117	182
FShP-11	岩上	1411	47	24	20	27	22	111	27	175	11	15	995	0	98	149

从主量元素结果可以看出，这两地的陶器的选料都是一致的，其胎质都含有较高量的 MgO。这说明其所选土质都是相同的，同时可以推断 MgO 应该主要来自羼和料，这表明这种羼和料应该是一种镁的矿物原料，根据前述的 X 射线衍射结果，应该为滑石[$Mg_3Si_4O_{10}(OH)_2$]。

为了处理数据方便，使用社会统计学软件——SPSS11.0 对这些陶器的成分数据进行了因子分析，分别处理了主量元素、微量元素，得到两组主因子对，用这两对主因子对作图，见图四～图六。

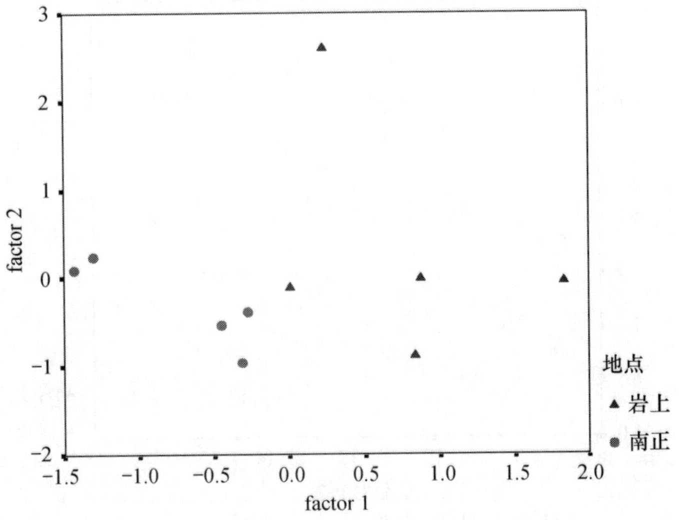

图四　主量元素主因子分析结果（两主因子可以解释变量总方差的 80.5%）

从上两图特别是图四可以看出，两地的陶瓮在化学成分上有一定的差异，这从 Al_2O_3 和 MgO 的含量上亦可以看出（图六），岩上的陶瓮中这两种元素含量普遍高于南正窑中陶片这两种元素的含量。

两地出土陶片的元素含量相差较大，也许说明岩上的陶瓮并非是由南正窑烧造的。但亦有可能是由于烧造批次不同而加入羼和料多少不同引起的。这一点，从两地陶片微量元素的互有交错可以证明。另外，元素含量的差异也可能是两种陶片烧成制度不同的一种反映，从宏观观

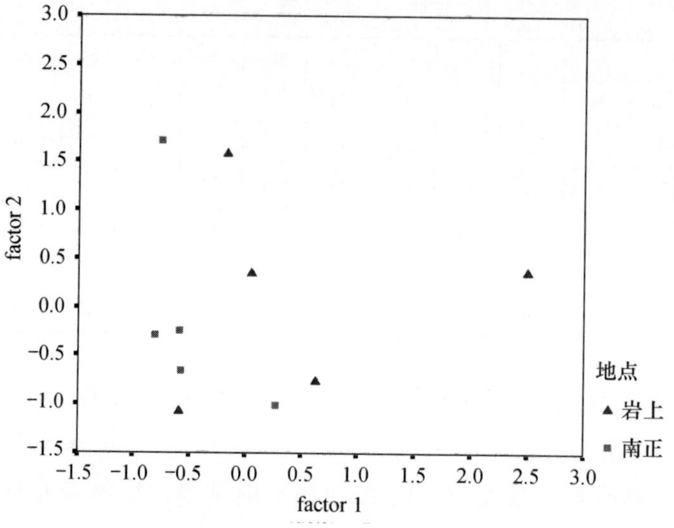

图五　微量元素主因子分析结果（两主因子可以解释变量总方差的64.7%）

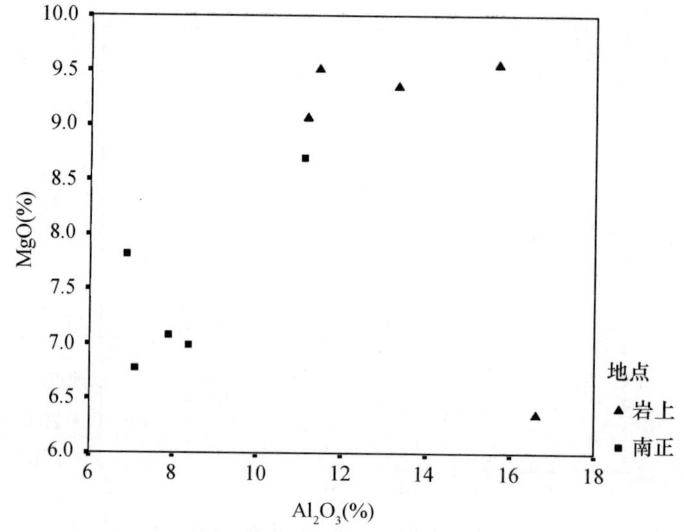

图六　陶瓮化学成分的 Al_2O_3-MgO 散点图

察可以看出，岩上陶片的颜色明显比南正的亮，且其中的羼和料颗粒度要大于南正陶片；同时岩上陶片质地酥松，极易脱落，南正陶片则相对更为密实。二者相比，南正陶片更接近陶化状态，这可能是由于岩上陶片含有更多的 Al_2O_3，需要更高的温度才能令其陶化。以上这些问题都值得更深入的研究。

综上所述，两地的陶片都是使用相同质地的陶土和羼和料烧造的，然而南正窑中陶片的元素含量和岩上墓葬中出土瓮棺的元素含量有一定的差异，从目前的分析结果看，尚不能确定岩上的陶瓮就是来自南正的窑。为了更确切地研究两者的关系，需要进一步开展分析工作。

四、结　论

本文在对北京房山区岩上、南正两个考古工地出土的若干战国—辽时期的遗物进行科学分析的基础上，依据器物的质地分别进行了讨论。

经过分析的所有铜器，合金组成都符合战国—东汉时期用于制作同类器物的合金组成范围，表明在当时制作各类铜器很可能已经形成了较为统一的标准；铅钡玻璃的发现则说明东汉时这类器物可能是较为流行的随葬品，在当时全国各地均普遍出现。这些情况从一个侧面反映了汉王朝的强大，政治经济和文化面貌的广泛统一。辽时期铅釉陶的发现对于研究这个时期制陶技术提供了重要的实物资料。

对南正陶窑和岩上瓮棺的化学成分分析及对比结果表明，两者的化学组成存在差异，引起这种差异的原因需要更进一步的研究。

附录二　南正遗址浮选结果分析报告

赵志军
（中国社会科学院考古研究所）

一、采样与浮选

南正遗址位于北京市房山区长沟镇南正村。2006年，北京市文物考古研究所南水北调考古工作队对该遗址进行了发掘，先后清理出了墓葬、窑址、灰坑等重要的遗迹，出土了一批珍贵的文物。在遗址的发掘过程中，开展了浮选工作。

浮选样品的采集一般是以性质比较明确的遗迹为采样单位。南正遗址的遗迹以墓葬为主，根据以往的经验得知，墓葬不是保存和出土炭化植物遗存的理想地点，因此仅选择了其他遗迹现象作为此次浮选样品的采集单位。共采集浮选土样6份，其中5份采自陶窑址，一份采自灰坑。这几处遗迹的年代基本相同，大体相当于战国晚期—西汉早期。

南正遗址6份浮选样品的土量不同，例如，在3号陶窑（Y3）的窑室内所采集到的浮选土样多达267升，其他5份浮选样品的土量在20升左右，合计浮选的土量359升。

采集到的浮选土样在当地进行了浮选，所使用的浮选设备是水波浮选仪，收取浮出炭化植物遗存的分样筛规格是80目（筛网孔径0.2毫米）。

浮选结果在当地阴干后被送交中国社会科学院考古研究所植物考古实验室进行分类、植物种属鉴定和分析。

二、分类与鉴定

南正遗址浮选出土的植物遗存包括炭化木屑和炭化植物种子两类（见附表）。

炭化木屑是指经过燃烧的木头的残存，其主要来源是未燃尽的燃料或遭到焚烧的建筑木材和其他用途的木料等。南正遗址浮选出土的炭化木屑比较细碎，但通过显微镜观察，木屑的细胞结构如导管、筛管和纤维等清晰可见。使用标准分样筛将各样品中大于1毫米的炭化木屑筛选出来，称重计量，然后以样品为单位进行等量换算。结果显示，如果每份浮选土样按10升的土量计算，南正遗址浮选样品平均所含炭化木屑的重量约是1.372克。

南正遗址浮选出土的炭化植物种子数量非常少，在6份样品中仅发现了9粒炭化植物种子，包括7粒炭化粟（Setaria italica）和2粒豆科植物种子（Leguminosae）。出土的炭化粟粒呈近圆球状，直径在1毫米左右，胚部较长，因烧烤而爆裂成沟状（图一）。出土的炭化豆科植物种子个体较小，尺寸仅在1.5毫米左右，因烧烤而变形，但豆脐部分清晰可见，尚未鉴定到属种（图二）。

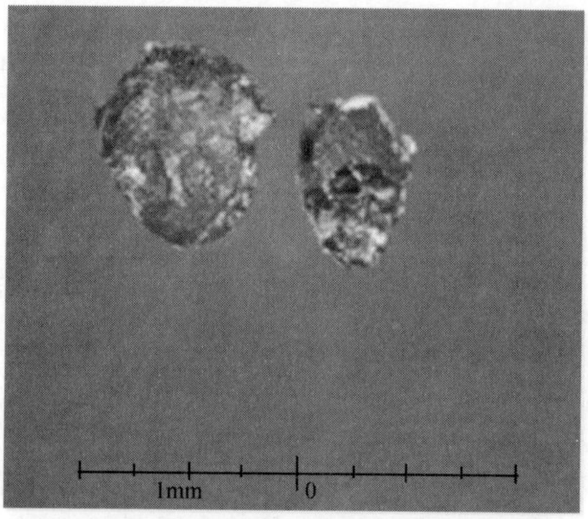

图一　南正遗址浮选出土炭化粟粒

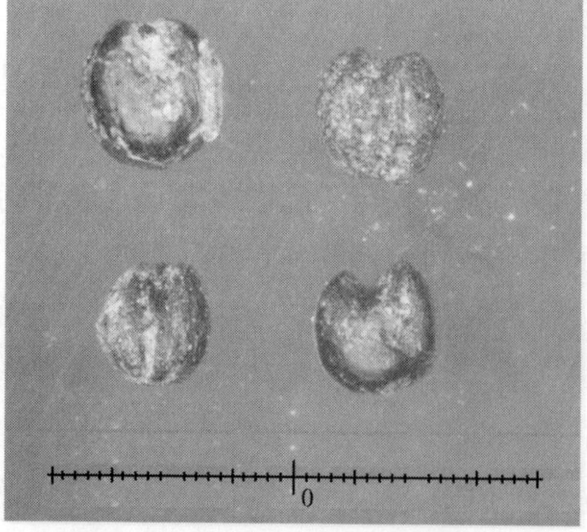

图二　南正出土豆科植物种子

三、分析与讨论

与其他考古遗址的浮选结果相比较，南正遗址浮选样品中的炭化木屑含量非常丰富，这应该与样品的采集背景——陶窑址的特点密切相关。浮选出土的古代植物遗存是炭化的植物遗存，一般而言，用作燃料的植物是最有可能成为炭化的植物遗存长期保存在遗址的堆积中。陶窑址作为一处燃烧遗迹，从中采取的浮选土样包含有丰富的炭化木屑应该是一个正常的现象。例如，南正遗址采自陶窑址的5份浮选样品，炭化木屑的含量都相对较高，最为突出的是2号陶窑（Y2）浮选样品，炭化木屑含量高达3.524克/10升，与之形成鲜明对比的是，采自灰坑（H30）的浮选样品的炭化木屑含量仅有0.053克/10升。

需要指出的是，燃料的取向会影响到陶窑址浮选样品的炭化木屑含量。例如，古人如果是利用木柴作为主要燃料烧制陶器，陶窑址浮选样品中的炭化木屑含量自然会偏高，而古人如果是利用干草或谷物秸秆作为主要燃料，浮选样品中炭化木屑的含量反而会偏低。据此推断，南正遗址陶窑址浮选样品的炭化木屑含量偏高，说明了这些陶窑在当时所使用的燃料很可能是以木柴为主。

另外，燃烧的条件也会影响到陶窑址浮选样品的炭化木屑含量。炭化是植物在燃烧过程中一种化学反应的结果，炭化植物的形成是由燃烧温度、燃烧时间的长短、燃烧环境中氧气的含量，以及被燃烧植物体积的大小和潮湿的程度等诸多因素所决定的，如果不具备燃烧条件，植物无法达到炭化，但如果燃烧条件过于良好，使植物得以充分地燃烧，其结果只能留下一堆灰烬，同样也无法形成炭化物。这一原理在南正遗址浮选结果中得到了证实，例如，3号陶窑（Y3）有两份浮选样品，一份采自窑室内，另一份采自操作间。窑室是燃烧区域，充分的燃烧环境对炭化植物遗存的形成并不十分有利，因此窑室样品的炭化木屑含量明显地低于操作间样品。

在南正遗址浮选出土的炭化植物种子中发现有炭化粟粒，这说明南正先民的农业生产活动中可能包括粟的种植。但由于出土的炭化种子数量非常少，除此之外，很难再做更多的分析和推断。

编　后　记

本书是南水北调工程（北京段）文物保护与考古发掘工作的阶段性成果之一，是集体劳动与智慧的结晶。

南正遗址的勘探、发掘、整理乃至报告的编写、出版工作，一直得到了我所宋大川所长的关心与支持。南水北调工程（北京段）考古发掘队长张治强为此倾注了大量的心血。北京市文物研究所技术室的董育纲、王殿平先生对发掘区进行了高空气球、汽艇摄影。吉林大学文学院考古系的张全超先生对南正Ⅰ、Ⅱ区的出土人骨进行了鉴定，中国社会科学院考古研究所的王明辉先生对南正Ⅲ区的出土人骨进行了鉴定。部分出土遗物的成分分析由北京大学考古文博学院的崔剑锋、吴小红先生完成。植物遗存的浮选工作由中国社会科学院考古研究所的赵志军先生完成。本书由郭京宁整合全部资料，完成报告的编写。

本书在编写过程中，得到北京市文物局、北京市文物研究所、北京市南水北调工程建设委员会办公室等单位的大力协助，特此致谢！

郭京宁

2008.10

1. 国家文物局单霁翔局长与相关部门在遗址现场调研，落实中央领导关于南水北调工程文物保护工作的批示

2. 北京市文物局孔繁峙局长、北京市文物研究所宋大川所长在考古现场指导工作

领导视察、指导工作

1. 南正遗址发掘前地表状况（西—东）

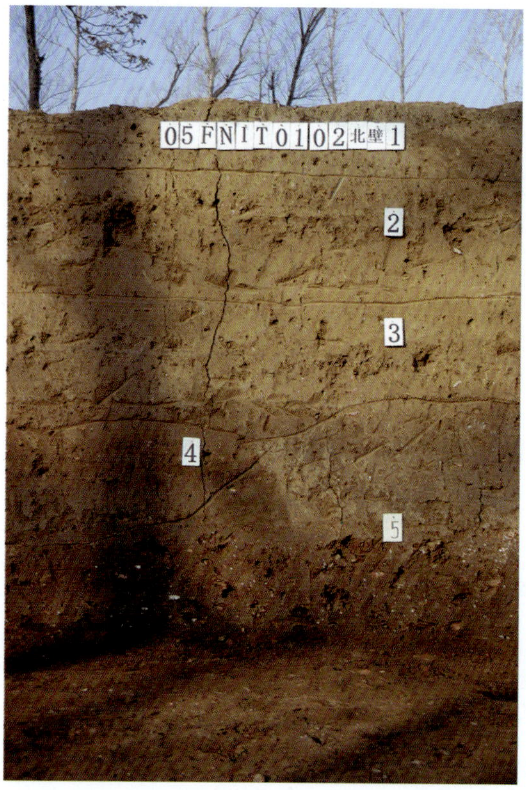

2. 南正 I 区地层剖面

南正遗址发掘前状况、I 区地层

1. 南正遗址发掘现场（北—南）

2. 南正遗址第Ⅰ区发掘全景

工作现场、南正遗址第Ⅰ区发掘全景

1. 南正遗址第Ⅱ区发掘局部（南—北）

2. 南正遗址第Ⅲ区发掘全景

南正遗址第Ⅱ、Ⅲ区发掘全景

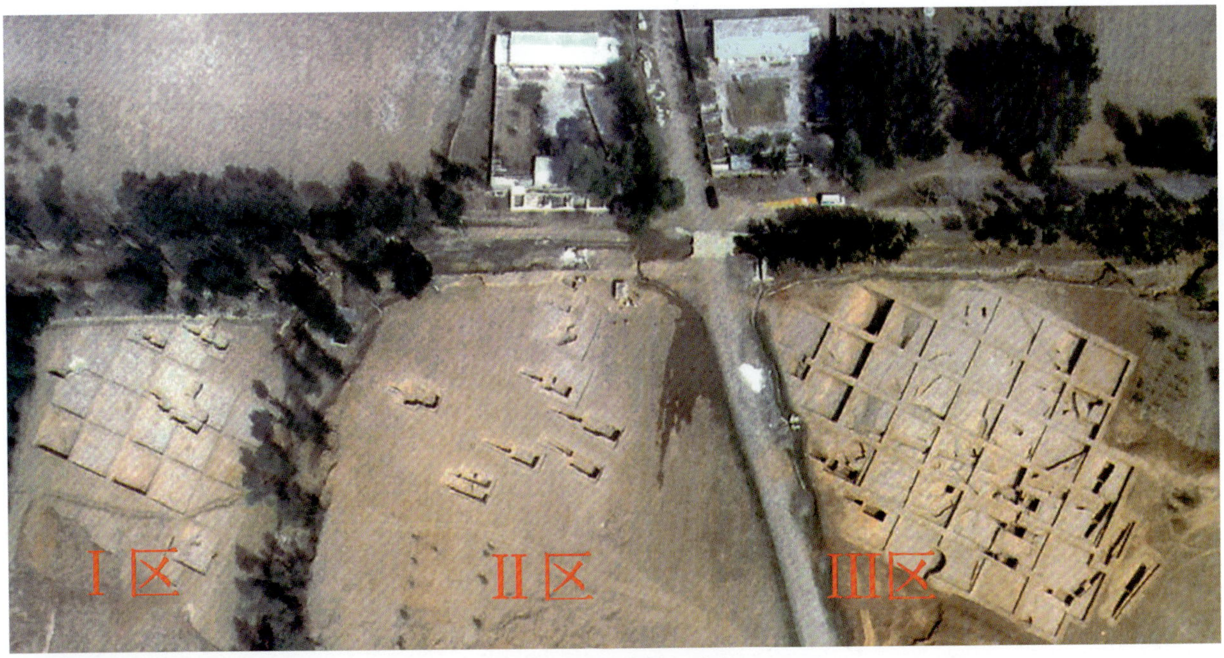

1. 南正遗址发掘区全景

2. Y2

南正发掘区全景、Y2

彩版六

1. Y6

2. M1

3. M2

南正遗址陶窑、汉墓

1. M3

2. M4

3. M5

南正遗址汉墓

1. M14

2. M15

3. M16

4. M17

南正遗址汉墓

1. M19

2. M20

3. M22

4. M23

南正遗址汉墓

1. M24

2. M25

3. M26

4. M18

南正遗址汉墓、辽墓

1. 釜（Y1：1）

2. 釜（Y2：1）

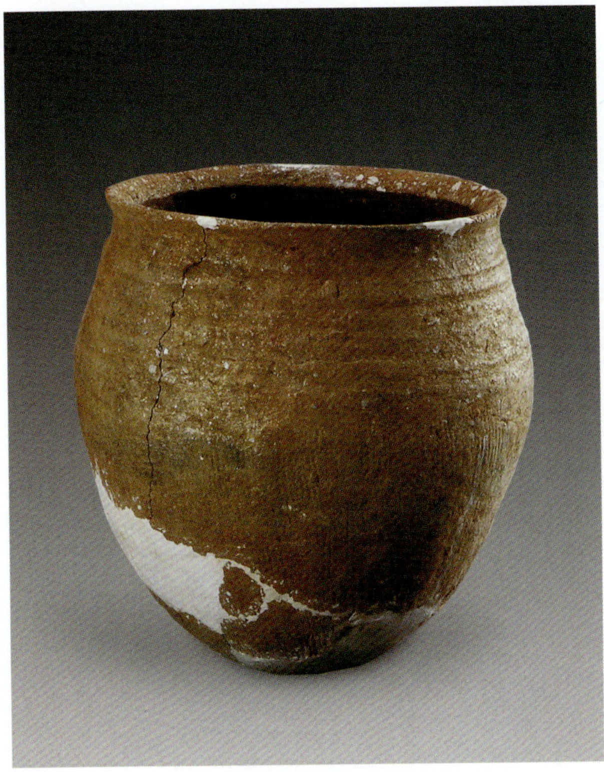

3. 釜（Y6：5）

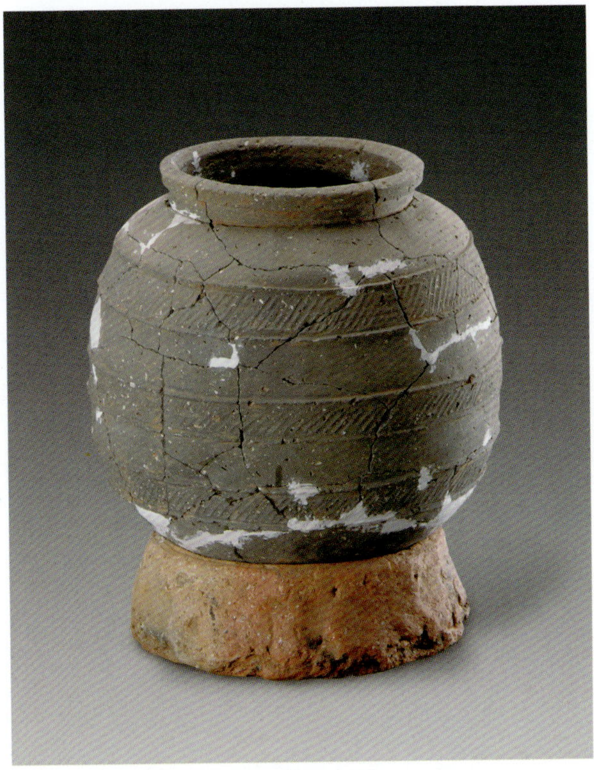

4. 瓮（H14：2）

战国晚期陶器

彩版一二

1. H7：1

2. H8：9

3. H8：5

4. H8：8

5. G2：2

6. G5②：22

战国晚期瓦当

1. G5②：13

2. ⅢT0304③：1

3. ⅠT0302③：1

4. ⅢT0802③：2

战国晚期瓦当

1. 瓦当（ⅢT0504③：1）

2. 瓦当（ⅢT0703③：1）

3. 瓦当（ⅠT0501③：1）

4. 瓦当（筒瓦ⅢT0606③：1）

5. 板瓦（G3：11）

战国晚期瓦当、瓦

1. M7 : 13

2. M7 : 31

3. M10 : 16

4. M11 : 25

东汉墓葬陶俑

1. M16 : 17

2. M19 : 19

3. M22 : 27

4. M22 : 35

东汉墓葬陶俑

1. M7：2

2. M12：4

3. M17：10

4. M11：33

东汉墓葬陶楼

1. M11 : 17

2. M11 : 27

3. M14 : 11

4. M14 : 12

5. M16 : 14

6. M16 : 15

东汉墓葬陶鸡

1. 鸡（M17：3）

2. 鸡（M17：8）

3. 狗（M7：22）

4. 狗（M22：12）

5. 猪（M10：28）

6. 猪（M26：5）

东汉墓葬陶鸡、狗、猪

1. M5：15

2. M7：3

3. M22：36

4. M19：13

东汉墓葬陶井

1. 案（M12：10）

2. 盘（M12：11）

3. 盘（M11：12）

4. 盘（M19：17）

5. 盘（M16：3）

6. 耳杯（M5：16）

东汉墓葬陶案、盘、耳环

1. 勺（M12：8）

2. 碗（M26：18）

3. 奁（M5：13）

4. 壶（M22：5）

5. 陶猪圈（M11：4）（正面）

6. 陶猪圈（M11：4）（背面）

东汉墓葬陶器

1. 带钩（M17：16）

2. 带钩（M10：7）

3. 镜（M 16：2）

4. 泡钉（M16：19）

5. 削（M2：10）

东汉墓葬铜器

1. 铜镞（H13：1）

2. 铜顶针（M11：6）

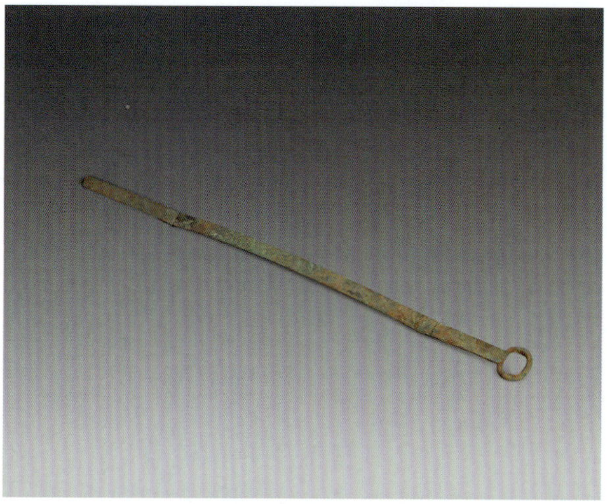

3. 铜刀（M12：7）

4. 玻璃耳珰（M5：1）

5. 石环（ⅢT0801③：2）

6. 骨簪（M22：3）

东汉墓葬铜、玻璃、石、骨器

1. H8

2. H14

战国晚期—西汉早期灰坑

图版二

1. Y1

2. Y3

战国晚期—西汉早期陶窑

1. Z3

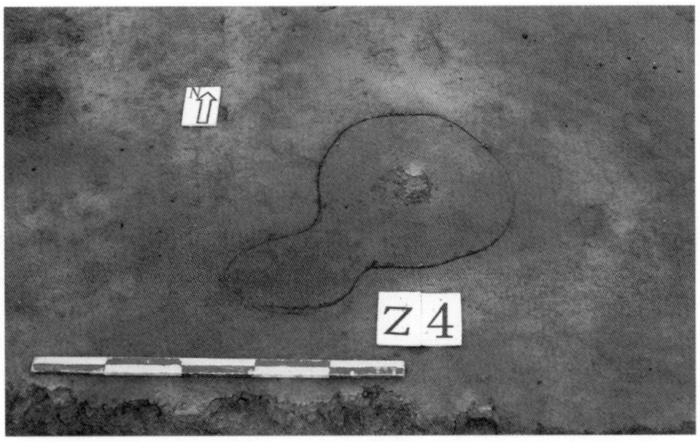

2. Z4

3. Z2

4. Z5

战国晚期灶址

图版四

1. M6、M11

2. M7

3. M8

东汉时期墓葬

1. M9

2. M10

3. M12

东汉时期墓葬

图版六

1. M7出土器物

2. M10出土器物

东汉墓葬随葬品出土情况

图版七

1. M2出土遗物

2. M7封门（内向外）

3. M26墓室

东汉墓葬随葬品出土、封门情况

1. M13

2. M21

1. Y2：16

2. Y2：30

3. Y2：7

4. Y2：3

战国晚期陶釜

图版一〇

1. Y1 : 3

2. Y2 : 20

3. Y2 : 18

4. Y2 : 23

战国晚期陶釜

1. G5② ：7

2. H19 ：1

3. ⅢT0802③ ：4

4. G5② ：2

5. Y4 ：3

6. ⅢT0505③ ：1

战国晚期—西汉早期陶钵

1. 豆（G5②：16）

2. 豆（G5④：5）

3. 豆（ⅢT0801④：3）

4. 豆（ⅢT0604③：1）

5. 罐（H38：1）

6. 罐（ⅢT0801③：1）

战国晚期—西汉早期陶器

1. 盆（ⅠT0103④：1）

2. 拍（ⅢT0802③：1）

3. 圆陶片（ⅢT0304③：2）

4. 压锤（Y2：26）

5. 垫饼（G5④：2）

战国晚期—西汉早期陶器

图版一四

1. H8 : 2

2. ⅡT0403③ : 1

3. G5③ : 3

4. ⅢT0205④ : 2

5. ⅢT0802③ : 3

6. ⅢT0305③ : 1

战国晚期—西汉早期陶纺轮

1. 罐（M23：1）

2. 釜（M26：1）

3. 罐（M15：7）

4. 瓮（M19：9）

5. 豆（M2：4）

6. 奁（M11：31）

东汉墓葬陶器

图版一六

1. M1 : 4

2. M5 : 5

3. M5 : 6

4. M7 : 12

5. M11 : 2

6. M11 : 14

东汉墓葬陶罐

1. M11 : 18

2. M11 : 22

3. M14 : 1

4. M14 : 2

5. M14 : 4

6. M14 : 7

东汉墓葬陶罐

图版一八

1. 罐（M15：11）

2. 罐（M22：24）

3. 钵（M2：49）

4. 钵（M7：10）

5. 钵（M7：15）

6. 钵（M10：13）

东汉墓葬陶罐、钵

1. 钵（M11：15）

2. 钵（M14：15）

3. 甑（M14：16）

4. 钵（M22：15）

5. 钵（M23：4）

6. 钵（M26：15）

东汉墓葬陶钵、甑

1. 炭炉（M1：2）

2. 盆（M10：9）

3. 盆（M10：32）

4. 盆（M10：33）

5. 盆（M10：26）

6. 盆（M19：6）

东汉墓葬陶炭炉、盆

1. 盆（M15：15）

2. 炭炉（M22：6）

3. 盆（M22：7）

4. 盆（M26：13）

5. 盆（M26：20）

6. 盆（M26：23）

东汉墓葬陶炭炉、盆

图版二二

1. 盘（M11：8）

2. 盘（M11：11）

3. 盘（M22：28）

4. 条形容器（M2：27）

5. 耳杯（M10：10）

6. 耳杯（M12：3）

东汉墓葬陶器

1. 奁（M7：7）

2. 奁（M10：11）

3. 熏炉（M22：9）

4. 鼎（M11：9）

5. 器盖（M23：3）

6. 器盖（M14：10）

东汉墓葬陶器

图版二四

1. 磨（M7：20）

2. 磨（M11：28）

3. 博山式盖（M14：6）

4. 博山式盖（M22：39）

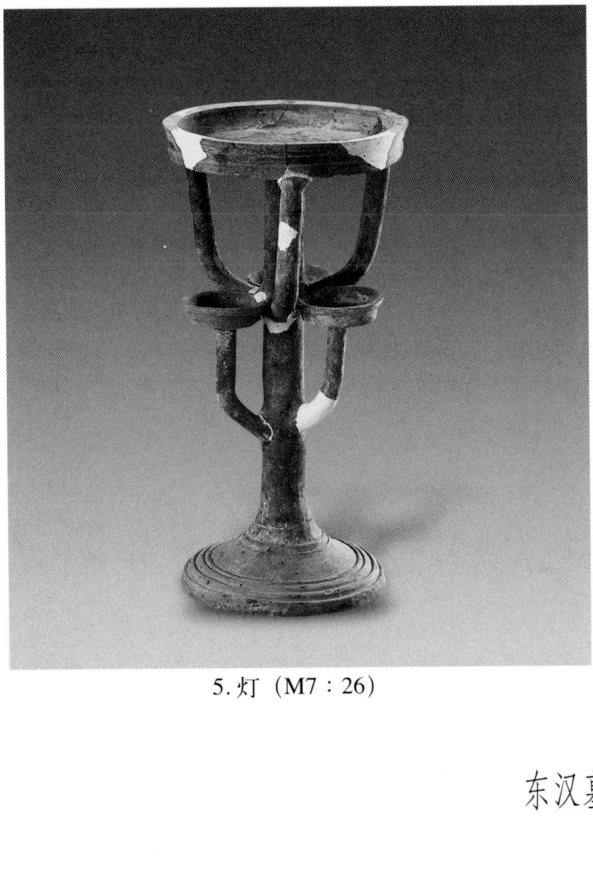

5. 灯（M7：26）

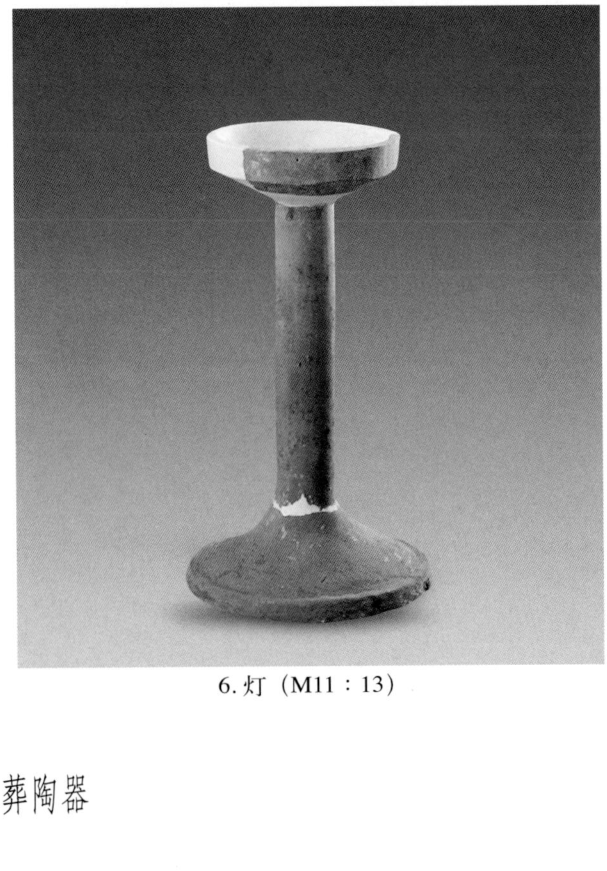

6. 灯（M11：13）

东汉墓葬陶器

1. M7：1

2. M10：20

3. M11：10

4. M22：22

东汉墓葬陶壶

图版二六

1. 俑（M2：42）

2. 俑（M7：33）

3. 俑（M11：24）

4. 俑（M2：7）

5. 俑（M11：23）

6. 鸭（M2：8）

东汉墓葬陶俑、鸭

1. M7 : 9

2. M2 : 9

3. M2 : 45

4. M7 : 16

5. M7 : 36

6. M9 : 1

东汉墓葬陶鸡

1. M9：2

2. M10：18

3. M10：27

4. M10：29

5. M19：3

6. M19：4

东汉墓葬陶鸡

1. 鸡（M19：5）

2. 鸡（M26：4）

3. 鸟（M2：33）

4. 鸟（M2：34）

5. 鸟（M2：40）

6. 狗（M2：6）

东汉墓葬陶鸡、鸟、狗

图版三〇

1. M10：2

2. M19：8

3. M11：19

4. M14：8

5. M16：6

6. M17：12

东汉墓葬陶狗

1. 狗（M26：6）

2. 猪（M10：1）

3. 猪（M16：16）

4. 猪（M22：21）

5. 猪（M7：18）

6. 猪（M19：15）

东汉墓葬陶狗、猪

图版三二

1. 猪圈（M19：15）

2. 猪圈（M17：9）

3. 猪圈（M7：18）

4. 厕所（M26：3）

5. 房（M10：14）

6. 厕所（M14：13）

东汉墓葬陶猪圈、房

1. M7 : 14

2. M10 : 15

3. M11 : 20

4. M14 : 5

5. M15 : 5

6. M5 : 12

东汉墓葬陶灶

1. 灶（M16∶10）

2. 灶（M22∶17）

3. 仓（M5∶7）

4. 仓（M5∶8）

东汉墓葬陶灶、仓

1. 陶仓（M5：9）

2. 陶仓（M10：21 ）

3. 铁斧（ⅢT0602③：1）

4. 铁凿（ⅢT0701③：1）

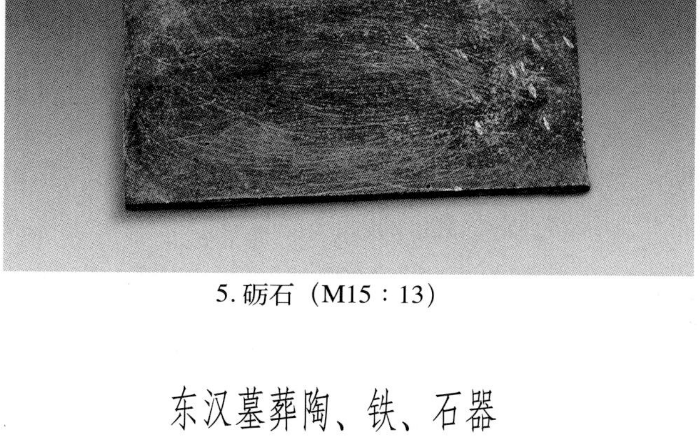
5. 砺石（M15：13）

东汉墓葬陶、铁、石器

1. 小陶盘（M13：5）

2. 陶钵（M13：3）

3. 陶罐（M13：4）

4. 陶罐（M13：7）

5. 铜饰（M13：1-1）

6. 青瓷碗（M18：1）

辽代墓葬器物